EDRED THORSSON

El gran libro de las runas y su magia

Conocer las runas, cómo trabajar con ellas y el arte de interpretarlas

AF631701

EDICIONES OBELISCO

Si este libro le ha interesado y desea que le mantengamos informado
de nuestras publicaciones, escríbanos indicándonos qué temas son de su interés
(Astrología, Autoayuda, Psicología, Artes Marciales, Naturismo,
Espiritualidad, Tradición…) y gustosamente le complaceremos.

Puede consultar nuestro catálogo en www.edicionesobelisco.com

Los editores no han comprobado la eficacia ni el resultado de las recetas, productos, fórmulas técnicas, ejercicios o similares contenidos en este libro. Instan a los lectores a consultar al médico o especialista de la salud ante cualquier duda que surja. No asumen, por lo tanto, responsabilidad alguna en cuanto a su utilización ni realizan asesoramiento al respecto.

Colección Magia y Ocultismo
El gran libro de las runas y su magia
Edred Thorsson

Título original: *The Big Book of Runes and Rune Magic*

1.ª edición: enero de 2021
3.ª edición: mayo de 2024

Traducción: *Pilar Guerrero*
Maquetación: *Juan Bejarano*
Corrección: *Sara Moreno*
Diseño de cubierta: *Enrique Iborra*

© 2018, Edred Thorsson
(Reservados todos los derechos)
© 2021, Ediciones Obelisco, S. L.
(Reservados los derechos para la presente edición)

Edita: Ediciones Obelisco, S. L.
Collita, 23-25. Pol. Ind. Molí de la Bastida
08191 Rubí - Barcelona - España
Tel. 93 309 85 25
E-mail: info@edicionesobelisco.com

ISBN: 978-84-9111-669-1
Depósito Legal: B-76-2021

Impreso en SAGRAFIC
Passatge Carsí, 6 - 08025 Barcelona

Printed in Spain

Reservados todos los derechos. Ninguna parte de esta publicación, incluido el diseño de la cubierta, puede ser reproducida, almacenada, transmitida o utilizada en manera alguna por ningún medio, ya sea electrónico, químico, mecánico, óptico, de grabación o electrográfico, sin el previo consentimiento por escrito del editor. Diríjase a CEDRO (Centro Español de Derechos Reprográficos, www.cedro.org) si necesita fotocopiar o escanear algún fragmento de esta obra.

ABREVIATURAS

Todas las traducciones del nórdico antiguo, el inglés antiguo y otros idiomas antiguos de este libro son del autor. Se ha intentado conseguir el equilibrio entre las traducciones poéticas y las literales, pero a menudo se da favor a la literal de cara a la correcta comprensión del texto. En tales casos se pueden añadir notas.

a.e.c.	antes de la era común (= a.C.)
e.c.	era común (= d.C.)
Gmc.	germánico
Got.	gótico
MS(S)	manuscrito(s)
AI	antiguo inglés
AAA	antiguo alto alemán
AN	antiguo nórdico
pl.	plural
sg.	singular

AGRADECIMIENTOS

Gracias a Paul Newell, Mitchell Edwin Wade, David Bragwin James, Robert Zoller, James Chisholm, Alice Rhoades, Anthony Looker, Ian Read, Ingrid Fischer, Adolf y Sigrun Schleipfer, Michael Moynihan, Ralph Tegtmeier y Michael A. Aquino.

PREFACIO

Este libro es uno de mi mejores y más populares trabajos de mis primeros tiempos como investigador y mago de las runas. Es como una síntesis del conocimiento más esencial que se puede tener sobre las runas. Si tus intereses son amplios y van desde información histórica hasta la aplicación práctica y real de la sabiduría rúnica que se consigue trabajando con estos símbolos, entonces este libro te servirá como una herramienta de confianza.

Cuando se trata de runas, aunque también ocurre con cualquier otra forma de magia integral y culturalmente auténtica, existen básicamente cuatro niveles de información y actividad que los estudiantes deben conocer e integrar. Éstos son: (1) el conocimiento histórico básico; (2) el conocimiento intrínseco o esotérico; (3) el conocimiento sobre la lectura de los símbolos, y (4) cómo usar la información de manera activa y práctica. Hay que conocer, comprender, leer y escribir con el sistema que se está tratando. El conocimiento histórico se interioriza y se refleja para desarrollar marcos teóricos; después de eso, se podrá interpretar el mundo o comprenderlo de acuerdo con estas ideas, pero hay que interiorizar la información antes de meterse de lleno en la etapa de creativa del proceso. Esta obra conduce al estudiante a través estas fases de la forma más básica y fundamental. Por eso, su contenido se divide en cuatro partes: conocimiento histórico, sabiduría secreta, lectura de las runas y magia de las runas.

En muchos sentidos, este texto consiste en una reedición de trabajos anteriores, porque quise aprovechar la oportunidad de actualizar y ampliar las ideas originalmente ofrecidas para concordarlas con mi comprensión actual. Lo cierto es que encontré muy pocas cosas que «cambiar», no obstante, hay algunas ideas y recursos nuevos que me parecen beneficiosos para el lector.

Mi mayor desafío en la elaboración de este nuevo trabajo fue mantener el tono y el espíritu de los textos originales. Éstos, escritos a finales de los setenta y principios de los ochenta, estaban impregnados de una cierta energía que reflejaba mi etapa de desarrollo personal en ese momento. Dicha energía ha sido apreciada por mis alumnos más leales a lo largo de los años, razón por la que he tratado de mantenerla en el contenido de esta obra. Una de las cosas más interesantes de ejercer como escritor durante más de cuarenta años es la capacidad para apreciar los diferentes tonos y energías presentes en trabajos anteriores, que aún no presentaban el refinamiento que se destila en trabajos posteriores; sin embargo, esa misma energía es similar a una especie de rayo blanco y sería una pena perderlo.

Edred Thorsson
Woodharrow
20 de marzo de 2018

INTRODUCCIÓN

Hace tiempo que vivimos de puertas para afuera de la guarida de nuestros dioses. No nos fue vetado su conocimiento por alguna transgresión irreversible, sino que simplemente les hemos dado la espalda. Podemos volvernos hacia su radiante poder, pero únicamente lo conseguiremos si conocemos el camino para emprender ese viaje. Una de esas vías son las runas, los misterios de nuestro camino y las claves de su propia dimensión oculta.

Este libro consta de cuatro partes: la historia de las runas, el conocimiento de su sabiduría oculta, cómo leerlas y cómo encajarlas en el tejido del mundo actual. Tomado en conjunto, este volumen es un curso completo para adquirir todo el conocimiento activo de las runas y sus usos. Dicho proceso comienza con el aprendizaje de la historia objetiva de las runas desde la antigüedad. La primera parte de esta obra constituye una especie de breve introducción a la runología. Una vez que se ha aprendido el conocimiento básico, el estudiante pasa a la contemplación esotérica, más profunda, del mundo simbólico, cosmológico y psicológico de los ancestros. De este modo, el estudiante conseguirá un nuevo nivel de consciencia sobre el mundo simbólico que nos rodea, su origen y propósito. El siguiente nivel consiste en lo que comúnmente se denomina leer las runas: es una forma de adivinación, pero también requiere que el estudiante interactúe combinando adecuadamente los símbolos de las runas y los acontecimientos de la vida de manera activa. Antes de que un niño pueda hablar, tiene que comprender la lengua. Antes de poder escribir, hay que aprender a leer. Pero las habilidades pasivas son relativamente más fáciles de aprender que las activas. Además, generan menos repercusiones negativas, o «consecuencias no deseadas». A veces, la magia puede funcionar demasiado bien o demasiado rápido, antes de que el mago haya tenido tiempo de desarrollar las habilidades necesarias para controlarla con éxito. Por ello, aprender a leer las runas correctamente es un paso extremadamente importante para un desarrollo equilibrado. Una vez que se dominan los ejercicios de lectura, el estudiante pasa a la escritura activa, a elevarse sólo hacia la estructura misma del universo. Con cimientos firmemente construidos, el éxito está mejor asegurado.

En tiempos pretéritos, parece que cometimos algún error. Rechazamos –de manera lenta e inexorable, como pueblo– la sabiduría de nuestros propios dioses. Ninguna «cura» maravillosa puede arreglar este rechazo de la noche a la mañana; ¡no busquemos «milagros» por parte de Odín! Sólo nuestro propio esfuerzo nos conducirá a cada uno de nosotros hasta la tradición perdida de hace tanto tiempo. Todos los esfuerzos de este libro están dedicados a la consecución de tan compleja pero noble tarea.

Aunque perdimos mucho a causa de nuestros errores pasados, hemos seguido perdiendo más y más en los últimos años por culpa de algunos esfuerzos equivocados, de una visión limitada sobre el «renacimiento» de los viejos caminos del norte. Una y otra vez, los actuales renacentistas han rechazado la visión eterna y positiva del Maestro del Éxtasis en favor de esquemas históricos y limitados por ideologías negativas. Lo que nos define no es a quién o a qué nos oponemos, sino a quién y qué defendemos. Una de nuestras obras más importantes es ayudar a construir una base filosófica para el crecimiento de esta visión positiva de la relevancia intemporal, para que podamos ganar con el ejemplo y conquistar el mundo desde nuestro interior. La transformación personal debe llegar antes que la transformación del mundo.

En los siglos XX y XXI se ha visto recurrir a las runas con fines políticos. Esto abarca desde los nazis, hasta el uso del «símbolo de la paz» en la década de 1960 y el uso más reciente por parte de grupos fascistas. Las runas son, en primer lugar, símbolos sagrados de una cultura arcaica con valores y significado eternos. Es este significado eterno el que los actuales amantes de las runas buscan activar en sus vidas. Como tal, nos oponemos a mantener estos símbolos antiguos como rehenes de disputas actuales sin principios que involucran política y señalización de virtudes. Las runas son poderosas y deben usarse con el propósito para el que vinieron a este mundo.

Las runas, y la ideología que abarcan, sirven a muy diversos fines a través de medios «directos» o mágicos, además de las vías racionales. En los reinos mágicos, el trabajo de runas se utiliza para la transformación personal, la construcción de una consciencia más amplia, para el desarrollo psíquico, la curación, la investigación del destino y para modelar el entorno de acuerdo con la voluntad interna.

En el ámbito racional –tema de los primeros capítulos de este libro–, el conocimiento y la sabiduría de las runas puede servir como marco mental para el desarrollo de una nueva filosofía basada en un patrón atemporal y expresado mediante un potente metalenguaje. Muchas «tradiciones» han intentado, sin éxito, construir un metalenguaje tan logrado como el rúnico, con una gramática precisa y significativamente hermosa, por ejemplo, el cristianismo o el islam, con sus variantes culturales. Pero no son más que fracasos debido a la debilidad inherente en sus sistemas inorgánicos. Si trabajas a través del sistema rúnico y permites que sea parte de tu vida, te habrás hecho un regalo que nadie más podría haberte otorgado: el conocimiento de *ti mismo* como ser único pero que forma parte de un todo. Las runas sirven como un lenguaje que casa con aspectos de uno mismo y, al mismo tiempo, para comunicar el conocimiento a otras personas, lo cual es una prueba difícil pero necesaria para cualquier comprensión verdadera. Dicha comprensión puede llevarse a un nuevo nivel y activarse de acuerdo con la propia voluntad, con el fin de operar cambios en el mundo.

No sólo debemos entender las runas como las entendieron los antiguos, eso sería sólo el comienzo, sino que debemos llegar a un nuevo conocimiento de ellas. Del mismo modo que nos transforman, también debe transformarse nuestra comprensión de ellas. Han sido, son y siempre serán cambiantes y eternamente deseosas de cambio. Por lo tanto, aquellos que sólo quieran reforzar sus prejuicios personales y tengan poco interés en los poderes transmutadores de las runas, o incluso los que las temen, deberían darse por advertidos desde este preciso momento. Las runas describen un camino de metamorfosis, no elevan una torre de justificaciones.

Como todas las cosas que *vale la pena* conocer, estos misterios devienen secretos obstinados (y la maldad no está alejada de ellos). A menudo, se rodean de enigmas, pero tengamos en cuenta que explican más por lo que callan que por lo que son capaces de decir a las claras. Hay poca gracia en sus caracteres y su maestro tiene aún menos. Pero así *debe* ser. Cualquiera que diga lo contrario no será más que un sacerdote de la mentira, porque opinará que tiene un don personal, mientras que nosotros, los partidarios de Odín, sabemos bien que la voluntad humana es la única capaz de conseguir la verdadera sabiduría. Esta voluntad, y la consciencia humana que la acompaña, es el único regalo auténtico: es la espada lanzada antc la humanidad infantil desde la cuna. Y sólo con esta espada conseguiremos nuestros objetivos en este mundo.

El presente libro está diseñado para facilitar un uso eficaz del intelecto modelador e imaginación en conjunción con los mejores y más recientes estudios en los campos de los estudios rúnicos y en la historia de la antigua religión germánica. Contiene un relato histórico detallado del desarrollo de las antiguas tradiciones rúnicas y la forma en la que se utilizaron las runas en épocas más avanzadas. Estos datos históricos se combinan con investigaciones esotéricas sobre la naturaleza de las runas mismas –la forma en la que se relacionan entre sí– y las enseñanzas esotéricas de cosmogonía, cosmología, numerología, psicología (conocimiento del alma) y teología. Esta tradición se activa como una habilidad para leer los misterios que nos rodean y como una habilidad para escribir nuestras propias voluntades en el mundo en el que vivimos. Cabe esperar que el conocimiento rúnico más profundo contenido en las páginas de este trabajo abra el camino a una comprensión más amplia de las runas y ayude a despertar a ese gran dios que yace durmiendo dentro de nosotros. Su voz puede ser solamente un susurro, pero con voluntad y habilidad lo despertaremos, de modo que su voz se convierta en un rugido que oigamos más fuerte que nunca.

Primera parte

CONOCIMIENTO HISTÓRICO

Capítulo 1

RUNAS ANTIGUAS

(CIRCA 800 E. C.)

El objetivo de este capítulo es proporcionar al estudiante un resumen básico de la historia y el desarrollo de las runas desde los tiempos más antiguos hasta alrededor del 800 e.c. (que es el comienzo de la época vikinga) e incluye una sección sobre las tradiciones en inglés antiguo y frisón que van más allá de ese período de tiempo. Para cualquiera que entre en el estudio esotérico de las runas es necesario este prólogo para tener noción del contexto histórico de la tradición. Esta aproximación histórica proporcionará una buena base para la tarea posterior; lecturas y estudios independientes irán conformando un edificio más grande. La mayoría de la información contenida en esta primera parte del libro ha sido obtenida a partir de trabajos académicos sobre runología *(véase* la bibliografía). Los hechos e interpretaciones exotéricos contenidos en estas páginas sirven como introducción al maravilloso mundo de la sabiduría de las runas, desarrollado en partes posteriores del libro.

La palabra runa

La definición más común para la palabra *runa* es «letra de un alfabeto utilizado por los antiguos pueblos germánicos». Esta definición es el resultado de un largo desarrollo histórico, cuya totalidad debemos conocer antes de que podamos ver lo incompleta que es tal definición. En realidad, estas «letras» son mucho más que signos utilizados para representar los sonidos de un idioma. De hecho, son misterios *reales*, auténticos «secretos del universo», como verá todo aquel que estudie con suficiente voluntad y perseverancia.

Runa como palabra sólo se encuentra en las lenguas germánicas y celtas. Su etimología es algo incierta. Sin embargo, existen dos posibles orígenes etimológicos: (1) del protoindoeuropeo *reu-* (rugir y susurrar), que lo conectaría con la interpretación vocal de los encantamientos mágicos, y (2) de protoindoeuropeo *gwor-w-on-,* que lo conectaría con los dioses griegos e índicos antiguos como *Urano* y *Varuna,* respectivamente, dando el significado de «enlace mágico». Esto también es un atributo de Odín. La palabra puede haber tenido el significado esencial de «misterio» desde el principio de los tiempos.

En cualquier caso, se puede establecer una raíz germánica y celta *runo-*, a partir de la cual se fue desarrollando en los diversos dialectos germánicos.

Entendemos que la palabra es muy arcaica, en su sentido técnico, por su atribución universal dotada de un rico significado. La raíz se encuentra en todos los dialectos germánicos principales (*véase* tabla 1.1). Lo que queda claro a partir de la evidencia de dicha tabla es que *runa* es un término antiguo e indígena, cuyo significado más antiguo se enmarca en el ámbito del concepto abstracto (misterio), *nunca* como un signo concreto (letra). La definición de «letra» es estrictamente secundaria, y el significado principal debe ser «misterio».

Esta raíz también se encuentra en las lenguas celtas, donde encontramos el antiguo irlandés *rūn* (misterio o secreto) y el galés medieval *rhin* (misterio). Algunos estudiosos han argumentado que la raíz fue prestada del celta al germánico; sin embargo, son más los que argumentan lo contrario porque los usos germánicos son más firmes, generalizados y más ricos en significado. Otra posibilidad es que sea una raíz compartida por las dos lenguas indoeuropeas y que no se trate de ningún préstamo real en sentido estricto. Quizás, el término incluso lo tomó prestado el finés del germánico en la forma *runo* (canción, un canto del *Kalevala),* pero la palabra finesa en realidad puede provenir de otra palabra germánica que significa «fila» o «serie».

Dialecto	Palabra	Significado
Nórdico antiguo	*rūn*	Secreto, conocimiento secreto, sabiduría, símbolos mágicos, caracteres escritos
Gótico	*rūna*	Secreto, misterio
Inglés antiguo	*rūn*	Misterio, consejo secreto
Sajón antiguo	*Rūna*	Misterio, secreto
Antiguo alto alemán	*rūna*	Misterio, secreto

Tabla 1.1. Definición germánica de runa.

Aunque la palabra es claramente de origen germánico común, la palabra real en inglés moderno no es descendiente directa del inglés antiguo *rūn*, sino que se tomó prestada del latín tardío (siglo XVII) *runa* (adjetivo, *runicus),* que a su vez se tomó de las lenguas escandinavas.

La definición de las runas odínicas es compleja y se basa en el significado subyacente más antiguo de la palabra: un misterio, una historia secreta arquetípica. Éstos son los patrones impersonales que subyacen a la sustancia/no sustancia del multiverso y que constituyen su ser/no ser. Cada una de estas runas también puede analizarse por lo menos a tres niveles:

- Forma (ideograma con valor fonético)
- Idea (contenido simbólico)
- Número (naturaleza dinámica, relaciones reveladoras con las otras runas)

Con las runas –como con su maestro, Odín– todas las cosas pueden ser identificadas y pueden ser negadas. Por lo tanto, cualquier definición que haga uso del lenguaje «profano» será siempre inadecuada e incompleta.

A lo largo de este libro, cuando se usa la palabra *runa*, debe considerarse bajo esta óptica tan compleja; mientras que los términos *piedra rúnica* o simplemente *piedra* se utilizarán en las discusiones que giren en torno a su dimensión como letras o signos físicos.

Historia antigua de las runas

El uso sistemático de piedras rúnicas data de por lo menos el año 50 e.c. (la fecha aproximada del broche de Meldorf) hasta el presente. Sin embargo, el marco subyacente tradicional y oculto sobre el que se construyó el sistema rúnico no puede discutirse en términos puramente históricos: es ahistórico.

Esencialmente, la historia del sistema rúnico abarca cuatro épocas: (1) el período más antiguo, desde el siglo I e.c. hasta aproximadamente el año 800 e.c.; (2) el período más moderno, que nos lleva a aproximadamente al año 1100 (estos dos períodos son expresiones de tradiciones rúnicas unificadas y ligadas por una simbología coherente); (3) el período intermedio, que es tan largo como dispar, y que presenció la decadencia de la tradición externa y su inmersión en el inconsciente; finalmente, (4) los períodos de renacimiento. Aunque el uso de runas ha sido continuo dentro de una tradición ininterrumpida (aunque gravemente dañada) en áreas remotas de Escandinavia, la mayor parte del trabajo rúnico a nivel profundo tuvo lugar en escuelas de renacimiento tradicional después de, más o menos, el año 1600.

Se puede argumentar que un estudio histórico es en realidad innecesario e incluso perjudicial para aquellos que desean sondear las profundidades de esta realidad intemporal, ahistórica y arquetípica que son las runas mismas. Pero tal argumento tiene sus inconvenientes. El conocimiento histórico es necesario porque se requieren herramientas conscientes para el renacimiento de las runas desde los reinos inconscientes. El moderno investigador rúnico debe conocer los orígenes de las diversas estructuras que entran en contacto con la mente consciente. Solamente en este contexto, el renacimiento puede brotar en un terreno fértil para crecer adecuadamente. Para que esto suceda, el estudiante debe tener una sólida comprensión de la historia de la tradición rúnica. Porque, sin raíces fuertes, las ramas se marchitarán y morirán. Además, la observación analítica y la interpretación racional de datos objetivos (en este caso, la tradición histórica rúnica) es fundamental para el desarrollo de todo el maestro rúnico o vitki. Si un sistema no se basa en una tradición objetiva, muchos elementos erróneos pueden encontrar más fácilmente una vía de entrada en el proceso de pensamiento del profesional. La claridad y la precisión son herramientas valiosas para el desarrollo interno.

Orígenes rúnicos

Dado que las runas (misterios) son ahistóricas, tampoco deben tener un origen último: son atemporales. Cuando hablamos de orígenes rúnicos, nos estamos refiriendo concretamente a los orígenes de las tradiciones del sistema de piedras rúnicas. Las preguntas sobre los orígenes de la runa arquetípica se retomarán más adelante. De hecho, se puede decir que las runas han pasado por muchas puertas en el camino hacia nuestra percepción de ellas y han sufrido muchos «puntos de origen» a través del tiempo.

Hay varias teorías sobre los orígenes históricos del sistema de runas y su uso como modo de escritura para los dialectos germánicos. Éstas son esencialmente cuatro: la teoría romana, la teoría griega, la teoría etrusca y la teoría indígena. Varios estudiosos a lo largo de los años se han adherido a una u otra; más recientemente se ha abordado una síntesis razonable, pero sigue siendo un área de controversia académica.

La teoría romana fue científicamente expuesta por primera vez por L. F. A. Wimmer en 1874. Quienes se adhieren a esta hipótesis generalmente creen que, a medida que los pueblos germánicos entraron en contacto más cercano con la cultura romana (a partir del siglo II a.e.c., con la invasión de los cimbrios y teutones de Jutlandia), a lo largo del Danubio (en Carnuntum) y el Rin (en Colonia, Trier, etc.), el alfabeto romano fue adoptado y adaptado por los germánicos. Las rutas comerciales habrían sido el medio por el cual el sistema pudo extenderse rápidamente desde la región sur hasta Escandinavia, y desde allí hacia el este. Este último punto que hace referencia al comercio es absolutamente necesario porque la evidencia más antigua del alfabeto rúnico no se encuentra cerca de las fronteras romanas ni de sus esferas de influencia, sino más bien en el lejano norte y este de los territorios germánicos. La idea de las rutas comerciales no plantea ningún problema real porque tales rutas estaban bien establecidas desde tiempos más remotos. Sin ir más lejos, las tumbas micénicas en la Grecia actual (ca. 1400-1150 a.e.c.) contienen ámbar del Báltico y de Jutlandia, por ejemplo. Recientemente, Erik Moltke ha teorizado que el futhark o alfabeto rúnico se originó en la región danesa y se basó en el alfabeto romano.

Esta teoría todavía tiene una serie de partidarios y algunos aspectos de ella, que discutiremos más adelante, muestran signos de importancia. En cualquier caso, la influencia de los elementos culturales llevados a las tierras fronterizas de los pueblos germánicos por los romanos no puede ser obviado como fuente de influencia durante el período comprendido entre aproximadamente 200 a.e.c. y 400 e.c.

Cuando se discuten estas teorías, se debe tener en cuenta que tenemos que restringir nuestros interrogantes al origen de la idea de escribir con un sistema fonético (alfabeto) entre los pueblos germánicos en relación con la tradición rúnica, sin tener en cuenta la génesis del sistema subyacente o la tradición misma.

La teoría griega, presentada por primera vez por Sophus Bugge en 1899, busca los orígenes de este sistema de escritura más al este. En esta hipótesis, se cree que los godos adaptaron una versión de la escritura cursiva griega durante el período de contacto con la cultura helénica a lo largo del mar Negro, desde donde se transmitió de regreso a la patria escandinava de los godos. Sin embargo, hay un problema nada despreciable en esta teoría, porque el período de contacto gótico/griego en cuestión no pudo haber comenzado antes de, aproximadamente, 200 e.c., y las inscripciones rúnicas más antiguas datan de mucho antes. Por esta razón, la mayoría de los estudiosos han abandonado hace mucho tiempo esta hipótesis. La única forma de salvarla sería demostrar una conexión muy anterior, todavía indocumentada, entre ambas culturas. Para ello se necesita más investigación en esta área. A pesar de todo, es probable que las ideas helénicas, incluso si no llegaron a desempeñar ningún papel en los orígenes rúnicos, sí hayan tenido alguna influencia en la formación de algunos elementos del sistema tradicional.

La teoría etrusca fue propuesta por primera vez por C. J. S. Marstrander en 1928 y posteriormente, Wolfgang Krause –entre otros– la modificó y promovió en 1937. Históricamente, esta hipótesis supone que los pueblos germánicos que vivían en los Alpes adoptaron la escritura del norte de Italia en una fecha relativamente temprana, quizás incluso en 300 a.C., cuando los cimbrios entraron en contacto con el alfabeto y se lo pasaron a los poderosos suevos (o suebos), gracias a los cuales se extendió rápidamente por el Rin y a lo largo de la costa del mar del Norte hasta Jutlandia y más allá. No puede haber objeciones históricas a la plausibilidad de este escenario, excepto por el hecho de que el contacto inicial se produjo unos trescientos o cuatrocientos años antes de que tengamos algún registro de inscripciones rúnicas reales.

De hecho, hay un ejemplo de idioma germánico escrito en el alfabeto del norte de Italia: el famoso casco de Negau (ca. 300 a. e. c). La inscripción puede leerse de derecha a izquierda en la figura 1.1.

En la inscripción pueden leerse las palabras *Harigasti teiwai*... y traducirse «al dios Harigast (Odín)» o «¡Harigastiz [y] Teiwaz!».

En cualquier caso, la raíz de las dos primeras palabras de la inscripción son claras.

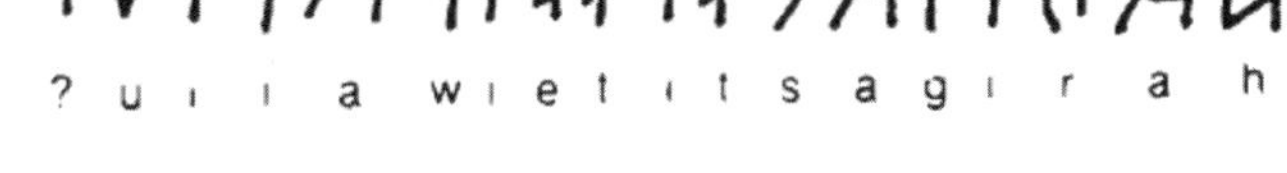

Figura 1.1. Inscripción del casco de Negau.

Harigastiz (el invitado del ejército) y Teiwaz (el dios Tyr). En tiempos posteriores, será normal que el dios Odín sea identificado por un epíteto de este tipo, y bien podríamos tener un ejemplo temprano en esta inscripción. Además, esto sería una prueba temprana de la antigua combinación de las dos deidades soberanas germánicas *(véase* capítulo 13).

Como se puede ver en la inscripción de Negau, los guiones en cuestión tienen muchas correspondencias formales cercanas a las letras rúnicas; sin embargo, algunos valores fonéticos tendrían que haberse transferido. Ningún alfabeto etrusco completa un modelo fonético claro para todo el futhark. Recientemente, un escritor ha representado una versión del alfabeto etrusco como «los misterios rúnicos desentrañados» y con ello ha añadido una desafortunada nota para la historia rúnica.

La idea de que las runas son una escritura germánica puramente indígena se originó a fines del siglo XIX y ganó gran popularidad en la Alemania nacionalsocialista. Esta teoría afirma que las runas son una invención germánica primordial y que incluso son la base de los alfabetos fenicio y griego. Esta hipótesis no se fundamenta en ningún criterio objetivo porque las inscripciones rúnicas más antiguas datan del siglo I e.c., mientras que los textos fenicios datan de los siglos XIII y XII a.C. Cuando esta teoría fue expuesta por primera vez por R. M. Meyer en 1896, las runas se vieron como un sistema de escritura originalmente ideográfico (el inapropiado nombre que le dieron fue «jeroglífico») que luego se convirtió en un sistema alfabético acrófono (es decir, basado en el primer sonido de los nombres adjuntos al ideógrafo). Probablemente sea correcto sólo hasta cierto punto: los pueblos germánicos parecen haber tenido un sistema ideográfico, pero no parece haber sido utilizado como un sistema de escritura, y es aquí donde la teoría indígena se desvía. Es posible que el sistema ideográfico haya influido en la elección de las formas de las letras rúnicas y sus valores fonéticos.

A partir de la evidencia física disponible, es más razonable concluir que el sistema de runas sea el resultado de un desarrollo complejo en el que tanto los ideógrafos indígenas como los sistemas de símbolos y los sistemas de escritura alfabética del Mediterráneo desempeñaron un papel igualmente importante. Los ideógrafos fueron, probablemente, los precursores de las piedras rúnicas (de ahí los nombres únicos de cada runa), y el prototipo del sistema rúnico (orden, número, etc.) seguramente también se encuentre en alguna simbología mágica nativa.

Una posible evidencia de la existencia de un sistema de símbolos prerrúnicos es un texto de Tácito en el capítulo 10 de su *Germania* (ca. 98 e.c.), donde menciona ciertas *notae* (signos) talladas en tabillas de madera para ritos adivinatorios germánicos. Aunque el reciente descubrimiento del broche de Meldorf ha retrasado la fecha de la inscripción rúnica más antigua a una época anterior a que Tácito escribiera su *Germania*, éstos podrían haber sido un sistema de símbolos distinto del futhark propiamente dicho. En cualquier caso, es cierto que la idea de usar este tipo de signos como un sistema de escritura, así como la idea de elegir de ciertos signos para representar sonidos específicos, fue una influencia de las culturas del sur de Europa.

Finalmente, es muy probable que las runas tengan su origen en el alfabeto latino. La cantidad de intercambios económicos y culturales entre Roma y Germania fue mucho más intensa de lo que a menudo se supone. Lo más interesante de todo el proceso es que el pueblo germánico no sólo aceptó la escritura latina como una forma práctica de escribir (como ya lo hicieron otros pueblos), sino que la transformó por completo en una variedad de formas para convertirla en su propia escritura con una cosmovisión única y particular. Es este hecho incontestable lo que obviamente lleva a la gente razonable a concluir que hay algo misterioso en las runas porque codifican secretos culturales esotéricos.

Esto resume la historia con respecto a la parte *exotérica*. Pero ¿qué más se puede decir sobre los aspectos esotéricos de los orígenes rúnicos? Las runas mismas, como hemos dicho, no tienen principio ni fin; son patrones eternos en la sustancia del multiverso y son omnipresentes en todos los mundos. Podemos hablar del origen de las runas en la consciencia humana (y, de hecho, éste es el único punto en el que podemos empezar a hablar sobre los «orígenes» de cualquier cosa).

Para ello, nos dirigiremos a la *Edda Poética* y a la canción de la sagrada runa del «Hávamál», estrofas 138 a 165, los llamados «Rúnatals tháttr Ódhins» *(véase también* capítulo 8). Allí, Odín cuenta que estuvo colgado durante nueve noches en el Árbol del Mundo, Yggdrasill, como una forma de sacrificio personal. Esto constituye la iniciación rúnica del dios Odín: se acerca y se hunde en el reino de la muerte en el que recibe los secretos, los misterios del multiverso –las runas mismas– en un destello de inspiración. Entonces regresa de dicho reino con la función de enseñar las runas a algunos de sus seguidores para otorgar una consciencia, sabiduría, magia, poesía e inspiración más amplias al mundo de Midhgardhr y a todos en general. Éste es el cometido fundamental de Odín, maestro de la inspiración.

La etimología del nombre *Odín* nos da la clave de este significado «espiritual». *Odín* se deriva del protogermánico *Wödh-an-az*. *Wödh-* se refiere a una actividad numinosa. El infijo *-an-* indica quién es el maestro o gobernante de algo. El *-az* es un final gramatical. El nombre también puede ser interpretado como una deificación del principio espiritual de *wödh*. *Véase* el capítulo 13 para más detalles sobre la teología odínica.

La figura de Odín, como las piedras rúnicas, se encuentra en la puerta interior de nuestra frontera entre el consciente y el inconsciente. Odín informa al consciente sobre los contenidos del inconsciente y el supraconsciente, y llena el «espacio» de todas las facultades. Nosotros, como humanos, somos seres conscientes, pero tenemos una profunda necesidad de comunicación e iluminación sobre el lado oculto de otros mundos y de nosotros mismos. Odín es el arquetipo de este aspecto tan profundo de la naturaleza humana, que une los diferentes mundos en una red de misterios: las runas.

Por lo tanto, en un sentido esotérico, las runas se originan en la consciencia humana a través del arquetipo del dios que lo abarca todo (el todo) oculto profundamente en sus seguidores. Para nosotros, las runas nacen simultáneamente con la consciencia. Pero hay que recordar que las runas mismas están más allá de su control absoluto (y por lo tanto nuestro). Odín puede ser destruido, pero gracias a la suposición *consciente* del patrón básico de los misterios rúnicos (en la iniciación de Yggdrasill) su «destrucción» se convierte en el camino hacia la transformación y el renacimiento.

La época del antiguo futhark

Como ya hemos mencionado antes, la inscripción rúnica más antigua encontrada es la del broche de Meldorf (de la costa oeste de Jutlandia), que data de mediados del siglo I e.c. A partir de este momento, las runas se convierten en una tradición continuada que durará más de mil años, con una notable transformación formal conforme nos aproximamos a la mitad de la historia de la gran tradición. Es el momento del desarrollo del futhark joven –a partir del futhark antiguo– que comienza en el siglo VII. Pero el sistema antiguo se mantuvo en algunos enclaves muy conservadores y sus ecos continuaron resonando hasta alrededor de 800 e.c., así como en tradiciones ocultas más allá de esa época.

El sistema antiguo consta de veinticuatro runas dispuestas en un orden muy específico *(véase* tabla 1 en el apéndice I). Las únicas variaciones importantes en este orden formaban parte, aparentemente, del sistema mismo. Las runas décimo tercera y décimo cuarta, **:ᛇ:** y **:ᛈ:**, ocasionalmente alternan su posición; al igual que las runas vigésimo tercera y vigésimo cuarta, **:ᛞ:** y **:ᛟ:**. Cabe señalar que ambas alternancias se encuentran exactamente a mitad y a final de la fila. Para el año 250 e.c., aparecen inscripciones en todos los territorios europeos ocupados por los pueblos germánicos. Esto nos indica que la propagación fue sistemática en cientos de grupos sociopolíticos (clanes, familias, tribus, etc.) y que probablemente tuvo lugar a lo largo de redes preexistentes de culto tradicional. Sólo sobreviven unas trescientas inscripciones en futhark antiguo. (También se pueden añadir alrededor de 250 broches con sellos rúnicos). Esto representa con seguridad una pequeña fracción del número total de inscripciones ejecutadas durante ese período antiguo. La gran mayoría se hizo en materiales perecederos, como madera y hueso, que eran los materiales más populares para los maestros de las runas, y que desaparecieron hace ya muchísimo tiempo. La mayoría de las inscripciones más antiguas que nos han llegado son de metal y algunas de ellas están bastante elaboradas y notablemente trabajadas. Sin embargo, las inscripciones en soportes como el oro se fundieron en su mayoría en los siglos siguientes.

En los primeros tiempos, las runas se tallaban generalmente en objetos móviles. Por esta razón, los lugares donde se encontraron nos dicen poco o nada acerca de dónde fueron talladas. Un buen ejemplo de este problema lo proporcionan los hallazgos en pantanos (principalmente de alrededor del año 200 e.c.) en la costa oriental de Jutlandia y del archipiélago danés. Los objetos en los que se tallaban las runas fueron ofrecidos como sacrificio por la población local tras haber derrotado a los invasores del este. Después fueron los invasores quienes grabaron nuevas runas, cuyas inscripciones se encontraron en algún lugar de la actual Suecia, es decir, que no son las inscripciones talladas por los habitantes de la tierra donde se encontraron los objetos, sino las talladas por sus invasores. Tal como está la situación en la actualidad, parece que antes de 200 e.c. las runas sólo se conocían en las regiones de la moderna de Dinamarca, Schleswig-Holstein, el sur de Suecia (quizás también en las islas de Öland y Gotland) y el sureste de Noruega. A medida que los pueblos germánicos del norte y del este se extendieron hacia el este y hacia el sur, se llevaron las runas con ellos, por lo que se han encontrado inscripciones dispersas por la actual Polonia, Rusia, Rumanía, Hungría y Serbia. La tradición rúnica se mantuvo continuadamente en Escandinavia hasta el final de la Edad Media. Una de las tradiciones escandinavas más notables fue la de los bracteatos, delgados discos de oro estampados con pictografías simbólicas y empleados como amuletos, tallados entre 450 y 550 e.c. en Dinamarca y el sur de Suecia *(véase* figura 1.6 en la página 27). Otras dos tradiciones distintas pero relacionadas están representadas por las runas anglo-frisonas (utilizadas en Inglaterra y Frisia desde aproximadamente 450 a 1100 e.c.) y las runas germánicas del sur (prácticamente idénticas al futhark germánico del norte) utilizadas en el centro y sur de Alemania (algunos hallazgos pertenecen a la Suiza moderna y a Austria) datadas aproximadamente entre 550 y 750 e.c.

Inscripciones futhark

Tenemos siete ejemplos de inscripciones que representan la fila futhark, completa o fragmentada, del período más antiguo. Aparecen en orden cronológico en la figura 1.2 en la página siguiente.

La piedra de Kylver (que formaba parte del interior de la cámara de una tumba), combinada con la evidencia posterior de las runas manuscritas, muestra que el orden original de las dos runas finales era D-O y que los bracteatos de Grumpan y de Vadstena se solían decorar con runas como parte de sus diseños. Sin embargo, la piedra de Kylver ha invertido las runas décimo tercera y décimo cuarta, y se lee P-EI en lugar del EI-P habitual. El broche de Beuchte contiene sólo las primeras cinco runas inscritas en su reverso en el orden futhark, seguido de dos runas ideográficas –:ᛉ: *elhaz* y :ᛄ: *jera*– para la protección y la buena fortuna. En la columna de Breza (parte de una iglesia bizantina en ruinas y probablemente tallada por un artesano gótico) encontramos un fragmento de futhark roto después de la L y con la B conservada. El broche de Charnay también presenta un fragmento que parece intencional, con fines mágicos. El broche de Aquincum lleva el primer aett, o sección de runas, para completar el futhark. (Para el análisis sobre los diversos aspectos del sistema aett, *véanse* los capítulos 7 y 9).

Estudio de las inscripciones continentales y escandinavas mayores

La forma más conveniente de abordar la historia rúnica exotérica se basa en el estudio de los diversos tipos de materiales u objetos en los que se tallaban las runas, entendidas desde una perspectiva cronológica. Generalmente, hay dos tipos de objetos: (1) sueltos, portátiles (joyas, armas, etc.), que pueden haber sido tallados en un lugar y encontrados a cientos o miles de kilómetros de distancia; y (2) objetos fijos e inmóviles (piedras), que no se pueden mover en absoluto, o al menos no muy lejos.

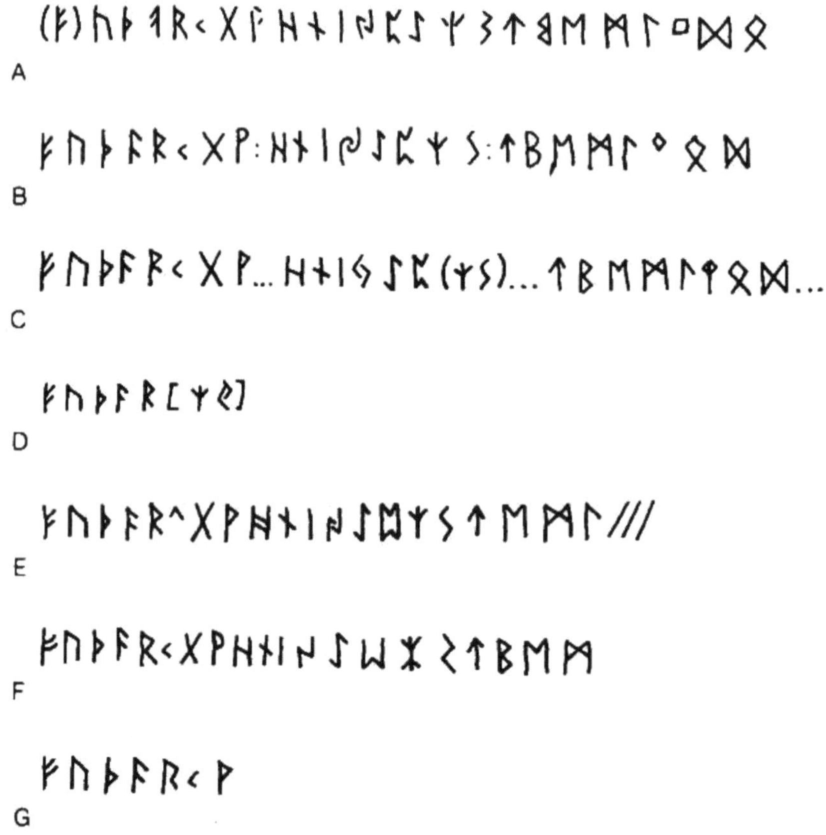

Figura 1.2. Las inscripciones en futhark antiguo: a) La piedra de Kylver, ca. 400. b) Los bracteatos de Vadstena/Motala, ca. 450-550. c) El bracteato de Grumpan, ca. 450-550. d) La fíbula de Beuchte, ca. 450-550. e) La columna de mármol de Breza, ca. 550. f) La fíbula de Charnay, ca. 550-600. 8) La fíbula de Aquincum, ca. 550.

Objetos móviles

Las runas se encuentran talladas en muy diversos objetos: armas (espadas, puntas de lanza y ejes, escudos), broches (o fíbulas), amuletos (de madera, piedra y hueso), herramientas, peines, anillos, cuernos para beber, estatuillas, cajas, bracteatos, hebillas y accesorios diversos de metal, cuero o madera. La mayoría de estos objetos tenían funciones mágicas.

Las puntas de lanza con runas pertenecen a una de las tradiciones mágico-religiosas más antiguas entre los indoeuropeos, y se encuentran entre las inscripciones más antiguas conocidas. La cuchilla de Øvre-Stabu (Noruega) era, hasta el reciente descubrimiento de Meldorf, el artefacto rúnico más antiguo (ca. 150 e.c.). En Gotland, la punta de lanza de Moos data del año 200 al 250. Más al sur y al este, encontramos las espadas de Kovel, Rozvadov y Dahmsdorf (todas de aproximadamente del año 250). También está la espada de Wurmlingen, que es más tardía (ca. 600).

Todos los artefactos, salvo el de Kovel (desenterrado por el arado por un granjero) y el de Wurmlingen, fueron encontrados en tumbas de incineración. La espada de Wurmlingen apareció en una tumba de inhumación. Sin embargo, su función principal no era funeraria. Probablemente eran tesoros pertenecientes al clan, de importancia mágica, que fueron enterrados con el caudillo.

El uso mágico de la lanza como culto al guerrero es bien conocido en la tradición germánica. Lanzar lanzas al enemigo antes de la batalla era una forma de «ofrendárselas» a Odín, es decir, de sacrificarlas al dios. Se dice que Odín mismo hace esta ofrenda en la batalla primigenia descrita en el «Völuspá» (est. 24):

> Odín disparó su lanza
> sobre el ejército.

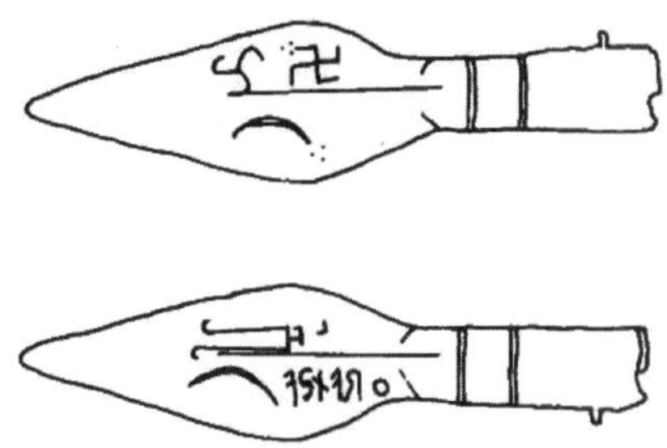

Figura 1.3. Punta de lanza de Dahmsdorf.

Esta práctica también se conoce a través de las sagas.

Como ejemplo de estos poderosos objetos talismánicos, examinaremos la espada de Dahmsdorf (encontrada mientras se excavaban los cimientos de una estación de tren en 1865). En la actualidad está desaparecida. La hoja estaba hecha de hierro con incrustaciones de plata y probablemente fuera de origen burgundio. Era especialmente interesante porque llevaba muchos otros símbolos, además de las runas, como muestra la figura 1.3. En el lado rúnico vemos una media luna, un *tamga* (un símbolo mágico, probablemente de origen sármata); en el otro lado se muestra un triskelion (trifos), una rueda solar (swastica) y otra media luna. La inscripción rúnica dice, de derecha a izquierda: *Ranja*. Éste es el nombre mágico (en forma de agente sustantivo) de la lanza misma. Se deriva del verbo *rinnan* (correr); por lo tanto, significa «la veloz». Su función era, en sentido mágico, «atravesar al enemigo» y destruirlo.

Las fíbulas, que servían para sujetar las capas o prendas exteriores de hombres y mujeres, se usaban desde tiempos muy antiguos *(véase* «Germania», capítulo 17). Como tales, eran objetos muy personales e ideales para la transformación en talismanes a través de las manos del maestro de runas. De hecho, parece que la mayoría de las doce inscripciones principales de esta clase (que datan de finales del siglo II al VI) tienen una función expresamente mágica. En seis casos, incluyen una «fórmula del maestro rúnico» en la que se usa un nombre mágico especial para el maestro mismo. La función era la de atraer la buena fortuna (activa) o como un amuleto pasivo para protección.

Como ejemplo de este tipo de inscripción, podríamos fijarnos en la fíbula de Vaerløse, que se encontró en la tumba de inhumación de una dama, en 1944. Esta fíbula con forma de roseta de plata dorada data, aproximadamente, de 200 e.c. La simbología del objeto también incluye una rueda solar, que era parte del diseño original, mientras que las runas probablemente fueron talladas más tarde; por lo menos podemos asegurar que fueron tallados con una técnica diferente. La inscripción se puede leer en la figura 1.4.

Figura 1.4. Inscripción de Vaerløse.

Figura 1.5. Análisis numerológico de la fórmula Vaerløse.

Las runas Vaerløse son difíciles de interpretar lingüísticamente. Tal vez sea una fórmula mágica desconocida compuesta por el conocido *alu* (poder mágico, inspiración; que puede entenderse en un sentido protector), más *dios* (bueno). Por lo tanto, el significado podría ser «bienestar a través del poder mágico». También podría ser una fórmula de dos palabras; por ejemplo, «alu [es deseado por] dios (agaz)», siendo la última palabra un nombre personal que utiliza un ideógrafo para completar el nombre. Sin embargo, el dinamismo mágico formulado contenido en su valor numérico es claro, como vemos en la figura 1.5.

La numerología de la fórmula Vaerløse es un excelente ejemplo de cómo los números de poder podrían haberse trabajado en inscripciones rúnicas. Aquí vemos un aumento nueve veces mayor del multiversal poder del número nueve trabajando en el reino de los seis. *Véase* el capítulo 11 para más detalles sobre la numerología rúnica.

Los bracteatos tenían ciertamente una función talismánica. Se conocen más de 800 de ellos, de los cuales aproximadamente 250 tienen inscripciones rúnicas. Éstos no fueron *tallados,* sino *estampados* en delgados discos de oro junto con el resto del diseño, normalmente como una adaptación de una moneda romana. La iconografía de estas monedas romanas, que a menudo muestran al emperador en un caballo, fue completamente reinterpretada en el territorio germánico, donde llegó a simbolizar a Odín o a su hijo Baldr. Es muy posible que los bracteatos representen iconos religiosos del culto odínico. Fueron producidos y distribuidos en de sitios de culto odínicos –o alrededor de ellos–, conocidos en lo que hoy es Dinamarca.

El bracteato representado en la figura 1.6 proviene de un hallazgo alemán cerca de Sievern (un total de once bracteatos). La iconografía del bracteato de Sievern también es interesante. Según el historiador medieval Karl Hauck, la curiosa formación que sale de la boca es una representación del «aliento mágico» y el poder de la palabra que posee el dios Odín. Esto también se puede ver en representaciones del dios Mitra. La inscripción estaba muy dañada, pero probablemente se lee tal y como se interpreta en la figura 1.7. Esta lectura puede entenderse como *r(unoz) writu*, «tallo las runas», una fórmula mágica típica de un maestro de runas.

Figura 1.6. Bracteato rúnico de Sievern.

Figura 1.7. Inscripción del bracteato de Sievern.

Como ejemplo de este proceso, en un objeto de madera preservado, podríamos hablar de la caja de tejo de Garbølle (en Zelanda, Dinamarca) que se encontró vacía en 1947. Está diseñada como una caja de lápices moderna con una tapa deslizante y data de alrededor de 400 e.c. La inscripción se puede leer en la figura 1.8. Las runas aquí dispuestas se interpretan en general como *Hagiradaz i tawide*: «Hagirad ["hábil en el consejo"] trabajó [las runas] en [la caja]». Los cinco puntos verticales después de las runas indican que el lector debe contar cinco runas hacia atrás, desde allí, para descubrir el poder oculto en las runas (:ᚨ:).

Hay también una amplia gama de objetos únicos difíciles de clasificar. Muchos de ellos son herramientas u otros objetos cotidianos que se convirtieron en talismanes mientras que algunos de ellos, como los famosos cuernos de Gallehus y el anillo de Pietroassa, son interesantes obras de arte.

Figura 1.8. Fórmula de Garbølle.

El anillo de Pietroassa (ca. 350-400) es un ejemplo adecuado de estos objetos singulares. Es (o era) un anillo de oro con un diámetro de aproximadamente 15 cm que se abriría y cerraría con un mecanismo. El anillo, junto con otros veintidós objetos de oro (algunos eran joyas) fue encontrado en 1837 bajo un gran bloque de piedra caliza por dos granjeros rumanos. Desafortunadamente, casi todos los artefactos han desaparecido o han sido severamente dañados. Del anillo, sólo sobrevive la porción con la inscripción en sí, y en dos piezas. Estos objetos parecen haber sido instrumentos rituales sagrados pertenecientes a algún sacerdote o caudillo godo (¿tal vez el propio Atanarico?). Un torques en el cuello era la insignia de los poderes soberanos en el mundo celta y germánico. La figura 1.9 muestra ya la morfología rúnica más reciente y ahora podemos leerlas.

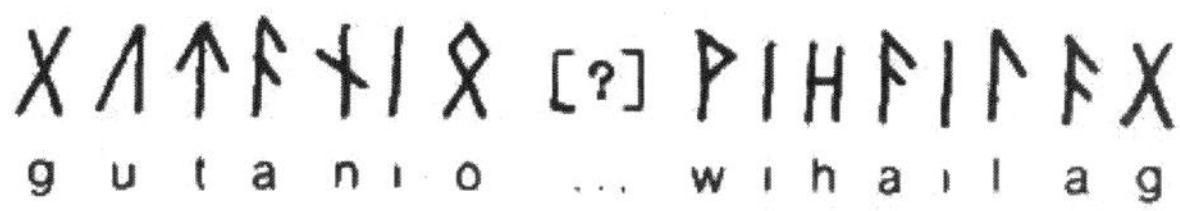

Figura 1.9. Fórmula de Pietroassa.

Deben ser interpretados como *Gutani* :ᛟ: *wih-hailag*. El signo poco claro entre las runas siete y ocho es probablemente un triskelion, y la octava runa misma debe leerse como un ideógrafo (= *othala*, propiedad hereditaria). Por lo tanto, la traducción de toda la fórmula sería algo así como «Propiedad hereditaria de los godos, sacrosanto». Para obtener más información sobre este tesoro y las puntas de lanza góticas, véase *Mysteries of the Goths* (Rûna-Raven, 2007).

Objetos fijos

Fundamentalmente, hay tres tipos de objetos fijos en la tradición antigua, todos de piedra, pero de diferentes tipos y con distintas funciones. Primero están los tallados en la roca, cortados directamente en la roca viva, en acantilados y similares. Luego están las llamadas piedras de *bauta*. Estas piedras eran especialmente elegidas, trasladadas y finalmente dispuestas en una posición predeterminada. El tercer tipo está formado por piedras de bauta con pictogramas tallados. Cuatro rocas talladas datan de entre el año 400 y el 550, todas ellas en la península escandinava. Todas parecen tener un significado mágico-cultural y a menudo se refieren al maestro de runas, incluso dando pistas sobre la estructura del culto eruliano.

Todas las inscripciones son como una especie de declaración de poder iniciático en el que el maestro de runas talla uno o más de sus epítetos o títulos mágicos. Este tipo de fórmula se puede usar para santificar un área, para protegerla o incluso para provocar ciertas modificaciones específicas en el entorno inmediato. El ejemplo más simple lo proporciona la pared de roca de Veblungsnes en el centro de Noruega *(véase* figura 1.10), que data de, aproximadamente, del año 550. La fórmula de Veblungsnes se leería *ek irilaz Wiwila*: «Yo [soy] el eruliano Wiwila». (Fijémonos en que :ᛖᚲ: es una combinación de :ᛖ: y :ᚲ:). La fórmula consiste en el pronombre en primera persona «YO», el título de iniciación *irilaz* (variación dialectal de *erilaz),* «el eruliano» (entendido simplemente como «maestro de runas»), y el nombre propio. Sin embargo, este nombre propio no es el nombre de pila del maestro de runas en cuestión, sino un epíteto sagrado o iniciático. Significa «el sagradito» o «el santito». Cabe señalar que el nombre *Wiwilaz* es una forma diminutiva de *Wiwaz*, que también se encuentra en la piedra de Tune y está relacionado con el nombre del dios *Wihaz* («sacro»). En esta fórmula, el maestro de runas, o eruliano, santifica un área con su presencia mágica y sacrosanta. Lo hace asumiendo primero una persona divina y luego actuando dentro de dicha persona al grabar las runas.

Figura 1.10. Fórmula de Veblungsnes.

Las piedras de bauta son las precursoras de las grandes piedras rúnicas de la época vikinga. Tales piedras datan desde mediados del siglo IV hasta finales del siglo VII, pero continúan desarrollándose más allá de este tiempo.

Las inscripciones de este tipo casi siempre están relacionadas con el culto a los muertos y los ritos funerarios. Como es bien sabido, ésta es una parte importante del culto general de Odín, con el que las runas siempre estuvieron profundamente ligadas. En ocasiones, las runas se usaban para proteger a los muertos de posibles saqueadores de tumbas y hechiceros, otras veces se emplearon para mantener a los difuntos en sus tumbas (para evitar los temidos *aptrgöngumenn* [«zombis»]), mientras que otras veces se usaban las runas para comunicarse con los difuntos con fines mágicos o religiosos.

La piedra de Kalleby, cuya fórmula se puede ver en la figura 1.11, es un ejemplo del trabajo del maestro de runas para conseguir que los muertos permanezcan en sus tumbas, o por lo menos, que regresen a la tumba tras haber vagado por un tiempo. Estas ideas son muy comunes en las culturas antiguas. En el mundo germánico, los «muertos vivientes» podían ser reanimados mediante la voluntad de un brujo y enviados a cumplir sus órdenes.

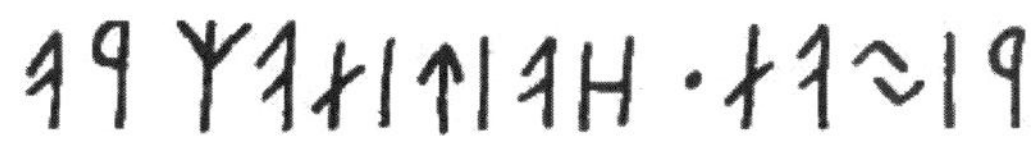

Figura 1.11. Fórmula de Kalleby.

La fórmula de Kalleby se debe leer de derecha a izquierda *thrawijian haitinaz*: «Él [el muerto] recibió la orden de salir [de la tumba]». El uso del tiempo pasado se encuentra muy a menudo en inscripciones mágicas para una doble razón de carácter técnico: (1) el principio mágico fundamental que reza «haz como si tu voluntad ya estuviera hecha» y (2) el hecho de que el ritual aseguraba que la voluntad del maestro de runas se había realizado *antes* de que se produjesen los efectos reales. Estas concepciones son fundamentales para la cosmovisión germánica sobre la *realidad* última del «pasado» y su poder para controlar lo que hay más allá. El eruliano *usa* esta estrategia para cumplir su voluntad.

Las piedras pictográficas combinan simbología rúnica con magia pictográfica. Esto resulta especialmente claro en dos piedras, de Eggjum y de los Corzos, las cuales presentan representaciones esquemáticas de caballos (véase la runa-E). La tradición de combinar runas y pictogramas parece ser muy remota, ya que la más antigua de las cuatro inscripciones data de aproximadamente el año 450 y la última (Corzos) de aproximadamente del 750. La técnica florecería probablemente por la gran tradición pictográfica de las runas de la época vikinga de Escandinavia.

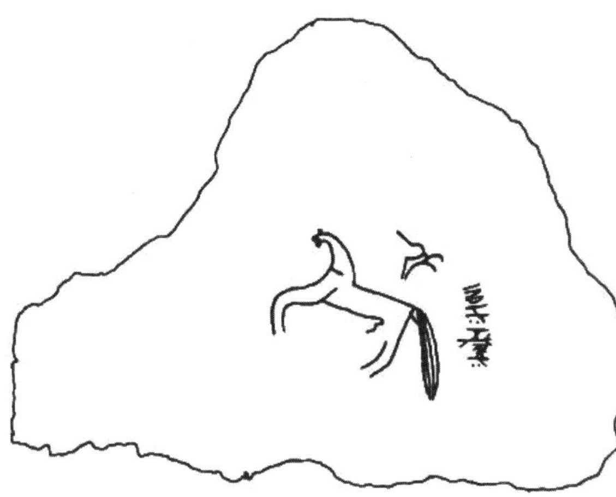

Figura 1.12. Piedra de los Corzos.

Tal vez el mejor ejemplo de la combinación de las runas e imágenes de caballos se ve en la piedra gótica de los Corzos *(véase* figura 1.12). Este importante talismán (una placa de arenisca de 55 x 77 x 8 cm) se encontró bajo las raíces de un avellano en el siglo XIX. La fórmula rúnica real se puede leer en la figura 1.13. Su interpretación no está exenta de controversia, pero la mejor solución parece ser la que plantea U + D + Z, de modo que el conjunto se pueda leer como: *ju thin Uddz rak*, esto es, «Udd condujo o echó fuera este caballo». Pero ¿qué se supone que significa?

La literatura nórdica antigua nos proporciona una buena pista sobre la importancia de esta compleja simbología. En la *Saga de Egil* (capítulo 57) leemos cómo Egil talló un *nídhstöng*, o carácter maldito, de madera de avellano, y le colocó encima la cabeza de un caballo. Este carácter maldito tenía la intención de expulsar a Erik Hacha-Sangrienta y su reina, Gunnhilda, de Noruega. ¡Y funcionó!

Figura 1.13. Fórmula de los Corzos

Antes de dejar las inscripciones en futhark antiguo, parece apropiado comentar algo sobre el idioma que emplean. Fue más o menos en el momento en el que las runas empezaron a usarse por escrito cuando las lenguas germánicas comenzaron realmente a dividirse en dialectos diferentes. La lengua del período anterior a la ruptura se llama protogermánico. También parece que hubo una diferenciación temprana en el norte, que podríamos llamar protonórdico o nórdico primitivo. Los godos que comenzaron a emigrar hacia el este (actual Polonia y Rusia) desde Escandinavia, alrededor del comienzo de la era común, desarrollaron el dialecto germánico oriental (que desempeñó un papel importante en la historia de las primeras inscripciones rúnicas). Al sur del continente, un grupo lingüístico distintivo del sur de Alemania desarrolló lo que finalmente llegó a incluir todos los dialectos alemanes, ingleses y frisones; mientras que en el norte, el protonórdico se habría convertido en nórdico occidental (en Noruega) y nórdico oriental (en Dinamarca y Suecia). En los primeros siglos del período más antiguo, todos estos dialectos eran mutuamente inteligibles. Además, los maestros de runas tenían tendencia a usar formas arcaicas en inscripciones posteriores porque a menudo eran fórmulas mágicas antiguas e intocables. Se supone que incluso había un dialecto «sagrado» pangermánico, utilizado y mantenido vivo por los maestros de runas.

Runas anglo-frisonas

Hay muchas razones para mantener las tradiciones rúnicas inglesa y frisona separadas, tantas como las hay para entenderlas en conjunto. La tradición frisona es poco conocida, pero está llena de práctica mágica; la inglesa está mejor representada, pero tiene un carácter menos mágico. Sin embargo, existen sorprendentes similitudes en las formas de los caracteres individuales, y este hecho, junto con los estrechos lazos culturales entre ingleses y los frisones a lo largo de la historia antigua, nos lleva a la conclusión de que también había algún tipo de vínculo en sus tradiciones rúnicas. Lamentablemente, no tenemos el futhark frisón completo.

Primero vamos a examinar la rica tradición inglesa. La inscripción más antigua encontrada hasta el momento en las islas británicas es la del astrágalo de ciervo de Caistor-by-Norwich. Probablemente data de la primera ola de migración germánica durante la última parte del siglo v. Pero lo cierto es que se trata de una inscripción del norte de Alemania que fue importada y probablemente tallada por un maestro de runas «escandinavo». Esta posibilidad debe considerarse porque se usa la forma norteña de la runa-H (:ᚺ:) y no la forma inglesa :ᚻ:. Los patrones de datación y distribución de los restos rúnicos ingleses son difíciles porque la evidencia es muy escasa y los objetos son en su mayor parte móviles. En total, solamente hay unos sesenta artefactos rúnicos ingleses, la mayoría de ellos encontrados en las partes este y sureste del país antes del 650 e.c., y después aparecen principalmente en el norte del país. La tradición epigráfica, que debe haber comenzado en serio ya en el año 450 e.c., se extinguió en el siglo XI. Las runas encontraron otra salida en la tradición manuscrita. Éstas son valiosas para nuestro estudio, pero rara vez son de naturaleza mágica.

La historia de la tradición rúnica inglesa se puede dividir en los dos períodos mencionados anteriormente: (1) anterior a 650 (de que sobreviven una gran cantidad de formas paganas), y (2) del año 650 a 1100 (que tiende a estar cristianizado, con menos práctica mágica o esotérica evidente).

El futhark inglés

La única inscripción de futhark que nos queda está en el incompleto scramsax del Támesis (especie de daga o espada corta escandinava), que data de alrededor de 700 e.c. En realidad, es una muestra de metalurgia fina anglosajona en la que el artesano incrustaba plata, cobre y bronce en la cuchilla de hierro. El orden y la forma de los caracteres rúnicos se pueden ver en la tabla rúnica 2 (apéndice I). Este futhark va seguido por un patrón decorativo y luego aparece el nombre personal Beagnoth, probablemente el del herrero y no del maestro de runas. Como se puede ver, hay una serie de lo que parecen ser errores formales, así como de ordenación. Todo esto se debe, sin duda, a que Beagnoth copió mal la inscripción de un modelo que quiso imitar. Es una suerte para nosotros que tengamos más ejemplos, porque la evidencia demuestra que, de hecho, la tradición rúnica inglesa estaba bien desarrollada y muy próxima a la continental. Dicha evidencia proviene de la tradición manuscrita. El documento más ilustrativo es, por supuesto, el «Antiguo poema rúnico inglés» *(véase* capítulo 8).

El «Antiguo poema rúnico inglés» contiene un futhark de 28 caracteres; el códice de Salisbury 140 y el de St. John's College MS 17, los cuales registran la lengua inglesa antigua mediante 28 y 33 caracteres rúnicos, respectivamente. Otro manuscrito, el Cottonian Domitian A 9, incluso registra un futhark dividido en aettir, o familias. Es significativo que las divisiones aett se realicen en los mismos lugares que las del futhark antiguo. Ello demuestra la naturaleza duradera de las tradiciones subyacentes de la rama germánica. Parece que la tradición rúnica más antigua en Inglaterra era la rama germánica común de 24 caracteres, que aumentó rápidamente a 26, con modificaciones en la cuarta y la vigésimo cuarta runa: (4) **:ᚨ:**[a] se convierte en **:ᚩ:** [o]; (24) **:ᛟ:** tenía primero el valor fonético [oe] y luego de [ë]. Además, la runa **:ᚨ:** se recolocó en la posición 25 y se llamó *aesc* (ceniza de árbol). Dichos cambios tuvieron lugar tempranamente, en el siglo VI. Dado que la lengua inglesa iba evolucionando y cambiando, lógicamente el antiguo futhark inglés también lo hacía. Es la forma normal de desarrollo de un alfabeto; cuando el sistema fonético de una lengua cambia o se hace más complejo, también hay que cambiar necesariamente el sistema de escritura.

El uso de las runas en la escritura inglesa puede dividirse en tres clases:

- Objetos sueltos
- Objetos fijos (como rocas)
- Manuscritos

Los objetos sueltos representan la categoría más amplia. Generalmente son el tipo de inscripción más arcaica, pero hay que tener en cuenta que persisten hasta una fecha tardía. Desgraciadamente, muchos de ellos nos llegan en estado fragmentario o dañado hasta el punto que su lectura exacta es prácticamente imposible. La mayoría de los objetos móviles presentan las inscripciones rúnicas talladas sobre metal, hueso o madera; sin embargo, algunos presentan los caracteres inscritos mediante técnicas más complejas de trabajo metalúrgico (véase el scramsax de Támesis) o de talla en madera o hueso (por ejemplo, el famoso ataúd de Franks). Las piedras rúnicas del inglés antiguo datan principalmente del período cristiano y parecen representar una adaptación pseudocristiana de la tradición, pero pueden seguir teniendo una importancia mágica y ciertamente religiosa. La mayoría de ellas suelen ser piedras conmemorativas o cruces de piedra y fueron talladas por picapedreros hábiles.

Figura 1.14. Inscripción de Caistor-by-Norwich.

No existe ningún manuscrito en inglés antiguo enteramente escrito en caracteres rúnicos, sin embargo, están ampliamente representados en la literatura, donde se emplean tanto con fines crípticos como pragmáticos. Los ingleses adaptaron dos runas para escribir con pluma y pergamino en el alfabeto romano; fueron p < **:ᛏ:** [th] (*thorn* [espino]) y P < **:ᚹ:** [w] (*wynn* [alegría]). A partir de ahí, esta práctica ortográfica llegó a Alemania y Escandinavia.

La inscripción de Caistor-by-Norwich mencionada anteriormente es un buen ejemplo del tipo de objeto suelto perteneciente a un período temprano. Sus caracteres aparecen en la figura 1.14. Este hueso se encontró junto con otros 29 similares (pero sin runas), y con 33 piezas cilíndricas pequeñas, en una urna de incineración. Es posible que los objetos se usaran como runas en ritos adivinatorios. La inscripción en sí misma es difícil de interpretar, pero puede significar «el pintor» o «el rascador» y ser un nombre sagrado del maestro de runas.

Es difícil encontrar un ejemplo de magia explícita usada por los maestros de runas odínicos entre el material en inglés, pero la vaina de Chessel Down *(véase* figura 1.15) es probablemente uno de ellos. La inscripción estaba rayada en la parte posterior del objeto y, por lo tanto, resulta invisible cuando está en su sitio. Podría traducirse como «¡La terrible, herir [al enemigo]!». De ser así, entonces *aeco* (terrible) sería el nombre de la espada, y *soeri* (herir [!]) su función.

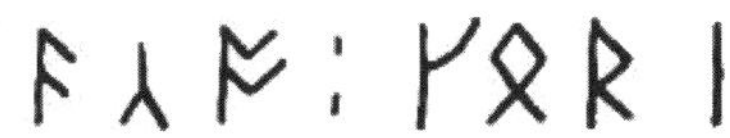

Figura 1.15. Fórmula de Chessel Down.

Un ejemplo interesante de una piedra rúnica mágica del período pagano lo proporciona la piedra Sandwich del siglo VII. Probablemente representa el nombre del maestro de runas, Raehaebul, y originalmente era parte del interior de una tumba. El texto, al menos lo que se puede entender, se detalla en la figura 1.16.

Figura 1.16. Inscripción de Sandwich.

Entre los usos manuscritos rúnicos, la práctica mágica más común es la ocultación de significados secretos en los textos mediante el uso caracteres rúnicos. Uno de estos textos se encuentra en el acertijo 19 del *Libro Exeter,*[1] que traducido del AI sería:

> Vi un ᛁᚱᚨᚻ (horse/caballo) de mente audaz y cabeza brillante, galopando veloz sobre el fértil prado. Llevaba un ᚾᚨᛞ (man/hombre), poderoso en la batalla, a su lomo; no cabalgaba con armadura tachonada. Fue rápido en su carrera por los ᚨᚷᛖᚹ (ways/caminos) y cargaba un fuerte ᚢᚨᚠᚨᚠᚻ (hawk/halcón). El viaje fue el más brillante progreso de éstos. Di cómo me llamo...

Aquí, las runas deletrean palabras, pero están escritas al revés en el texto, de derecha a izquierda. Así que las palabras rúnicas leen hors (caballo), mon (hombre), wega (caminos) y haofoc (halcón). Sin embargo, y es realmente notable y misterioso, los nombres de las runas individuales debían leerse en el orden en que estaban escritas, de izquierda a derecha para que el poema tuviera sentido.

1. Para el texto original, véase *The Riddles of the Exeter Book,* Frederick Tupper ed., Boston, 1910. La traducción es mía. Véase también Paul F. Baum *Anglo-Saxon Riddles of the Exeter Book,* Duke University Press, Durham, Carolina del Norte, 1963.

El futhark frisón

En realidad, no existe un futhark frisón, pero tenemos un pequeño corpus de inscripciones interesantes. Hasta el momento se han encontrado unos dieciséis objetos genuinos de Frisia (y también una serie de falsificaciones). Datan de entre los siglos VI y IX. Estas inscripciones se encuentran generalmente en objetos de madera o hueso que se han preservado en el suelo húmedo de los *terpes* frisones (montículos artificiales diseñados en las marismas como forma temprana de recuperación de tierras).

Los objetos rúnicos frisones parecen tener un carácter claramente mágico, pero muchos de ellos son difíciles de interpretar. Podemos estar seguros de que aparecen en un contexto pagano muy sólido porque esta región era conservadora, a menudo bajo el liderazgo de reyes heroicos como Radbod, que resistió la invasión cristiana, junto con la subversión política del imperio carolingio, hasta finales del siglo VII. Incluso podemos asumir con seguridad un período de reacio cumplimiento religioso hasta mucho después.

Uno de los ejemplos más interesantes de estas piezas frisonas, aunque difícil y complejo, es la «varita mágica» o talismán de Britsum (figura 1.17), que se encontró en 1906 y que data de entre el año 550 y 650. La varita está hecha de tejo y mide aproximadamente 13 cm de largo. El lado A de la inscripción se lee de izquierda a derecha: *thin ï a ber! et dudh*; el lado B se puede leer de derecha a izquierda: *biridh mï*. La parte dañada de la pieza no se puede leer. La fórmula completa se traduce como «¡Siempre lleva este tejo [runa]! Hay poder [dudh] en ello. Soy llevado». Cabe señalar que los siete puntos que dividen el lado B indican la séptima runa que sigue al marcador, es decir, **:ᛁ:** (en esta inscripción) = **:ᛇ:** tejo = el poder contenido en la fórmula.

Figura 1.17. Varita de Britsum.

Capítulo 2

RUNAS DE LA ÉPOCA VIKINGA

(800-1100 E. C.)

Como en todas las épocas históricas, la época vikinga no fue un desarrollo repentino, sino el resultado de un proceso largo y continuo que había empezado en los últimos siglos antes de la era común con los primeros movimientos de cimbrios y teutones de Escandinavia, ese «vientre de las naciones», como lo llamó el historiador godo Jordanes.

Alrededor del año 800, Escandinavia estaba experimentando una serie de cambios internos y tomando una nueva dirección. Suecia (especialmente Gotland) ya había comenzado a desarrollar rutas comerciales hacia el este, con los eslavos, que finalmente llegarían a Bizancio, Bagdad y Persia. En Dinamarca, poderosos reyes (Godfrid y Horik) empezaban a dar forma a la «nación danesa» al reunir vastos ejércitos y poderosos séquitos. Noruega, sin embargo, en su condición aislada y geográficamente fragmentada, se aferró a las instituciones locales con formas conservadoras de gobierno. Aunque parte de Suecia (Uppland y Gotland) y ciertas áreas del archipiélago danés habían sido ricas durante mucho tiempo, el resto de Escandinavia apenas empezaba a acumular riquezas y a crecer de otra manera en este momento. La primera incursión vikinga fue llevada a cabo por noruegos en el año 793, en el monasterio de Lindisfarne (Northumbria), seguida de las incursiones en Monkwearmoth (794) e Iona (795), que anunciaron el comienzo de la época vikinga.

Así como la época vikinga histórica fue el resultado de un largo proceso, también lo fue la evolución del futhark joven a partir del antiguo. Un examen de las inscripciones en futhark antiguo –y formas alternativas de sus caracteres– demuestra que la morfología de las runas que se convertirían en estándares para el futhark joven ya estaban en uso desde aproximadamente el año 600 e.c. La evolución desde la tradición más antigua hasta la más joven tuvo lugar a un ritmo bastante rápido durante el siglo VIII, de modo que en el año 800, el futhark joven, sistemáticamente formado y reducido de 24 a 16 caracteres, se había completado, institucionalizado y diseminado por todas las tierras escandinavas.

El futhark joven es un fenómeno cultural puramente escandinavo, aunque muchas inscripciones se encuentren fuera de Escandinavia, principalmente en las islas británicas y en el este. Todas estas inscripciones fueron talladas por maestros escandinavos.

Es bastante seguro que todo este desarrollo tuvo lugar dentro del marco de un culto tradicional; de lo contrario, las alteraciones más antiguas y la reforma final no habrían tenido lugar de una manera tan uniforme y se extenderían con tanta velocidad y precisión en un espacio tan amplio. En muchos sentidos, la historia de la reforma corre paralela a la formación original de la tradición más antigua. Sin embargo, uno de los principales contrastes es la forma en la que las runas del futhark joven se alteraron rápidamente (a veces drásticamente) en ciertas regiones. Esto puede apuntar a una mayor fragmentación de la tradición, pero el hecho de que se aferrase tanto a su sistema de orden interno (número), valores fonéticos y divisiones aett, así como a las formas tradicionales de uso (es decir, talla y no escritura), da fe de la fuerza que tenía la tradición a nivel profundo.

Podemos suponer que la rama de runas «nórdicas comunes» original reformada apareció en la forma que vemos en la figura 2.1. Sin embargo, la versión final y más estándar del futhark apareció en la forma ligeramente diferente que vemos en la figura 2.2.

Figura 2.1. Futhark nórdico común.

El desarrollo de este futhark dependía de una combinación de criterios lingüísticos y mágicos. Pero al discutir el papel del cambio lingüístico en la evolución de la rama más joven, debe tenerse en cuenta que la evidencia demuestra que esto es estrictamente secundario. La rama mayor podría haberse adaptado fácilmente (como había pasado antes) a cualquier cambio de sonido que pudiera haber ocurrido en el idioma. Sin embargo, no se hizo. Por el contrario, a medida que el lenguaje desarrollaba un sistema de sonidos más complejo, simplificó su sistema de escritura, evento totalmente inaudito en la historia de la ortografía. Esto se explica por el hecho de que la reforma tuvo lugar por razones extralingüísticas, mágico-religiosas.

Antes de entrar en la evolución tradicional, es importante explicar algunos de los principales cambios lingüísticos y cómo fueron reflejados a través los caracteres, para que la «gramática» de las inscripciones resulte más clara. Para empezar, el valor fonético de **:ᛇ:** siempre había sido incierto y rara vez aparecía, salvo en inscripciones con fórmulas mágicas. Además, **:ᛃ:** alternada con **:ᛄ:** cambió su valor fonético en una fecha temprana (ca. 600) en el norte porque la *j* inicial original se perdió en el nórdico en ese momento. Un buen ejemplo de esta regla es el nombre de la runa en sí, donde la *jëra* germánica se convirtió, en nórdico primitivo, en *jär,* y luego pasó al antiguo nórdico como *ár* **:ᛅ:**. Por lo tanto, el valor fonético de la runa va de [j] a [a]. Además, **:ᛅ:** pasó de [a] a una forma nasalizada [ą]. También es importante darse cuenta de la ambigüedad de todo el sistema de escritura, en el que muchos caracteres ahora tienen que representar dos o más sonidos *(véase* tabla 3 en el apéndice I).

Los elementos tradicionales indican la continuidad de los dos sistemas, tanto mayor como menor. Estos elementos muestran claramente que la transición de un sistema a otro se llevó a cabo dentro de un marco cultual y que los desarrolladores de la rama más joven tenían conocimiento de la rama antigua y sus tradiciones. Esta conclusión se ve reforzada por el hecho de que todo esto tuvo lugar en lo que básicamente era una sociedad analfabeta. Porque aunque las runas eran una forma de escritura, todavía no habían sido puestas al servicio de la comunicación interpersonal simple y profana. Para que una persona fuera informada sobre un sistema complejo de cualquier tipo (por ejemplo, el sistema rúnico), otra persona tenía que enseñárselo. En aquellos días, el aspirante a maestro de runas no podía ir a una biblioteca y leerse un tomo polvoriento sobre una larga tradición muerta y resucitada. El primer elemento en este sistema es la continuidad en el orden lineal de los caracteres, especialmente los primeros seis: F-U-TH-A-R-K; de lo contrario, ninguno de los caracteres del futhark joven se desplazaría desde su posición relativa en la rama más antigua. Ciertos caracteres antiguos caen y surge un nuevo orden. La única excepción a esta regla es :ᛦ: [-R], que se mueve al final de toda la fila. Quizás se deba al hecho de que aparece solamente al final de las palabras, pero también puede tener algo que ver con un esfuerzo consciente para preservar ciertos elementos del antiguo sistema aett. Como vimos con respecto al período de los antiguos, el sistema aett era una parte integral de la tradición ancestral. *(Véase* capítulo 9 para más aspectos esotéricos). La continuidad de esta característica inusual pone de manifiesto las manipulaciones conscientes de una institución de culto. El primer aett de la rama más joven se compone de los primeros seis caracteres de la antigua, en un orden sin alteraciones. También es importante que el segundo y tercer aettir empiecen con los mismos dos caracteres que en el período anterior, es decir, H–N y T–B, respectivamente. Esto, combinado con la necesidad de una división simétrica, requirió el movimiento de :ᛦ: [-R] hasta el final; de lo contrario, el tercer aett comenzaría con :ᛋ:. En cualquier caso, la continuación, y de hecho el fortalecimiento, de la agrupación es una característica verdaderamente notable.

Figura 2.2. Futhark nórdico estándar.

No obstante, las correspondencias más simples son sorprendentes. El nivel de continuidad morfológica en los caracteres es notable: 11 formas permanecieron sin cambios y 3 de los caracteres cambiados son, en realidad, formas alternativas arcaicas (por ejemplo, :ᚲ: / :ᚴ:, :ᛜ: / :ᚼ:) y la prácticamente intercambiable :ᛦ: / :ᛉ:, que originalmente se desarrolló a partir de una forma

:ᛯ:. Con eso quedan dos que plantean algún problema; :ᛗ: se convirtió en :ᛘ: y :ᚺ: se convirtió en :ᚼ:. Estos cambios son explicables por motivos formales. La rama más joven generalmente convirtió todas las runas dobles en simples, de modo que al juntar las runas del principio, emergerían las nuevas formas :ᛘ: y :ᚽ:. La :ᚽ: ya era una forma antigua inalterada, por lo que se prefirió la modificación :ᚼ:. Esta última forma también es explicable por motivos esotéricos *(véase* capítulo 10).

Otro elemento notable es la continuidad de los nombres de las runas y, por lo tanto, de sus valores fonéticos primarios. Aunque no tenemos ninguna fuente que nos especifique los nombres de las runas más antiguas, una combinación de estudios comparativos sobre los idiomas en los que aparecen los nombres (por ejemplo, AI, Got. y AN y el estudio del uso *ideográfico* de las runas antiguas *(véase,* por ejemplo, el anillo de Pietroassa, en la página 27) indican que los nombres posteriores son, en realidad, una continuación del sistema antiguo. La tradición nórdica antigua conserva dichos nombres en los poemas de runas *(véase* capítulo 8). La única divergencia aparente está en [-R] :ᛦ: *ýr*, «yew» (tejo), de [-R] :ᛘ: *elhaz*, «alce». Sin embargo, la forma alternativa más antigua :ᛯ: ha sido interpretada como si originalmente hubiera tenido que ver con el simbolismo de los árboles (véanse los cuatro corazones cósmicos [= ¿alces?] en las extremidades de Yggdrasill). Además, la segunda runa :ᚢ: tiene un significado secundario de «llovizna», que es explicable sobre bases míticas y cosmogónicas *(véase* capítulo 10).

Es preciso asignar una patria original al futhark joven porque es complicado dar cuenta de dos sistemas idénticos que se desarrollan simultáneamente en Noruega, Suecia y Dinamarca. Según las evidencias, la ubicación más probable para este fenómeno es el extremo sur de Noruega y la región sueca adyacente, donde la actividad rúnica se mantuvo fuerte hasta el final del período de la edad antigua. La época de esta formación habría sido las últimas décadas del siglo VIII. Desde esta zona se extendió rápidamente a Dinamarca. Allí cayó en tierra fértil y empezó a revivir la tradición rúnica en el archipiélago danés. En Dinamarca se modificó ligeramente y se convirtió en el modelo más influyente para el futuro desarrollo rúnico. Esta situación surgió del crecimiento general de la influencia cultural y política danesa en la región en este período.

Todo esto nos lleva a una discusión sobre las formas más comunes del futhark actualmente enmarcadas en la época vikinga de Escandinavia. A pesar de las variaciones en la morfología de los caracteres individuales, mantuvieron una estructura interna y una organización coherentes.

Desde la codificación original en el sur de Noruega y Suecia y sus alrededores, el futhark joven se extendió a Dinamarca, donde las formas codificadas fueron generalmente las que se encuentran en la figura 2.3. Esta rama danesa se convertiría en la más común de todos los futharks. Duró desde el siglo IX hasta el XI y fue el modelo para desarrollos posteriores.

Sin embargo, el futhark danés se reformó rápidamente en algunas áreas de la península escandinava. En 850, en el sur de Noruega y en Östergötland, Suecia, se desarrolló una rama simplificada, que se puede ver en la figura 2.4.

Figura 2.3. Futhark danés.

Figura 2.4. Futhark de Rök.

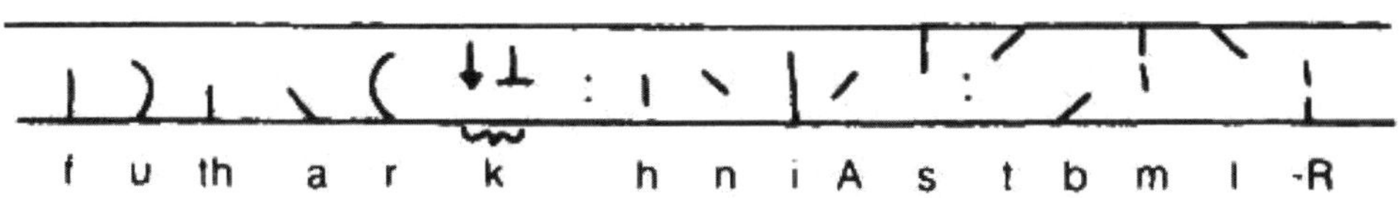

Figura 2.5. Futhark de Hälsinga.

Esto se conoce generalmente como la rama de Rök gracias a la inscripción más famosa con este futhark, la piedra de Rök. Estas formas de runas particulares duraron solamente hasta la segunda mitad del siglo X, cuando fueron reemplazadas nuevamente por la rama danesa estándar.

Además de estos dos estilos principales de futhark que se usaron durante la época vikinga en Escandinavia, en Suecia hubo un uso esporádico de un sistema de caracteres radicalmente simplificado, más tarde llamados futhark de Hälsinga (por la provincia en la que se encontraron). Éstos generalmente se formaban eliminando la cabeza o punta superior de la forma. Un futhark de tal morfología se muestra en la figura 2.5.

Es muy raro encontrar esta rama simplificada en las inscripciones, hasta el punto que se ha especulado si en realidad era una especie de taquigrafía utilizada en comunicaciones profanas y para asuntos legales. Podría haber estado en uso ya en el siglo X, pero las inscripciones más famosas datan de mediados del siglo XI. Aunque las runas Hälsinga nunca fueron más que una convención local, cabe destacar que siguieran siendo parte de la antigua tradición.

Inscripciones de la época vikinga

Podemos encontrar todo tipo de inscripciones en el período más cercano, del mismo tipo que encontramos en el antiguo, pero lo que predomina fundamentalmente –en los hallazgos que tenemos hasta el momento– es la piedra conmemorativa. Esto se debe en parte a su carácter duradero. Sin embargo, los talismanes de tipología diversa siguen siendo la parte más importante del registro. Hasta la fecha, se han encontrado alrededor de 5000 piezas rúnicas recientes de todo tipo, y su número continúa creciendo a medida que se excavan más asentamientos de la época vikinga.

Piedras rúnicas conmemorativas

La tradición de grabar lápidas (a menudo halladas dentro de la tumba, con una función mágica directa) en primer lugar y, más tarde, piedras conmemorativas con aparente importancia mágica, se remonta al período más antiguo. Las piedras bauta estaban, por supuesto, estrechamente ligadas a la tumba. La tradición más reciente aprovechó esta idea y la convirtió en el pilar de su trabajo. En el período reciente, tales piedras no estaban necesariamente relacionadas con la tumba en sí misma y, por lo tanto, se las conoce mejor como piedras conmemorativas. A menudo las colocaban en áreas por donde los viajeros pasaban y allá donde la gente capaz de leerlas pudiese verlas. Esta tradición empezó en Dinamarca, alrededor del año 800. Cabe señalar que esta nueva explosión de práctica rúnica revivida coincidió con la recepción del futhark reformado e históricamente relacionado con la amenaza ideológica del cristianismo, en el sur.

En la piedra de Snoldelev se encuentra un famoso ejemplo de antigua forma de lápida, que en realidad representa la transición entre los tipos de piedra bauta y conmemorativa *(véase* figura 2.6). Esta piedra, que data de entre el año 800 y el 825, probablemente se colocó originalmente dentro

Figura 2.6 Piedra de Snodelev.

del montículo de la tumba, pero su fórmula tiene algunos paralelismos con respecto a los monumentos posteriores.

También es interesante observar que la piedra se utilizó con fines cultuales ya en la edad de bronce (ca. 1500-500 a.e.c.). Lo sabemos porque el símbolo de la rueda solar es aún visible (con la iluminación adecuada) en la superficie *(véanse* las líneas punteadas en la figura 2.6). Su inscripción debe ser transcrita:

> kun uAltstAin sunaR
> ruhalts thulaR asalhauku (m) [?]

y se puede traducir: «Piedra de Gunvald, el hijo de Rohald, el thulr [= orador en el culto de Odín] en Salhaugen».

La piedra de Snoldelev es especialmente interesante por el testimonio que ofrece sobre un título oficial dentro del culto odínico (el AN *thulr* y el AI *thyle),* que tiene que ver con el papel del mago/sacerdote como recitador de leyes, encantamientos, cantor de mitos y similares, así como por los poderosos símbolos sagrados, como los tres cuernos para beber entrelazados (un símbolo del culto odínico) y la rueda solar o esvástica. (Tengamos en cuenta la relación entre la esvástica posterior y la esvástica antigua).

Un ejemplo clásico de la tradición de piedras conmemorativas lo proporciona la gran piedra de Strö, cerca del pueblo de Strö, en el sur de Suecia (Skåne). La piedra data de aproximadamente del año 1000 y originalmente formaba parte de un complejo de siete túmulos (dos con inscripciones rúnicas). Aunque el montículo ha desaparecido en la actualidad, éste fue uno de los primeros monumentos rúnicos que describió Ole Worm en 1628.

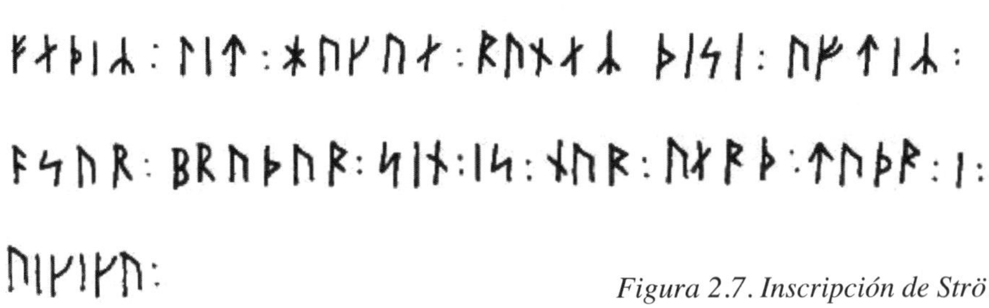

Figura 2.7. Inscripción de Strö.

Los caracteres, que se pueden leer en la figura 2.7, se ejecutan dentro de una cinta en zigzag.

Esta inscripción se presentaría en danés antiguo como *Fadhir lét hoggva rúnaR thessi øftiR Azzur bródhur sínn, es norr vardh dødhr í vikingu*, que traducida sería: «El padre hizo grabar estas runas para [= en memoria de] su hermano Asser, que murió en el norte como un vikingo».

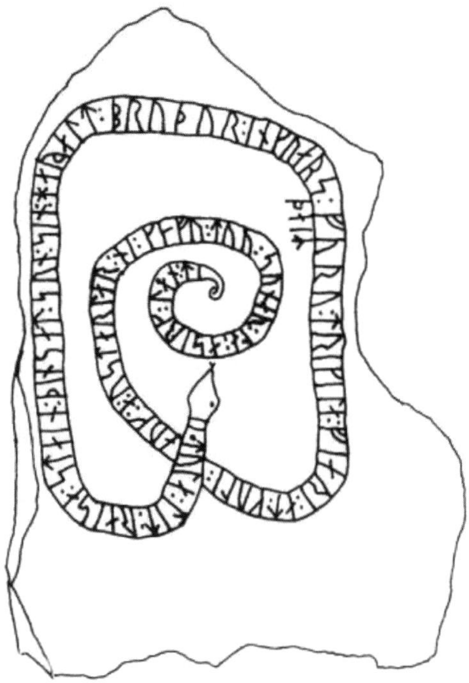

Figura 2.8. Piedra de Gripsholm.

La piedra de Strö muestra claramente las características de estos monumentos. Se pueden hacer también algunas observaciones técnicas. Tengamos en cuenta que, a menudo, las letras dobles no están indicadas por los caracteres (ᚼᚢᚴᚢᛆ = hoggva); :/ᛧ: puede significar -ng-, así como otras ambigüedades en la ortografía de la inscripción.

Esta piedra nos muestra cómo estos monumentos fueron tallados en memoria de los invasores vikingos que murieron en tierras extranjeras, lo que aparentemente era bastante común. También da fe del hecho de que maestros de runas (¿profesionales?) se dedicaban a grabar las runas.

Un posible ejemplo mágico-mitológico de piedra conmemorativa está magníficamente ejemplificado por la piedra de Gripsholm. Esta piedra conmemora a un tal «hermano de Ingvarr» que cayó con el héroe mítico (Ingvarr) mientras estaba en el este. Los contornos de la piedra Gripsholm, que data de mediados del siglo XI y mide 183 X 122 cm, se muestran en la figura 2.8. Su inscripción, que empieza en la cabeza de la serpiente, debe transcribirse de la siguiente manera:

> tula: lit: raisa: mancha: thinsat: sun: sin: haralt: bruthur: inkvars:
> (thaiR) furu: trikila: fiari: at: kuli: auk: a: ustarlar: ni: kafu: tuu:
> sunar: la: asirk : lan: ti.

La última parte de la fórmula está en verso, y el conjunto puede traducirse:

> Tola hizo levantar esta piedra para su hijo Harald. El hermano de Yngvarr.
> [Ellos] se fueron valientemente
> muy lejos, tras el oro
> y en el este
> le dieron [comida] al águila;
> murieron en el sur,
> en Serkland.

(Hay que tener en cuenta que los signos de división mediante el doble punto, que generalmente indican las divisiones entre palabras, a veces se usan dentro de las palabras mismas. Puede tratarse de una codificación mágica en estos casos).

Más de treinta piedras de esta región y de este período (alrededor del lago Mälar) se refieren a hombres que mueren en el este junto con Yngvarr. Probablemente estemos lidiando con una mitificación ritualizada de las muertes de hombres que cayeron en la zona de Rusia y más allá, durante la época vikinga tardía. El Yngvarr al que se refieren estas piedras es una figura histórica que lanzó una gran expedición contra el mundo islámico en el este, Serkland, alrededor del año 1040. *(Serkland,* que significa «tierra de camisas» o «tierra de seda». A veces se identifica estrechamente con Persia). Dicha expedición terminó con la desaparición de los hombres en Asia Central, los cuales partieron tierra adentro desde la costa este del mar Caspio. Todo esto, junto con el hecho de que el famoso Yngvarr (a veces deletreado Ivar) tenía el mismo curioso apodo *(vídhfadhmi* [viajero lejano o ancho sondeador]) y el mismo escenario de muerte (Serkland) que un Yngvarr semidivinizado (ambos habrían vivido en el siglo VI o VII) tienden a hacernos creer que en cierto momento se consideraba, ritualmente hablando, que todos los muertos en el este «habían caído con Yngvarr», una figura heroica del pasado. El mítico Yngvarr se menciona en el *Heimskringla,* y toda una saga medieval islandesa está dedicada a él. Las líneas poéticas de la inscripción son interesantes porque dan testimonio de una fórmula antigua y sagrada, *erni gefa* (para dar [sacrificio] al águila), como forma de expresar la naturaleza sacra de la batalla en relación con el culto odínico.

Objetos talismánicos

Muy diversos de objetos continuaron transformándose en talismanes tanto durante la época vikinga como después. Muchos de ellos fueron talismanes puros *(véase* figura 2.11 en la página 45), mientras que otros eran objetos utilitarios convertidos en talismanes mediante la carga con poder de las runas.

El famoso enterramiento de Oseberg (Noruega, de fines del siglo IX), tal vez la tumba de la reina Asa, incluía dos inscripciones rúnicas: una en un cubo y otra en una estaca redonda (de madera de haya, de aproximadamente 248 cm de largo) de función incierta. Probablemente formaban parte del mecanismo de dirección de una nave. La inscripción, que se ejecuta en futhark noruego/sueco (Rök), se puede leer en la figura 2.9.

Esta fórmula requiere una gran cantidad de conocimiento rúnico para poderla leer. Sin embargo, se puede extraer su significado literal:

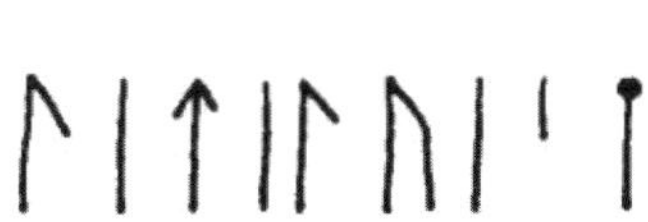

Litil (l) -víss m (adhr)

La última runa se usa ideográficamente para representar su nombre, y el texto completo se puede traducir por: «[el] hombre es poco sabio» o «[un] hombre [que] sabe poco», cuya importancia radica en la capacidad para alejar a los no iniciados sobre el significado más profundo de la inscripción.

Dicho significado profundo está oculto por la técnica común de la codificación de runas. En este caso, oculta la famosa fórmula mágica *mistil*, que comparte significado con la palabra *muérdago* (AN *mistilteinn),* la ramita de la neblina. Hay que tener en cuenta que la última parte de la fórmula de *mistil* se repite dos veces, al igual que la otra parte de la fórmula, *vil* (= AN *vél* [arte]).

l i t i l u i s m -and- l i t i l u i s m
9 8 4 5 6 7 2 3 1 6 5 4 8 9 7 2 3 1

Figura 2.9. Fórmula de Oseberg.

Figura 2.10. Lund haciendo la fórmula del templo.

Así que la inscripción secreta se leería:

mistil-til-vil-il o simplemente mistil-vil

En el antiguo nórdico estándar, esto sería *mistil-vél*, obra de la neblina –los poderes mágicos sobre la vida y la muerte–. Se pueden encontrar referencias a este mito mágico en la historia de la muerte de Baldr.

Otra inscripción talismánica en un objeto utilitario se encuentra en el templo de Lund (Suecia), datado aproximadamente en el año 1000. Este interesante texto rúnico nos da una muestra de la curiosa mezcla de amor y magia oscura (estilo maldición o mal de ojo), así como de la combinación común de las dos en fuentes nórdicas. Para otros ejemplos de la literatura, véase el «Skírnísmál» (est. 25-36) de la *Edda Poética* y la confusión entre las dos formas encontradas en la *Saga de Egil*, capítulo 72. El texto rúnico del templo se puede leer en la figura 2.10.

En una forma más estandarizada: *Sigvarar Ingimar afa man min grat*, que se puede traducir con seguridad «Ingimarr de Sigvör tendrá mi pena», texto seguido por una fórmula mágica de 8 runas: *aallatti*. El efecto de la inscripción se ve reforzado por el patrón numérico oculto de 24 caracteres en la fórmula principal y 8en la runa auxiliar *galdr*. El propósito de la inscripción es claro: hacer que el esposo (¿o el novio?) de Sigvör (que se llama Ingimarr) tenga el mal de amores que está sufriendo el que talla las runas; es decir, que Ingmarr perderá a Sigvör de alguna manera para que el epigrafista pueda tenerla.

El último ejemplo de un objeto talismán propio de la época vikinga es una placa de cobre (aproximadamente 5,5 cm cuadrados) de Kvinneby (Öland), que data de finales del siglo XI. Se trata de un amuleto verdaderamente notable, cuyas complejidades no podemos explorar completamente en este libro. Su texto es bastante largo (144 caracteres) y está inscrito en 9 filas en bustrófedon (es decir, de izquierda a derecha y luego de derecha a izquierda, etc.). Ésta era una práctica continua en inscripciones rúnicas del período antiguo.

El texto está precedido por seis runas de enlace mágico (la primera de las cuales está borrada). Estas runas de enlace se pueden ver en la figura 2.11. Dichos signos van seguidos por el texto rúnico en sí mismo, que puede traducirse de la siguiente manera:

Gloria a ti llevo,
Bofi. ¡Ayúdame! ¿Quién
es más sabio que tú? Y soportar todo
en el mal de Bofi. Que Thor lo proteja
con ese martillo que
vino el mar, que vuela desde el mal. Wit
no vale lo mismo que Bofi. Los dioses están
bajo él y sobre él.

Figura 2.11. Enlace de runas Kvinneby.

El texto está seguido por el dibujo esquemático de un pez.

Lo que es destacable en el significado superficial de este talismán es el uso de imágenes míticas para dar forma a la carga mágica. En este caso, es el poder protector de Thor –su martillo, Mjöllnir–, que siempre regresa de la fuente del «mal» una vez que ha dado en el blanco. Además, la imagen de los dioses que rodean al hombre protegido, arriba y abajo, es muy significativa porque muestra a los dioses presentes tanto abajo como arriba. La antigua palabra nórdica que generalmente se traduce como «maldad» es *illr*, que mantiene sus significados primarios originales «enfermo, opresivo, difícil, malas (cosas)», etc., en lugar de su significado cristiano posterior que conlleva una fuerza moral absoluta.

Tecnología rúnica

Un aspecto a menudo ignorado de la runología es el de los materiales y técnicas utilizados en la producción real de objetos. Ésta es un área donde la «arqueología experimental» puede ser de gran utilidad y, al mismo tiempo, puede conducir a una comprensión más profunda de los entresijos de las runas. La mayor parte de lo que se dice a continuación es válido tanto para los períodos más arcaicos como para los más recientes.

Sabemos algunas cosas en cuanto a la forma en que fueron ejecutadas por los maestros de runas a partir de las inscripciones rúnicas en sí mismas. Por ejemplo, además de la evidencia física obvia, sabemos –gracias a la terminología rúnica– que las runas podían ser talladas en superficies de origen diverso. El término más común con respecto a esto es *wrïtu* germánico (yo tallo), que en nórdico primitivo se convierte en *ristan* (tallar). Estos términos están relacionados con el inglés *write*. Sin embargo, el sentido original era el de tallar, cortar o grabar.

Las herramientas con las que se hacían estos grabados son generalmente desconocidas para nosotros, por lo que sólo podemos adivinar su naturaleza. La famosa piedra de Eggjum nos dice que no fue grabada con un cuchillo de hierro *(ni sakse stAin skorin)*. Por lo tanto, sabemos que para ciertos propósitos probablemente había algún tipo de prohibición contra el uso de hierro en el grabado de runas, pero también sabemos que muchos objetos debieron de ser tallados con cuchillos de hierro. Ciertamente estamos tratando con la ciencia elemental del arte de las runas. Las grandes piedras rúnicas de la época vikinga seguramente fueron talladas con martillo y cincel, tras haber sido rebajadas con pico o hacha. Algunas inscripciones pueden incluso haber sido ejecutadas directamente a martillo, golpeando la superficie a lo largo de las líneas de las runas. La piedra de Snoldelev parece haberse hecho de esta manera. Otros tipos de herramientas utilizadas en las inscripciones mágicas eran cuchillos (véase la *Saga de Egil*, capítulo 44) y objetos con forma de aguja (que deben de haber sido empleados para grabar inscripciones como la del amuleto de Kvinneby). Algunas de estas agujas pueden haber sido hechas con metales no ferrosos (bronce, cobre, etc.) o materiales no metálicos (por ejemplo, hueso o piedra).

La evidencia física también ofrece un amplio testimonio de los materiales en los que se grabaron las runas. Además, la terminología epigráfica y literaria de las runas nos da pistas sobre la frecuencia relativa con la que se emplearon diversos materiales. La madera era claramente el material elegido entre los maestros de runas. Los términos para las runas mismas generalmente giran en torno a la madera y no a cualquier otro material. Muy a menudo, la palabra inglesa *stave,* que literalmente significa «palo» o «carácter», se usa como sinónimo de runa. Esta palabra *(stave)* surge del plural (AN *stafr).* Ello apunta al hecho de que, originalmente, los caracteres que representaban los misterios fueron grabados en palitos de madera (las típicas varitas utilizadas en magia y adivinación) y que luego hubo un cambio de significado en el que la manera popular de representar la runa se convirtió en sinónimo del concepto mismo. Aunque esta conexión debe remontarse a la era de los orígenes rúnicos, el ejemplo más antiguo de una «varita» que significa «runa» está en la actualmente desaparecida piedra de Gummarp (ca. 600), que dice:

> HAthuwolAfA
> sAte
> stAbAthria
> ᚠ ᚠ ᚠ

Se puede traducir como «Hathuwulf estableció tres varitas: ᚠ ᚠ ᚠ».

La «varita» no sólo llegó a representar el signo de la runa, sino que finalmente adquirió todos los significados de la palabra misma, de modo que en nórdico antiguo encontramos *stafr* (más generalmente en plural, *stafir*), que significa no sólo «bastoncillo, palito, texto escrito», sino también «tradición, historia secreta, sabiduría, símbolo mágico».

La terminología rúnica estaba tan bien arraigada en los idiomas germánicos que, en muchos dialectos, el vocabulario escrito en letras latinas fue remodelado. En nórdico antiguo, las letras escritas se denominan *stafjr*, e incluso los signos mágicos complejos (AN *galdrastafir* [varitas mágicas]) usan este término a pesar de que a veces se dibujan con pluma y tinta. El inglés antiguo *stæf* (letra, escritura) y el *stab* alto alemán (varita, letra) también son ejemplos. Hay que tener en cuenta la palabra alemana moderna para «letra» Buchstabe vs. Stab (palito, bastoncillo, varita).

Otro aspecto a menudo descuidado pero esencial en la tecnología rúnica, que sin embargo es importante para el runólogo moderno, es el de colorear las runas y los objetos en los que están grabadas. Una vez más, las inscripciones más antiguas nos dicen que las runas estaban coloreadas, gracias al uso frecuente del verbo *fähidö* (coloreé o pinté de colores). El vocabulario arcaico nórdico siguió usando esta forma germánica del verbo, *fá*, en el mismo contexto. Además, sabemos que el color más popular para las runas era rojo (hecho con óxido de plomo, minio o, más a menudo, ocre). Generalmente se trataba de un sustituto mágico de la sangre (véase la *Saga de Egil*, capítulo 44). La lingüística histórica comparada nos brinda una buena evidencia de la importancia mágica del color rojo para los pueblos germánicos. En inglés antiguo, *teafor* es un término arcaico para denominar el ocre rojo, pero la palabra también se encuentra en alemán antiguo como *zouber* (magia, adivinación) y en nórdico antiguo como *taufr* (magia talismánica, talismán). Parece que una de las viejas formas de decir «hacer magia» era decir «hacer rojo [con ocre]» utilizando algún objeto simbólico junto con una transferencia de poder mágico. Esta técnica queda muy clara en el pasaje de la *Saga de Egil* citada precedentemente.

Otros colores que se usaron, especialmente en las piedras rúnicas posteriores, fueron el negro (hecho con hollín) y blanco (una solución de cal), así como azul y marrón. Se han encontrado rastros de algunos de estos pigmentos en las piedras mismas. Las piedras rúnicas de la época vikinga no eran originalmente los objetos grises que vemos hoy, sino balizas brillantes de colores vivos plantadas en paisajes del mundo germánico y escandinavo.

La coloración se empleaba de maneras diversas. Su función original era indudablemente mágica. Sin embargo, había diferentes niveles. Las runas se pintaban de un color diferente al del fondo (a menudo rojo sobre blanco o negro), lo que hacía que el texto destacara visualmente. Además, los colores se usaban para dividir palabras, poniendo cada otra palabra (o parte del discurso) en un color diferente. ¡También hay evidencia de que algunas runas en realidad no se grabaron en la piedra, sino que sólo se pintaron por encima! Esto abre la posibilidad a suponer una enorme cantidad de documentos rúnicos perdidos para siempre, que fueron pintados en la superficie de rocas u objetos de madera, todo ello desaparecido desde hace mucho tiempo.

El lenguaje de las inscripciones de la época vikinga se conoce generalmente como noruego antiguo, sueco antiguo o danés antiguo, dependiendo del área y del dialecto en los que se produjo. Sin embargo, aquellos que tienen un conocimiento de las formas literarias del nórdico antiguo, junto con algo de runología básica, encuentran pocos problemas para descifrar los textos rúnicos de las piedras de la época vikinga. Esto se debe a que la lengua nórdica permaneció bastante homogénea hasta alrededor del año 100; luego empezaron a desarrollarse los dialectos nórdicos orientales (suecos y daneses) y los dialectos nórdicos occidentales (noruegos e islandeses). Pero incluso entonces, los cambios siguieron siendo relativamente pequeños hasta el final de la época vikinga.

Capítulo 3

RUNAS MEDIEVALES

(1100-1600 E. C.)

La época vikinga estaba llegando a su fin alrededor de 1050, y hacia 1100, el período caracterizado por el terror de las incursiones vikingas ya había terminado. El cristianismo se estaba convirtiendo en el culto oficial de la corte y, finalmente, de la mayoría de la gente. Pero sabemos por fuentes históricas de este complejo período que el cristianismo que practicaban en muchos casos no era precisamente ortodoxo y que, de hecho, su religión era una especie mezcla de asatru y el cristianismo.

Dinamarca se había convertido en cristiana oficialmente a fines del siglo x; y aunque los noruegos mantuvieron una larga lucha contra el credo y la estructura política extranjeros, Noruega fue oficialmente considerada cristiana a principios del siglo xi. En Suecia la historia fue más compleja. Aparentemente hubo una serie de cristianos en Suecia (esclavos irlandeses que no abandonaron su credo) desde la época vikinga temprana, y se enviaron varias expediciones misioneras al país durante el siglo xi, las cuales adaptaron las ideas paganas a muchas fórmulas cristianas para sincretizar ambos credos. Pero Suecia no se convirtió oficialmente en cristiana hasta alrededor de 1100.

En este período de comienzos cristianos tenues e irregulares, gran parte de la tradición organizada del culto rúnico fue destruida junto con su marco religioso más amplio. Sin embargo, una serie de factores, como la falta comparativa de adoctrinamiento cristiano del clero escandinavo, una actitud históricamente tolerante y la lejanía de toda la región, agravada por los inaccesibles distritos del interior, se combinaron para crear un terreno fértil para la supervivencia de tradiciones rúnicas entre campesinos y baja nobleza.

Para entender en profundidad la cultura del mundo germánico y cómo las viejas formas paganas sobrevivieron al proceso de cristianización, véase *The Northern Dawn* (Arcana Europa, 2018). Con demasiada frecuencia se piensa que las antiguas tradiciones fueron completamente destruidas por el proceso de cristianización, sin posibilidad de poder ser recuperadas o, por el contrario, se opina que las antiguas costumbres continuaron intactas en algún enclave remoto. La realidad es más complicada y más fascinante que cualquiera de estos extremos.

Durante el período católico, las runas se pusieron al servicio de la Iglesia misma, al menos eso parece. Sin embargo, ésta fue una especie de alianza impía porque los maestros de runas medievales todavía estaban en posesión de gran parte de la tradición de los ancestros, aunque en un estado fragmentario. La magia seguía siendo la función principal de las runas, aunque también se empezaron a usar para la comunicación profana. Pero sin un culto organizado como apoyo, la tradición rúnica disminuyó constantemente durante este período. Sin embargo, los núcleos de la tradición se preservaron mediante el aprendizaje memorizado de nombres y morfologías, a veces en el contexto de la escritura profana. Este proceso se llevó a cabo inconscientemente en todas las regiones de lo que antes había sido la Gran Alemania, y veremos evidencias a lo largo de nuestros análisis. Además de dicha supervivencia formal poco uniforme, guiada por el trabajo en red del destino, el patrón rúnico permanente sobrevivió mientras la «sangre» de los antiguos erulianos todavía corría por nuestras venas. Los misterios están prácticamente codificados en el patrón de lo que podría llamarse nuestro «inconsciente colectivo».

La Reforma, que empezó en Suecia en 1527, y oficialmente un poco más tarde en Noruega y Dinamarca, en 1536, llevó algunas bendiciones y una terrible maldición. Las bendiciones generalmente se produjeron debido al crecimiento del nacionalismo sueco a mediados del siglo XVI, que promovió todos los aspectos de la cultura indígena. Las doctrinas del «storgoticismo» fueron formuladas a partir de creencias generalizadas por el último arzobispo católico de Upsala, alrededor de 1554. La maldición llegó con la ola de intolerancia que siguió después de que la ola protestante hubiera sido absorbida. El resultado fue la persecución de todos los practicantes de las viejas costumbres, especialmente los campesinos y la gente del campo.

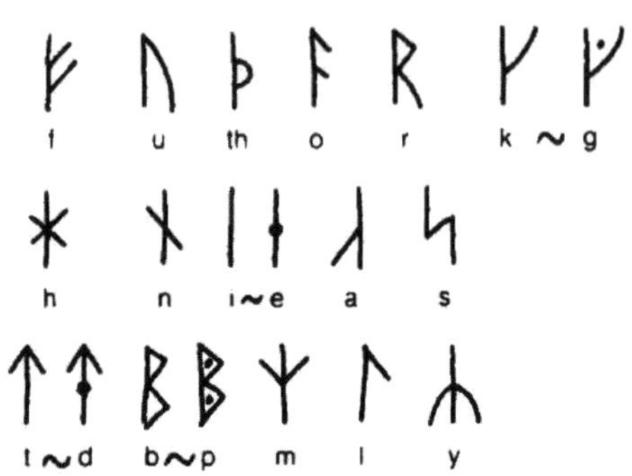

Figura 3.1. Runas punteadas.

La ambigüedad de la rama de 16 caracteres desarrollada en la época vikinga planteaba pocas dificultades al maestro de runas medieval y sirvió estupendamente para las prácticas esotéricas porque permanecía orgánicamente dentro de la estructura rúnica sistemática. Sin embargo, a medida que el nivel de entrenamiento disminuyó, la ambigüedad del futhark de 16 caracteres se vio ligeramente alterado por la introducción de «runas puntuadas» (AN *stungnar rúnar)* que comenzó a fines del siglo X en Dinamarca. En principio se trataba de una adición ocasional de un punto para aclarar cualquier posible ambigüedad en la inscripción. Aunque esta práctica hace obvio que las interpretaciones «profanas» de las runas estaban adquiriendo más importancia, por lo menos durante 200 años más el futhark de 16 runas, a veces en la forma «puntuada», fue la regla. Estos puntos se colocaban sobre o cerca del carácter para distinguirlo fonéticamente de su opuesto, por ejemplo, b/p, t/d, k/g (diferenciarlos unos de otros con la voz). Las runas punteadas más antiguas, con sus valores fonéticos, aparecen en la figura 3. 1.

Figura 3.2. Un alfabeto rúnico.

Este desarrollo se fue «latinizando» hasta que finalmente se codificó durante el reinado de Valdemar el Conquistador (1202-1241), cuando se formuló un verdadero «alfabeto rúnico». Es decir, se dio una runa a cada letra del alfabeto latino, adaptando las runas para poder escribir los dialectos escandinavos contemporáneos.

En Noruega, los siglos XIII y XIV conocieron el alfabeto rúnico que se muestra en la figura 3.2 como de uso general. Algo similar sucedió en toda Escandinavia, incluida Islandia, durante la Edad Media, donde poco después de 1100 Ari inn Fródhi y Thóroddur Rúnmeistari crearon un *futhorkh* estandarizado y expandido, para competir con la escritura latina.

Inscripciones medievales

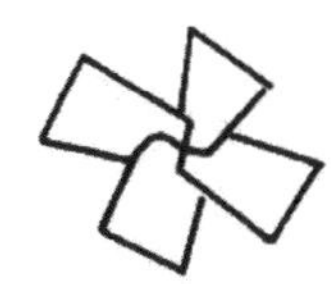

Figura 3.3. Rueda solar o esvástica.

En esta época comenzamos a ver muchos más usos y representaciones diferentes de runas y magia rúnica. Muchas de las viejas tradiciones continuaron en algunas áreas conservadoras, mientras que se introdujeron nuevos usos de las runas, a menudo reemplazando las letras latinas. Además, las historias sobre runas y magia rúnica abundan en la Islandia de los siglos XIII y XIV, donde podemos estar seguros de que las runas se usaron en artes arcanas.

¡Las piedras bauta rúnicas conmemorativas continuaron siendo una tradición viva en Gotland hasta después de 1700! Y aunque estaban superficialmente cristianizadas, quedaba mucho en ellas de su simbología y de su estructura más profunda que nos recuerda a la tradición arcaica. Es probable que aquellos que tuvieran conocimiento de la tradición rúnica esotérica estuviesen al tanto de sus significados ocultos.

Los «signos sagrados» (ideogramas) que aparecen en estas piedras parecían tener un significado mixto. La cruz usualmente tenía los brazos de la misma longitud y éstos se alargaban formando una esvástica, como se muestra en la figura 3.3.

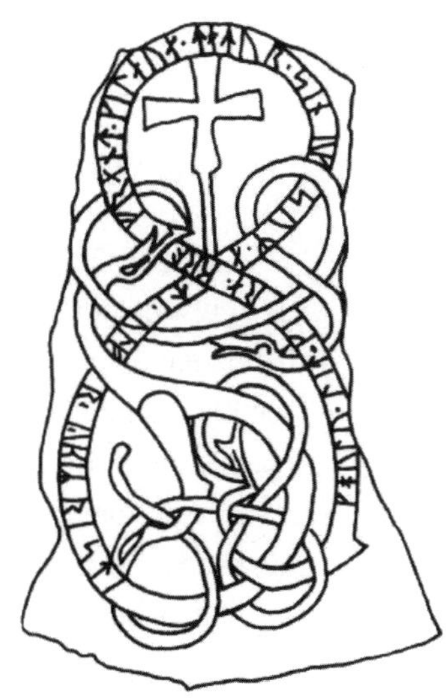

Figura 3.4. Piedra de Morby.

Este motivo y sus elaboraciones continuaron hasta el final del período en cuestión. Se ha especulado que este tipo de cruz gamada era un sustituto del símbolo *aegishjálmr* (yelmo de Aegir o hechizo del terror) que había aparecido en contextos similares en el período pagano. Un ejemplo típico de la piedra bauta poscristiana es la piedra de Upplandic Morby (figura 3.4). Sigue una peculiar tradición que se desarrolló en este momento (a inicios del período cristiano, ca. 1050-1150) consistente construir un puente para el pariente muerto y levantar una piedra conmemorativa que también hace referencia al puente, todo ello por el bien del alma del difunto (AN *önd* o *sál*). Las runas de la piedra de Morby se pueden transcribir así:

khulu lit kira bra f(u) rant kilau[h] a tatur sin[a] uk sum ati ulfr ubir risti

Estas runas se traducen fácilmente: «Gudhlaug hizo construir este puente para el alma [ant = *önd*] de Gillaug, su hija, con quien Ulfr se había casado. Øpir grabó [las runas]». La piedra está «firmada» por Øpir, uno de los maestros de runas más famosos de la historia.

La práctica de hacer talismanes rúnicos (*taufr*) continuó en la era moderna, y sin duda fueron populares durante todo el período medieval. Pero debido a que solían ser grabados en madera (y generalmente en piezas muy pequeñas) y a que cada vez más se escribían en pergamino, sobreviven muy pocos de ellos en nuestros días. Además, los maestros de runas destruían los objetos talismánicos ocasionalmente, una vez que conseguía su propósito, además de las destrucciones obligatorias debido a las persecuciones de los maestros de runas posteriores a la Reforma.

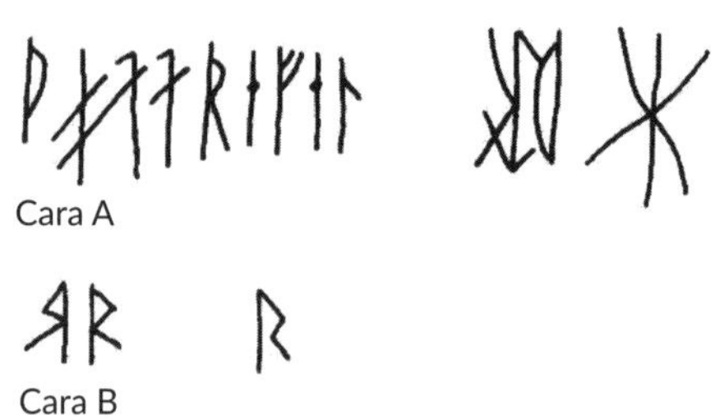

Figura 3.5. Varita de Särkind.

Un ejemplo de objeto mágico o talismán del período medieval lo proporciona una costilla (de aproximadamente 75 cm de largo) que se encontró en la antigua iglesia de Särkind, Östergötland, Suecia, y que data del siglo XV.

Este hueso probablemente se usó como un *göndr* (varita mágica), y lleva la compleja inscripción que se ve en la figura 3.5.

La primera parte del lado A debe transliterarse *thaet tae refen* (esto es una costilla). La segunda parte está compuesta por una runa enlazada múltiple, de significado incierto. Podría ocultar el nombre del mago, o podría ser una combinación de ciertas runas para lograr un efecto mágico. Este lado de la inscripción concluye con una audaz runa *hagall*, que en la escuela esotérica de este período habría tenido un significado cósmico bien desarrollado como la imagen del Árbol del Mundo y la semilla del multiverso. Las tres runas R de la cara B están destinadas a formular y guiar el poder mágico generado por el vitki, como se desprende del conocimiento esotérico que rodea a **:ᚱ:**.

Además de usos arcaicos y sagrados, también se estaban empleando las runas de una manera novedosa y profana para las comunicaciones comunes. Sabemos que éste fue el caso, cada vez con más frecuencia, a lo largo de los siglos XIII y XIV, ya que la literatura de la saga tardía a menudo menciona el envío de mensajes rúnicos en *rúnakefli* (palitos de runas). La saga *Hákons Hákonarson* en *Heimskringla* lo menciona varias veces. Pero la mayor evidencia de «correspondencia rúnica» se ha encontrado en las excavaciones del distrito del muelle en Bergen, Noruega, donde aparecieron decenas de mensajes profanos. Algunos son tan simples como una «nota» de una esposa que le dice al marido que salga de la taberna y vuelva a casa ya, y otros son tan intrigantes como un ejemplo que data de principios del siglo XIII, que se puede traducir de la siguiente manera:

> Te quiero pedir que dejes la fiesta. Grabé un mensaje para la hermana de Olaf Hettusveinn –que está en el convento de monjas de Bergen– para pedirle consejo a ella y a sus parientes, para cuando quieras llegar a un acuerdo. Seguramente eres menos terco que el conde...

Este texto va seguido por un conjunto de caracteres que aún no se han interpretado satisfactoriamente, pero que se pueden transcribir: atu: kena: nu: baetu. Es posible que el mensaje tenga un significado secreto codificado; sin embargo, aparentemente se trata con claridad de la solicitud del miembro de una facción al miembro de otra, pidiéndole al destinatario que abandone su facción y se una a la del remitente, pero debe hacerse en secreto y a través de un tercero (la mujer del convento).

La escritura rúnica estaba llegando al papel. Al principio, parece ser que formó parte de los esfuerzos de algunos (como Ari y Thóroddur, mencionados precedentemente) para desarrollar las runas como alternativa al alfabeto latino. Probablemente había muchos manuscritos escritos en runas, pero sólo nos queda uno largo, el llamado *Codex Runicus*. Los caracteres también se usaban ideográficamente en algunos manuscritos, representando el nombre de la runa o alguna otra cualidad simbólica. En el *Codex Regius* (el mismo MS que contiene la *Edda Poética*) **:ᛘ:** se usa a menudo como un sustituto de la palabra *madhr* (man/hombre). Por otro lado, había muchos manuscritos que contenían líneas escritas en runas y varios tratados sobre las runas mismas, por ejemplo, el del monje erudito alemán Hrabanus Maurus. Además, la importante evidencia del *Galdrabók* no puede olvidarse porque representa runas como letras, así como las runas secretas dentro de un contexto mágico.

Los poemas rúnicos son ejemplos del uso de runas en los manuscritos, pero los examinaremos por separado en el capítulo 8.

En el manuscrito de las Leyes de Skaane (*Skaanske Lov*), o como se lo conoce comúnmente, el *Codex Runicus*, vemos el intento superviviente de sustituir las letras latinas por las runas. Este manuscrito probablemente data del siglo XIV. Los intentos posteriores para «revivir» las runas como alfabeto práctico fueron llevados a cabo por anticuarios, algunos de los cuales eran bastante serios y parece ser que «neopaganos» *(véase* Johannes Bureus, en la página 55).

Además de estos usos, las runas se emplearon ampliamente en la construcción de «esferas» que funcionaban como calendarios perpetuos. Parecen tener la función nominalmente cristiana de computar los días de fiesta, pero el hecho de que las runas se usaran casi exclusivamente en la construcción de estos objetos, desde al menos el siglo XIV hasta el siglo XVIII, demuestra la naturaleza eternamente viva de la tradición rúnica en tierras escandinavas.

Capítulo 4

HISTORIA DE LAS RUNAS MODERNAS

(1600-1945 E. C.)

Esta etapa, en principio, está estrechamente relacionada con la Reforma. Sin embargo, también se dio una diferencia creciente y de carácter formal que evolucionó entre el conocimiento del erudito –que conscientemente intentaba reconstruir la estructura de la tradición antigua– y la de la gente que conservaba la tradición inconscientemente. La distinción entre resurgimiento, por un lado, y supervivencia, por el otro, era notable. Cada una tiene sus ventajas y sus desventajas. Los resucitadores, incluso en esta época temprana, volvieron a los materiales de la época arcaica y, por consiguiente, *pudieron* haber entrado en contacto con las formas más «puras» y tradicionales; mientras que la tradición popular estaba (como muestra *Galdrabók)* siempre dispuesta a asimilar rasgos nuevos y, por lo tanto, perdió de vista el sistema original (por ejemplo, la latinización del futhark). El folclore estaba directamente vinculado a las formas originales de la antigua cosmovisión, aunque fuera de manera inconsciente e imperfecta, y dicho vínculo real era una ventaja de la que no disfrutaban resucitadores. Éstos habían sido educados en la tradición «clásica», adoctrinados con ideas judeocristianas e iniciados en una escuela de magia básicamente hermética. Por lo tanto, sus intentos por revivir la tradición fueron inevitablemente contaminados por las tradiciones recientemente establecidas. No obstante, el potencial para ir más allá de esto, directamente a los niveles más antiguos, fue posible gracias a sus esfuerzos y a un sistema de trabajo innovador.

La primera gran patria del renacimiento rúnico, después de haber sido relegada a las regiones rurales más remotas y a los niveles más profundos de la mezcla cultural, fue Suecia. Alrededor de 1600, Suecia era una potencia mundial emergente que sentía un inmenso orgullo de su pasado y que tenía grandes planes de futuro. La combinación de la libertad intelectual otorgada por la Reforma a la inteligencia sueca (pero no a la gente) y el creciente nacionalismo condujeron a la canonización de una ideología conocida como *storgoticismo* (megleogoticismo). Esta ideología tiene sus raíces, probablemente, en conceptos que se remontan a la antigüedad, y alzó la cabeza por primera vez a finales del siglo XIII, un siglo después de la cristianización de los suecos. El storgoticismo está elaborado a partir de las gestas casi míticas obradas por los godos. La idea ha continuado de muchas maneras, a medida que la palabra y el concepto de godo o gótico han ido adquiriendo significados diferentes. La primera referencia documentada a esta «mitología gótica» en los últimos días en la Edad Media aparece en los registros del Concilio de Basilea, celebrado en 1434, donde los españoles reclamaron prioridad en un asunto sobre los ingleses porque ellos (los españoles) eran descendientes de los godos (visigodos) y, por lo tanto, una nación más importante que la inglesa. A esto los suecos respondieron que, en tal caso, Suecia tendría prioridad absoluta porque eran el pueblo godo original y el principal tronco de esa nación.

El storgoticismo fue finalmente codificado por Johannes Magnus, quien fue el último arzobispo católico de Uppsala, en su libro *Historia de Omnibus Gothorum Sveonumque Regibus* (1554). Como lo formuló Johannes Magnus, el storgoticismo estaba firmemente ligado a la mitología hebraica. Se pensaba que Suecia fue la primera tierra en colonizada por los descendientes de Jafet tras el Diluvio. Este tipo de mitología era común en Gran Bretaña al mismo tiempo. Esencialmente, la historia mítica de Magnus era una fantasía preacondicionada en la que, por razones de prestigio, conectaba a los suecos con los hebreos y afirmaba que toda la sabiduría de los tiempos antiguos (como la que poseían los griegos) se enseñó a los suecos. Además, se creía que el «alfabeto» rúnico era la escritura más antigua del mundo (con la posible excepción del hebreo).

Esta mitología influyó en la siguiente generación de storgoticistas, que fue contemporánea a la Reforma en Suecia y el desarrollo de dicha nación como potencia mundial. El gran reformador del storgoticismo fue Johannes Bureus o Johan Bure (1568-1652), tutor y asesor del rey Gustavo Adolfo. El storgoticismo se había convertido en una religión virtual en ese momento, y los aspectos históricos se refinaron gracias a Johannes Messenius en su *Scandia Illustrata*. Pero nuestro principal interés se centra en Bureus. Éste fue el primer gran resucitador rúnico. Su trabajo fue considerable y una de sus tareas más importantes fue la recopilación y el registro de las inscripciones rúnicas de toda Suecia. Al final de su vida había transcrito alrededor de un cuarto de las inscripciones conocidas en ese momento. Bureus se convirtió en anticuario real en 1630, tras haber conseguido la cátedra de Historia en la Universidad de Uppsala. En 1620 se declaró que todos los futuros titulares de esta silla estaban obligados a aprender «el arte de las runas» (es decir, el antiguo lenguaje que las runas solían representar) y cómo interpretar sus signos. Entre 1599 y 1611, Bureus escribió tres libros sobre runas, incluida una pequeña edición ilustrada con inscripciones, su *Runarafst* y un cuaderno rúnico. Aunque el trabajo científico de Bureus era considerable, fue en gran parte reemplazado en su propia vida por el danés Ole Worm. Pero este trabajo de carácter académico sólo representa una parte de la importancia de las runas para Bureus.

Poco después de 1600, Bureus comenzó a desarrollar un sistema que él llamó «adulrunas». Con este sistema empezó a usar las runas con fines misteriosos. Aunque se dice que se enteró de cómo usaban las runas los campesinos de la remota Dalarna, Bureus, evidentemente, no se iba a contentar con la tradición popular a secas, y empezó a aplicar la tradición rúnica a las enseñanzas mágicas con las que ya estaba familiarizado: el «cabalismo cristiano». El sistema de adulruna se desarrolló por analogía con la tradición hebrea del *Seper Yetzirah* (sabemos que lo leyó). Todavía no está claro cuánto influyeron las tradiciones germánicas indígenas (como la rúnica) en la forma de la magia medieval «convencional», pero en cualquier caso sabemos que había un marco teórico básico que debía definirse como cristiano y que era, en gran medida, distinto de las tradiciones populares. Las principales fuentes de Bureus fueron Paracelso y escritos pseudoparacelsianos (por ejemplo el *Liber Azoth* y el *Arbatel),* los primeros textos rosacruces y las obras de Agrippa von Nettesheim. Su principal técnica rúnica era una variación de la *temura* (un procedimiento cabalístico que implica la permuta de letras en una palabra para dar un nuevo significado «revelado»). Bureus creía que todo el conocimiento había sido originalmente uno solo, y dado que el saber de los godos representados por las runas era el más antiguo de todos, podía tener acceso al conocimiento interno adquiriendo la habilidad de comprender las adulrunas. Bureus, sin embargo, no se consideraba un neopagano. Por el contrario, se consideraba un cristiano «auténtico» y creía que la adoración a Dios y el poder de la oración eran esenciales para el éxito en su sistema.

En 1613 Bureus estuvo absorto en el aspecto esotérico de sus estudios y se vio particularmente cautivado por las especulaciones apocalípticas. A principios de la década de 1620, las autoridades eclesiásticas locales comenzaron a mirar con recelo las teorías heréticas de Bureus, pero sus conexiones reales lo protegían de cualquier enjuiciamiento por parte de la Iglesia. Creía tan ciegamente en que estaba a punto de llegar el día del juicio que dividió todas sus propiedades entre los pobres en 1647, el año apocalíptico según sus cálculos, pero vivió cinco años más gracias al apoyo real.

El trabajo de Bureus es importante en dos áreas: (1) fue el comienzo de la runología científica, y (2) volvió a usar runas en un sofisticado trabajo filosófico y mágico. Pero las deficiencias predecibles y desafortunadas de su esfuerzo en este último campo son obvias. Todo el movimiento del storgoticismo tuvo ramificaciones políticas de largo alcance. En su pasión nacionalista, Gustavo Adolfo rompió con los católicos y dio inicio a sus programas nacionalistas justificados con las ideas del storgoticismo. En el área de la religión parece haber habido una élite, formada en altos círculos, para quienes la Reforma era sólo una tapadera para el desarrollo de la «fe gótica». La oficina del anticuario real era entonces el centro de la nueva religión nacional, encabezada por Bureus y apoyada por el rey.

Las runas jugaron un papel importante en el funcionamiento interno de este sistema, pero también se promocionaron por razones más pragmáticas. Bureus desarrolló un alfabeto rúnico cursivo con el que esperaba reemplazar al latín. Durante la guerra de los Treinta Años, un general sueco, Jacob de la Gardie, escribió comunicaciones a sus comandantes en runas, como si fuera una especie de código.

A medida que el poder de Suecia disminuía y empezaba la era de la Ilustración, las doctrinas del storgoticismo y las teorías de hombres como Bureus perdieron el favor de las élites, quedando relegadas a cajones oscuros y remotos.

El siguiente avance de la investigación rúnica comenzó en el período del Romanticismo europeo, unos cien años después, esto es a finales del siglo XVIII y principios del XIX. Una vez más, su representante más fuerte en lo que respecta al auténtico resucitar fue Suecia. Allí, en 1811, se formó la *Gotiska Förbundet* (Liga Gótica) con poetas y reformadores sociales como Erik Gustave Geijer y Per Henrik Ling. El movimiento se basó esencialmente en la literatura, aunque fue un intento serio de avivar el espíritu antiguo.

En el otro lado de la moneda estaba la continua supervivencia popular de la tradición rúnica en toda Alemania y sus colonias. Fue especialmente intensa en Escandinavia, donde las runas y la escritura rúnica continuaban utilizándose tanto para asuntos cotidianos como para los hechizos mágicos.

En Escandinavia y las islas del Atlántico Norte, el alfabeto rúnico sobrevivió como sistema de escritura hasta bien entrado el siglo XX. Esto es especialmente cierto en regiones remotas como Dalarna, Suecia e Islandia. El alfabeto rúnico permaneció puro hasta mediados del siglo XVIII, cuando las letras latinas comenzaron a reemplazar los caracteres y se convirtió en una escritura mixta. Además, también se usaron en la construcción calendarios perpetuos, introducidos en Escandinavia durante la Edad Media, siempre tallados en madera o hueso. Estos calendarios eran una forma común de calcular el tiempo en el norte hasta bien entrado el siglo XIX.

El conocimiento de las runas se mantuvo gracias a la tradición popular, y el arte de las runas se conservó junto con su uso más cotidiano. En partes más remotas de la península escandinava había intérpretes de runas que podían realizar actos mágicos a través de *galdr* o encantamientos; y en Islandia, la práctica mágica con runas y *galdrastafir* (signos mágicos parecidos a runas) continuó al menos hasta el siglo XVII. Tanto a nivel popular como a nivel académico, los elementos de la «magia de las élites» (es decir, judeocristiana) se extendieron rápidamente por todo el sistema y fueron felizmente sincretizados en él. Pero aquellos que han estudiado el *Galdrabók* del siglo XVI (que también se usó y añadió en el siglo XVII) sabrán que los métodos subyacentes permanecieron prácticamente iguales que en la tradición nativa. El texto de *Galdrabók* y muchos otros ejemplos de magia islandesa están contenidos en *The Galdrabók* (Rûna-Raven, 2005) y en *Icelandic Magic* (Inner Traditions, 2016).

En las zonas germánicas del sur hay pruebas contundentes de una tradición similar de supervivencia rúnica. Uno de los ejemplos más interesantes se encuentra en la región de la Selva Negra, en el llamado *Heidenhäuser* (¡casas paganas!). Se trata de edificios agrícolas muy antiguos en los que la era y otras partes de la casa están decoradas con ideogramas mágicos, algunos de los cuales son de indudable origen rúnico. Algunas de éstas son simples, por ejemplo, ◇ᛞᛟᛉᛡᚾᛦᚴᛏ, mientras que otras son runas enlazadas o signos sagrados, por ejemplo, . Los edificios en los que aparecen estos símbolos datan principalmente de finales del siglo XVI o principios del siglo XVIII. Es probable que los signos fueron grabados por un grupo de «iniciados» que aún conocían los símbolos y sabían cómo dominar su magia. Se han encontrado símbolos mágicos similares en la región de Harz en Alemania, y si creemos a algunos investigadores, una amplia gama de simbolismos medievales tuvo sus raíces en los caracteres rúnicos. Pero no sólo sobrevivió la morfología, también lo hizo la sabiduría esencial que las rodeaba. Sin embargo, en lo que respecta a Alemania y a la mayoría del norte de Europa, los acontecimientos de 1914 a 1918 y 1939 a 1945 destruyeron gran parte de los vestigios a través de la muerte y el desgarro en el tejido social. La hora más oscura suele ser antes del amanecer.

No sólo encontramos supervivencias de este tipo en Europa, sino que Estados Unidos también tiene una parte de herencia rúnica. No nos referimos a las muy controvertidas «piedras rúnicas americanas», sino más bien a las tradiciones mágicas vivas de los «holandeses» (alemanes) a Pensilvania. En el siglo XVIII, esos colonos trajeron un rico patrimonio mágico, cuya herramienta principal era el «signo hex». Este término tal vez se derive de una comprensión errónea temprana del *Sechszeichen* alemán (signo del seis), llamado así porque los primeros y más comunes signos se diseñaron alrededor de la estrella de seis puntas o roseta como la que se ve en la figura 4.1.

Figura 4.1. Patrón de signo hex.

La palabra *hex* podría ser muy antigua porque proviene del antiguo vocabulario sagrado germánico y originalmente tenía que ver con el «recinto sagrado» y las personas (especialmente las mujeres) que practicaban sus artes allí.

Tales signos son *yantras* germánicos virtuales y se utilizan para todos los propósitos mágicos que podamos imaginar. El símbolo está pintado con colores brillantes dentro de un disco redondo (generalmente de madera) que se colocaba en lugares importantes como el trabajo, el exterior de un granero o casa, dentro de la casa, o incluso se llevaba encima como un amuleto. Nuevamente nos encontramos con un importante aspecto social en esta tradición. Los signos *hex* sólo pueden ser efectuados por un *Hexenmeister* iniciado, y su trabajo debe ir acompañado por una fórmula cantada. Una de estas fórmulas, conocida en Carolina del Sur, incluso apela a Thor. De hecho, hay muchos aspectos oscuros y poco conocidos en la historia estadounidense que merecerían más investigaciones. Podemos encontrar consejos prácticos sobre cómo usar y confeccionar estos símbolos en el libro *Northern Magic* (Llewellyn, 1992, 1998).

Los practicantes de la tradición popular no son conscientes de los detalles históricos de su pasado y continuamente recrean el sistema de acuerdo con sus necesidades y condiciones. Este proceso es, de hecho, el más natural y saludable; pero cuando la tradición popular se «contamina» con una ideología extraña, el proceso se vuelve menos efectivo a medida que la vida va pasando lentamente. Debido a tales circunstancias, se hizo necesario desarrollar nuevas herramientas para desenterrar la tradición perdida y el patrimonio de los ancestros. El espíritu necesario para esta tarea renació a principios del siglo XIX en el norte de Europa bajo los estandartes del romanticismo literario y la filología académica.

Cuando se descubrió a fines del siglo XVIII que los idiomas de la India y Europa estaban relacionados de alguna manera, surgió una gran escuela de pensamiento en el norte de Europa, especialmente en Alemania, que buscó darle al estudio de dichos idiomas y culturas una base científica. Esto ocurrió en el Romanticismo, que en muchos aspectos es un nombre inapropiado porque en el norte la gente buscaba más modelos germánicos que la antigüedad clásica. Quizás un término mejor sería «Germanismo». En cualquier caso, el serio interés por las cosas germánicas, sus orígenes y sus relaciones con el gran mundo indoeuropeo crecieron rápidamente. La mayor contribución en esta área la hizo Jacob Grimm, quien, junto con su hermano Wilhelm, se dedicó a estudiar una amplia gama de manuscritos y coleccionar cuentos populares. En el proceso, fundaron prácticamente las disciplinas de la lingüística histórica, la religión y la mitología comparadas y el folclore. Mediante lo que ahora se llama «ley de Grimm», se demostró que el germánico derivaba del indoeuropeo, y se demostró su relación con otros dialectos de ese mismo grupo (por ejemplo, sánscrito, griego, latín).

Junto con la lingüística, se compararon las religiones registradas en los textos estudiados: las *Eddas*, los *Vedas*, Homero, las sagas irlandesas y los nombres de los dioses; se estaban desarrollando escuelas de pensamiento sobre las formas de interpretar las mitologías. Como podría esperarse, muchas de esas teorías parecen ingenuas en la actualidad, pero el camino hacia la reconstrucción está, por su propia naturaleza, plagado de trampas. Los detalles de este proceso histórico son demasiado complicados para entrar aquí, pero debemos mencionar dos teorías sostenidas por investigadores antiguos. Una era la tendencia a buscar interpretaciones «naturalistas», es decir, entender la mitología como un puro reflejo de los fenómenos naturales, que ahora sabemos que son sólo una parte de la función mitológica. La segunda tendencia, o controversia, era la oscilación entre considerar la mitología como la creación de un antiguo sacerdocio o clase soberana y la idea de que era esencialmente una consecuencia de los cuentos de la tradición popular más simple. Reconocer esta dicotomía fue algo inteligente, y más tarde se convertiría en un concepto importante.

La importancia de este trabajo pionero consiste en colocar la investigación de tales asuntos sobre una base científica, que se fundamenta en el estudio cuidadoso de las evidencias existentes de todo tipo. Si este trabajo se lleva a cabo de manera objetiva pero comprensiva, se levantan los velos del condicionamiento psicológico negativo (cristiano) y se ofrece la posibilidad de penetrar en los niveles más arcaicos de la ideología.

El renacimiento mágico

No fue sino hasta los primeros años del siglo XX cuando se inició un renacimiento mágico rúnico, pero este renacimiento tuvo múltiples raíces y tenía muchas facetas en sí mismo. A finales del siglo XIX también se produjo el surgimiento del espiritismo y el ocultismo en la cultura popular. La rama más influyente de este fenómeno fue la teosofía, formulada por Helie Petrovna Blavatsky y promovida a través de la Sociedad Teosófica. Simultáneamente a este nuevo interés en lo oculto, tuvo lugar un fuerte renacimiento del germanismo, que también podría llamarse neorromanticismo. Todo ello se unió al crecimiento del pangermanismo político tras la unificación del Imperio alemán en 1871.

Todos estos factores empezaron a operar junto con las últimas teorías sobre mitología, religión, ciencia (especialmente el darwinismo) y filosofía. De esta poderosa mezcla surgió el heterogéneo *Deutsch-Bewegung* (movimiento teutónico). En todos los aspectos, los partidarios de este movimiento eran muy pragmáticos. No querían filosofar desde torres de marfil, sino que tenían la intención de alterar el mundo en el que vivían. Querían devolver la sociedad a sus raíces tradicionales (precristianas), al menos tal como las veían. Incluso aquellos que formalmente deseaban considerarse a sí mismos como «cristianos» rechazaron la mayor parte de lo que tradicionalmente se había considerado herencia cristiana y lo reemplazaron con mitología germánica y cuentos populares. Esta rama del movimiento se colocó bajo el estandarte de los *cristianos-alemanes* (cristianos teutónicos). Pero otros miembros de esta revolución social, posiblemente más honestos, rechazaban la tradición cristiana y adoptaron el estandarte del Gran Padre (Thor).

En lo que respecta a nuestro propósito central de renacimiento rúnico, la gran figura de la época fue *der Meister*, Guido von List (1848-1919). List nació en una familia vienesa acomodada, con intereses comerciales. Aunque el joven Guido tenía un profundo interés en el mundo místico y natural desde temprana edad y quería ser artista y erudito, siguió los pasos de su padre. En parte por sentido del deber, al parecer, inició una carrera de negocios. Se dice que, cuando era un niño de catorce años, se detuvo frente a un altar en ruinas en las catacumbas de la catedral de San Esteban, en Viena, y dijo: «¡Wenn ich einmal gross bin, werde ich einen Wuotans-Tempel bauen!» («¡Cuando sea grande, construiré un templo para Wotan!»).

Durante esos primeros años, en el tiempo que estuvo libre de sus deberes profesionales, List exploró las regiones alpinas desde su Baja Austria natal hasta Suiza. Pero en 1877 murió su padre, y pudo empezar a seguir más intensamente su trabajo como artista, místico, poeta y profeta. Los años entre 1877 y 1889 fueron difíciles y oscuros para List, pero en el último año apareció su novela de dos volúmenes *Carnuntum*. Se trata de una novela histórica que describe la lucha entre las culturas germánica y romana, a lo largo de la frontera con Dinamarca, tema favorito en sus obras. Fue un éxito crítico y popular al mismo tiempo. Durante el siguiente período de su vida (1889-1891), List se dedicó aparentemente al estudio y al trabajo interno, ya que en el último año de este período comenzó una nueva fase que muestra la evidencia de una visión iniciática. En 1891 publicó su trabajo en dos volúmenes *Deutsch-Mythologische Landschaftsbilder* (Formaciones teutónico-mitológicas del paisaje), que es una especie de investigación geomántica de los monumentos megalíticos, túmulos, cúmulos de tierra, castillos y otros sitios sagrados de la Baja Austria; así como un catecismo virtual de su filosofía llamado *Das Unbesiegbare: Ein Grundzug germanischer Weltanschauung* (El invencible: un bosquejo de la filosofía germánica). Ambas obras muestran signos de la elegancia y el ingenio de su pensamiento más sistemático.

En los países de habla alemana, a lo largo de estos años, la ideología expresada por la teosofía fue bastante influyente, y aunque la relación de List con la Sociedad Teosófica en sí misma es algo vaga, parece haber sido influenciado en la dirección de su filosofía y cosmología. *Der Meister* era, como mínimo, igual que Madame Blavatsky en asuntos de este tipo. Se sabe con certeza que muchos de los más eminentes teósofos de la época eran también seguidores de List.

Entre 1891 y 1902, la carrera literaria de List estaba llegando a su fin (tenía más intereses por delante), pero éste fue su período más exitoso en sus esfuerzos literarios. Produjo varios dramas y su segunda gran novela, la *Pipara,* de dos volúmenes.

Sin embargo, en el año 1902 se produjo el gran punto de inflexión en la evolución del pensamiento de List. Ese año se sometió a cirugía por cataratas en ambos ojos. Durante once meses estuvo prácticamente ciego. Ese tiempo, List parece haber experimentado una especie de iniciación, una revelación que abrió su tercer ojo a los secretos de las runas tal como se expresan a través de los «Rúnatals tháttr Ódhins» en el «Hávamál» *(véase* capítulo 8). Empezó a investigar el pasado germánico y sus secretos con esta habilidad recién ganada (o refinada). Entre los años 1902 y 1908, cuando apareció el primer libro de lo que llegaría a ser una enciclopedia de obras que delinean su elegante sistema, tuvo una gran actividad interna y externa. List estaba bien conectado con las principales figuras e ideólogos políticos pangermanistas (por ejemplo, el doctor Karl Lueger, el *Bürgermeister* de Viena), así como con muchos industriales ricos, los cuales apoyaron sus investigaciones y la actualización de los antiguos misterios germánicos. Así, en 1905, se formó la *Guido von List Gesellschaft* (Sociedad) para suscribir el trabajo del «Maestro». Junto con esta rama exotérica, se planeó un grupo interno esotérico llamado *Armanen Orden,* para la iniciación y la enseñanza de prácticas ocultas.

En 1908 apareció el primer libro de List de su serie de investigación, titulado *Das Geheimnis der Runen* (El secreto de las runas), en el que postula que el futhark primario era un alfabeto de 18 runas. La rama original estaba compuesta por una serie de caracteres a los que se añadieron ciertos «núcleos». Estos núcleos, y sus variaciones, podrían utilizarse para decodificar cualquier otra palabra, antigua o moderna, para devolver su significado original al «lenguaje primario» *(Ursprache)* mismo.

Aunque había todo un sistema mágico unido a las revelaciones rúnicas de List, permaneció secreto en gran parte hasta después de su muerte, y otra gran parte sigue siendo un misterio hoy en día.

El libro de las runas fue seguido, ese mismo año, por una obra general de dos volúmenes: *Die Armanenschaft der Ario-Germanen* (El armanismo del pueblo ariogermánico), que describía la antigua estructura social, la religión y señaló el camino hacia su renacimiento.

También en ese año apareció *Die Rita der Ario-Germanen* (La ley sagrada del pueblo ariogermánico). Aquí, *rita* es un término tomado del sánscrito *ṛta*, orden cósmica, ley. Con este trabajo, List intentó restablecer, sobre una base religioso-cósmica, un fundamento germánico para la ley y la estructura política.

El año siguiente, 1909, vio la publicación de *Die Namen der Völkerstämme Germaniens und deren Deutung* (Los nombres de las tribus del pueblo de Germania y su interpretación) en la que List aplicó sus teorías sobre la investigación del significado oculto en nombres y palabras a través de un análisis de las sílabas del núcleo.

En 1910 publicó *Die Bilderschrift der Ario-Germanen: Ario-Germanische Hieroglyphik* (La escritura de símbolos del pueblo ariogermánico: Jeroglíficos ariogermánicos), donde se centró en la investigación del significado esotérico de una amplia gama de símbolos, incluyendo runas, glifos (signos sagrados) y especialmente escudos de armas. Este trabajo fue comparado con la *Doctrina secreta* de Blavatsky por el famoso teósofo (y miembro del grupo de List) Franz Hartmann en su diario *Neuen Lotusblüten* con las siguientes palabras: «El autor ha levantado el grueso velo que cubría la historia de la antigüedad germánica, y nos ha dado una visión profunda de la doctrina secreta de los antiguos alemanes, así como el significado de su simbología».[1]

El libro más complejo de la serie fue *Die Ursprache der Ario-Germanen und ihre Mysteriensprache* (El lenguaje primordial del pueblo ariogermánico y su lenguaje misterioso). No apareció de forma completa hasta 1915, aunque algunas secciones se habían publicado ya diez años antes. El enorme volumen contiene el sistema de *kala* de List para la decodificación de palabras con el fin de revelar su significado oculto. Este sistema es una ciencia virtual de la etimología popular, que es muy potente en la práctica mágica, pero ignora completamente todas las reglas de la lingüística histórica. El complemento de este volumen pudo haber sido *Armanismus und Kabbala*. En este libro, List quería mostrar la relación entre los dos sistemas y cómo la cábala era, en realidad, la sabiduría *Armanen* que había sido absorbida por el pensamiento judeocristiano y la filosofía esotérica. Sin embargo, en 1919, antes de que el manuscrito completo pudiera imprimirse, List murió, y su texto parece ser que fue robado o mantenido en secreto por miembros de la Armanen Orden.

La grandiosa ideología y la filosofía religiosa expresada en los trabajos de List es demasiado compleja para entrar en detalles en esta obra. Pero algunas de las ideas principales que articuló y que han encontrado su camino hacia el renacimiento rúnico en la moderna Vinland, son (1) la «tríada trífida-trina», (2) la «díada bífida-biune» *(zweispältig-zweieinigen Zweiheit)* y (3) el concepto histórico de ocultamiento de la tradición antigua e incluso de los sistemas sagrados en la simbología y la literatura, aparentemente cristiana o secular. Se puede encontrar una descripción general de las ideas de List en la introducción de *The Secret of the Runes* (Destiny, 1988).

La idea de la díada bífida-biune dio como resultado el concepto de un equilibrio entre espíritu y materia y la idea de que la materia es, en realidad, espíritu condensado.

---

1. Franz Hartmann, «Review: Guido von List. Die Bilderschrift der Ario-Germanen: Ario-Germanische Hieroglyphik» en *Neuen Lotusblüten*, 1910, 370.

Sin embargo, el uso formulado del tres es la característica más destacada de su sistema. En muchos sentidos, prefigura las teorías de G. Dumézil sobre la estructura sociorreligiosa tripartita indoeuropea *(véase* capítulo 13). El concepto núcleo del pensamiento triádico de List es el patrón arquetípico de surgimiento (nacimiento), devenir/ser (vida) y pasar a un nuevo surgimiento (muerte/renacimiento). Este paradigma se aplica a una serie de conceptos para formar una elegante filosofía religioso-mágica. En primer lugar, se aplica a los principios cosmológicos. Pero quizás una de las aplicaciones más interesantes es su sistema de interpretación a tres niveles de mitos o de cualquier concepto o símbolo. En este sistema, se entiende un concepto en (1) el nivel común: una forma conocida popularmente, (2) el nivel simbólico exotérico y (3) el nivel esotérico. Esto hace que cualquier palabra o concepto atraviese una espiral de permutas semánticas para revelar verdades relaciones internas y ocultas.

El Guido von List Gesellschaft continuó floreciendo después de la muerte de *der Meister*, al igual que docenas de otros grupos neogermánicos (no todos ellos tienen que ver con el conocimiento de las runas). En los años anteriores a 1933, otros investigadores, como Friedrich Bernhard Marby o Siegfried Adolf Kummer, empezaron a mostrar algunos de los aspectos más prácticos del arte de las runas (especialmente el uso de posturas rúnicas, llamado «yoga rúnico») y la magia talismánica.

Para entender la relación de los nacionalsocialistas con la tradición rúnica, primero hay que comprender el nivel de popularidad que tales asuntos habían alcanzado a finales del siglo XIX y principios del XX. Las runas y las formas parecidas a runas se habían convertido nuevamente en símbolos (a menudo muy «comunes») de *Deutschtum*. La runología no sólo era un tema predilecto de los académicos, sino que también se convirtió en un tema en el que cualquier profano podía sumergirse.

La idea de un renacimiento religioso no judaico también fue fundamental, y abarcó desde los «cristianos teutónicos» (quienes reemplazaron el Antiguo Testamento por la tradición germánica y un Jesús «arianizado») hasta las organizaciones paganas como la Sociedad Guido von List.

Las raíces del nacionalsocialismo son múltiples, y no podemos entrar en ellas con demasiada profundidad aquí. Sin embargo, podemos señalar algunos de los usos y abusos que los nazis hicieron de las runas. También debemos prologar estos comentarios con la afirmación de que, ya sea de las runas o de la religión de la que hablamos, la línea doctrinal nazi suele ser un anatema para la esencia de los verdaderos conceptos germánicos y, a menudo, la antítesis del núcleo de la filosofía y la práctica de Odín. Sin embargo, había células secretas dentro de altos niveles del *Schutzstaffel* (SS) reunidas alrededor de Heinrich Himmler, sobre todo en el castillo de Wewelsburg de Westfalia, en las que se practicaba una experimentación más abierta. Algunas de las enseñanzas internas de este mundo se exploran en el libro llamado *The Secret King* (Feral House, 2007).

No cabe duda de que ciertos elementos dentro de estas células tenían un interés genuino en el establecimiento de una cosmovisión religiosa germánica; sin embargo, el liderazgo más alto del partido parece haber mostrado poco interés real en esta dirección.

No obstante, todos fueron maestros mágicos de la manipulación de masas que implica la estimulación y activación de imágenes populares y las diseñaron de tal manera que doblaban la voluntad de la población. (Hoy lo llamamos publicidad, entre otras cosas). Uno de los pasos más importantes que debemos tener en cuenta para entender este proceso es el establecimiento de lo que podría llamarse un cambio de significado (o cambio semántico) con respecto a los símbolos.

Esto es más efectivo cuando se utiliza un símbolo arquetípicamente poderoso (por ejemplo + o 卐) y lo llena de un significado personalizado (Jesús y Hitler, respectivamente). Algunos de los símbolos rúnicos más comunes utilizados en el movimiento nacionalsocialista se muestran en la tabla 4.1.

Poco después de 1933, cuando los nazis llegaron al poder, los diversos grupos involucrados en el renacimiento germánico fueron prohibidos si no estaban dentro de la estructura del Partido. Todo el trabajo realizado por docenas de organizaciones y líderes individuales fue absorbido por la doctrina oficial del Partido, la liturgia y la simbología o fue eliminado. El mismo F. B. Marby pasó noventa y nueve meses en el campo de concentración de Dachau.

ᚼ	Programa Lebensborn (fuente de la vida) para eugenesia racial.
ᛏ	Las Hitler Jugend (Juventudes Hitlerianas) usaron este signo como parte de su insignia.
ᛋᛋ	En tándem, representaba el Schutzstaffel (SS), «Destacamento de Protección».

Tabla 4. 1. Símbolos rúnicos utilizados por los nacionalsocialistas.

Lo que no había sido destruido en los años de consolidación del poder del partido, entre 1933 y 1938, fue posteriormente dañado por la guerra misma. La guerra no sólo destruyó individuos con grandes conocimientos, sino que también destrozó el tejido social en toda Europa. El desplazamiento masivo causado por las hostilidades y las revoluciones socioeconómicas que siguieron en Europa Occidental fueron probablemente el golpe final a las tradiciones populares en las áreas rurales.

De hecho, la hora más oscura es antes del amanecer, y eso es cierto para el renacimiento de nuestras tradiciones. Tras la destrucción intencionada de las tradiciones por parte de la Iglesia, y las distorsiones a menudo equivocadas de los movimientos políticos, es difícil recuperar los secretos rúnicos y coserlos al tejido de nuestra cultura, pero es un desafío heroico de nuestro tiempo.

Capítulo 5

RENACIMIENTO RÚNICO CONTEMPORÁNEO

(1945-PRESENTE)

A raíz de la Segunda Guerra Mundial, el interés por la religión germánica y las runas empezó a estar mal visto en Alemania, y hasta cierto punto incluso en los círculos académicos que no habían sido tocados por la «runología nazi». Aunque la runología esotérica alemana dentro del contexto de la religión germánica había sido prácticamente eliminado, encontró un nuevo hogar en las ramas más eclécticas del ocultismo occidental y en esa logia prestigiosa del ocultismo alemán, la Fraternitas Saturni (Hermandad de Saturno). El trabajo rúnico basado en las teorías y prácticas de Guido von List, Friedrich Bernhard Marby y Siegfried Adolf Kummer se convirtió en parte del plan de estudios mágico de la Fratenitas Saturni, principalmente bajo la guía de *Frater Eratus* (Karl Spiesberger). Los esfuerzos de Spiesberger, descritos en gran parte en sus dos libros, *Runenmagie* (1955) y *Runenexerzitienfür Jedermann* (1958), condujeron la runología esotérica en la dirección del universalismo y lejos de las interpretaciones *völkisch*. También hay una gran mezcla de ideas hermético-gnósticas, una tendencia ya evidente en menor medida con los magos de runas anteriores.

B. Marby, tras su liberación de Dachau al final de la guerra, volvió a estar activo. Pero nunca pudo obtener el mismo nivel de logros que tuvo durante la primera parte del siglo.

La runología, en el contexto de un renacimiento germánico general, comenzó lentamente. Alrededor de 1969, Adolf y Sigrun Schleipfer reactivaron la Armanen Orden. También asumieron el liderazgo de la Guido von List Gesellschaft, que también había estado inactiva desde la guerra. Los nuevos Grandes Maestros se propusieron hacer de la Armanen Orden un verdadero equipo mágico de trabajo basado en el misticismo germánico. Otros grupos neogermánicos activos en Alemania no mostraron interés práctico en la magia de las runas. Durante las décadas de 1970 y 1980 se desarrolló en Alemania una especie de runología esotérica universalista o semiuniversalista dicotómica (representada por Karl Spiesberger, Werner Kosbab y otros) y una runología esotérica tribalista-nacionalista (representada por la Armanen). Todos los grupos en Alemania usaron el futhark de dieciocho runas.

Las runas siempre han tenido una mística especial para aquellos interesados en lo germánico. Cuando empezó a extenderse nuevamente (aparentemente casi de forma espontánea desde alrededor de 1970) un renacimiento germánico general en Europa y América del Norte, las runas solían ocupar un lugar destacado en las imágenes y el simbolismo de los diversos grupos. Por ejemplo, el ritual del Descubrimiento de las Runas utilizado por el Rito Odínico en Inglaterra, o el nombre de la revista publicada por la Asamblea Libre de Ásatrú, *The Runestone*, con su símbolo rúnico. Sin embargo, ninguna de estas organizaciones emprendió un estudio profundo de la runología esotérica en los primeros años.

En el verano de 1974 me encontré con el libro *Runenmagie* de K. Spiesberger[1] en la biblioteca de la universidad. Ocurrió después de recibir un destello de iluminación que consistió en «oír» la palabra RUNA sólo unos días antes. A partir de ese día trabajé en las runas. Mis estudios de magia, tras haberme iniciado en el esplendor daimónico, habían tomado un giro filosóficamente poco inspirador en el pantano del neocabalismo. Las runas, y el Camino de Woden que se muestra a través de su poder, debían hacerme retroceder en la vía hacia ese gran poder. En ese momento, ignoraba el renacimiento germánico contemporáneo y lo seguí hasta 1978. En el verano siguiente al descubrimiento del libro de Spiesberger, después de haber trabajado intensamente con la filosofía y la práctica del futhork *Armanen*, produje un texto propio que fue, en gran parte, una compilación de material de conceptos contenidos en los libros de autoridades como K. Spiesberger, Guido von List y R. J. Gorsleben. Ésta fue la inédita *Magia rúnica de Armanen* terminada en agosto de 1975. La actividad esotérica me llevó simultáneamente a un profundo interés académico en la religión y la magia alemanas. Al año siguiente, era un estudiante de postgrado que aprendía nórdico antiguo e investigaba el Camino de Woden también a nivel intelectual.

Sin embargo, este interés por las cosas germánicas no me había entrado de repente en 1974. Los años anteriores, el libro *The Spear of Destiny*[2] había despertado mi imaginación. También disparó mi celo de investigador y me propuse encontrar los textos originales sobre los que se construyó todo el edificio. Más tarde descubrí que muchos de estos textos habían sido mal utilizados o interpretados incorrectamente. Con anterioridad, las palabras «Los cuervos de la noche volaron...» sonaban en mi mente.

Continué desarrollando mi camino ocultista en soledad hasta el verano de 1978, cuando me puse en contacto con la Asamblea Libre de Ásatrú e inicié un período de estrecha cooperación con grupos neogermánicos. Al mismo tiempo, completaba mi trabajo sobre la restauración del sistema

---

1. Karl Spiesberger, *Runenmagie,* Berlín, R. Schikowski, 1955.
2. Trevor Ravenscroft, *The Spear of Destiny,* York Beach, Maine, Samuel Weiser, 1973.

esotérico del futhark antiguo de veinticuatro runas, que en 1979 dio como resultado *Futhark: A Handbook of Rune Magic*.[3] Los estudios me llevaron a darme cuenta de que para conocer las runas como realmente son, uno debe trabajar con el antiguo sistema arquetípico tal y como era realmente.

Durante esta misma época, aunque yo no lo sabía, un compañero de viaje, David Bragwin James, estaba trabajando en una dirección similar a la mía y estaba viviendo también una situación personal similar en New Haven, Connecticut.

Pronto se hizo evidente que ningún grupo en el mundo de habla inglesa estaba al tanto de ninguna tradición rúnica a nivel profundo y, por lo tanto, me correspondió a mí el trabajo de acelerar el conocimiento de nuestros misterios populares de manera coherente y comunicable, lo que no es una tarea fácil. Dicha tarea me condujo finalmente a la formación independiente del Rune-Gild para la práctica y enseñanza de las runas y el arte de las runas. Esta institución fue concebida originalmente para ser una parte orgánica de grupos religiosos neogermánicos, pero esto resultó casi imposible. Parece que los maestros de runas son, de alguna manera, unos forasteros vocacionales y, como tales, les gusta estar fuera de cualquier estructura orgánica. El objetivo del Rune-Gild es expandir el nivel de conocimiento e interés de la forma germánica más genuina y llevar a cabo el trabajo de las runas sistemáticamente, proporcionando un flujo fiable de habilidades básicas sobre runas y sabiduría rúnica para todo el mundo, proporcionando una forma de entrada en el Gild Hall para unos cuantos. Tras estos primeros desarrollos, el Rune-Gild maduró hasta convertirse en una organización viable con un plan de estudios sobre instrucción rúnica y publicado bajo el título *The Nine Doors of Midgard* (The Rune-Gild, 2016, 5.ª edición).

---

3. Edred Thorsson, *Futhark: A Handbook of Rune Magic,* York Beach, Maine, Samuel Weiser, 1984.

Capítulo 6

HISTORIA DE LA MAGIA DE LAS RUNAS Y DE LA ADIVINACIÓN

Demasiadas escuelas modernas de magia rúnica se han visto obligadas, ya sea por su ignorancia sobre las tradiciones eternas o por su incapacidad para acceder a los misterios tradicionales, a ignorar u olvidar las verdaderas fuentes rúnicas que nos transmitieron con esplendor epigráfico nuestros ancestros. En este capítulo exploraremos el corpus rúnico real en busca de evidencia mágica, tal como fue practicada por los antiguos.

Los antiguos documentos grabados en piedra y metal no son más que los fósiles visibles de un proceso vivo de arte rúnico. Los relatos literarios nos ayudan a desarrollar este proceso en gran medida, pero para comprenderlo verdaderamente, se deben sondear las profundidades de la tradición rúnica.

Inscripciones

Las inscripciones rúnicas representan mensajes, envíos de naturaleza misteriosa. Son comunicaciones complejas y simbólicas que sólo ocasionalmente son «legibles» en el sentido del lenguaje práctico. A menudo, los mensajes son mucho más obtusos. Sin embargo, a través de un análisis cuidadoso de las evidencias, podemos llegar a algunas conclusiones significativas sobre ciertas formas de practicar la mágica rúnica en el pasado.

En lo que respecta a los actos mágicos operativos, podemos dividir los tipos de fórmulas rúnicas en siete categorías: (1) mensajes en lenguaje natural, (2) fórmulas compuestas de palabras simbólicas, (3) fórmulas futhark, (4) palabras como fórmulas mágicas (por ejemplo, *luwatuwa),* (5) ideogramas rúnicos, (por ejemplo, *galdrastafir),* (6) fórmulas numéricas y (7) fórmulas del maestro de runas.

Mensajes en lenguaje natural

Debido a que las runas les permiten comunicarse directamente con esa otra realidad (objetiva), los maestros de runas podían escribir mensajes rúnicos en lenguaje natural para conseguir algún tipo de alteración en el entorno. Éstas solían ser fórmulas vocales mágico-poéticas, ofrecidas simbólicamente a la realidad objetiva a través del ritual de grabado. Las más famosas eran las fórmulas de maldición (para evitar la profanación de una tumba o de sitio sagrado) y las fórmulas destinadas a mantener a los muertos en sus tumbas. «Los muertos vivientes», o *aptrgöngumenn,* eran una seria preocupación para los hombres del norte. Lo que se suele olvidar sobre la preocupación de este fenómeno es la creencia de que los cadáveres podían ser reanimados por voluntad de algún mago enemigo y enviados para dañar a la comunidad.

En el período más arcaico, algunos de los ejemplos más notables de este tipo de trabajo mágico son las fórmulas de maldición que se encuentran en las piedras de Stentoften y Björketorp al sur de Suecia (ambas del año 650 aproximadamente). Los textos están estrechamente relacionados, por lo que aquí pondremos sólo el ejemplo más claro de Björketorp, donde se lee: ütharba-spä! haidR-rünö ronu falhk hedra, gina-rünaR, ærgiu hearma-lausR, üti aer wela-daude säR que brÿtR. Esta fórmula se puede traducir: «¡Profecía de destrucción! Una fila de runas brillantes me escondió aquí, runas cargadas mágicamente. A través de la perversidad, [y] sin descanso, en el exterior, hay una muerte engañosa para quien rompa este [monumento de piedra]». Mediante la voluntad del maestro de runas, y por el poder de las runas para comunicar esa voluntad en un objetivo, la fórmula de la maldición avisa de que cualquiera que rompa o perturbe el lugar sagrado será maldito hasta la muerte por el poder engañoso *(wela-)* del maestro de runas. *(Véase también* el análisis sobre el talismán de Lund en la página 45). Dado que ningún juez o verdugo está presente en realidad, y dado que el posible infractor seguramente no sabía leer ni escribir, la sentencia de muerte se lleva a cabo por medios mágicos, nada más. La piedra de Björketorp todavía está en su lugar original, por cierto). La disposición triangular de las piedras fue, aparentemente, un sitio ritual y legislativo, ya que no se ha encontrado ninguna tumba en el área.

La fórmula de los mensajes

Otra forma más concisa de comunicación mágica se llevaba a cabo mediante fórmulas únicas, llenas de poder simbólico a muchos niveles. En el período más antiguo, algunas de estas palabras eran *alu* (fuerza psíquica extática),[1] *laukaz* (puerro),[2] *ehwaz* (caballo), *lathu* (invocación), *auja* (buena suerte), *ota* (terror) y quizás incluso *rüno* (runa), el saber secreto en sí mismo.

Muchas veces, esas palabras se inscriben de forma aislada en varios objetos para invocar el poder del concepto que la palabra encarna en el objeto o, más generalmente, en los alrededores del objeto. Cada una de las palabras mencionadas anteriormente conlleva una enorme fuerza psicomá-

1. Edred Thorsson, *Futhark: A Handbook of Rune Magic,* York Beach, Manine, Samuel Weiser, 1984, 121-122.
2. Thorsson, *Futhark: A Handbook of Rune Magic,* 111.

gica y está llena de significados muy claros para nuestros antepasados, aunque ahora estén enterrados en las profundidades arquetípicas de nuestro subconsciente. *Alu* proviene de un antiguo concepto indoeuropeo que evoca el poder extático y la magia realizada a través de dicho poder. Indudablemente, se relaciona con el término hitita *alwanzahh,* «encantar». Este significado básico se transfirió luego a la sustancia sagrada –que contiene éxtasis– de la santa cerveza usada en los ritos de sacrificio y magia del pueblo germánico. En la antigüedad, *laukaz* era un término general para muchas plantas pertenecientes al género *allium* (ajo, cebolla, puerro, etc.). Estas plantas tienen grandes poderes de preservación y salud. Además, el puerro es especialmente conocido por su tallo verde, recto y de rápido crecimiento, símbolo mágico de aumento y crecimiento en fuerza y vitalidad. El poder mágico del concepto de «caballo» en la tradición germánica es bien conocido y complejo (*véase* la runa-E). Como fórmula de palabra rúnica, es un símbolo de poder transformador, un símbolo de Sleipnir, el caballo de ocho patas de Odín, y de la fuerza vital del caballo en la relación caballo/hombre (**:ᛗ:**).

Cada una de las palabras-símbolos anteriores tiene una contrapartida física en el mundo natural. Sin embargo, también hay una serie de conceptos más abstractos. Sería mejor considerar *rüno* y *lathu* juntos. Ambos pueden referirse en última instancia a una actividad vocal por parte del mago, es decir, los encantamientos realizados vocalmente *(galdrar)* que tenían la intención de llamar a las fuerzas mágicas hacia la realidad objetiva y que ciertamente eran de naturaleza secreta y se mantenían ocultas a los no iniciados. La palabra *lathu* se relaciona con el término inglés *load*, y se puede entender en el sentido de carga de fuerza mágica en un objeto, o la «invitación» (véase *Einladung* alemán) a seres divinos en el área. Como otro ejemplo del hecho de que *rüno* no se entendía como sinónimo de conjunto de letras o caracteres escritos, podemos mencionar la lectura de la fórmula simple del maestro de runas en el broche de Freilaubersheim: *Böso wraet rüno* (Boso grabó la runa [en singular]). Hay otros ejemplos que muestran que la palabra *runa* se usaba colectivamente para dar a entender «conocimiento secreto» o «encantamiento mágico» durante todo el período más antiguo. El término *auja* se refiere a un concepto muy similar al de *hailagaz* (sacro), ya que generalmente significa «estar lleno de poder divino o sagrado» y, por lo tanto, el bienestar y la buena fortuna que se derivan de ese estado. En el lado opuesto del poder mágico tenemos la fórmula bastante oscura *ota*, que se deriva de la forma arcaica *öhtan* (temor, miedo, susto; relacionado con el NA *aegi-* en el nombre del *aegishálmr* mágico [el timón del temor]). Se cree que estos términos, formulados en runas y, por lo tanto, sujetos a la manipulación ritual, son los medios mágicos a través de los cuales se realizaba el vínculo entre la realidad subjetiva compleja del maestro de runas y su manipulación y la realidad objetiva, lo cual provocaba condiciones de acuerdo con la voluntad del «maestro de los misterios».

Fórmulas futhark

Uno de los tipos más conspicuos de fórmulas de magia rúnica es el futhark completo o abreviado *(véanse* los ejemplos de la tradición más arcaica en el capítulo 1). Tales inscripciones eran también comunes en la época vikinga y especialmente durante la Edad Media. En algunos casos raros, puede ser que el futhark haya sido grabado con fines educativos, o sencillamente «para practicar». Sin embargo, la práctica de la escritura podría haberse hecho más fácilmente de otra manera y requiriendo menos tiempo. Pero en su mayor parte, el futhark en sí mismo parece haber tenido una función mágica. El simbolismo de la fila de runas es al menos doble: (1) la colección de todas las cosas esenciales, y (2) está en un orden especialmente establecido. Es el símbolo del orden de las cosas esenciales. Llevar el orden (cósmico, natural o psíquico) a un entorno dado (subjetivo u objetivo) es desde luego un motivo común para la práctica de la magia.

Fórmulas rúnicas y fórmulas con palabras mágicas

Si la fórmula futhark es un símbolo de orden, entonces las llamadas inscripciones sin sentido deberían ser símbolos de desorden, o de un orden de algún modo no natural. Llamamos fórmulas rúnicas a aquellas secuencias de caracteres que parecen aleatorios, impronunciables o repetitivos. Los ejemplos de este tipo de fórmula son especialmente abundantes en los bracteatos. También están aquellas secuencias pronunciables pero que no configuran ninguna palabra conocida en el vocabulario germánico del lenguaje natural. Estas «palabras» podrían pertenecer al «lenguaje de los dioses», un lenguaje no natural, recibido directamente de otro mundo. Ejemplos famosos de tales palabras sin sentido objetivo son, *luwatuwa*, *suhura-susi*, *anoana, salusalu, foslau* y más tarde *suf-fus*. Algunas pueden ser «descifradas», otras no. Éstos no son más que los pocos restos de un lenguaje mágico y no natural compartido por Odín y sus erulianos terrenales, un idioma al que se tendría que acceder nuevamente. Estas palabras fueron probablemente recibidas y pronunciadas por los magos *(seidhmenn)* en estados de trance y posteriormente transmitidas a la tradición como parte del vocabulario mágico. Su uso en fórmulas rúnicas es nuevamente comprensible en términos del «principio de objetivación» de las runas.

Runas ideográficas

En teoría, el único tipo que podría calificarse como una runa ideográfica es un carácter del futhark que representa su propio nombre (es decir, un logo) o una palabra dentro de su campo según el arte del grabado. Sin embargo, también hay ciertos tipos de *galdrastafir* (signos mágicos) que originalmente estaban formados por runas enlazadas (caracteres superpuestos uno sobre otro) y a menudo altamente estilizados. Ya nos hemos encontrado con ejemplos de éstos en el bracteato de

Sievern, el anillo de Pietroassa, la piedra de Gummarp y el amuleto de Kvinneby. Estas runas ideográficas en realidad representan una especie de codificación alternativa de simbología secreta, con la idea de ocultarlas aún más. Pero el motivo de dicha ocultación no era hacer que el texto fuera más difícil de leer para otros humanos, para fastidiarlos, ya que pocas inscripciones, especialmente las más antiguas, se hicieron para ser «leídas». Por el contrario, la intención era hacer que el texto fuera agradable y empático para los reinos ocultos. Cuanto más significado pudiera ocultarse de manera concisa, más poderoso era el mensaje mágico del maestro de runas y más en sintonía estaba con los mundos ocultos, con la realidad de los ocho mundos exteriores, de cara a conseguir sus objetivos.

Fórmulas numéricas

El tema de la numerología rúnica se abordará con mayor detalle en el capítulo 11. Ahora mismo, basta decir que el patrón numérico es otra forma de ocultamiento, con el mismo objetivo que otras formas de «ocultamiento mágico» en la tradición germánica.

Fórmulas del maestro de runas

Cualquier interpretación no mágica, de las muchas fórmulas que hay de maestro de runas, parece absurda. Está claro que cuando el maestro de runas grabó los caracteres de la fórmula *ek erilaz fähidö rünö* (Yo, el eruliano [= maestro de runas] pinté la runa), no estaba pintando un grafiti como cualquier grafitero actual (aunque ciertos procesos psicológicos pueden ser comunes en ambos actos). Las fórmulas de maestro de runas representan documentos de actos mágicos transformadores en los que el mago asume su aspecto divino para la realización de algún trabajo. Es muy posible que este tipo de inscripciones no sean sino una fracción de un proceso ritual más elaborado. Una fórmula de maestro de runas podría dar fuerza a un ritual más amplio que se trabajaba junto con la fórmula, o podría ser el conjunto de un operante trabajando en sí mismo. En este último caso, generalmente veremos que el maestro de runas se designa a sí mismo con varios nombres mágicos (que a menudo son muy similares a algunos de los nombres sagrados de Odín). Uno de los ejemplos más famosos de esto lo proporciona la piedra de Järsberg del centro de Suecia. Se lee: *ek erilaz rünöz wrïtu. Zbaz haite, Hrabanaz haite*, «Yo, el eruliano, grabo las runas. Me llaman el Malicioso (= Ubaz), me llaman el cuervo». Esta piedra, sin relación con ninguna tumba y probablemente formando parte de un arreglo ritual de piedra, está cargada con la fuerza del maestro de runas, con ese aspecto amenazante al llamarse a sí mismo «el malicioso» y «el cuervo». Mediante la vinculación de estos aspectos con el sitio, es capaz de llenarlo de fuerza mágica y protegerlo de los profanadores.

Literatura

Sin las fuentes escritas, especialmente en nórdico antiguo y latín, tendríamos dificultades para determinar científicamente la naturaleza de la magia histórica de las runas tal como se practicaba desde, aproximadamente, el año 100 e.c. en adelante. Dichos relatos, y ciertas palabras utilizadas en ellos, nos dan la clave para la estructura del ritual rúnico y proporcionan el contexto para entender ciertos tipos de actos mágicos con runas. Sin embargo, hay límites para tal evidencia. En primer lugar, los textos en cuestión empiezan a ser comunes sólo en la Edad Media y, aunque seguramente representan un material mucho más antiguo y reflejan prácticas arcaicas, debemos ser conscientes de la discrepancia temporal. En segundo lugar, los relatos de la saga están, después de todo, integrados en cuentos narrativos y pueden presentar licencias literarias incorporadas. Pero ambas objeciones pueden considerarse menores cuando se tiene en cuenta el amplio alcance de la tradición. Aparentemente, los actos de magia rúnica fueron lo suficientemente comunes en la época vikinga y en la Edad Media como para formar una parte natural de las sagas y se presentan de manera sorprendentemente real.

Tirada de runas

En la tercera parte de este libro explicaremos, con algún detalle práctico, cómo el tirador moderno puede participar en la adivinación rúnica. Nuestro propósito aquí es explicar algo de la historia del arte adivinatorio.

Cuando los pueblos germánicos comenzaron a escribir, de la misma manera que los griegos y los romanos hicieron en su momento, llamaron a los caracteres con los que realizaron esta tarea «runas». Cada runa representaba un misterio y se le atribuía un cierto principio de tradición esotérica. (Esto no debe sorprendernos, ya que las personas que desarrollaron y mantuvieron este sistema eran, al mismo tiempo, los custodios de otro tipo de material intelectual y religioso propio de su cultura). Más allá de esto, el sistema en sí mismo podía usarse para representar el lenguaje natural y, por lo tanto, preservar fonéticamente el mundo mágico propiamente dicho a través de las fórmulas. Estas runas, o caracteres, se convirtieron en «susurradoras de secretos». A través de ellas, la gente podría comunicarse en silencio y durante grandes períodos de tiempo y espacio. También podría decirse lo mismo de su capacidad simbólica para establecer comunicación entre los diversos planos o reinos de existencia: de dioses a humanos, de humanos a dioses e incluso a los reinos naturales o elementales.

La importancia de esto debería ser obvia para cualquiera que esté interesado en la magia o la adivinación. Las runas, aunque no son un lenguaje en el sentido habitual de la palabra, constituyen un metalenguaje. Un metalenguaje es un sistema simbólico a través del cual el significado puede transmitirse más allá de lo que el lenguaje natural es capaz de transmitir. La poesía también hace lo mismo. De hecho, la poesía germánica clásica muy probablemente surgió de las prácticas adivinatorias rúnicas.

Mediante dicho metalenguaje, el tirador de runas puede llevar a cabo un diálogo significativo con su entorno, interno y externo. Este aspecto está en la raíz del significado real de la palabra *runa*. Además, todo esto tiene mucho más sentido cuando se entiende dentro de la antigua cosmología germánica de mundos múltiples y su psicología de múltiples almas.

Tiradas de runas en la historia y la literatura

Sin las fuentes escritas, especialmente textos en nórdico antiguo y en latín, sería difícil determinar la naturaleza de las tiradas de runas en la historia de una manera científica. Estos textos, y ciertas palabras utilizadas en ellos, nos dan muchas pistas sobre la estructura del ritual adivinatorio rúnico y proporcionan el contexto adecuado para los actos de adivinación en general. Sin embargo, hay límites para esta evidencia. Para empezar, estos textos sólo se hicieron comunes en la Edad Media, y aunque seguramente representan material mucho más antiguo y reflejan prácticas arcaicas, debemos ser conscientes de esta discrepancia temporal. En segundo lugar, los relatos de saga están integrados en cuentos narrativos y pueden tener algún grado de convención literaria incorporada. Sin embargo, estos dos puntos son menores cuando se consideran en el amplio alcance de la tradición.

No hay ejemplos claros en el registro arqueológico de runas grabadas con fines adivinatorios, pero lo más probable es que estuvieran talladas en materiales perecederos. O, tal vez, fueran destruidas ritualmente después de su uso como un procedimiento normal. Otro hecho sorprendente es que no haya referencias directas y reales, y no mitológicas, del acto de echar runas en la literatura nórdica antigua. A pesar de todo, y principalmente si nos basamos en las evidencias lingüísticas y los relatos paralelos de los textos históricos, podemos estar bastante seguros de que la práctica era conocida.

La evidencia lingüística es rica y de dos tipos: palabras como herramientas de la tirada de runas y términos que originalmente debían ser los resultados de las tiradas. Las piezas reales de madera en las que se tallaban las runas individuales o combinaciones rúnicas (generalmente coloreadas con sangre o tinte rojo) se conocían en nórdico antiguo como *hlautteinar* (sg., *hlaut-teinn*; montón de palitos) (también nombradas por Snorri Struluson como ramitas de sangre) y *hlaut-vidhar* (montón de maderas). El uso original del término germánico *stabaz* (carácter, palo) quizás tuvo que ver con el hecho de que las runas se grababan en trozos de madera que probablemente se usaban en las prácticas adivinatorias. Los términos *rüno* y *stabaz* estaban tan entrelazados en esta práctica que las palabras se convirtieron en sinónimas. Una evidencia interesante que lo corrobora se encuentra en la palabra inglesa *wyrd-staef* (palito de destino), una referencia obvia a su uso adivinatorio.

Los dialectos germánicos antiguos están llenos de palabras compuestas que se refieren a varios tipos de runas/caracteres. Algunas de ellas son descripciones técnicas (AN *málrúnar* [runas que hablan], AN *blódhgar rúnar* [runas de sangre], antiguo alto alemán *leod-rüna* [canción runas], etc.); mientras que otras indican la razón por la cual deben echarse (AN *brim-rúnar* [runas del mar: para calmarlo], *bjarg-rúnar* [runas de parto: para ayudar en ello], etc.). Sin embargo, entre éstas hay algunas designaciones que parecen clasificar los resultados de una tirada de runas. Algunas son auspiciosas (AN *líkn-stafir* [runas de salud], AN *gaman-rúnar* [runas de alegría], AN *audh-stafir* [runas de riquezas], AN *sig-rúnar* [runas de victoria]); mientras que otras parecen poco auspiciosas (AN *myrkir stafir* [runas oscuras]; AN *böl-stafir* [runas malvados]; AI *beadu-rün* [runas de conflicto]; AN *flaerdh-stafir* [runas de engaño]). Por supuesto, en muchos casos las lecturas pasivas de estos términos podrían convertirse en trabajos activos.

En lo que respecta a la práctica real de la tirada de runas, la mejor descripción la proporciona Tácito en el capítulo 10 de su *Germania* (ca. 98 e.c.). Anteriormente, podría haber habido un debate sobre si los signos que él menciona podrían haber sido runas o alguna otra cosa, ya que se pensaba que la inscripción más antigua databa de alrededor del año 150 e.c. Sin embargo, el descubrimiento del broche de Meldorf (ca. 50 e.c.) proporcionó pruebas contundentes de que las runas se conocían antes de la época en que se escribió la *Germania*. El texto de Tácito dice:

> Nadie los supera en la observación de los auspicios y oráculos. El procedimiento de sus adivinaciones es sencillo: le arrancan una rama a un árbol frutal, la cortan en trocitos y, tras señalarlos con unas marcas, los esparcen al azar, según van cayendo sobre una tela blanca. Luego, el sacerdote de la ciudad, si es una consulta oficial, o el padre de familia, si es una consulta privada, tras invocar a los dioses y mirando al cielo, coge tres trozos, de uno en uno, y los interpreta conforme a la marca que le grabaron previamente a cada uno. Si la respuesta es desfavorable ya no se hace ninguna consulta más sobre el asunto en el resto del día; si es favorable, se exige entonces la confirmación de los auspicios.[3]

En *La conquista de las Galias* (Libro I, 53), que escribió César alrededor del año 58 a.e.c., también menciona «echar la suerte tres veces» *(ter sortibus consultum),* por lo que esta peculiaridad debe haber sido un aspecto importante de la adivinación germánica.[4]

---

3. Para leer el texto original, véase Rudolf Much, *Die Germania des Tacitus,* 3.ª ed., Heidelberg, Carl Winter, 1967, 189. La traducción es mía. Los lectores interesados pueden consultar la traducción publicada por H. Mattingly, *Cornelius Tacitus, The Agricola and the Germania,* Penguin, Middlesex, Reino Unido, 1970.
4. Julius Caesar, *La Guerra de las Galias,* libro I, 53, (trad. S. A. Handford), Penguin, Harmondsworth, Reino Unido,1951.

Hay tres pasajes éddicos que también nos dan una visión mágica significativa, y bastante críptica, sobre las prácticas adivinatorias rúnicas. Todo ocurre en contextos míticos. En el «Völuspá», estrofa 20: «(las norns) escribieron en madera, pusieron leyes, eligieron vidas, pronunciaron "la suerte"» (AN *ørlög*). Mientras que en el «Hávamál», estrofa 80, se nos dice que «está probado que cuando le preguntas a las runas, responden los dioses» (AN *regin*, consejeros divinos). En el «Hávamál», estrofa 111, hay un pasaje instructivo:

> Es el momento de cantar
> sobre el taburete de Theal,
> en el Pozo de Wyrd.
> Vi y pensé,
> vi y hablé.
> Presté atención a la sabiduría de Hár,
> sobre las runas lo escuché hablar
> y no pensé en las lecturas
> en el salón de Hár,
> dentro del salón de Hár,
> así que escuché lo dicho.

Este pasaje no solamente da una idea del conjunto objetivo de lo que eran los procedimientos rituales –igual que hizo Tácito como forastero–, sino que nos proporciona una idea de los procesos internos subjetivos dentro de la mente del echador de runas. Es algo que sólo una persona con información privilegiada, sólo alguien que realmente fuera hábil en la tirada de runas, puede haber hecho.

Hay otros relatos históricos de observadores cristianos que prácticamente sólo nos dicen que el número tres era de gran importancia.

Magia (Galdr)

Las runas, por supuesto, también se utilizaron ampliamente con fines mágicos operativos. Un derivado verbal, antiguo nórdico *rýna* (para hacer magia con runas, o para indagar), muestra el estrecho vínculo entre los actos iluminados y operativos. Además, los términos que a menudo parecen indicar el cumplimiento de ciertos eventos (por ejemplo, *sigrúnar* [resultado victorioso]) también se pueden usar para lograr dicho estado a través de la acción operativa. Las «runas de victoria» están grabadas o habladas para inyectar una realidad objetiva con su poder.

En este momento, deberíamos decir algo en cuanto al significado verdadero y exacto de términos tales como «runas de victoria», «runas de alu», «runas de nacimiento», «runas de mar» y similares que se encuentran en abundancia en el nórdico antiguo, en inglés y en alemán antiguo. Muchos investigadores profanos (y algunos académicos) han tratado de identificar dichos términos en general con runas específicas, por ejemplo, runas de victoria **:ᛏᛏ:** o **:ᛋᛋ:**, la primera basada en el famoso pasaje éddico en la estrofa «Sigrdrífumál» (donde se le dice a Sigurdhr que «llame dos veces a Tyr para obtener la victoria»), y este último en el «vínculo skaldic» entre el antiguo *sig* nórdico (victoria; o el moderno *sieg* alemán, para el caso), y la runa-S. Ambas suposiciones tienen su mérito y no se deben olvidar. Sin embargo, no profundizan lo suficiente en la compleja tradición que rodea la palabra *runa* para poder explicar la forma en la que se usaron estos términos. Si siempre tenemos en cuenta que la antigua palabra germánica *rüno* significa principalmente «misterio» y que se deriva de un concepto vocal (susurro, rugido, etc.), la posible amplitud de tales términos se vuelve más clara. Los *sig-rúnar* no sólo son simples runas que significan cosas o traen la victoria, sino también el *galdrar,* o estrofas poéticas completas, funcionan del mismo modo. A partir de ahí, el uso de dichos términos se desarrolló para indicar un discurso normal que podría tener los mismos efectos; por ejemplo, en antiguo nórdico *gaman-rúnar* (runas de alegría) se convirtió en una expresión para charlar alegremente, y en antiguo nórdico *flaerdh-stafir* (runas de engaño) se convirtió en una forma de decir palabras seductoras. En los últimos tiempos, las ideas de *rún* (runa), *staef* (palo) y *galdr* (encantamiento) fueron prácticamente sinónimas de sus compuestos nórdicos antiguos *líkn-stafir* (palo de curación), *líkn-galdr* (hechizo de curación) y *val-rúnar* (runas de la muerte)/*val-galdr* (cántico de la muerte).

Los rituales auténticos de grabado rúnico se representan varias veces en los textos nórdicos antiguos. Los relatos de la saga tienen la ventaja de mostrarnos cómo los magos usaban las runas en situaciones cotidianas y algunos pasajes crípticos de las *Eddas* dan claras indicaciones del patrón mítico-mágico en el que se basaban estos ritos.

El «Hávamál», estrofa 142, proporciona una representación del proceso de un rito de grabado rúnico como el arquetípicamente realizado por el Gran Maestro de runas, Odín:

> Encontrarás las runas
> y leerás las runas
> las fuertes runas,
> las robustas runas
> que Fimbulthulr [= Odín] pintó
> hechas por los poderosos dioses
> y grabadas por el dios Hroptr [= Odín].

El mayor relato de un maestro de runas humano que ha sobrevivido es el de Egill Skallagrímsson *(Saga de Egil)*. En cierta ocasión, Egill detecta veneno en su cuerno para beber (capítulo 44):

> Egill se sacó el cuchillo y se cortó en la palma de la mano, luego cogió el cuerno,
> le grabó runas y las pintó con su sangre. Dijo:

> Grabo una runa [sing!] en el cuerno,
> pinto el hechizo con sangre,
> escojo estas palabras para tus oídos...
>
> El cuerno estalló en pedazos y la bebida cayó en la paja.

Más adelante, en la misma saga (capítulo 72), Egill cura a una niña de una enfermedad causada por runas estropeadas. Los *laun-stafir* (palitos secretos, es decir, runas codificadas) fueron grabados por un niño campesino que trataba de curarla, pero sólo consiguió empeorar la enfermedad. ¡El hueso de ballena en el que se tallaron los caracteres se encontró en la cama!

Egill los leyó y luego rompió las runas y las arrojó al fuego y quemó el hueso de ballena y recuperó las sábanas que ella había colgado al viento. Entonces Egill dijo:

> Un hombre no debe tallar runas
> a menos que sepa leerlas bien:
> a muchos les pasa
> que se descarrían por una runa oscura;
> vi talladas en el hueso de ballena
> diez runas secretas
> que le han dado a la esbelta niña
> dolor durante mucho tiempo.
>
> Egill talló runas y las colocó bajo la almohada de la cama, donde ella reposaba; y ésta volvió a sentirse bien otra vez...

La posible naturaleza e identidad de las *laun-stafir* se analiza en el capítulo 7. Uno de los usos más destacables de las runas es la preparación del *nídhstöng* (palo de maldición). Los detalles sobre su preparación se dan en, al menos, dos sagas. Nuevamente la *Saga de Egil* (capítulo 57) proporciona un ejemplo:

> Egill [vino] a la isla. Cogió un palo de avellano [AN *stöng]* con la mano y se fue a cierto acantilado de roca encarado hacia la tierra; luego cogió una cabeza de caballo y la colocó en el palo. Después pronunció un conjuro [AN *formáli]* y dijo: «Aquí planto el palo del maldito, y mando esta maldición insultante [AN *nidh]* contra el rey Eiríkr [Hacha de Sangre] y la reina Gunnhildr». Luego giró la cabeza de caballo hacia la tierra: «Mando esta maldición insultante a los espíritus terrestres [AN *land-vaettir]* que habitan en esta tierra para que todos se pierdan,

> no verán ni encontrarán su morada hasta que expulsen al rey Eiríkr y Gunnhildr del país». Después tiró el poste por una grieta de la roca y lo dejó allí; también giró la cabeza del caballo hacia la tierra y luego grabó unas runas en el palo, y pronunció el hechizo entero *[formáli]*.

Esto puede compararse con la descripción del *nidhstöng* que aparece en la *Saga Vatnsdœla* (capítulo 34):

> Los hermanos esperaron hasta las tres de la tarde y, cuando llegó ese momento, Jökull y Faxa-Brandr fueron al establo de las ovejas de Finnbogi, que estaba al lado de la valla, y cogieron un palo [AN *súl]* y lo metieron debajo de la valla. También había caballos que habían ido para protegerse de la tormenta. Jökull talló la cabeza de un hombre en el extremo del palo y grabó runas en el palo con todos los encantamientos *[formáli]* que se habían pronunciado antes. Entonces Jökull mató una yegua y la abrieron en canal y la pusieron en el palo y la hicieron girar hacia Borg...

Otro famoso relato de magia con runas se encuentra en la *Saga de Grettir* (capítulo 79) donde se lee:

> [Thuridhr] cojeando [...] como si la estuvieran guiando hacia un lugar donde había un gran tocón de árbol, del tamaño que un hombre podía llevar al hombro. Lo miró y pidió que le dieran la vuelta para enfocarlo hacia ella. El otro lado del tocón parecía haber sido quemado y alisado. Tenía una pequeña superficie plana en el lado liso. Entonces cogió un cuchillo y grabó runas en la raíz y las pintó con su sangre, y pronunció hechizos sobre el tocón. Retrocedió y dio vueltas alrededor de éste y pronunció palabras muy poderosas. Luego los hizo empujar el tocón hacia mar adentro y dijo que era para que llegara a Drangey y que Grettir sufriera daños.

Un claro ejemplo de magia rúnica realizada por un dios también está presente en la *Edda Poética* («Skírnismál» o «För Skírnis», est. 36):

> Una runa *thurs* tengo para ti,
> y en tres de ellas grabo
> lascivia, odio y lujuria;
> las rasparé,
> igual que las grabé,
> si ninguna de ellas fuera necesaria.

Aquí, por supuesto, el mensajero divino de Freyr, Skírnir (el Brillante), está amenazando a Gerdhr, la esposa-etin, con una maldición, si no acepta convertirse en la novia de su señor. Todo este poema tiene muchos elementos odínicos; por ejemplo, cuando Freyr ve los mundos desde Hlidhskjálfr, el alto asiento de Odín, y el recorrido Skírnir por dichos mundos sobre un caballo. Ciertas interrelaciones entre Freyr y Odín se exploran en el capítulo 13.

A partir de los ejemplos históricos aportados hasta ahora, está claro que las runas podrían usarse para curar y para dañar. Pero aparte del misterioso y chamánico ritual de iniciación, ¿había alguna otra forma de sabiduría, magia o rituales para la autotransformación? La respuesta es sí. Pero debido a la preocupación natural por el *conflicto* en las sagas –que son, después de todo, historias destinadas a entretener y contar eventos «históricos– tales rituales rara vez se mencionan. Al hacerse esta pregunta hay que recordar que el propósito principal de la tirada de runas iluminativa es el proceso transformador. El echador de runas está literalmente in-*formado* por la comunicación y no es un mero receptor pasivo. Por ello, una tirada de runas no debe considerarse como un «juego» profano o casualmente efectuado por no iniciados. El ritual rúnico más notable sobre sabiduría se encuentra en el «Sigrdrífumál», que tras relatar las veinticuatro ubicaciones míticas para que las runas sean grabadas (ests. 15-17), nos ofrece esta fórmula impagable en la estrofa 18:

> Todas [las runas] fueron raspadas,
> luego fueron grabadas,
> y mezcladas con sagrado hidromiel
> y enviadas por anchos caminos…

Este texto nos proporciona la fórmula ritual auténtica para la adquisición de sabiduría, que puede realizarse de manera imitativa o simbólica.

Aunque nos gustaría tener más detalles y más ejemplos del desempeño de las runas en la literatura germánica antigua, hay que tener en cuenta que hay mucha información exacta en los fragmentos que se han conservado. Lo suficiente para permitirnos reconstruir con precisión los trabajos operativos de runas y, en cierta medida, los iluminativos (adivinatorios).

La fórmula operativa era un proceso triple consistente en: (1) *tallar* las runas, (2) *pintarlas* (con sangre o tinta) y (3) *pronunciar* la *formáli* vocal que acompaña a los caracteres. Este último paso puede tomar muchas formas, por ejemplo, la entonación de los nombres de las runas, palabras de poder relacionadas con el trabajo, las palabras reales representadas por los caracteres inscritos o formas poéticas similares. El cuarto aspecto del proceso operativo es el raspado de las runas de su medio material para destruir o transferir su fuerza. Ésta es la forma más simple del ritual que encontramos en representaciones explícitas. Sin embargo, las formas rituales más complejas que a veces estuvieron involucradas en el trabajo de las runas vienen sugeridas por la estrofa 144 del «Hávamál»:

¿Sabes cómo grabar [*rísta*]?
¿Sabes cómo leer [*rádha*]?
¿Sabes cómo pintar *[fá]?*
¿Sabes cómo probar *[freista]?*
¿Sabes cómo preguntar *[bidhja]?*
¿Sabes cómo ofrecer *[blóta]?*
¿Sabes cómo enviar *[senda]?*
¿Sabes cómo sacrificar *[sóa]?*

La terminología de esta estrofa está claramente relacionada con el funcionamiento de las runas, pero sólo los primeros tres términos técnicos son puramente rúnicos: grabar, pintar y leer (es decir, interpretar las runas en procesos adivinatorios). Los otros cinco términos designan, más bien, procesos rituales de sacrificio. En nórdico antiguo, *freista* significa «probar, poner a prueba o realizar». Dicha prueba puede tratarse de la búsqueda de signos o presagios para corroborar o confirmar los resultados del funcionamiento adivinatorio común a la práctica germánica. *Bidhja* indica el modo de solicitar correctamente la acción divina o «retroalimentación», y los últimos tres términos se refieren directamente a la forma de enviar sacrificios a los dioses. Todo ello nos lleva a creer que los ritos de sacrificio a veces se realizaban como parte integral de un trabajo rúnico.

En lo que respecta a la forma ritual de la tirada de runas, los textos nórdicos antiguos guardan silencio. Los hombres del norte, por supuesto, conocían diversas técnicas de adivinación, muchas de las cuales se clasifican como *seidhr* (chamánico, es decir, ritos inductores de trance). La tirada de runas es más analítica y orientada a *galdr.* Dado que se sabe que las runas se usaban en Germania durante el siglo I c.e., y dado que el relato de Tácito en el capítulo 10 de la *Germania* es tan detallado y contiene elementos confirmados por descripciones posteriores aunque fragmentarias, podemos estar prácticamente seguros de que en ese pasaje se halla una fórmula auténtica para la tirada de runas. La estructura básica del trabajo habría sido:

1. Corte y grabado de las runas.
2. Llamada a las Norns (u otros dioses).
3. Tirada de las runas (sobre un paño blanco)
4. Invocación a los dioses.
5. Elección de (tres) runas.
6. Sentarse en el taburete de Theal.
7. Lectura de las runas.
8. Confirmación mediante presagios, etc.

Seidhr

En los anales de la antigua magia germánica hay una forma alternativa de magia conocida como *seidhr.* En tiempos posteriores, adquirió una reputación siniestra, pero probablemente se deba a que era practicada principalmente (pero no de modo exclusivo) por mujeres. En la mitología se dice (*Saga Ynglinga*, cap. 7) que Odín aprendió esta habilidad de la diosa vánica Freyja. Prácticamente todo lo que sabemos objetivamente sobre la práctica del seidhr se resume en *A Source-Book of Seidhr* (Lodestar, 2015). No es nuestro propósito en este libro esbozar la práctica del seidhr, ya que aquí estamos centrados en la práctica rúnica. Pero vale la pena examinar la idea básica del seidhr debido a su importancia general.

La etimología de la palabra *seidhr* es incierta. Ciertamente, no tiene nada que ver con la idea de hervir *(seething)*. Lo más probable es que se refiera a algún tipo de interpretación vocal. Una revisión de todas las referencias literarias a esta práctica demuestra que la interpretación vocal –ya sea cantando ciertas canciones para atraer espíritus o bien de canciones mágicas *(seidhaeti)* destinadas a causar efectos directos– es una parte importante de la tradición.

Quizás originalmente, ese tipo de magia –que luego se clasificó como seidhr– era una tradición practicada en la llamada «trifuncionalidad» de la cultura y la religión indoeuropea. Esta magia pertenecía a los granjeros y pastores, a los artesanos y herreros, a los músicos e incluso a los artistas en general. Su magia era poderosa y única, y la evidencia demuestra generalmente que las practicantes eran femeninas. A medida que los indoeuropeos fueron entrando en Europa, hace varios milenios, este tipo de magia se asimiló a las formas locales de magia perteneciente a los europeos autóctonos.

Este campo de la tradición esotérica germánica no está bien documentado. Por eso, cualquier persona que intente revivir su práctica debe tener especial cuidado para hacer uso de lo poco que se sabe al respecto. Es especialmente tentador llenar los vacíos y las incógnitas con soluciones sacadas de otras culturas. Pero así se pueden perder muchos tesoros.

Un análisis del material que tenemos demuestra que el trance se inducía mediante canciones interpretadas por los asistentes y que el proceso tenía lugar sobre una plataforma alta o un espacio elevado. Tal vez había percusiones golpeando cajas de madera que contenían los talismanes y objetos sagrados. El practicante entraba entonces en un estado de trance y permanecía en silencio mientras se encontraba en este estado, lo cual implicaba la pérdida de la consciencia normal en el estado de vigilia. Al regresar, el *seidhkona* o *seidhmadhr* (seid-mujer o seid-hombre) relataba con sobriedad la información obtenida de las entidades mientras se encontraba en estado de trance. Esto generalmente describe el proceso de adivinación mediante el seidhr.

Capítulo 7

CÓDIGOS RÚNICOS

Uno de los aspectos más notables del complejo «sistema rúnico» *(véase* capítulo 9) es la posibilidad de crear códigos rúnicos diversos. El sistema aett en sí mismo hace posible esta complejidad. Dicho sistema consiste, esencialmente, en dividir todo el futhark en tres secciones. En el período arcaico había tres secciones de ocho runas, como se ve en la figura 7.1.

Figura 7.1. Divisiones del aett del antiguo futhark.

También se sabe, por la evidencia encontrada en cinco manuscritos, que el futhork del inglés antiguo puede dividirse en las mismas secciones, más un cuarto grupo de cuatro caracteres, como se muestra en la figura 7.2. El sistema del inglés antiguo muestra claramente que las primeras 24 runas se consideraron un todo organizado del cual se «expulsaron» las 4 runas extra (5 o más en épocas posteriores).

Figura 7.2. Divisiones del aett del futhorc del inglés antiguo.

También está el sistema nórdico reciente de divisiones del aett. Aquí las cosas se ponen interesantes. La reducción de runas de 24 a 16 hizo imposible una división equitativa en tres grupos. Por eso dos filas tenían 5 runas y la tercera tenía 6. Las secciones se dividieron inicialmente de la manera que se indica en la figura 7.3 en la página siguiente. Sin embargo, para la construcción de códigos rúnicos en la época vikinga, este orden se alteró como se muestra en la figura 7.4, en la página siguiente. Tal reorganización por razones crípticas puede haber sido una práctica arcaica heredada de tiempos antiguos. La idea básica tras la mayoría de los códigos rúnicos fundados en el sistema aett es un conjunto de números binarios, uno de los cuales representa el número del aett (en el caso del sistema antiguo, un número entre 1 y 3), y el otro que representa el número de runas contadas desde la izquierda (para el período arcaico un número entre 1 y 8). Un ejemplo simple sería 2:8 = :ᛊ: (segundo aett, octava runa). Hay muchos métodos para representar este código binario; en tiempos posteriores, los únicos límites parecían haber sido los de la imaginación del maestro de runas.

Aunque fue en la época vikinga y en la Edad Media cuando el arte de la criptología rúnica parece haber llegado a su punto álgido, el sistema era ya conocido desde el inicio de la tradición. Los bracteatos de Vadstena/Motala son las representaciones más antiguas del futhark antiguo divididas en aettir, pero también quizás haya hasta seis inscripciones arcaicas que parecen tener algún tipo de código rúnico.

Figura 7.3. Divisiones del aett del futhark joven.

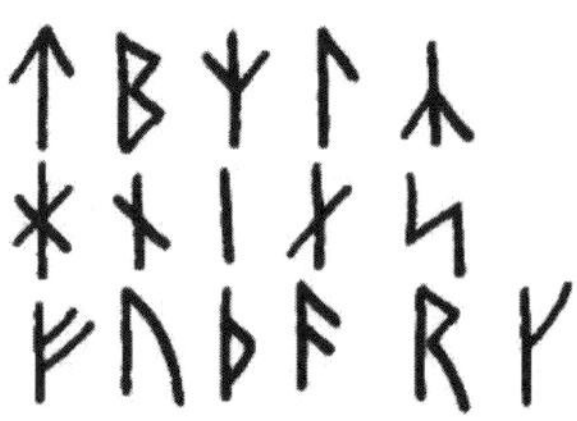

Figura 7.4. Reorganización críptica de la división del aett del futhark joven.

El anillo de Körlin lleva el símbolo **:ᛇ:** junto con la inscripción **:ᚢᛚᛅ:**. Es claramente una fórmula *alu* invertida, mientras que la primera podría ser un código rúnico para 2:1 (es decir, la segunda runa de la primera aett = **:ᚢ:**). Sin embargo, los caracteres, tal como están, podrían también ser un enlace rúnico de A + L. Esto, combinado con una forma codificada, genera otra fórmula *alu*. Este anillo de oro data del año 600 e.c.

Por lo tanto, cualquier método para representar gráficamente dos números podría usarse para escribir mensajes rúnicos crípticos. Pero, por supuesto, el «lector» debe estar familiarizado con el sistema aett y todas sus complejidades si pretende interpretar el mensaje. Otros posibles códigos rúnicos de este tipo, en el período anterior, se observan en la piedra de Krogsta (ca. 550 e.c.), parte de la cual dice: **: ᛉᛅᚾᛁᛅᛚᛋ :**, que debe leerse de derecha a izquierda como SIAINAZ. No tiene ningún sentido lingüístico. Pero si leemos la runa **:ᛇ:** como código para 1:1 = **:ᛏ:**, con aettir reordenado, sí que tiene sentido como *stainaz* (piedra). Se está identificando el objeto, o podría ser el nombre del maestro de runas.

Las inscripciones con runas codificas son raras en la tradición inglesa. No obstante, conocemos las divisiones especiales de aett y tenemos una inscripción, la piedra de Hackness (tallada en algún momento entre el año 700 y el 900 e.c.). La fórmula resultante de su desciframiento, sin embargo, no tiene ningún sentido.

Entre las docenas de formas conocidas de runas crípticas más ampliamente practicadas se encuentran las *isruna*, *is*-runas. Éstas se conocen gracias a un manuscrito alemán, medieval, escrito en latín y llamado el «lsruna-Tract». Un ejemplo (figura 7.5) de este sistema de código rúnico, que deletrea el nombre Eiríkr, se encuentra en la piedra sueca de Rotbrunna en Uppland.

Este último sistema puede ser la clave del pasaje sobre la magia de las runas citado en la *Saga de Egil* (capítulo 72) en la página 77.

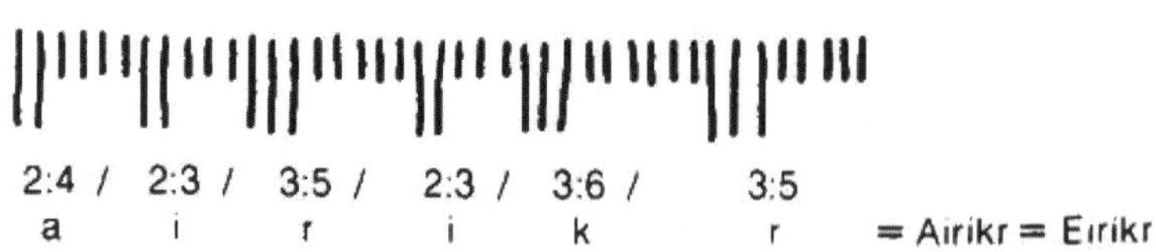

Figura 7.5. Is-runas de Rotbrunna.

Allí, Egill habla de «diez runas secretas talladas», que se suponía que estaban grabadas en un intento de curación. Una buena fórmula ideográfica para tal trabajo sería :ᚠᚢ:, *fé* y *úrr*, para conseguir energía y fuerza vital. En la figura 7.6 se muestra una forma de encriptarlas y hacerlas, por lo tanto, más potentes y mágicas. Pero el granjero no profano grabó demasiados caracteres y la fórmula resultante (figura 7.6 izquierda) resultó dolorosa. La figura 7.6 derecha da *fé* (energía, calor) a *thurs* (enorme fuerza destructiva), una fórmula realmente inapropiada para un rito de curación, por decirlo suavemente. Observemos también el efecto tradicional de la runa-TH en las mujeres a las que se alude en el poema rúnico antiguo noruego y en la rima rúnica antigua islandesa. Al grabar demasiados caracteres en esta fórmula críptica, el tallador de runas profano causó lo contrario al efecto deseado: *Skal-at madhr rúnar rísta, nema rádha vel kunni...*

Figura 7.6. Izquierda: Fórmula de curación reconstruida en is-runas (un total de 9 caracteres); Derecha: Fórmula is-runas del granjero (un total de 10 caracteres).

Además de los criptogramas aett, hay muchas otras maneras de ocultar un mensaje natural y convertirlo en una fórmula rúnica. Los valores fonéticos podrían desplazarse a lo largo del orden futhark, de modo que :ᚢ: = F, :ᚦ: = U, :ᚨ: = TH, etc. Las runas individuales se podían usar logográficamente; por ejemplo, en la *Edda Poética*, la runa :ᛉ: se escribe, en ocasiones, como sustituta del AN *madhr* (hombre). Las palabras clave individuales también se pueden abreviar de varias maneras. Cuando una sola runa representa una palabra que no sea el nombre de la runa en sí misma, podemos vislumbrar la tradición oculta del sistema esotérico de nombres alternativos de la runa, tema de investigación en curso en el Rune-Gild.

Otras formas comunes de ocultar o alterar un mensaje en lenguaje natural son: (1) no poner ciertas runas (por ejemplo, todas las vocales), (2) codificar palabras individuales, (3) escribir todo el texto o sólo partes de él, de derecha a izquierda (aunque esto es a veces tan común que parece ser una opción regular), (4) sustitución de signos especiales no rúnicos para ciertos caracteres y (5) uso de runas antiguas en inscripciones más modernas.

El efecto mágico (operativo) de estos códigos rúnicos está claro. No estaban destinados (al menos originalmente) a confundir a los «lectores». Tenían la intención de ocultar las runas, porque lo que está oculto tiene un efecto en los reinos o planos ocultos y subjetivos. Por lo tanto, se establece un vínculo operativo entre las realidades subjetiva y objetiva dentro del marco creado por el dios de la sabiduría rúnica.

Capítulo 8

POEMAS RÚNICOS

Además del conocimiento primario de los nombres de las runas, su morfología, su ordenamiento y las divisiones del aett, el conocimiento sistemático más antiguo unido a los caracteres aparece en los poemas rúnicos. Originalmente, debió de haber bastantes poemas de este tipo en la tradición, pero no cabe duda de que todos pertenecían al mismo corpus sagrado. En este capítulo presentaremos los tres principales poemas rúnicos, junto con un aparente ripio poco estudiado que puede enseñarnos algo. Todos los poemas están traducidos con un mínimo de comentario o interpretación interna. Además de los poemas rúnicos propiamente dichos, que son esencialmente series de estrofas poéticas explicativas, cada una de las cuales empieza con el nombre de la runa que empieza la frase, hay una serie de estrofas en la *Edda Poética* directamente relevantes para la tradición rúnica, y proporcionaremos algunos comentarios esotéricos sobre la importancia de estas secciones de la *Edda*. El propósito original de estos trabajos puede haber sido ayudar a los maestros de runas a tener en cuenta ciertos conceptos clave mientras realizaban las tiradas de runas, o pueden haber sido simplemente formulas de la tradición rúnica general. En cualquier caso, más adelante haremos uso de este material poético al interpretar las tiradas en la tercera parte de este libro.

Los textos de los poemas rúnicos, en sus idiomas originales y un glosario completo de las palabras utilizadas, pueden encontrarse en *The Rune Poems* (Lodestar, 2018).

Poema rúnico en inglés antiguo

«El poema rúnico en inglés antiguo» presenta estrofas con las 29 runas del futhorc inglés. Esto es especialmente importante porque es una fuente para la tradición de las runas del futhark antiguo no presente en la rama más joven. El inconveniente es que algunas de sus normas parecen haber sido alteradas para complacer a una audiencia cristiana. Pero sería prudente recordar que el «cristianismo» de la corte inglesa de la Baja Edad Media no era muy ortodoxo y conservaba claramente gran parte de la antigua cultura pagana.

Para el texto de este poema dependemos de una transcripción hecha por Humfrey Wanley, que posteriormente se imprimió en el *Tesaurus* de George Hickes en 1705. El manuscrito del poema fue destruido en el incendio que devastó la biblioteca de Cottonian en 1731. Aunque el manuscrito del que se tomó la transcripción databa de alrededor de finales del siglo X, es probable que la versión original del poema fuera de finales del siglo VIII o principios del IX:

ᚠ [El dinero] es un consuelo
para todos,
pero cada hombre
debería repartirlo libremente
si quiere un buen juicio
de Nuestro Señor.

ᚢ [Aurochs] es valiente
y tiene grandes cuernos.
Es una bestia muy feroz
–lucha con sus cuernos–,
un famoso vagabundo del páramo,
es una criatura osada.

ᚦ [El espino] es muy afilado
con todo señor
que lo atrape; es dañino
y extremadamente cruel
con cualquier hombre
que de entre ellos mienta.

ᚩ [Dios/Boca] es el creador
de todo discurso,
el pilar de la sabiduría
y un consuelo para los sabios,
para cada guerrero noble
esperanza y felicidad.

ᚱ [Montar] es fácil para cualquier guerrero
cuando está en los salones.
Pero muy duro
para el que se sienta
sobre un poderoso caballo
por un camino de millas.

ᚳ [La antorcha] es conocida por su fuego
por toda persona viva,
es clara y brillante.
Y suele arder cuando los príncipes
descansan en sus salones.

ᚷ [Un regalo] es para todo hombre
un adorno y alabanza,
ayuda y dignidad;
y para cada aventurero sin hogar
es beneficio y sustancia
para los que no tienen nada más.

ᚹ [La alegría] la experimenta
quien tiene pocos problemas,
dolores y penas,
y al que la tiene ofrece
poder y bendiciones,
y una casa lo bastante buena.

ᚻ [El granizo] es el más blanco de los granos,
viene de lo alto del cielo,
las ráfagas de viento lo zarandean,
y entonces se convierte en agua.

ᚾ [La necesidad] encoje el pecho,
aunque para los hijos de los hombres
puede ser ayuda y curación, no obstante,
si la atienden a tiempo.

ᛁ [El hielo] es muy frío
y extremadamente resbaladizo;
brilla, claro como el cristal,
muy parecido a las gemas,
un suelo de escarcha
es bonito de ver.

ᛄ [Año/cosecha] es la esperanza de los hombres,
cuando dios, santo rey del cielo,
hace que la tierra dé sus
frutos brillantes
tanto a nobles como a necesitados.

ᛇ [El tejo] está fuera
de un árbol áspero
y duro, firme en la tierra,
guardián del fuego,
sostenido por raíces,
feliz en la finca.

ᛈ [Caja llena] siempre trae
juego y risas
entre hombres audaces, en el medio
donde se sientan los guerreros
en el salón de la cerveza,
felizmente juntos.

ᛉ [Alce] la justicia tiene su hogar
casi siempre en el pantano,
crece en el agua
y hiere gravemente
y enrojece [«quema»] con sangre a cualquier guerrero
que, de alguna manera,
intente captarla.

ᛋ [El sol] es por los marineros
siempre esperado
cuando se van lejos.
Por la bañera de peces
hasta que traigan el semental de salmuera
a tierra.

ᛏ [Tir] es una señal,
mantiene la fe
en los príncipes,
siempre en su camino
sobre las nubes nocturnas,
nunca falla.

ᛒ [Abedul] no tiene fruto
pero luce ramas
sin semillas fértiles;
tiene hermosas ramas,
en lo alto de su corona
está finamente cubierto,
cargado de hojas,
rozando el cielo.

ᛖ [Caballo] es, frente a los condes
la alegría de los príncipes,
un cargador orgulloso en sus cascos.
Cuando se trata de ellos, los héroes
–hombres ricos en caballos de guerra–
intercambian parlamentos,
siempre en beneficio
de los hombres inquietos.

ᛗ [Hombre] está en su alegría,
amado por su redentor;
aunque cada uno deberá
separarse de los demás;
por decreto del señor
tiene que llevar,
esa pobre carne
a la tierra.

ᛚ [Agua] es aparentemente interminable
para la gente que se aventura a salir
en un barco inestable
y las olas del mar
los asustan mucho,
y el semental de salmuera
no presta atención a su brida.

ᛝ [Ing] fue visto por primera
vez por los hombres
entre los daneses del este,
hasta que volvió hacia el este [o «hacia atrás»]
sobre la ola;
el carro siguió adelante;
esto es lo que los guerreros
llaman un héroe.

ᛞ [Día] es el mensajero del Señor,
amado por los hombres,
la famosa luz reinó;
alegría y esperanza
para ricos y pobres,
en beneficio de todos.

ᛟ [Finca] es muy querida
por cada hombre,
si puede disfrutar de lo que es correcto
y de acuerdo con la costumbre
en su morada
sobre todo en la prosperidad.

ᚪ [Roble] está en la tierra
para los hijos de los hombres
como alimento para la carne;
suele estar bien
sobre el baño del alcatraz [= mar]:
el mar descubre
si el roble conserva
noble fidelidad.

ᚫ [Fresno] es muy alto,
[y] querido por los hombres,
estable en su base;
se mantiene en su lugar firmemente
aunque sea atacado
por muchos hombres.

ᚣ [Arco de tejo] es para príncipes
y guerreros por igual
una alegría y un signo de valor,
excelente a caballo,
firme en la expedición
[es] una pieza del equipo de guerra.

ᛡ [Serpiente] es un pez de río,
aunque siempre busca
su comida en tierra,
tiene una morada fantástica
rodeada de agua,
donde vive con alegría.

ᛠ [Tumba] es repugnante
para cualquier guerrero
cuando constantemente
la carne –el cuerpo–
empieza a enfriarse
eligiendo la tierra pálida
como compañera de cama;
las frutas caen,
las alegrías pasan,
las promesas se rompen.

La rima rúnica en antiguo noruego

«La rima rúnica en antiguo noruego» data de finales del siglo XII y principios del XIII. Claramente forma parte de la misma tradición que «El poema rúnico islandés», aunque está contaminada por algunos elementos cristianos. La estructura de cada estrofa en realidad es compacta y doble: media línea con dos caracteres aliterantes, seguida de media línea que contiene un solo carácter aliterativo. En el original, las dos medias líneas riman. Aparentemente, el contenido ideológico de las dos medias líneas no está relacionado; sin embargo, el segundo es en realidad un comentario esotérico sobre un aspecto del primero que se enfatiza en su conjunto. Estas estrofas, en un sentido iluminativo, funcionan de manera muy similar a los *koans* zen:

ᚠ [El dinero] causa conflictos entre los parientes;
el lobo crece en el bosque.

ᚢ [escoria] es de hierro malo;
el reno suele correr por la nieve dura.

ᚦ *[thurs]* causa la enfermedad en las mujeres;
pocos se alegran de la desgracia.

ᚬ [Estuario] es el camino en la mayoría de los viajes,
pero la vaina es [para] las espadas.

ᚱ [Montar], se dice que es lo peor para los caballos;
Reginn forjó la mejor espada.

ᚴ [Dolor] es la maldición de los niños;
el dolor hace palidecer a un hombre.

ᚼ [Granizo] es el más frío de los granos;
Cristo* moldeó el mundo en la antigüedad.

ᛁ [Hielo], llamamos al puente ancho;
los ciegos necesitan ser guiados.

ᛅ [Buena cosecha] es el beneficio de los hombres;
yo digo que Fródhi fue generoso.

ᛋ [Sol] es la luz de las tierras;
me inclino ante el decreto de santidad.

ᛏ [Tyr] lo hace todo con una sola mano entre los aesir;
el herrero tiene que soplar a menudo.

ᛒ [Ramita de abedul] es la rama más verde con hojas;
Loki trajo la suerte del engaño.

ᛘ [Hombre] es el aumento de la tierra;
poderoso es la garra del halcón.

ᛚ [Agua] es, cuando cae de la montaña, una cascada;
pero el oro [los objetos] es muy caro.

ᛦ [Tejo] es el bosque más verde del invierno;
por lo general, cuando arde, se chamusca [es decir, hace un fuego caliente].

El poema rúnico en antiguo islandés

«El poema rúnico en antiguo islandés» data de una época tan tardía, hacia el siglo XV, pero conserva la tradición de una época mucho más antigua, al igual que todos los poemas rúnicos. La rima proporciona un cuerpo complejo de información sobre cada media línea aliterante, seguida de una media línea única internamente aliterante, todo lo cual es seguido por dos palabras: 1) una «traducción» latina del nombre de la runa, que es a menudo un comentario esotérico, y 2) una palabra nórdica aliterante para «jefe», que también actúa como clave adicional para un significado más profundo. Aquí la palabra nórdica antigua se traduce «etimológicamente» al inglés:

ᚠ [El dinero] es [causa de] lucha entre los parientes
y el fuego de la marea
y el camino de la serpiente.
oro *«líder del escuadrón de guerra»*

ᚢ [Llovizna] es el llanto de las nubes
y la disminución del borde del hielo
y [un tema para] el odio del pastor.
sombra [debería leerse *imber*, ¿ducha?] *«líder»*

ᚦ *[Thurs]* es el tormento de las mujeres
y el habitante en las rocas
y el marido de Vardh-rúna [una giganta?]
Saturno *«gobernante de la cosa»*

ᚨ [Ase = Odín] es el viejo padre
y el jefe de Asgardhr
y el líder de Valhöll.
Júpiter *«líder»*

ᚱ [Montar] es una dicha para el que va sentado
y un viaje rápido
y un esfuerzo para el caballo.
viaje *«hombre digno»*

ᚴ [Dolor] es un fardo para niños
y un ataque en la batalla,
y la casa de carne podrida.
látigo *«Rey» = descendiente de buen linaje»*

ᚼ [Granizo] es un grano frío
y una poderosa nevada
y la enfermedad [destructora] de serpientes.
granizo *«líder de batalla»*

ᚾ [Necesidad] es la lucha de la esclava
y una condición opresiva
y trabajo duro.
problemas *AN, «descendiente de los muertos?»*

ᛁ [Hielo] es la corteza del río
y el techo de la ola
y un peligro para las hadas.
hielo *«alguien que usa el yelmo de jabalí»*

ᛅ [Buena cosecha] es el beneficio los hombres
y un buen verano
y un campo completamente maduro.
año *«todo gobernante»*

ᛋ [Sol] es el escudo de las nubes
y una gloria brillante
y una larga tristeza [= destructor] de hielo.
rueda *«descendiente del victorioso»*

ᛏ [Tyr] es el dios de una sola mano
y las sobras del lobo
y el gobernante del templo.
Marte *«Director»*

ᛒ [Ramita de abedul] es una rama frondosa
y un arbolito
y un bosque juvenil.
Abeto plateado *«protector»*

ᛘ [Hombre] es la alegría humana
y el aumento de la tierra,
y el adorno de barcos.
Humano *«generoso»*

ᛚ [Líquido] es agua corriente
y una olla grande
y un campo de peces.
lago *«digno de alabanza»*

ᛦ [Tejo] es un arco doblado
y hierro frágil
y Farbauti [= un gigante] de la flecha
arco, arcoíris *«descendiente de Yngvi»*

El Abecedarium Nordmanicum

Dado a que el *Abecedarium Nordmanicum* es una pieza realmente curiosa y generalmente no se toca en textos que tratan sobre poemas de runas, le daremos aquí una atención especial. El poema se encuentra en un manuscrito de St. Gall (Suiza), el más antiguo de los poemas rúnicos, que data de principios del siglo IX. Sin embargo, su contenido no parece pertenecer a una antigua tradición pagana. Está escrito en una mezcla de alto y bajo alemán, con algunas características nórdicas. El manuscrito probablemente fue elaborado por Walafrid Strabo, que estudió con Hrabanus Maurus en Fulda desde 827 hasta 829. Hrabanus, quien a su vez fue alumno del Alcuino Sajón, fue el mayor coleccionista de la tradición rúnica en la Edad Media. Aunque los tres hombres eran clérigos cristianos, y su razón para recopilar este material podría haber sido la información para cumplir mejor su misión evangelizadora entre los hombres del norte de Asatru, sin quererlo reunieron una gran cantidad de conocimiento genuino sobre la vestimenta germánica.

ᚠ fee, primero

ᚢ aurochs, después

ᚦ *thurs* es la tercera runa

ᚬ el Ase está por encima de él

ᚱ la rueda se escribe al final

ᚴ luego talla el profano

ᚼ hail, granizo. ᚾ necesidad

ᛁ hielo. ᛅ año. ᛋ sol

ᛏ Tiu. ᛒ abedul ᛘ y hombre en el medio

ᛚ agua el brillante

ᛦ tejo, lo tiene todo

Este «poema» contiene las runas nórdicas más modernas, pero fue compuesto en un contexto social en que quienes lo escribieron tenían conocimiento del futhorc del inglés antiguo y sus tradiciones. Esto se desprende de las glosas en inglés antiguo hechas en el manuscrito (no se muestran). En su mayor parte, y a primera vista, parece que las palabras de este poema sirven sólo para unir los nombres de las runas en el orden correcto (como un recurso mnemotécnico). Pero en al menos cuatro casos, las frases tienen un significado esotérico: (1) «el Ase está por encima de él» (= el *Thurs*), aparentemente un comentario teológico; (2) «y el hombre [está] en el medio», que no es una información espacial, sino cosmo-psicológica, el hombre está en Midhgardhr; (3) «el agua [es] la brillante»: es el agua brillante de la vida *(véase* la referencia al oro en el «Poema rúnico antiguo noruego»); y (4) «el tejo contiene todo»: el Tejo del Mundo contiene la esencia del multiverso.

Comentarios sobre estrofas rúnicas de la Edda Poética

Además de los poemas rúnicos anteriores, hay tres partes de *Edda Poética* directamente relevantes para la tradición rúnica. Sin embargo, se trata de algo diferente a los poemas futhark. Los poemas de la *Edda* pueden delinear, en orden, una serie de *galdrar* claramente unidos a las runas, pero la fórmula rúnica exacta permanece oculta. Cada estrofa no está necesariamente unida a una sola runa, aunque generalmente es muy útil clasificar los significados en el orden futhark. Algunas de estas estrofas están destinadas a ser herramientas de enseñanza. Las tres partes de la *Edda Poética* en cuestión son las «Rúnatals tháttr Ódins» (= «Hávamál» 138-165), la «Sigrdrífumál» y la «Grógaldr» (= primera mitad de la «Svipdagsmál»).

El «Rúnatals Tháttr Ódhins»

El «Rúnatals tháttr» es un documento clave en la tradición odínica. Debe ser leído y estudiado en detalle por todos los tiradores de runas. Está compuesto esencialmente de tres partes: (1) la iniciación en las runas (138-141), (2) la enseñanza técnica de la tradición rúnica (142-145) y (3) un catálogo de dieciocho canciones mágicas rúnicas (146-164). En la primera parte, Odín se inicia (a sí mismo) en la sabiduría de las runas colgándose en las ramas del Árbol del Mundo, Yggdrasill («el corcel de Yggr» [= Odín], o «la columna de tejo») con sus nueve mundos, donde está «herido por la lanza». Éste es un tema típico de iniciación chamánica en el que el iniciado es sometido a algún tipo de tortura o ejecución simulada (en un contexto cosmológicamente significativo) para que pueda enfrentarse cara a cara con la muerte. Para colgar a la víctima en un árbol y apuñalarlo con lanzas en la forma tradicional de hacer sacrificios humanos a Odín, práctica conocida desde los primeros informes romanos hasta la saga de la época vikinga. Aquí Odín se entrega (sacrifica) a sí mismo, a su Ser: «dado a Odín, a yo mismo para mí mismo». Estas palabras contienen la gran runa odínica de *gebo,* la verdadera naturaleza del autosacrificio odínico. Odín no le entrega su Ser a Odín, sino que aprende el camino odínico y se entrega a sí mismo.

En este proceso, Odín desciende al reino de Hel (Muerte), y en ese crepúsculo entre la vida y la muerte, en el vórtice de los opuestos intensificados (**:ᛞ:**), recibe el destello de iniciación rúnica en el que se le muestran las runas y deviene completo a través de la esencia de los misterios universales. Desde este reino, regresa al mundo de la consciencia, los reinos de dioses y hombres, para comunicar los misterios a las esencias de estos reinos y a ciertos seres concretos que habitan en ellos. Que la sustancia de estas runas también está contenida en el *hidromiel poético* se enfatiza en la estrofa 140.

Este mito iniciático en realidad no describe un «evento» histórico, sino un proceso atemporal en el que la «consciencia inspirada» *(wödh-an-az)* se funde con los «misterios universales» no para ser controlados por ellos, sino para obtener dominio sobre su utilización. Sus aspectos técnicos dan un patrón ritual (uno entre muchos) para el trabajo humano.

En la estrofa 141, Odín declara el efecto que esto tiene en la consciencia; hace que se convierta, evolucione, crezca y prospere. Las últimas dos líneas muestran la naturaleza compleja y transformadora lingüísticamente del trabajo de Odín dentro de sí mismo y a la vez, entre los dioses y los hombres. En el «momento» de iniciación rúnica, «retoma las runas gritando», es decir, que la fusión con los misterios universales va acompañada de una emanación vibratoria, un sonido vocalizado. Por lo tanto, se trata del vínculo primario entre «misterio» y «sonido». En este vórtice, el lenguaje natural no expresa la totalidad esencial de la experiencia, pero a partir de dicho vórtice nace la experiencia mágica.

La segunda parte de los «Rúnatals tháttr» contiene la tradición rúnica técnica fundamental, aunque críptica. La estrofa 142 nos invita a «encontrar» y «leer» los misterios, es decir, a dominar el conocimiento pasivo de ellos. Hay que aprender a comprender e interpretar los grandes y poderosos caracteres. Luego debemos usarlos activamente: para pintarlos, modelarlos y grabarlos, esto es, hacer trabajos activos con ellos. La siguiente estrofa, que ya se ha analizado en detalle (página 80), es una lista de términos técnicos, cada uno de los cuales debe ser dominado por el aspirante a tirador. Esta sección se concluye con el mandato de no «sobresacrificar»: los mejores resultados se derivan de la proporción correcta. Las dos últimas líneas enmarcan el conjunto:

> Así es como Thundr [= Odín] grabó
> antes del destino del hombre;
> allí ascendió
> cuando regresó.

Esto aclara la naturaleza primordial y no histórica del texto, y nos dice que su «retroceso» del Árbol del Mundo fue realmente una ascensión. El simbolismo de esta fórmula alude al camino odínico de transformación, que es una oscilación entre extremos, y a la idea de que el Árbol del Mundo no sólo tiene ramas, sino también raíces, a través de las cuales Odín se abre camino.

Se pueden asignar runas individuales a cada una de las estrofas. Con ello se ilumina su esencia. La fila de runas en cuestión sería el futhark joven de dieciséis caracteres, a lo que se añadiría (por razones esotéricas) la antigua runa-E y la runa-G. El objetivo mágico de cada verso suele ser evidente: (1) ayuda a eliminar angustias y conflictos de todo tipo (a través de «riqueza» :ᚠ:); (2) eliminación de enfermedades, curación (a través de «fuerza vital» :ᚢ:); (3) estropear las armas de los enemigos (a través de «fuerza destructora» :ᚦ:); (4) eliminación de ataduras y grilletes (a través de «fuerza mágica extática» :ᚨ:); (5) desviación de las armas enemigas mediante la mirada mágica directa (por la dirección mágica :ᚱ:); (6) rebotar una maldición a su fuente (a través de la redirección de energía :ᚴ:); (7) control de la combustión salvaje (fuego) (a través de la fuerza fría de orden :ᚼ:); (8) eliminación de conflictos (a través de la inversión voluntaria de los efectos de los factores de estrés :ᚾ:); (9) calma de los mares salvajes (a través de la fuerza de constricción :ᛁ:); (10) confusión de agentes destructivos (a través de la sobrecarga de corriente mágica en la dirección deseada :ᛅ:); (11) protección de los guerreros (llevando el escudo de «buena velocidad [= suerte]» :ᛋ:); (12) aprendizaje de los secretos de difuntos (grabando *helrúnar,* levantando a los muertos a lo largo del *axis mundi* :ᛏ:); (13) protección de un guerrero al nacer (mediante una dotación de invulnerabilidad en el recinto mágico :ᛒ:); (14) magia ilustrativa de sabiduría para el conocimiento de dioses y otros mundos (a través de la invocación de la herencia divina y cósmica en el hombre :ᛘ:); (15) envío de poder a los otros mundos (a través del aumento del poder vital :ᛚ:); (16) amor erótico, magia de atracción (a través del poder de la lujuria para mezclarse con lo opuesto :ᛦ:); (17) amor erótico mágico de la unión (a través de la fuerza de combinación de opuestos emparejados :ᛖ:); (18) magia dinámica de intercambio erótico (a través de la iniciación mágica sexual :ᚷ:).

Cabe señalar que las 18 canciones mágicas parecen estar divididas en 2 grupos de 9, siendo las primeras canciones de extracción mágica de energía y las últimas canciones de aumento mágico de energía. Por lo tanto, siempre se mantiene el flujo y reflujo mágico de la cosmovisión bipolar odínica.

«Sigrdrífumál»

Como documento rúnico, el «Sigrdrífumál» es el más complejo de la literatura nórdica antigua. Se compone de muchas secciones, cada una formando parte del conjunto, pero unidas, tal vez, artificialmente. Hay tres secciones en las que Sigrdrífa/Brynhildr, la *valkyrja* y «yo superior» de Sigurdhr, ofrecen un sistemático consejo rúnico al héroe. El primero está en las estrofas 6 a 14. Aquí cataloga varios géneros rúnicos: estrofa 7: *sigrúnar,* runas de la victoria, por las cuales se gana; estrofas 8 y 9: *ölrúnar,* runas alu, mediante las cuales se obtiene protección a través de una mayor consciencia y poder; estrofa 10: *bjargrúnar,* runas de ayuda en el nacimiento, con las que uno hace brotar las cosas; estrofa 11: *brimrúnar,* runas marinas, con las cuales se calman los disturbios naturales; estrofa 12: *limrúnar,* runas de las extremidades, mediante las cuales se cura la enfermedad; estrofa 13: *malrúnar,* runas del habla, con las que se gana elocuencia; y estrofa 14: *hugrúnar,* runas mentales, para ganar inteligencia.

En la segunda sección de consejos rúnicos (estrofas 17-19), Sigrdrífa indica veinticuatro cosas en las que Odín «graba runas». La naturaleza mitológica de estos objetos (¡y el número de ellos!) demuestra que esto funciona como una formación cósmica a través de los misterios de la idea-forma-vibración por parte de la consciencia primordial: *Wödh-an-az*. Las tres estrofas se atribuyen realmente a Mímir (tío materno de Odín), que comunica la sabiduría primordial *(véase* capítulo 13). La primera lección que se puede aprender de estas tres estrofas es que 24 es el «número clave» cosmológico, el de la totalidad, y que todo este sistema es conscientemente «vivificado por la voluntad de Odín expresada a través de las runas.

La tercera sección (estrofas 24-39) consiste en una lista similar a la que encontramos en el «Hávamál» y la encontraremos nuevamente en el «Grógaldr». Pero ésta es más didáctica en estilo que las estrofas anteriores del «Hávamál» y «menos mágica». El número de conceptos sistemáticamente categorizados es de 11 (el número de *sól* en el futhark más moderno: fuerza ética).

Como conjunto, las tres secciones rúnicas del «Sigrdrífumál» tienen la función de infundir al héroe la sabiduría mágica, cosmológica y ética. Éstas se representan como teniendo su fuente en el «yo superior» *fylgja-valkyrja*.

«Grógaldr»

El «Hechizo de Gróa» es un poema similar al «Völuspá» en el sentido de que una vidente muerta es convocada en Hel (el inframundo) para aportar la sabiduría necesaria. La vidente Gróa (del galés *groach* [bruja]) le canta 9 canciones mágicas a su hijo, Svipdagr, quien le pidió que lo ayudara mágicamente en su búsqueda de la esposa-etin Menglodh. La intención mágica de las 9 canciones es la siguiente: (1) estabilizar la verdadera voluntad de uno (:ᚠ:); (2) protegerse de los hechizos maliciosos (:ᚢ:); (3) proporcionar un paso seguro a través del agua peligrosa y el mantenimiento de la consciencia en los reinos oscuros (:ᚦ:); (4) para tener control sobre las acciones de los enemigos (:ᚨ:); (5) para liberarse de las ataduras (:ᚨ:); (6) para mantener los mares tormentosos (:ᛁ:); (7) para proporcionar el calor vital del fuego (:ᚴ:); (8) para la protección contra muertos vivientes (:ᛐ:); (9) para establecer un vínculo consciente con el reino creativo de la elocuencia (:ᚨ:).

Deben tenerse en cuenta dos cosas cuando se leen las estrofas del catálogo de «Rúnatals tháttr», «Sigrdrífumál» y «Grógaldr»: (1) no necesariamente siguen en el orden futhark y (2) parece que las canciones mágicas mismas no se registran abiertamente (lo que encontramos son descripciones de sus propósitos y efectos). Las claves de estos formularios codificados se dan en los trabajos que hacemos en Rune-Gild.

Segunda parte

SABIDURÍA SECRETA

Capítulo 9

SABIDURÍA INTRÍNSECA DE LAS RUNAS

En la primera parte de este libro esperábamos establecer la base firme sobre los aspectos exotéricos de la tradición rúnica, con algunas pinceladas sobre la tradición oculta y atemporal. En la segunda parte, continuaremos basándonos en el sólido marco tradicional. El énfasis en la tradición verificable (es decir, los sistemas rúnicos históricos, la literatura germánica antigua, las historias antiguas) es importante si queremos evitar vernos obligados a aceptar la «revelación».

Pero, por supuesto, iremos más allá del limitado pero necesario aspecto académico/científico y profundizaremos en la aplicación práctica. Nos zambulliremos en las runas, apoyándonos en los hallazgos académicos y con la inspiración de Odín, aunque también permanecemos abiertos a los nuevos hallazgos y conclusiones alcanzados por medios puramente racionales. Teóricamente, la recopilación sistemática de datos y el análisis lógico de éstos para formar conclusiones racionales, la comprensión intuitiva de los misterios multiversales y el uso inspirado de dichos misterios para transformar o dar forma a la realidad deberían funcionar en conjunto, cada uno alimentando al otro. Las puertas ocultas se abren en ambas direcciones. Éste es el trabajo de Rune-Gild en todos sus niveles.

La palabra *runa* es, en sí misma, una fórmula mágica. Paradójicamente, como palabra, cuanto más refinamos la definición de *runa*, más amplio se vuelve su significado. Por eso son adecuadas las ambiguas traducciones de «secreto» o «misterio». (Quizá valga la pena repetir que el término *runa* sólo se refiere secundariamente a la forma de las letras [caracteres] comúnmente llamadas runas). Como palabra mágica, la runa debe entenderse desde un punto de vista personal, creado por uno mismo, y como tal, su verdadero «significado» no puede ser comunicado a través del lenguaje profano y natural. En tanto que palabra mágica, nos es «susurrada al oído» por el Odín que llevamos dentro.

El punto de partida es darse cuenta de que, a nivel cosmológico, las runas son puntos focales de energía/sustancia en un complejo marco cósmico implícito, y, a nivel «psicológico», son «puntos de referencia» en los que la inteligencia cósmica interfiere y actúa sobre inteligencia humana. Hay que permitir que el conocimiento de este nivel nos acompañe en todas las investigaciones rúnicas; sólo así seremos capaces de encontrar el camino en los complejos reinos de la tradición rúnica.

Runas tradicionales del futhark antiguo

La forma más segura para que los tiradores expandan sus propios campos de significado rúnico es meditar sobre sus formas, sonidos y nombres, pero sobre todo, en la estrofa del poema rúnico correspondiente (si existe). Debe tenerse en cuenta en todo momento que la tradición de cada runa individual es sólo una parte del misterio; el resto está en las formas ocultas en las que las runas se entrelazan en una red multidimensional. Por lo tanto, el conocimiento de las siguientes veinticuatro runas debe entenderse dentro del contexto de las secciones sobre el sistema rúnico y su tradición (*véase* capítulo 10). Para conseguir una verdadera comprensión rúnica, es de suma importancia que los vitkar sepan no sólo lo que hace *fehu fehu,* sino también cómo *fehu* está ligada a otras runas en el sistema y cómo se pueden descubrir líneas ocultas de conexión. Cada carácter sugiere –internamente– significados más amplios, y cada uno apunta desde su centro hacia interconexiones con las esencias de otras runas. La tarea principal del aspirante a tirador con estas tablas es la adquisición de una «sensación» básica e instintiva para el significado de cada runa como una categoría, pero una categoría rodeada por una especie de membrana semipermeable que permite el intercambio con energías y esencias compasivas, que también actúa como aislante contra conceptos antipodales.

Nos concentraremos especialmente en lo que podría llamarse –en nuestro lenguaje moderno– aspectos mitológicos, cosmológicos y psicológicos de cada misterio. Cada una de las secciones puede entenderse también como comentarios esotéricos sobre las estrofas de poemas sobre runas relevantes.

ᚠ

FEHU

Mitológicamente, la runa-F está ligada a las tres grandes deidades cuyos nombres comienzan con su sonido: Frigg, Freyja y Freyr. Estas divinidades sacan parte de su poder del misterio de *fehu*. Del fuego numinoso de *fehu*, Frigg y Freyja reciben su don como profetisas. De esta fuente común, los tiradores de runas sacan su capacidad para «leer las runas correctamente» en el trabajo adivinatorio.

Fehu es el misterio del *oro*. Es decir, es el poder numinoso de lo que llamamos dinero o riqueza en nuestra sociedad (ahora dominada por los «misterios pecuniarios»). Esta runa existe en un gran sistema ecológico de poder y energía. La runa debe *cosecharse* en campos receptivos **–:◇:–** para poder crecer. Aumenta la potencia a través de la circulación y se transforma de una cosa a otra. Sin embargo, dicha transformación no debe hacerse a ciegas, sino con previsión y sabiduría.

El poder natural de *fehu* está en manos de los verdaderos príncipes, y es su responsabilidad asegurarse de que se use adecuadamente. Los que no lo hacen se enfrentan a un proceso de degeneración natural gobernada por «el señor» como representante de los dioses. La abrogación de tales responsabilidades conduce a la lucha.

En cosmología, ésta es la verdadera fuerza externa del fuego cósmico primordial: la fuerza expansiva que responde a la contracción y solidificación del hielo (:ᛁ:). Es un fuego generado fuera del agua, en las profundidades oscuras del multiverso y en los rincones oscuros del ser.

El poder del *fehu* está dentro de uno mismo y es el más importante para el tirador. La runa-F es una fuerza que yace oculta en la mayoría de las almas, como un lobo en el bosque, pero que puede elevarse a lo largo del camino del pez sepulcral (serpiente). De la muerte vendrá la vida; de la oscuridad, la luz.

En la mitología, *Uruz* debe identificarse con la Gran Vaca Cósmica Primigenia, Audhumla *(véase* capítulo 6). Es la fuerza de formación «salvaje», no domesticada, la voluntad reconcentrada de formación. Como tal, *Uruz* es la madre de la manifestación. Es el proceso de ordenación de la sustancia *(Ymir),* que conduce a la configuración del mundo en sus múltiples formas. *Uruz* es la más vital de las energías. Es un fuego mezclado con el agua de la vida, un fuego vital que puede eliminar toda debilidad, toda la escoria (¡como la lengua de Audhumla!) y transformar a los débiles en fuertes. Sin embargo, si esta energía vital se utiliza en la dirección equivocada, sin guía y sin sabiduría, puede volverse destructiva para el individuo o para la sociedad.

La voluntad de formación es un poderoso instinto profundamente arraigado en el ser humano (por lo tanto, está en terreno «pantanoso»), como el instinto de transformación con el que debe trabajar en conjunto. Parte de la voluntad de formar es el deseo de defender la forma a toda costa, de defender la seguridad de la «patria» (:ᛟ:) del alma.

Los cuernos de la «bestia» mencionados en el «Poema rúnico en inglés antiguo» son de extrema importancia. Ambos apuntan hacia arriba de forma natural, pero están hacia abajo en la runa. Esta duplicidad indica la manifestación en el universo objetivo y la capacidad de penetrar en otras dimensiones mediante la fuerza de la voluntad.

La runa :ᚦ: es símbolo de acción pura, potencia y «voluntad instintiva», desprovista de autoconsciencia. Es la encarnación de la fuerza cósmica dirigida en el multiverso como una combinación de energías polares proyectadas en línea recta.

Esta forma de poder en bruto se mantiene, por un lado, gracias a los *thurs* (gigantes) y está dirigida contra la consciencia encarnada en los aesir. Sin embargo, los Aesir son capaces de combatir dicho poder, y de combinar poder con poder, a través de su defensor, el guardián de Asgardhr: Thor.

Por lo tanto, la runa-TH no es sólo la de los *thurs* (gigantes) sino también la del trueno y su dios, Thor. Esto se debe a sus orígenes comunes, como resultado del choque de fuerzas polarizadas *(véase* capítulo 10) y también demuestra sus métodos y motivaciones comunes. Cada uno es una fuerza reactiva. Las *thurs* responden a la expansión de la consciencia en los aesir, y

Thor responde con Mjöllnir a la resistencia de los *thurs*. Por lo tanto, se logra un equilibrio, pero muy precario.

Thurisaz (3) es una asimilación de la energía potencial contenida en cualquiera de los dos extremos polarizados y la expresión cinética de éstos. A través de este misterio, la runa-TH es también el poder de la regeneración y la fertilidad. A medida que el trueno anuncia las lluvias que favorecen las cosechas, *thurisaz* rompe la oposición y libera energía para que se pueda empezar de nuevo. Está estrechamente relacionada con una de sus correspondencias formales **:ᛒ:**, pero **:ᛒ:** es «liberadora» mientras que **:◇:** es «contenedora».

La mayoría de los individuos perciben esta tensión como una fuente de estrés, pero para unos pocos (athelings o erulianos) es fuente de fortaleza.

La runa Thorn «no sólo es un símbolo del falo», sino de todo impulso psicosexual utilizado por los athelings para transformar el ser.

Está bastante claro que, a cierto nivel, la runa-TH es una expresión de la combinación de las runas F y U: energía de fuego organizada y dirigida, fuerza y formación combinadas y dirigidas.

ᚨ

ANSUZ

La runa-A encarna los poderes de la consciencia sintética de Odín en la estructura multiversal y en el complejo psicológico humano. Es la runa de la consciencia, particularmente la que integra con éxito los hemisferios derecho e izquierdo del cerebro. Esta runa representa el poder mágico-ancestral transmitido de forma innata de generación en generación, desde los albores de la humanidad. *Ansuz* es el nombre de un ser divino soberano ancestral. En singular, generalmente se refiere a Odín como dios. Este vínculo entre la consciencia de los dioses y la mente humana permanece intacto. Los *thurs* y sus «dioses» buscan romperlo.

Los poderes contenidos en **:ᚨ:** fueron concedidos –y fueron sus únicos regalos– por la tríada de Odín, Vili y Vé (o lo que es lo mismo: Odín, Hoenir y Lódhurr) durante la formación de la humanidad *(véanse* los capítulos 12 y 13). La humanidad recibe estos poderes como agentes mediante los cuales puede transformarse, a través de la búsqueda del conocimiento y la expresión de éste, mediante palabras y trabajo, guiados siempre por el modelo odínico.

A nivel cosmológico, *Ansuz* describe una ecología de la energía. Es el medio a través del cual se recibe el poder, el receptáculo de éste y el poder mismo cuando se expresa a través de un estado mental inspirado. Ésta es la runa de la palabra y el aliento mágico, de la síntesis del pensamiento lingüístico con el poder no-lingüístico y formador de imágenes de la poesía de los erulianos y skalds.

ᚱ RAIDHO

Raidho es el símbolo de la ley cósmica del ordenamiento correcto en el multiverso, en la humanidad y en el alma. Es un misterio cuya cara externa experimentamos cada día a la salida y puesta del sol, así como en los ciclos de vigilia y sueño. Toda acción rítmica se atribuye a *raidho*: danza, música y formas poéticas.

Gracias al poder de esta runa se organizan instituciones de todo tipo: estados, órdenes religiosas, gremios, etc. Cuando se rompen esas leyes naturales, el poder de *raidho* las reequilibra, en ocasiones violentamente.

La runa-R es el vehículo («vagón») y el camino («toda la travesía entera») a lo largo del viaje que nos lleva al mundo de las runas. Dicho camino es difícil y espinoso a veces, sobre todo en entornos sociales o naturales hostiles, así que se necesita contar con un vehículo potente (= poderes mentales) y con un caballo (= sustancia espiritual; *véase ehwaz)* para lograr éxito. Es el camino de la acción correctamente ordenada: el trabajo ritual, la liturgia. Es la red de caminos entre los diversos mundos y una parte importante del equipo necesario para atravesar dichos caminos.

Raidho rige la proporción matemática (geométrica), así como el cálculo lógico de todo tipo. Es la runa de la cognición. Es el poder del que se nutre la numerología: armonización activa de las fuerzas apropiadas para un fin deseado.

Uno de los grandes misterios de la runa-R es su relación con la idea de «rueda» dentro del complcjo psicofísico humano *(véase* cn cl glosario latino *iter* [rueda] en «El poema rúnico islandés antiguo»). Sobre estas «ruedas» se hace el viaje mágico de iniciación.

El patrón de flujo de la fuerza de *raidho* es siempre directo, pero también tiene un efecto en espiral, porque *concentra* la fuerza en un objetivo determinado. Su utilidad como herramienta de trabajo no debe pasarse por alto.

ᚲ KENAZ

Ésta es la runa de la creatividad, o más exactamente, en términos germánicos, *de la capacidad para dar forma*. Simboliza el fuego controlado, la antorcha, pero también el fuego del hogar, el fuego del altar, el de la fragua y la pira. Cada uno de estos fuegos sirve a la voluntad humana para formarse y transformarse a sí mismo o al entorno. En una persona, ésta es la luz brillante que llamamos «carisma». Aunque siempre está presente en el tirador, se despierta más en «momentos activos», es decir, cuando la inspiración es alta y la actividad física también.

Kenaz es la raíz de todo conocimiento tecnológico, la runa del artesano y el artista: Wayland (AN Völundr) y Loki. También es el misterio de la profunda conexión entre sexualidad y creatividad, que es tan característico del camino odínico.

El concepto de la raíz oculta de *kenaz* es la disolución, ya sea por medios orgánicos *(véase* el nombre de la runa nórdica *kaun* [úlcera, llaga]) o por fuego (antorcha). Esta disolución es necesaria para que tenga lugar una remodelación de acuerdo con un plan voluntario. En cierto sentido, ésta es la porción de solución de la fórmula alquímica *solve et coagula* (disolver y coagular). Aquí,

:ᛗ: sería la parte de coagulación: la nueva combinación de fuerzas en una esencia transformada y consciente de sí misma: |v|.

En muchos sentidos, la runa-K es la culminación del proceso iniciado en la runa-A y que funciona a través de la runa-R: inspiración diseñada racionalmente.

GEBO

Esta runa que significa el Don de Odín en sus formas triádicas *(véase* capítulo 13): los dones de consciencia, aliento vital y forma.[1] El énfasis está en el intercambio de poder: el flujo de fuerza de un sistema a otro para ser transformado y devuelto a su fuente.

En la sociedad humana, esto es perfectamente evidente en el ámbito económico: el proceso de dar y recibir, cuyo objeto es *fehu* u *othala*. Tal intercambio crea fuertes vínculos dentro de la sociedad, y el mismo proceso se lleva a cabo entre dioses y hombres para construir puentes entre los diversos mundos. *Gebo* es la runa del sacrificio (o «convertir en sagrado»), de ofrecer a los dioses esperando su devolución obligatoria para los mortales. Éste es el misterio de la interdependencia entre dioses y hombres. El poder de este misterio es exaltado e interiorizado por el tirador cuando le sale la runa-E.

El :ᚷ: es el signo del «matrimonio mágico (o alquímico)». Nuevamente encuentra expresión en |x| *(mannaz),* donde el proceso se manifiesta plenamente, y en |X| *(dagaz),* donde el proceso es absolutamente interno y eterno. El ejemplo más poderoso de dicha unión mágica se encuentra en la *Saga Völsunga*, donde Sigurdhr, montado en su corcel de otro mundo, Grani (véase :ᛗ:), atraviesa el anillo de llamas y asciende la montaña Hindarfjell (roca de Hind) para despertar a la *valkyrja* dormida, Sigrdrífa (o Brynhildr).

Probablemente, ésta sea la versión más arcaica del cuento de «La bella durmiente». En la cima de esta montaña intercambia votos rituales con ella y recibe de su parte la sabiduría rúnica. Este proceso describe el logro de la comunión con el «ser superior» o «ser divino» del tirador.

El éxtasis de :ᚷ: es sereno: el equilibrio silencioso de la concentración interna perfectamente armonizada entre las fuerzas vitales que fluyen.

WUNJO

La runa-W es la armonización de elementos o seres de origen común (naciones, tribus, clanes, familias) y representa el poder mágico para reconocer las afinidades ocultas entre entidades empáticas. *Wunjo* describe el sentimiento interno y subjetivo que se alcanza al encontrarse en un estado de armonía interior/exterior, con uno mismo y con el entorno. Se trata de una armonía activa y voluntaria hacia objetivos evolutivos específicos. *Wunjo* reúne fuerzas o seres diversos pero empáticos, con un propósito común. Por eso es el misterio que rige el proceso de creación de las runas.

1. Edred Thorsson, *Futhark: A Handbook of Rune Magic*. Samuel Weiser, York Beach, Maine, 1984, 76.

«El poema rúnico en inglés antiguo» da pautas específicas para ganar tal *wunjo*. Nos dice que el tirador debe separarse de problemas de todo tipo (pero mantenerse ligeramente conectado), y además tener tres cosas: (1) AI *blaed* («prosperidad»: entrada y salida de energía); (2) *blyss* («dicha»: estar lleno de un sentimiento y alegría); y (3) *byrg geniht* («un espacio suficientemente bueno»: una buena casa para el alma). Es decir, que se necesita una respiración correcta, un estado psicológico positivo y un cuerpo sano, después de haber eliminado las influencias negativas para la concentración en el trabajo.

Wunjo también aparece cuando el tirador es capaz de hacer un trabajo de unión en el mundo objetivo: unir y reunir fuerzas para hacer su voluntad.

Éste es el signo de la unión primordial entre el fuego cósmico y el hielo, los polos del multiverso, como una semilla energizada con levadura: el granizo cósmico, o «granizo-huevo», que da origen a Ymir *(véase* capítulo 10).

Hagalaz es el marco del mundo, el patrón sobre el cual el multiverso se equipa con la raíz triádica de la consciencia: Odín-Vili-Vé. La runa-H contiene el modelo completo de potencial energético absoluto, ya que cuenta con todo el dinamismo del fuego y el hielo en su morfología. A partir del equilibrio armonioso de todo potencial, tiene lugar una evolución interna dentro de su espacio.

El simbolismo numérico es muy importante para *hagalaz*. Nueve es el número de la compleción, la fructificación y totalidad dinámica en el sistema germánico. Todo esto se combina en :ᚺ: (9). Nueve es el número de mundos que hay en las ramas y raíces del Árbol del Mundo, Yggdrasill, que es el patrón innato, presente tanto en la semilla como en el árbol adulto.

La runa-H es el patrón de finalización implícito en la semilla de cada cosa que esté en evolución o crecimiento. Así como el tejo entero está contenido en un código genético oculto en su semilla, también lo está el cosmos transformado y completo que se encuentra en la semilla del mundo. *Hagalaz* es el código, el patrón de devenir y finalización. Ésta es la forma oculta de perfección hacia la cual se dirige toda formación consciente (creación).

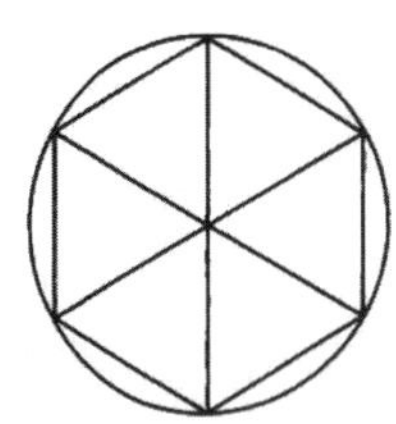

Figura 9. 1. Runa madre del granizo.

El «granizo» es la runa madre; todas las runas se mantienen y pueden leerse en su morfología cuando están contenidas en un sólido *(véase* figura 9.1). En última instancia, es un modelo multidimensional, también presente en el patrón de Yggdrasill analizado en el capítulo 10, página 135.

Hagalaz es la unificación de todos los opuestos en todo potencial. Dentro de su misterio está contenido el poder de la transformación, de la evolución de una forma a otra a lo largo de un patrón determinado, consciente o mítico.

El granizo también tiene sus aspectos destructivos, que pueden ser aprovechados por el tirador si se dirigen hacia afuera de forma protegida.

ᚾ NAUTHIZ

Como muestran los poemas rúnicos, aquellos que no tienen la comprensión necesaria para usar el poder de la runa-N, pueden tener experiencias desagradables. *Nauthiz* es la fuerza de la resistencia cósmica a la voluntad y sus acciones. Es la fuente de la acumulación de capas diversas de sustancias psíquicas que son la esencia de lo que los nórdicos llamaron *ørlög (véase* la runa-P). Pero dicha «necesidad» impuesta desde fuera de la consciencia puede ser la fuente de salvación para el tirador que sabe cómo y cuándo usarla *(véase* el «Poema rúnico en inglés antiguo»).

La runa-N es resistencia a las acciones, una fricción cósmica entre sustancias. Este estrés interno puede transformarse en fuerza a través del misterio del *need-fire* o fuego-salvaje (fuego producido por fricción entre dos materiales). Una vez que se enciende la llama, se alivia el frío. Pero sin «necesidad», el fuego nunca se habría descubierto. En esta runa radica el proverbio «La necesidad es la madre de la invención».

A medida que profundizamos en el misterio del *need-fire,* vemos que es una llama autogenerada. En el ámbito de la consciencia, debe entenderse como una cierta tensión o fricción entre los aspectos de la psique. Así se enciende la llama de la consciencia superior que sólo se puede lograr a través de estos medios.

Dada la absoluta necesidad de resistencia en el cosmos, antes de que se pueda manifestar, la runa-N es tanto el misterio de causa y efecto como de las Nornir (Norns). Las tres Norns *(véase* la runa-P) salieron de Jötunheimr y establecieron la ley de causa y efecto y su resistencia a la voluntad de los aesir. Esto provocó las leyes de la entropía, y así se sembraron las semillas de la destrucción cósmica. Cada vez que surge algo en la existencia, se activan las leyes de las Norns y de la runa-N. Esta ley particular debe tenerse en cuenta en todas las formas operativas de trabajo con las runas. Es la runa del «surgir a la existencia».

ᛁ ISA

El «hielo» de la runa-I no debe identificarse con el de Niflheimr, sino con la corriente de hielo que fluye de ese mundo frío hacia el fuego de Muspellsheimr. Es la extensión de una fuerza reconcentrada de contracción absoluta o de quietud absoluta o de falta de vibración. El poder de *isa* atrae el fuego hacia el «centro» y hace posible lo que llamamos «materia» al formular el granizo (:ᛡ:). La runa-I es una especie de materia prima (o fuerza densa que hace posible tal sustancia). Es el poder absoluto de la fuerza centrípeta, tan destructiva como el fuego (expresado en :ᚠ:), pero el equilibrio es el estado buscado por las fuerzas conscientes en el multiverso. Cuando las fuerzas no conscientes obtienen la supremacía, el patrón se desequilibra y se desatan los aspectos destructivos del fuego y el hielo. Sin embargo, debe recordarse que este flujo y reflujo es lo más normal en un universo en constante evolución. La liberación periódica de las fuerzas destructivas es necesaria para un cambio real.

En el individuo, *isa* hace posible el *omniego* múltiple y polipsíquico (todo Yo o todo Ego), es decir, la consciencia del ego de todos los aspectos de la totalidad del complejo psicofísico *(véase* capítulo 12). Mantiene estos aspectos juntos en un patrón armonioso y preestablecido y es más evidente cuando la mente está totalmente calmada y concentrada. La runa-I actúa como una especie de material de vinculación psíquica que puede mantenerse unido a través del estresante proceso de iniciación. Si se ve desequilibrado por los misterios dinámicos, este material de unión estática conduce a la opacidad y la estupidez.

La runa **:i:** es el misterio del punto concentrado y de su primera extensión: la línea. Estas dos imágenes se utilizan como herramientas de puente para obtener acceso consciente a otras dimensiones fuera de Midhgardhr. *Isa* es el suelo sólido en el que la consciencia puede hacer transiciones, pero a veces es tan estrecho como un pelo y no resulta un viaje fácil.

La runa-J es el símbolo del año solar de doce meses; su misterio se refiere a la mitad del «verano», cuando los cultivos se siembran, crecen y cosechan. (El antiguo calendario germánico sólo tenía dos estaciones: verano e invierno. «Primavera» y «otoño» se refieren a intervalos cortos en los límites de las dos estaciones).

El poder central de esta runa reside en su naturaleza cíclica. Es la runa del «eterno retorno». *Jera* encarna la idea de surgir, llegar a ser y morir hacia un nuevo presente, a través de la hilera de runas. Su posición como runa central (junto con **:ᛇ:**) muestra su importancia.

Es la díada dinámica y la circunferencia omnipresente.

Jera en realidad significa «año fructífero» o «cosecha». Es la recompensa conseguida tras un ciclo de trabajo duro dentro de las leyes naturales (y numinosas). El simbolismo del proceso agrícola deja claro el significado de *jera*. Las semillas no preguntan quién las plantó o por qué, sólo cómo se plantaron. Si la siembra se realizó correctamente, la cosecha debería ser buena *(véase* ᛈ:). *Jera* es la recompensa por el trabajo bien hecho.

El misterio de la runa-J está fundamentalmente vinculado a la primera y última runas, como símbolos de paz, prosperidad y libertad.

La runa-J es la piedra de molino cósmica, cuyo eje cósmico es la runa-EI.

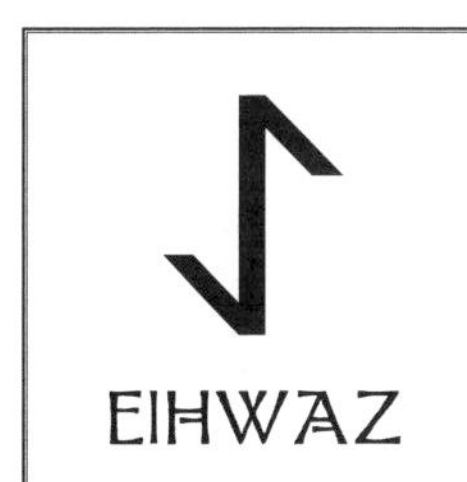

La runa-EI es el eje central omnipresente del cosmos, los *omphallos* del mundo, y es el segundo en la díada central de la fila de runas.

Éste es el eje vertical del Árbol del Mundo, Yggdrasill, el canal a lo largo del cual la ardilla cósmica, Ratatöskr, como un arco eléctrico, extiende la discordia entre el águila en la cima del árbol y la gran serpiente, Nidhhöggr, en sus raíces.

La runa-EI sintetiza opuestos extremos (vida/muerte, día/noche, verano/invierno) de forma dinámica *(véanse* las runas TH y D y observemos las correspondencias numéricas: 3-13-23). Esta runa penetra a través de los tres reinos: el cielo, la tierra media y el inframundo: Asgardhr/Midhgardhr/Hel. Es el camino de transformación de las esencias, en cualquiera de estos reinos, en otras esencias propias de cualquiera de los otros mundos. Los objetos «materiales» pueden hacerse «espirituales» gracias a este misterio.

La runa-EI es el fuego transformador latente, autónomo desde dentro (activado por la runa-N y manifestado en la runa-K). Éste es el fuego oculto e inmortal de la voluntad, que puede permanecer vital en la muerte (invierno), el duro espíritu de la perseverancia.

A lo largo de la «columna del tejo», dentro del individuo, se generará el fuego mágico transformador, que sube *y* baja a través de las «ruedas» del cuerpo *(véase* la runa-S). A este gran misterio es al que se refieren los poemas rúnicos.

PERTHRO

Ésta es la más circunspecta de las runas. Es el símbolo de culto al secreto de *ørlög:* el misterio del destino. Es el poder de las Norns y el que complementa la fuerza de consciencia presente en los aesir. El tirador debe aprender a investigar el camino del destino para comprender esta runa y, cuando sea necesario, superarlo. (Ése fue el gran logro odínico en Ragnarök).

La runa-P es un símbolo del camino de la investigación de ørlög a través de los métodos de tirada de runas. *Perthro* es la copa o marco a partir del cual –o en el cual– las runas se lanzan en trabajos adivinatorios. Es un símbolo del Pozo de Wyrd: el Urdharbrunnr (Pozo de Urdhr, el primer y más antiguo Norn).

En *perthro* encontramos una síntesis de las leyes de causa y efecto *(X* provoca a *Y*, que pone a *Z* en movimiento) y las leyes de sincronía *(X, Y* y *Z* ocurren [significativamente] juntas). La causalidad es una ley del plano horizontal (mecánico), sincronicidad del eje vertical de la consciencia. El elemento sintético es la dimensión psíquica del tiempo. Esta fuerza, junto con la de la runa-N y la runa-B, es el principal agente de cambio, o devenir, en el multiverso.

La idea de destino (y de *ørlög)* también participa de esta síntesis de la realidad horizontal y vertical. Destino en realidad significa «aquello que se ha "convertido" o que ha "vuelto"». Así que, como *ørlög*, que significa «capas primarias (de acción)», lleva el misterio del tiempo pasado ligado a él. Dicho «pasado» es de vital importancia en la forma de pensar germánica. Sólo el «pasado» y el «presente» tienen una realidad objetiva. El «futuro» es una amalgama de potencialidades indiferenciadas para llegar a ser. Debe estar formado por una combinación de fuerzas: leyes cíclicas, corrientes orgánicas de fuerza vital y tradición, el patrón de consciencia existente en los dioses y otras entidades, así como la voluntad del ser humano (especialmente la de los tiradores). En ninguna parte es esto más evidente que en los nombres de las tres grandes Norns: Urdhr (en lo que se ha convertido), Verdhandi (en lo que se está convirtiendo) y Skuld (en lo que debería convertirse). Lingüísticamente, las palabras *urdhr* (AN) y la inglesa *wyrd* (destino) son idénticas (la pérdida de la w inicial es el resultado de la misma regla regular que convierte a *Wödhanaz* en *Odín).*

Elhaz es el vínculo divino entre un hombre y su búsqueda (*véase* capítulo 12). La runa-Z describe el poder de atracción entre la mente del hombre y el «yo divino». Esta fuerza de atracción trabaja junto con el misterio de *sowilo* para generar la voluntad mágica. Es un símbolo de la *valkyrja,* el aspecto protector de la esposa-espiritual, que a menudo está mágicamente unida a una espada u otra arma simbólica. (Éste es el significado oculto del «Poema rúnico en inglés antiguo», estrofa 15: *elk-sedge* = espada). Dicho vínculo simbólico entre cuerno y espada no es más evidente que en el mito de Freyr. Después de entregar su espada a cambio de la esposa-etin Gerdhr, se dice que sólo tenía un cuerno con el que luchar. La runa **:ᛉ:** también describe el Puente del Arcoíris, Bifröst, otra vez un símbolo del vínculo entre Midhgardhr y los reinos arriba y abajo.

En la runa-Z vemos la fuerza de protección que sólo puede venir mediante un vínculo con la «divinidad personal». Es la entidad que los griegos conocían como *daimon* y los romanos llamaron *genius*. En la tradición rúnica, la búsqueda o *valkyrja* es la fuente de dicha inspiración, el vínculo más directo entre el individuo y la fuente última de inspiración: Odín.

La imagen de la runa **:ᛉ:** es una de las más potentes en simbología germánica. Indica la mano extendida (= potencia, humanidad), el cuerno del corazón solar elevado al cielo con orgullo y potencia, el cisne en vuelo (una referencia a la *valkyrja)* y la postura del brazo germánico para la oración y la invocación. Queda claro por qué esta forma se utilizó finalmente para la versión moderna de la runa «hombre».

La carga con fuerza mágica, numinosa o espiritual que ofrece esta runa implica una persona o lugar con tanta fortaleza que deviene sagrado, apartado y protegido por el poder divino.

Además, hay una conexión natural y subyacente entre esta runa y **:ᛇ:** –el palo de tejo–. Esto se expresa de muchas maneras; sin embargo, lo más gráfico es la relación formal. La forma del carácter original probablemente fue **:ᛯ:** y con el tiempo **:ᛦ:** se convirtió en el carácter *yew* más moderno (que también es una forma alternativa del *elhaz* antiguo).

El sol es el faro que guía los caminos del devenir. Es la luz de la consciencia, y su patrón, que se encuentra en el universo objetivo para todos aquellos que buscan transformarse para llegar a ver. El sol arquetípico, y su contraparte, el «sol nocturno» (= las Pléyades), guían al «marinero» desde una zona de consciencia a otra, de una «tierra» a otra. Éste es el objetivo que motiva la voluntad. En el cielo, es «la estrella» de la elíptica (las Pléyades), que por la noche recorre el mismo camino que el sol durante el día.

En el antiguo simbolismo nórdico, el sol se veía como una rueda o como un escudo. Es decir, que tiene aspectos transformadores y protectores, nutricios. En tanto que rueda, *sowilo* es un símbolo de las ruedas a lo largo del camino de la columna de tejo, Yggdrasill, por el cual el tirador evoluciona conscientemente. *Sowilo* también es el escudo de la consciencia y le proporciona un mayor significado por el que luchar. Quien ha desarrollado la voluntad a la luz de la runa-S (en todos sus aspectos) es bendecido con honores y éxito.

El sol describe un contrapeso al poder de :ᛁ:. En la hilera, sin embargo, ambos son necesarios para el desarrollo integral y estable del mundo y del tirador. La runa-S también se ha conectado con los misterios serpentinos del norte, que involucran los centros en los que los flujos de fuerzas celestiales y ctónicas convergen en un punto de la superficie de la tierra. El poder de :ᛋ: rompe la inercia psicológica o cósmica y la transforma en una fuerza vital y dinámica.

Tiwaz es también un faro guía; pero a diferencia de la trayectoria circular y dinámica de la runa-S, la runa-T es un faro con una fuerza mucho más distante, profunda y serena, la de la Estrella Polar o Estrella del Norte (Polaris). También es llamada «la Estrella» por los antiguos marineros germánicos, es la estrella del eje que mantiene su posición y alrededor de la cual giran todas las otras estrellas. *(Véase también* «la Estrella» en la circunferencia de la elíptica en :ᛋ:). La Estrella del Norte es un símbolo visible de la fuerza divina de *tiwaz*, como la cumbre de la columna mundial: el *Irminsül*.

La fuerza cosmogónica de Tyr se expresa en el proceso inicial necesario para la conformación del multiverso: la separación o polarización de las sustancias cósmicas que permite la manifestación entre los polos de fuego y hielo. La runa-T describe el aspecto de la columna cósmica que los mantiene separados, conservando el orden cósmico.

Ésta es la esencia del dios Tyr (inglés, Tiw). (En el capítulo 13 se analizan aspectos significativos de la runa-T). Es el poder de la sabiduría separada y trascendente en el centro de las cosas. Esto contrasta con la amplia esencia multiformada de la runa-A.

En el reino humano, con esta runa, el dios Tyr gobierna sobre la *res* (asamblea legal) de los pueblos germánicos. Él mide la justicia de acuerdo con la ley *(véase también ørlög*, «or-ley», a este respecto). La runa-T es un signo de «ley y orden» tanto en el cosmos como en el mundo humano.

No tiene sentido intentar identificar el árbol natural al que se refiere el «Poema rúnico en inglés antiguo» bajo esta runa. La runa-B es una realidad numinosa, no un organismo botánico.

Berkano es la gran y multifacética «diosa del abedul», que gobierna sobre el proceso de transformaciones humanas y terrestres; por ejemplo, los ritos humanos críticos de iniciación (nacimiento, adolescencia, matrimonio y muerte) y la ronda estacional del año agrícola. La runa-B rige el proceso cíclico de surgimiento (nacimiento), devenir (vida) y fallecimiento (muerte) hacia un nuevo surgimiento (renacimiento).

Como indica claramente el «Poema rúnico en inglés antiguo» si, simbólicamente, el poder de *berkano* es autónomo, puede crecer independientemente de las fuerzas externas, pero ningún crecimiento puede tener lugar en el mundo natural sin la ayuda del proceso autogenerado de la runa-B. *Berkano* toma la sustancia de la semilla, la oculta en su recinto, la rompe después y saca la sustancia transformada. Está estructuralmente vinculado a la runa-NG, aunque es independiente de ella.

El símbolo de la runa-B es la varita de abedul, el instrumento mágico a través del cual se evocan sus poderes (de fertilidad, transformación, erotismo) en la tierra y en la humanidad. Cosmológicamente, **:ᛒ:** es una «unidad de devenir». Es ese momento concreto de todo ser (un único «microciclo» de surgimiento-devenir-fallecimiento) en el que se basa todo devenir: el eterno ahora. La runa-B también describe el principio de aleatoriedad fenomenológica en el multiverso: la posibilidad en el proceso evolutivo. *Berkano* es una fuerza protectora y conservadora que gobierna los recintos de ocultación (especialmente aquéllos utilizados en rituales de transformación). La runa-B también oculta el gran misterio de la «alquimia de la palabra», gracias a la cual las palabras se tejen en significados más allá de sus definiciones concretas. En esto, *berkano* está estrechamente ligado a *ansuz*. Es comprensible porque, de todas las diosas, Freyja es dueña de *todos* los aspectos de la runa-B.

ᛖ

EHWAZ

Ésta es la runa de la relación simbiótica entre dos seres sistémicamente distintos pero armoniosamente activos. En la antigüedad, esto se percibía más directamente en la relación entre un hombre y su caballo, especialmente entre los indoeuropeos, que fueron los primeros en entrenar a estas poderosas criaturas. *Ehwaz* es el misterio de las fuerzas doblemente simpatizantes: hombre/caballo, caballo/carro, etc.

La runa-E es el vehículo vivo del viaje de autotransformación del tirador: la runa de la propia *fylgja* (no sólo la fuerza de su atracción **:ᛉ:**) como una entidad controlada o cooperativa. La simbología del antiguo nórdico *marr er manns fylgja* (el «caballo es la búsqueda de un hombre») demuestra que este simbolismo está profundamente arraigado. La «simbiosis caballo/hombre» como metáfora de la existencia humana verdadera (o la del atheling o eruliano) se muestra en la runa **:ᛗ:** (*e* + *m* [+ *k*], yo soy). Quizás lo más importante para el misterio de *ehwaz* es el corcel de Odín, Sleipnir (un descendiente de Loki). El nivel de identidad entre Odín y Sleipnir se indica mediante el acertijo (n.º 72) registrado en la *Saga de Heidrek el Sabio:*

> ¿Quiénes son esos dos,
> que tienen diez pies,
> tres ojos
> y una cola?
>
> (Respuesta: Odín montando en Sleipnir)

Ehwaz es la fuerza sobre la cual el tirador «se desliza» de un mundo a otro. Es un signo de lealtad, especialmente entre hombres y mujeres, y es el símbolo del matrimonio legal.

La fuerza arquetípica de esta runa sigue vibrando a nuestro alrededor, incluso en la cultura popular, especialmente cuando nos damos cuenta de que, inconscientemente, el «caballo» se ha motorizado. El «triángulo hombre/caballo/mujer» es prácticamente un cliché.

ᛗ
MANNAZ

Es la estructura de la consciencia (divina) en la humanidad, impartida a través de un vínculo genético con el dios unificado de la consciencia. Éste es poseído en diversos grados por los humanos, como se describe en la «Rígththula» de la *Edda Poética*. El vínculo está ahí porque, en última instancia, los humanos son descendientes de los dioses; es decir, la relación es genética, no contractual. Por lo tanto, en realidad es irrevocable.

Un dios con el nombre de *Mannus* fue adorado en la época de Tácito (siglo I e.c.), y ahí tenemos el primer paralelismo con la versión Rígr/Heimdallr del origen de la sociedad humana registrada en la «Rígsthula». (Véase *Germania*, capítulo 2).

Mannaz es un dios hecho carne, no como un evento histórico único, en el mismo plano de las creencias cristianas, sino como un gran proceso biológico, sociológico y psicológico de consciencia que se manifiesta. Éste es el misterio que subyace en las estrofas de los poemas rúnicos que tienen que ver con esta runa.

La runa-M es la combinación armoniosa de la «mente» y la «memoria». En la runa-M, Huginn y Muninn hablan libremente entre sí e informan a todo ser odínico *(véase* capítulo 12). Es el hombre completo, el iniciado del culto odínico (eruliano). En términos junguianos, es el yo individualizado.

Mannaz es la runa de la luna y de su naturaleza tripartita: de nueva ● pasa a ◐ volviéndose llena ○. En la tradición germánica, la luna es masculina (el hombre en la luna) y es una esencia transformadora. Es la síntesis de las inteligencias intuitivas y racionales (medir, analizar) en el ser humano. Su mismo nombre significa «el medidor» (de tiempo). Al igual que con Odín, su rostro siempre cambia, pero sigue siendo siempre el mismo.

ᛚ
LAGUZ

Laguz es el agua cósmica primitiva que brota de Niflheimr, que contiene todo potencial de vida, que se transforma en hielo cósmico y se energiza mediante los fuegos de Muspellsheimr. Es el medio definitivo para las fuerzas que contienen vida. *(Véase* «Cosmogonía» en el capítulo 10).

La fuerza de *Laguz* «cae» en el reino de la manifestación desde los reinos extradimensionales (Útgardhr). Este derrame de flujo energético complementa el flujo ascendente descrito con el nombre alternativo de la runa-L, *laukaz* (puerro). Por esta razón, la cascada es un símbolo potente del misterio dinámico de esta runa. Cabe señalar que el lugar original del tesoro dorado de los nibelungos estaba debajo de una cascada; a este mito mistérico se refiere la segunda media línea de la «Rima rúnica en noruego antiguo».

La runa-L describe los estratos de las leyes de la vida, las capas con las que *ørlög* trabaja para formar el destino del cosmos y de los elementos individuales dentro de éste.

Laguz es la runa de la vida orgánica y el paso hacia y desde ese estado. Esta «agua» es el elemento principal en la mezcla (AN *aurr)* que las Norns extraen del Pozo de Urdhr (destino) para preservar la organizada vida del Árbol del Mundo. Al nacer, el niño germánico se integra a la vida orgánica de su clan a través del rito de *vatni ausa* («rociar con agua»). Aquí el sustantivo *aurr* y el verbo *ausa* derivan de la misma raíz. Además, los antiguos ritos funerarios germánicos a menudo están relacionados con el simbolismo del agua (entierro en barcos, cremación de barcos, entierro o cremación dentro de barcos formados con piedras, etc.). Las entradas al Hel se conciben como ríos, con Odín como barquero de las almas.

Como runa de vida y poder vital, *laguz* está estrechamente relacionada con el misterio de *uruz* (según las leyes de skaldcraft, *uruz* se conecta con el concepto *aurr).*

La runa-L manifiesta las profundidades desconocidas y oscuras del estado acuoso, primitivo y el de la muerte. Si el tirador (marinero) está equipado con un vehículo (barco) inadecuado, temerá el flujo y reflujo de esta fuerza. El «corcel de salmuera» debe controlarse para que le vaya bien.

La fuerza *ingwaz* es la que se libera para hacer el año abundante (:ᛜ:). Esto se demuestra en las relaciones entre sus formas en el carácter. La fuerza que lo abre es la de *berkano* (:ᛒ:). La runa-NG es el alimento, la energía de la semilla necesaria durante el período de gestación. La comida cósmica es contenida y consumida por *berkano* y llevada a través de su poder para reponer la energía perdida en el proceso cíclico.

Cabe señalar que la runa-NG se hizo originalmente más pequeña que otros caracteres de la fila y separada de la línea inferior a veces imaginaria de los otros caracteres. Se retira a un reino oculto e independiente para el intercambio secreto de energías que conduce a la transformación. En la runa-NG está contenido el misterio del proceso de transformación de la retirada-transformación-retorno. Este proceso es útil en los ritos de iniciación, pero en realidad es una ayuda poderosa en cualquier operación de transformación *(véase* figura 9.2).

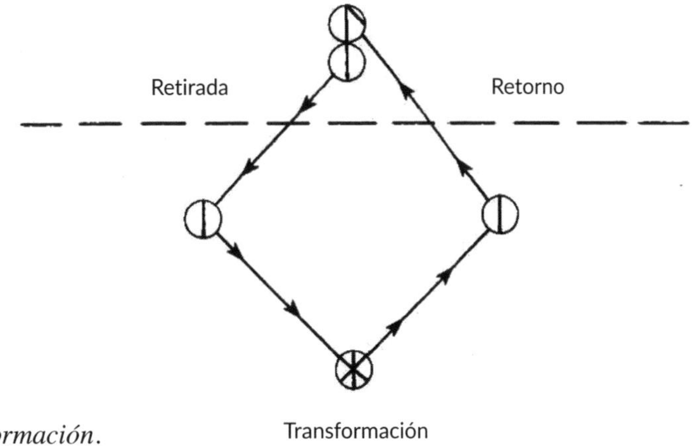

Figura 9.2. Proceso de transformación.

Este proceso a menudo se experimenta racionalmente cuando una idea incompleta o imperfecta se «pone en segundo plano» por un tiempo, se deja gestar en el inconsciente (o tal vez, mejor dicho, en el «hiperconsciente») para ser traída adelante como un concepto completo y perfeccionado. El aspecto de la inmersión en reinos ocultos se deja bastante claro en el «Poema rúnico en inglés antiguo». «Ir al este» siempre es un código para adentrarse en el reino de los etins, las fuerzas oscuras preconscientes del cosmos.

La runa-D es el proceso que tiene lugar en la punta de los extremos. A medida que el día y la oscuridad se funden en el crepúsculo y en las luces de las antorchas, las estrellas de la mañana y de la tarde (de las cuales *Dagaz* [AN *Dagr]* es un nombre) brillan en el reino de Midhgardhr. Es un signo de la luz de la consciencia nacida de Odín-Vili-Vé para la humanidad y como don.

En el «Poema rúnico en inglés antiguo» se indica una síntesis entre los poderes del *drighten* (señor = Woden u Odín) y el método (medidor = Tiw o Tyr), una síntesis entre el pensamiento del hemisferio cerebral derecho y del izquierdo, que es el sello distintivo de inspiración.

Dagaz es la «paradoja odínica»: la comprensión repentina (tras un esfuerzo consciente y concertado de la voluntad) de que los opuestos percibidos son aspectos de una tercera idea que los contiene a ambos. Éste es el misterio de la hiperconsciencia central del culto odínico, el culto germánico de la consciencia. A la luz de la runa-D, el camino entre ambos extremos se ve claramente. Un odiano no busca el misterio de *dagaz* en el centro, sino más bien en las fronteras externas. Ésta es la voluntad bidireccional simultánea, casi exclusiva de la tradición mágica germánica. La búsqueda termina cuando el contenido de las tierras fronterizas externas cae en un vórtice de integridad de un solo punto en el «centro» (en realidad, un concepto extradimensional).

En **:ᛞ:** vemos los modelos extradimensionales como la cinta de Moebius y el vórtice toroidal *(véase* figura 9.3), donde dentro se vuelve fuera y fuera se vuelve dentro. Esto es de suma importancia cuando se considera la naturaleza de la misión odínica en el mundo.

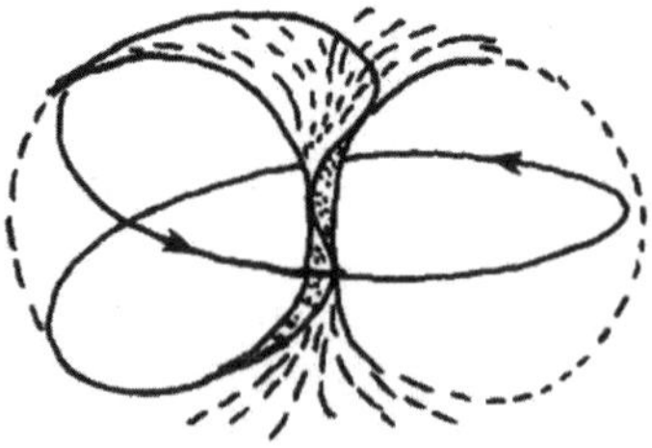

Figura 9.3. Vórtice toroidal: Dagaz.

OTHALA

Othala es el recinto sagrado. En él se encarna el concepto central de Midhgardhr y de toda la idea de «lado hacia adentro» y «lado hacia afuera» tan prominente en el pensamiento germánico (e indoeuropeo en general). La runa-O describe la pared del anillo, el símbolo de la tierra cerrada, separada de todo lo que la rodea y, por lo tanto, sagrada (AN vé). Es una señal de un sitio apartado para fines sagrados, el hall o salón. En su mayor parte, la fuerza de *othala* actúa como una barrera selectiva. Evita que entren fuerzas perjudiciales para la salud del interior, pero en realidad conduce energías beneficiosas hacia su interior.

En la sociedad altamente cambiante en la que se desarrollaron las runas, este concepto adquirió rápidamente un significado abstracto, el de la herencia espiritual del clan o tribu, del cual el recinto-odal había sido un símbolo. Como tal, la runa-O es un símbolo de *kynfylgja* (kin-fetch), la suma de la herencia espiritual de un grupo. Estas *kynfylgja* se heredan de una generación a otra y se unen a los líderes tribales o nacionales *(véase* «Psicología rúnica», capítulo 12). Éste es un concepto metagenético y como tal no puede explicarse completamente en términos físicos o puramente orgánicos. Es un código genético oculto regido por leyes de herencia activas en familias, clanes, tribus, naciones, pero también va más allá de ellos.

Las fuerzas sostenidas por el anillo de la runa-O deben estar bien ordenadas y ser armoniosas, siguiendo el camino de lo correcto (:ᚱ:). Con dicho estado se proporciona el bien común y reina la paz y la libertad. En este lugar, Odín muestra su rostro paternal, pero también se enfrenta a Útgardhr, de donde el odiano suele tomar poder e inspiración para servirse a sí mismo y para el bien de la gente. Pero para el no odiano, ser empujado al mundo exterior –podríamos decir ilegalizado– equivale a una sentencia de muerte. Esto se debe a que el no-atheling no tiene un sentido de sí mismo desarrollado en la etapa en la que podría sobrevivir a tal *shock* psicológico. Privado del contexto humano, es borrado. La runa-O contiene todos los aspectos de este misterio.

Othala describe la esencia del misterio del flujo y reflujo entre los estados de orden y caos: el gran estado de fluidez cósmica. Sin embargo, celebra el estado de equilibrio obtenido cuando las fuerzas de la consciencia han establecido los límites (Asgardhr y Midhgardhr) interactuando con los poderes de la oscuridad exterior (Útgardhr). Odín y sus erulianos buscan mantener dicho equilibrio. Todo padre es lo suficientemente sabio como para conocer el resultado final, pero lo suficientemente astuto como para saber la manera superarlo.

El sistema rúnico

Tras estudiar las runas anteriores, el lector quedará impresionado con el grado en que éstas parecen relacionarse. Las runas se entrelazan unas con otras en un gran nudo de significado serpentino. De hecho, su herencia es tanto poética (skaldcraft) como de «científica». Al igual que en poesía, los vínculos se establecen entre «palabras» (aquí, ideas) a través de asociaciones a varios niveles: sonidos (rima, aliteración, etc.), arreglos espaciales (metro) y alusión mítica. El skaldcraft surgió del arte de las runas, por lo que la similitud en la práctica no es sorprendente. La intención del sistema rúnico es romper las barreras de la consciencia y revelar los significados ocultos propios de los diferentes mundos. Lo hace a través de una red de palabras e imágenes a veces enredada, cada una reverberando con otras. Cada runa está unida a otra con tanta seguridad como su propia identidad única. Ciertos aspectos oscuros de las formas en las que las runas se relacionan entre sí se exploran en la sección «Runas» en el capítulo 10; sin embargo, aquí trataremos los secretos contenidos en el arreglo más tradicional pero misterioso de las runas en los tres aettir («familias» o «grupos de ocho»).

No existe una razón «lógica» o lingüística por la cual las runas se deban organizar en tres grupos de ocho. Es una característica que el futhark antiguo comparte con el griego antiguo, y puede haber algún misterio indoeuropeo de «veinticuatro caracteres» compartido desde el pasado más remoto. Además, incluso entre los académicos, no existe una razón comúnmente acordada respecto a por qué las runas tienen nombres significativos reales. Los alfabetos griego y romano sólo tienen *nombres sin sentido* basados en los «nombres» de las letras. La idea de adoptar palabras significativas como nombres para cada letra es una característica compartida con el ogham celta y el alfabeto hebreo. Lo que se sabe es que las runas siguieron siendo un cuerpo organizado de conocimiento que fue mucho más allá de la cantidad de información necesaria para mantener intacto un sistema alfabético simple durante más de mil años. Cuando todo está dicho y hecho, el alfabeto rúnico se resume como se muestra en la tabla 9.1.

ᚠ f-ehu 1	ᚢ u-ruz 2	ᚦ th-urisaz 3	ᚨ a-nsuz 4	ᚱ r-aido 5	ᚲ k-enaz 6	ᚷ g-ebo 7	ᚹ w-unjo 8
ᚺ h-agalaz 9	ᚾ n-authiz 10	ᛁ i-sa 11	ᛃ j-era 12	ᛇ ei-whaz 13	ᛈ p-erthro 14	ᛉ elha-z 15	ᛊ s-owilo 16
ᛏ t-iwaz 17	ᛒ b-erkano 18	ᛖ e-hwaz 19	ᛗ m-annaz 20	ᛚ l-aguz 21	ᛜ ing-waz 22	ᛞ d-agaz 23	ᛟ o-thala 24

Tabla 9. 1. Tabla de runas.

Para descifrar esta tabla, nos enfrentamos a un doble problema. Primero tenemos que profundizar en los misterios innatos, pero antes de que podamos hacerlo, debemos conocer todo lo posible sobre los significados básicos de estos nombres y sus configuraciones. A través de la comprensión de la antigua tradición, el conocimiento de los misterios eternos irá creciendo.

La estructura a nivel profundo de los misterios multiversales (runas) se refleja con precisión en la forma externa del sistema rúnico (= caracteres). Este sistema es un marco de conocimiento complejo, a veces extralingüístico, que incluye:

1) Morfología de la runa individual
2) Valores fonéticos de los caracteres
3) Nombres de los caracteres
4) Estrofa poética explicativa
5) Orden de los caracteres (= número)
6) División tripartita de los caracteres (aettir)

Sólo el segundo elemento de este sistema es realmente necesario para un sistema alfabético simple que funcione lingüísticamente. Todo lo demás está ahí por alguna otra razón de carácter esotérico o mágico. En esta sección esperamos inculcar en el aspirante a tirador de runas parte de la profundidad de este sistema, que subyace a todas las formaciones y transformaciones de la tradición rúnica a lo largo de la historia.

Morfología de las runas

En cuanto a la morfología de las runas individuales, parece haber algunas variaciones. Sin embargo, sólo en raras ocasiones van más allá de lo que podrían llamarse variantes «tipológicas». Por ejemplo, en el período más arcaico, la runa-S podría estar representada por formas tales como: 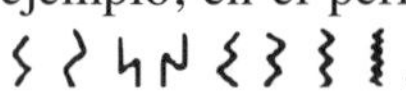, pero todas presentan el característico patrón en zig-zag o serpentina. Estos principios deben tenerse en cuenta al explorar intuitivamente el significado interno de las formas rúnicas. A través de la historia, algunas formas nunca cambian, mientras que otras sí. Hay un significado oculto en las variaciones o en la falta de ellas.

Valores fonéticos

El valor de sonido de cada carácter también es relativamente fijo, con sólo algunos cambios sistemáticos. Este segundo elemento en el sistema es totalmente dependiente del tercero.

Nombres de las runas

Los nombres están cargados ideológica y culturalmente son acrofónicos; es decir, indican el valor fonético de un carácter a través del sonido inicial en el nombre de la runa, por ejemplo, *f-ehu* = [f]. Los nombres en sí, sin embargo, deben interpretarse a tres niveles. Como comprenderá el tirador, este enfoque multinivel es básico para todo trabajo rúnico ilustrativo. Los tres niveles son, (usando *uruz* como ejemplo): (1) el «fundamental» o literal (aurochs, una bestia salvaje de cuatro patas, grande y poderosa), (2) el esotérico o metafórico, a menudo socio-mitológico (aurochs, la Gran Vaca Sagrada primigenia); (3) el rúnico-eruliano, a menudo rúnico-psicológico (aurochs, la circulación de las fuerzas vitales en la consciencia y la capacidad de comprender).[2]

El nombre contiene la idea y el sonido. Es muy probable que en la antigüedad existiera un sistema complejo de nombres, y que cada runa tuviera un grupo de palabras (posiblemente tres) que podrían usarse como sus nombres. El Rune-Gild los está recuperando lentamente, pero aquí tratamos con los nombres principales y sus significados, que se muestran en la tabla 9.2. Cualquier persona con un interés activo en las runas querrá empezar a hacer asociaciones con las runas y entre ellas a todos los niveles. ¿Qué formas están relacionadas con qué otras formas y cómo? ¿Qué nombres están relacionados con qué otros nombres y a qué niveles? En este último punto, se notará, por ejemplo, que los nombres de runas primarias provienen de ciertas áreas de la vida: (1) los reinos sobrehumanos: *ansuz, thurisaz, tiwaz, ingwaz* y quizás *berkano;* (2) naturaleza orgánica: *fehu, uruz, eihwaz, elhaz* y *mannaz;* (3) naturaleza inorgánica: *hagalaz, isa, jera, sowilo, laguz* y *dagaz;* (4) tecnología: *raidho, kenaz, perthro* y posiblemente *nauthiz,* y (5) reinos culturales: *gebo, wunjo* y *othala.* Dichas categorías pueden analizarse y recombinarse más a fondo para alcanzar significados más profundos.

2. Edred Thorsson, *Futhark: A Handbook of Rune Magic,* Samuel Weiser, York Beach, Maine, 1984, 76.

fehu (f)	ganado, cabeza de ganado, unidad de valor monetario, FEE
uruz (u)	AUROCHS, bestia salvaje con cuernos
thurisaz (th)	THURS (gigante primigenio), algo de gran fuerza
ansuz (a)	un dios soberano ancestral (el Ase. Odín)
raidho (r)	carro, RIDE
kenaz (k)	antorcha (nombre secundario, *kaunaz* [dolor])
gebo (g)	REGALO, hospitalidad
wunjo (w)	oy, éxtasis
hagalaz (h)	GRANIZO (piedra)
nauthiz (n)	NECESIDAD, necesidad; *need-fire*
isa (i)	HIELO
jera (j)	(lo bueno) AÑO; cosecha
eihwaz (ei/i)	TEJO
perthro (p)	cubilete de dados
elhaz (-z)	ELK (nombre secundario, *algiz* [protección])
sowilo (s)	sol
tiwaz (t)	(el dios) Tyr (AI Tiw)
berkano (b)	el abedul (diosa)
ehwaz (e)	caballo (véase latín *equus)*
mannaz (m)	HOMBRE
laguz (I)	agua (LAGO)
ingwaz (ng)	(el dios) Ing
dagaz (d)	DÍA
othala (o)	Propiedad ancestral (ODAL)

Tabla 9.2. Nombres y significados de runas.
[Las palabras en mayúsculas indican cognados del inglés moderno, es decir, palabras que se derivan directamente de los términos antiguos].

Orden rúnico

El orden de las 24 runas le da a cada carácter una posición numérica en las series 1 a 24, y la división de estas 24 en 3 segmentos da como resultado agrupaciones de 8. Estas fórmulas numéricas son innatas en el sistema rúnico. Cuando se reformó el sistema en la época vikinga, se hizo mediante una reducción sistemática de estas fórmulas numéricas.[3]

3. Para el significado cosmológico adicional de estos ordenamientos, *véase* el capítulo 10 de este volumen; véase también Edred Thorsson, *Futhark: A Handbook of Rune Magic,* Samuel Weiser, York Beach, Maine, 1984, capítulo 3.

Todas las runas nacieron simultáneamente, y cada una de ellas está vinculada a la otra a diferentes niveles. Los vínculos más obvios se ven en las divisiones del ordenamiento y aett («segmentos»). En un nivel, *fehu* está relacionada con *uruz,* que está vinculada a *thurisaz,* y así sucesivamente en línea recta del 1 al 24. Esta línea se divide en 3 de tal manera que cada grupo de 8 (aett) también comparte ciertas características, y además esto da como resultado 8 grupos de 3 runas dispuestas verticalmente (por ejemplo **:ᚠ: :/: :ᚺ: :/: :ᛏ:**) que también están unidas de una manera especial. Así mismo, se debe tener en cuenta que incluso en las series horizontales de 1 a 24, los grupos de 3 (1-3, 4-6, etc.) son significativos. Para el tirador de runas pueden servir como excelentes temas de meditación y contemplación.

Los significados subyacentes de los tres segmentos son claros. El primero describe los misterios que el tirador debe aprender y dominar antes de emprender el difícil camino del odiano. Este segmento muestra el establecimiento de los talentos y características básicas del tirador: energía, comprensión, acción, inspiración, ritual, voluntad controlada, generosidad y compañerismo. Corresponde al *dreng*. El segundo segmento es doble y está lleno de pruebas y tribulaciones. De la H a la J describen el proceso de superación de confrontaciones objetivas para obtener buenos resultados de ellas, y de EI a S describen los conflictos subjetivos y el camino hacia el éxito. Esto corresponde al trabajo del *thegn*. El tercer segmento (de Tyr) describe el reino en el que trabaja el eruliano, o maestro de runas. Establecido en la cumbre de la columna vertebral del mundo (**:ᛏ:**) y capaz de generar su propio poder internamente a lo largo de los caminos del árbol (**:ᛒ:**), el maestro de runas, junto con su «ego divino» creado e integrado (**:ᛗ:**), es capaz de pasar a través de todos los niveles de la existencia (**:ᛚ:**) para convertirse en el dios-hombre eruliano independiente, autónomo y en constante evolución (**:◇:**) iluminado por la «luz» del día (**:ᛞ:**), siempre interactuando con el mundo «de afuera» mientras permanece por encima y más allá de la lucha (**:ᛟ:**), Éste es el trabajo del *drighten*.

Como se aclarará en el próximo capítulo, las runas en realidad pertenecen a una realidad de cuatro dimensiones y, por lo tanto, todos los intentos de representar sus relaciones son inútiles. En última instancia, las runas se pueden entender claramente sólo a la «luz» de *dagaz*. Al tejer la gran red de misterios y, por lo tanto, «desparasitarse» en los caminos hacia la realización consciente de las realidades ocultas, el tirador emergerá y se abrirá camino hacia la Tierra de los Dioses.

Capítulo 10

COSMOLOGÍA ESOTÉRICA

(EL NACIMIENTO DE LOS MUNDOS)

Bajo el título de cosmogonía, también analizaremos la teogonía (nacimiento de los dioses) y la antropogonía (nacimiento de los humanos), cada una en su momento. En *Gylfaginning* (capítulos 5-9) leemos con mucho detalle cómo se creó el mundo. La descripción ofrecida habla del reino acuoso de Niflheimr (Mundo de Niebla) en el norte, del cual fluían corrientes de hielo cargadas con veneno de levadura, y de Muspellsheimr (Mundo de Fuego) en el sur, del cual salían fuego y chispas. Estos dos extremos de energía se acercaron uno hacia el otro a través del *Ginnungagap* (Espacio Cargado Mágicamente). Los extremos de cada lado provocaron un estado de armonía en el centro de Ginnungagap; y cuando las chispas y el aire caliente de Muspellsheimr cayeron sobre el hielo de Niflheimr, aceleró la levadura venenosa que tenía dentro y apareció una forma a partir de la unión de estas energías: Ymir (el Rugidor).

De Ymir descienden las heladas de escarcha. Como un ser bisexual, Ymir engendró un thurs masculino y otro femenino bajo su mano izquierda, y uno de sus pies engendró un hijo con el otro pie.

Como parte del mismo proceso en el que se produjo Ymir, nació Audhumla, la vaca cósmica, que surgió como coagulación de la escarcha que goteaba. Alimentó a Ymir con la leche de sus ubres. Ella, a su vez, se alimentaba directamente de la llovizna congelada, lamiendo un bloque de hielo salado que se había formado. En dicho bloque, lamió la forma de un ser llamado Búri. Éste es una entidad andrógina, que engendró un hijo llamado Borr, quien posteriormente se casó con una esposa-etin llamada Bestla y que era hija de un etin llamado Bölthom (thorn-malo). De la unión del protodios Borr y su esposa-etin Bestla nació la tríada divina Odín-Vili-Vé.

Esta tríada piadosa se dispuso a matar (sacrificar) a Ymir. Lo hicieron y lo llevaron hasta el centro de Ginnungagap y, a partir de esta sustancia, prepararon el marco del multiverso. Le dieron forma al mundo y pusieron en marcha los mecanismos en el contexto de los cuatro cuartos de Ymir. Los cielos se formaron a partir de su cráneo, en las cuatro esquinas de los cuales los dioses pusieron cuatro enanos: Nordhri, Austri, Sudhri y Vestri. En el mismo centro construyeron una fortaleza a partir de las cejas de Ymir, que se llamaba *Midhgardhr* (el patio de en medio).

Luego, la tríada divina empezó a dar forma a la humanidad. Ocurrió cuando Odín-Vili-Vé estaban en Midhgardhr cerca del mar, donde encontraron dos árboles. A estos seres que ya vivían, Odín les dio *önd* (espíritu o aliento de vida), Vili les dio *othr* (actividad mental inspirada), y Vé les dio forma, capacidad para hablar y los sentidos. Este proceso también se describe con la tríada

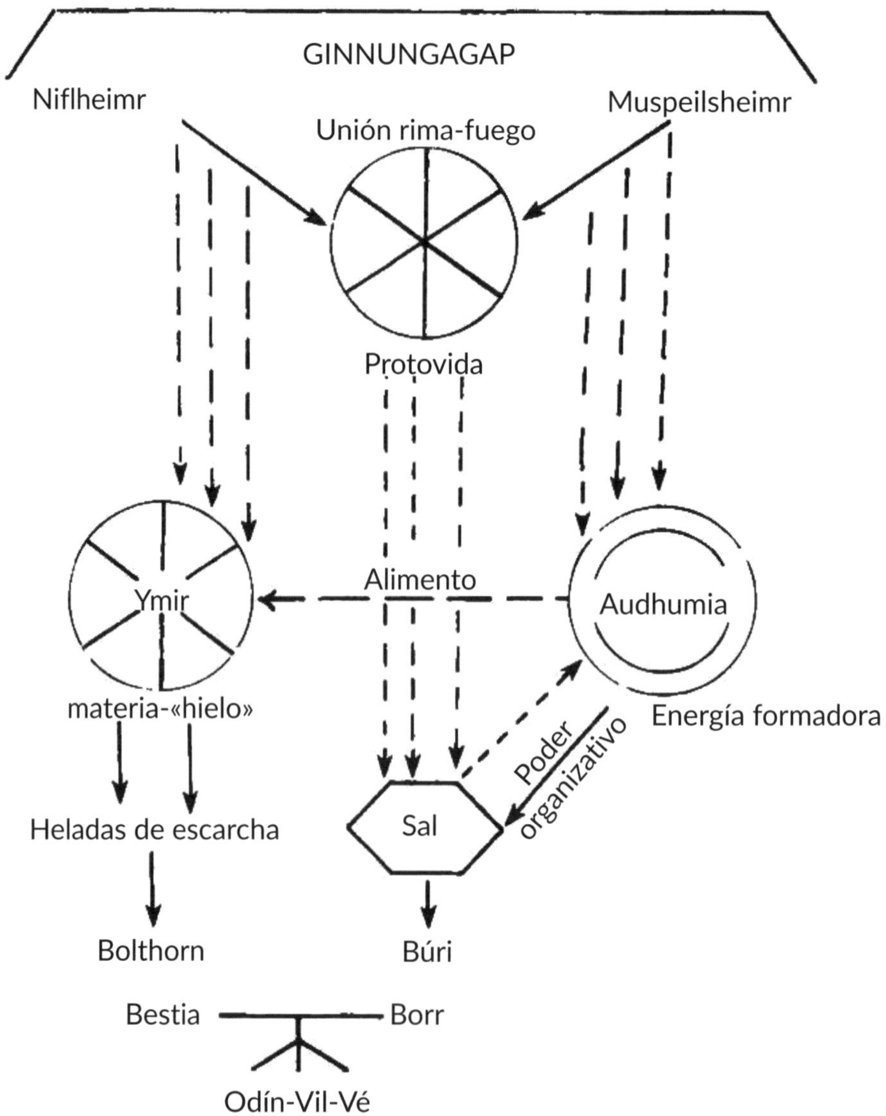

Figura 10.1. Proceso cosmogónico.

divina Odín-Hoenir-Lódhurr en el «Völuspá» (estrofas 17-18) en la *Edda Poética*. El ser masculino se llamó Askr (ceniza) y el femenino Embla (olmo).

Este texto debería ser leído por todos los estudiantes y meditado en profundidad. Contiene muchos misterios rúnicos.

Todo el protoproceso cosmogónico/teogónico se esquematiza en la figura 10.1, que conceptualiza todo el complejo evolutivo primordial visto por los antiguos pueblos germánicos. Sin embargo, sólo es una aproximación, porque el proceso real es multidimensional.

Ginnungagap es un espacio cargado con un campo de protoenergía. Niflheimr y Musellsheimr constituyen esa energía en un estado altamente polarizado e intensificado, que luego interactúa consigo misma en el centro, donde se manifiesta una nueva forma modelada en un patrón multiversal innato. Esto está simbolizado por **:✳:**, que es el patrón del Árbol del Mundo, como una cristalización final de dicho patrón primigenio. También es el patrón del copo de nieve, que demuestra la naturaleza de estas imágenes no manifestadas para hacerse visibles una vez que se alimentan con las energías y sustancias adecuadas. El reino ardiente es una manifestación de la energía luminosa de vibración máxima, mientras que el reino helado es una solidificación de la energía oscura que contiene el núcleo elemental de los misterios de la vida y la muerte: levadura, sal y veneno.

Una vez que se forma esta forma de protosemilla, se divide en otra polarización de protomateria (Ymir) y protoenergía (Audhumla), pero parte de la energía de la protosemilla cae en Ginnungagap y se vuelve a cristalizar como bloque de hielo en el que la protoenergía ejerce su poder de conformación para materializar al protodios andrógino/etin, llamado Búri. Búri contiene el patrón puro de la unión directa del fuego y el hielo, pero está formado por las fuerzas de la protoenergía misma (y se entrega a sí mismo en forma de sacrificio a la vaca cósmica primigenia). Ymir, la masa de materia prima cósmica y la forma o patrón cósmico innato contenido en la «semilla de hielo», la piedra de granizo *(hagall* **:✳:**), es finalmente sacrificado por una tríada de seres divinos (es decir, las formas de consciencia primaria). Estos tres seres, que forman verdaderamente un todo, son los primeros seres conscientes, y por lo tanto divinos, porque pueden comprender las dualidades y dar forma a su entorno gracias a la consciencia sintética innata que resulta de su descendencia de una fuente triple: (1) la unión de semillas primarias, (2) Ymir y (3) Audhumla. La tríada de la consciencia disuelve a Ymir, y, fuera de su materia, reestructura el cosmos estático en una organización dinámica, viva y consciente, de acuerdo con patrones correctos (es decir, innatos) ya contenidos en la materia misma (Ymir) y en la semilla primaria.

La humanidad es una formación adicional por parte de las divinidades conscientes. Pero, al mismo tiempo, la humanidad es parte de todo el cosmos, no algo *creado (ex nihilo)* por los «dioses».

Askr y Embla ya eran seres vivos (orgánicos: aquí simbolizados como plantas), y fueron dotados de una compleja consciencia artificialmente expandida (de manera igualitaria y simultánea) como parte de la evolución no-natural de la consciencia en Midhgardhr.

Runas

Las runas mismas definen el patrón de existencia y de consciencia; por lo tanto, están actuando en todo el proceso cosmogónico. Antes del sacrificio de Ymir, dichos patrones no se manifiestan más que en un estado rudimentariamente diferenciado. Sólo se manifestaba la dualidad entre las runas oscuras (AN *myrkrúnar)* y las runas brillantes (AN *heidhrúnar).* Las runas florecen en un estado independiente y aislado al nacer Odín-Vili-Vé (cuando las runas oscuras y brillantes se vuelven a sintetizar en un sistema coherente y completo). Las runas, como podemos comenzar a entenderlas ahora, se manifiestan en la consciencia divina y aparecen en el mundo. Cuando la tríada de la consciencia sacrificó a Ymir (la semilla cristalizada del patrón rúnico) formaron esta sustancia primaria de acuerdo con la estructura rúnica inherente. La organizaron en la forma de los nueve mundos de Yggdrasill *(véase* figura 10.7 en la página 136).

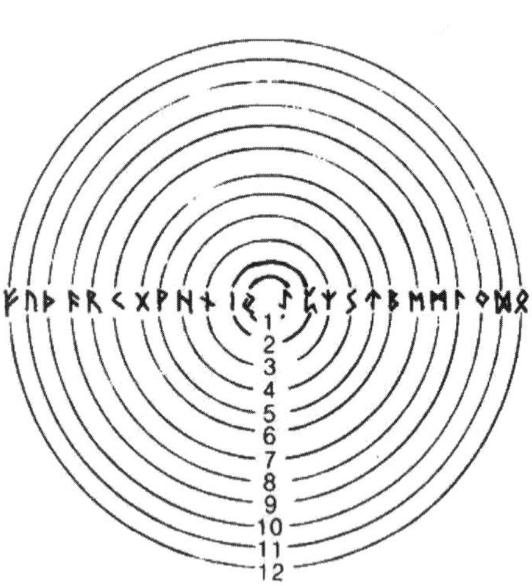

Figura 10.2. Diagrama de la manifestación del patrón futhark.

Debe tenerse en cuenta que estos «eventos» tienen lugar en una(s) dimensión(es) más allá de nuestras tres dimensiones y, como tal, los procesos que debemos analizar para una secuencia pueden ser «sincrónicos». Lo mismo ocurre con los «eventos» del nacimiento de Odín-Vili-Vé, el sacrificio de Ymir, la manifestación de las runas, el mundo (Yggdrasill) y la iniciación de Odín en las runas *(véase* «Las runas de los dioses», capítulo 13). Todos estos eventos describen, a niveles distintos, una cosa: cómo la consciencia entra en el orden orgánico desde fuera de éste.

En lo que respecta al (re)nacimiento del sistema rúnico, esto se manifiesta a través de los procesos de: (1) el florecimiento de las runas desde un punto central, en un patrón esférico bidireccional o doble *(véase* figura 10.2) y (2) la envoltura de la secuencia resultante alrededor de un plano óctuple *(véase* figura 10.3). Esto les da a las runas una organización comprensible y comunicable. Proporciona orden y orientación.

El primer despliegue desde el punto central empieza con las dos formas de runas centrales, o «núcleo», de fuerza cíclica (:ᛃ:) y vertical (:ᛇ:): los ciclos del devenir y el eje del ser. Así, según el patrón del misterio de 24, las runas se manifiestan dentro de una esfera de 12 estratos; cada runa se alinea con otra de acuerdo con una «ley» de atracción/repulsión a medida que los estratos se expanden. La secuencia numérica del 1 al 24 se cristaliza tras la aplicación de la fuerza ordenadora de la consciencia que organiza las runas de izquierda a derecha (en el orden *natural*, es decir, siguiendo la trayectoria del sol). Sin embargo, debe recordarse que las runas se pueden grabar en cualquier dirección: de izquierda a derecha, de derecha a izquierda o en bustrófedon. Estos hechos muestran el camino hacia una comprensión más profunda de los significados ocultos detrás de esta práctica. El ordenamiento esférico del futhark se representa gráficamente en la figura 10.2.

La importancia de los emparejamientos diádicos de las runas que resultan de este patrón de «floración» que se muestra en la figura 10.2, se indica en la tabla 10.1.

En el capítulo anterior dijimos que la disposición armoniosa de las runas en el aettir es un misterio significativo en sí mismo. A medida que las runas se ordenan en su secuencia 1 a 24, emergen en el plano horizontal de existencia desde el «norte (es decir, fuera de la puerta a otros mundos) y, como una serpiente, se envuelven 3 veces alrededor de un plano circular alrededor de Midhgardhr. En la tradición germánica, los planos se dividen en 8 segmentos para obtener una posición u orientación en él. Estos 8 segmentos o

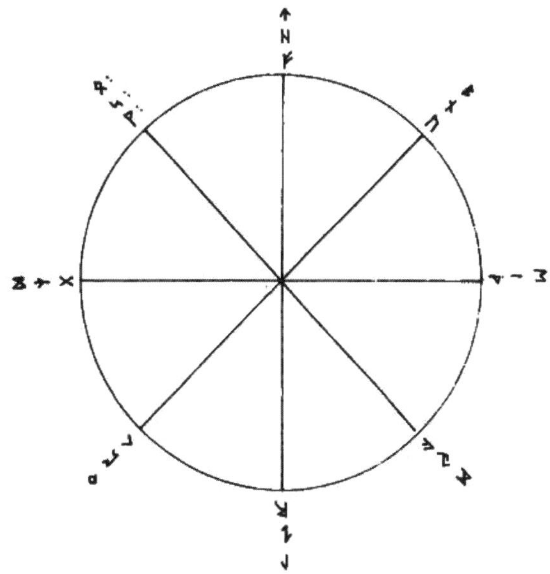

Figura 10.3. División óctuple del futhark.

Número de esfera	Formas de runas	Características cosmogónicas
1	ᛃ:ᛇ	órbita/eje
2	ᛁ:ᛈ	contracción/evolución
3	ᚾ:ᛉ	resistencia/atracción
4	ᚺ:ᛊ	forma de semilla/cristal claro
5	ᚹ:ᛏ	armonía/orden
6	ᚷ:ᛒ	intercambio/retención
7	ᚲ:ᛖ	habilidad/confianza
8	ᚱ:ᛗ	orden cósmico/orden humano
9	ᚨ:ᛚ	transformación/crecimiento
10	ᚦ:ᛜ	interruptor/contenedor
11	ᚢ:ᛞ	formación/paradoja
12	ᚠ:ᛟ	energía móvil/energía inmóvil

Tabla 10.1. Díadas rúnicas.

divisiones se denominan aettir (que puede significar tanto «familias» como «ochos», es decir, las «ocho direcciones»). (La palabra arcaica de la lengua escocesa *airt* sobrevive con este significado). Probablemente, a partir de este patrón cosmológico (*véase* la figura 10.3) derivó el significado principal de las divisiones en airt del futhark.

Sin embargo, un tercer «arreglo» básico de las runas –que enfatiza la realidad multidimensional de los misterios en las ramas de Yggdrasill– se analizará más adelante.

Elementos rúnicos

El tema de los elementos en el contexto rúnico ha sido una de las áreas de especulación y trabajo interno más investigadas entre los entregados al camino odínico. Esto se debe, en gran medida, al papel prominente que desempeñan los cuatro elementos –aire, fuego, agua y tierra– en la escuela hermética/neoplatónica de filosofía oculta con la que a menudo se compara la tradición rúnica, o de la que se desprendió en tiempos más recientes. Estos elementos neoplatónicos pueden derivar perfectamente de cierta formalización de los patrones indoeuropeos, y éstos pueden haber sido compartidos por los pueblos germánicos. Los elementos son esencialmente clases de sustancias básicas que ocurren en la naturaleza y que evocan determinadas respuestas psíquicas subjetivas cuando se medita sobre ellas. Son herramientas clasificadoras para el complejo psicofísico. Como tal, parece más útil explorar la ideología rúnica para extraer directamente de ella, a través de la investigación rúnica (una combinación de aprendizaje y «magia»), la naturaleza de los misterios rúnicos. Debemos intercalar una nota: aunque lo que sigue se basa en fuentes tradicionales, no pretende ser una regla dogmática. Otras interpretaciones pueden ser posibles. Nosotros esperamos que este trabajo abra algunas puertas y por lo menos amplíe de alguna manera aquellas puertas que durante mucho tiempo se han mantenido abiertas. En lo que respecta a la tradición, los secretos de las *Eddas* han sido ignorados durante demasiado tiempo. Contienen una gran riqueza de conocimiento oculto, si se saben abrir bien los ojos. El mito cosmogónico explorado al comienzo de este capítulo tiene las claves de los secretos de la antigua y compleja ciencia de los elementos rúnicos.

Los elementos primarios polarizados son dos: (1) fuego y (2) hielo, y los secundarios son (3) agua y (4) aire. Otros componentes básicos elementales de la vida también se describen en *Gylfaginning* en la *Edda Prosaica*: (5) hierro (escoria y las «chispas» de Muspellsheimr cuando su calor alcanza el centro), (6) sal, (7) levadura, (8) veneno. Todas estas sustancias se sintetizan en el elemento final: (9) tierra. Todos los elementos funcionan en el «plano de manifestación» –el plano horizontal–, pero no en el eje vertical de la consciencia. Estos elementos están esquematizados significativamente en la figura 10.4. Una breve descripción de la naturaleza de cada elemento, leída junto con el mito cosmogónico y con la comprensión del sistema rúnico, ayudará a comprender todo el conjunto:

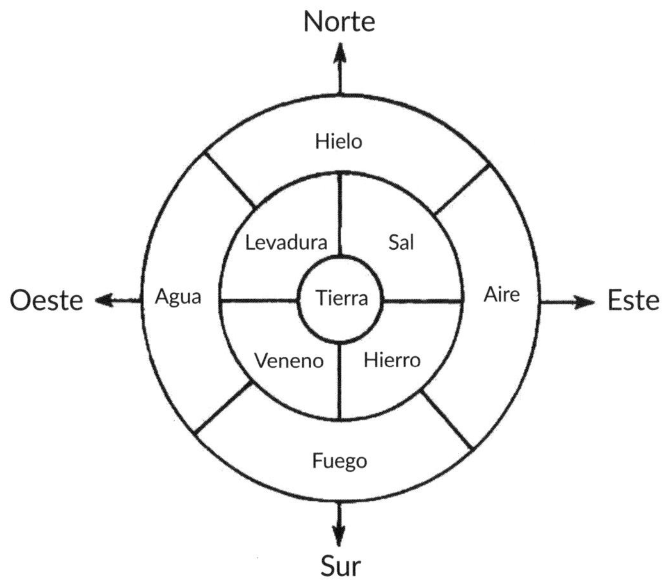

Figura 10.4. Elementos rúnicos en el plano horizontal.

Fuego: Expansión total, toda vibración, calor, luz, sequedad, protoenergía – dinámico.
Hielo: Contracción total, no vibración, frío, oscuridad, protomateria – dinámico.
Agua: Quietud, ser evolutivo, humedad, matriz para la forma – estática.
Aire: Todo lo penetrante, espacio sin forma, cálido, matriz para la consciencia – estático.
Hierro: Síntesis primaria, calor/frío, duro, dinámicamente penetrante, materia inerte.
Sal: «Lo vivo», sustancia de la vida orgánica, conservador de la morfología.
Levadura: «Viveza» dinámica, movimiento orgánico, crecimiento, salud.
Veneno: Disolución latente, corrosión, dinamismo orgánico (factor evolutivo negativo: destrucción necesaria para el resurgimiento).
Tierra: Todo potencial, manifestación, síntesis elemental final.

Los elementos no deben interpretarse como si unos fueran «emanaciones» de otros. Todos ellos son reales y latentes en el todo, en el universo (omniverso), antes de manifestarse en el multiverso.

La díada primaria fuego-hielo interactúa a través de la extensión de la *grieta* (llena de *ginnung* o protoconsciencia, que se «solidificará» en el eje vertical), cuyos extremos dinámicos invocan todos los factores de equilibrio y mediación de la díada secundaria agua-aire. La interacción de estos elementos da lugar a la totalidad de los procesos orgánicos. En el punto de contacto más directo y menos mediado entre el fuego y el hielo, se forja el hierro primigenio en el crisol cósmico, junto con su primaria y más puramente «elemental» síntesis del fuego-hielo que interactúa como un rayo en la mezcla orgánica latente de levadura-sal-veneno, dentro de la matriz de fuego-hielo / agua-aire. Esta chispa de vida empieza acelerando la levadura, haciendo que el proceso de nacimiento orgánico se ponga en marcha. Dicho proceso se mantiene eternamente gracias a la sal de la vida, que aglutina el proceso indefinidamente. Sin embargo, el veneno latente asegura el dinamismo continuo y la naturaleza evolutiva del proceso, porque disuelve continuamente la vida para que la consciencia pueda remodelarla en formas cada vez más complejas. Aquí vemos los orígenes de los aspectos materiales de la «tríada sacrosanta»: nacimiento-vida-muerte hasta el renacimiento (como en la figura 10.5).

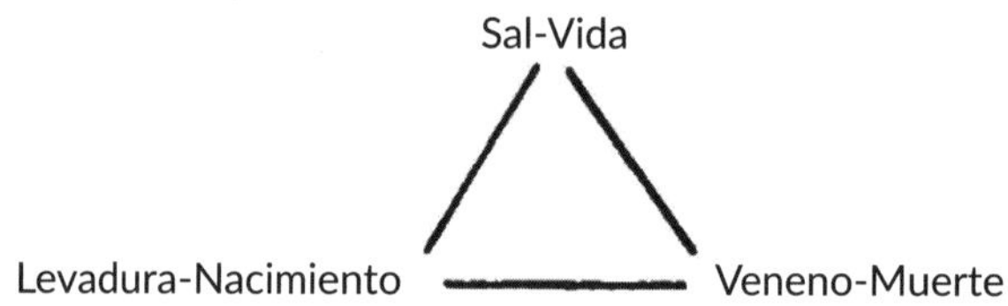

Figura 10.5. Ciclo elemental de devenir.

Todos estos factores entran en la formación y la aceleración del centro del plano horizontal, el centro de la *grieta* donde todas las condiciones son ideales para el desarrollo último y la reproducción del todo: la *tierra*. Éste es también el punto central del eje vertical numinoso del mundo, que completa su potencial para la realización del todo.

Estos factores parecen constituir sólo el primer nivel de sabiduría elemental rúnica. En realidad, los factores elementales probablemente podrían multiplicarse y refinarse cada vez más (como lo han hecho las ciencias físicas) para construir una verdadera «tabla periódica» de elementos rúnicos. Las raíces de dicho sistema se muestran en la figura 10.6.

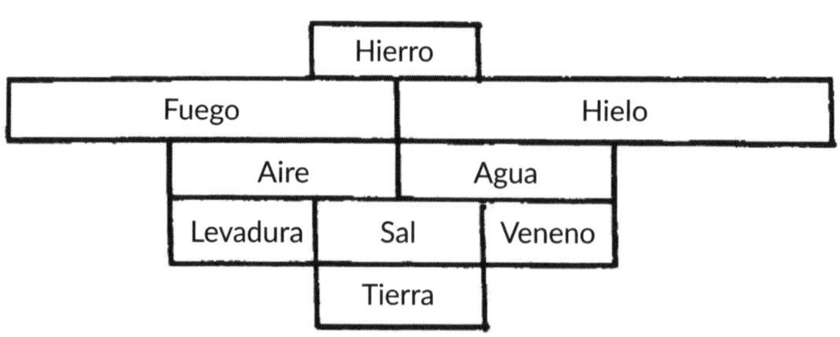

Figura 10.6. Tabla de elementos rúnicos.

El empleo del «pensamiento elemental» en el desarrollo de una verdadera filosofía, que tenga en cuenta no solamente la consciencia sino también el mundo natural y la construcción de puentes simbólicos y psicológicos entre ambas cosas, es de gran ayuda. Esto se debe a que el análisis consciente, la categorización y la experiencia de fenómenos físicos aparentes conducen a un proceso de interiorización con respecto al medioambiente, de modo que la naturaleza pueda convertirse en un maestro de sabiduría, de manera viva, y el camino se vuelva más claro.

Yggdrasill

Una vez que los dioses han moldeado el cosmos a partir de la sustancia primigenia y de acuerdo con su patrón, ponen el todo en movimiento para que se convierta en algo vivo, orgánico y en evolución; el todo es visto como un árbol cósmico: Yggdrasill. Las descripciones de la estructura mundial que figuran en las *Eddas* no siempre proporcionan una imagen totalmente coherente, pero no esperamos coherencia en un sistema multiversal. El enigma y el misterio alojados en las metáforas demuestran que éstas son observaciones de los viajeros del supraconsciente, los verdaderos chamanes, y no las construcciones dogmáticas de los filósofos racionalistas. Sin embargo, actualmente necesitamos y usamos estas esquematizaciones para ayudarnos a descifrar parte del enigma que envuelve el cosmos. Por lo tanto, ahora debemos explorar lo esotérico analíticamente, antes de profundizar en las aguas ignotas de Niflheimr. Las aproximaciones de tales esquemas siempre deben tenerse en cuenta.

Gracias a la *Edda Prosaica* y a nuestro conocimiento sobre los nueve mundos de Yggdrasill, podemos construir una estructura primaria del cosmos. Pero dentro y alrededor de estos mundos (AN *heimar*; sing. *Heimr)* hay muchas otras localizaciones y las *Eddas* hablan de ellas en algunos pasajes.

Sabemos que Midhgardhr (el mundo «material» manifestado) está en *mitad* de *Ginnungagap*; es decir, que no está, como algunas filosofías ocultas nos harían creer, en el fondo del universo. Al norte está Niflheimr, al sur, Muspellsheimr; al este se encuentra Jötunheimr (Mundo-Etin), y al oeste está Vanaheimr (Mundo-Vanir). A lo largo de un eje central (pero omnipresente), el Irminsül –que atraviesa el centro de Midhgardhr– están dispuestos los reinos «encima» y «debajo» de Midhgardhr. Cabe recordar que estas direcciones simbolizan misterios eternos y omnipresentes. Debajo de Midhgardhr está Svartálfheimr (Mundo del Elfo Negro [= enano]), y más abajo aún está Hel (= el recinto de la muerte, el lugar oculto, el lugar de la quietud). Encima de Midhgardhr está Ljóssálfheimr (Mundo del Elfo de Luz, o simplemente Mundo Elfo), y por encima de eso está Asgardhr (la morada de los aesir). Estos nueve mundos están dispuestos a lo largo del plano de Yggdrasill y del patrón tridimensional del copo de nieve. La figura 10.7 ofrece una descripción detallada de los misterios de Yggdrasill. Este patrón consiste en un plano horizontal, descrito por Muspellsheimr-Niflheimr-Vanaheimr-Jötunheimr-Midhgardhr, y un eje vertical descrito por Midhgardhr-Ljóssálfheimr-Svartálfheimr-Asgardhr-Hel.

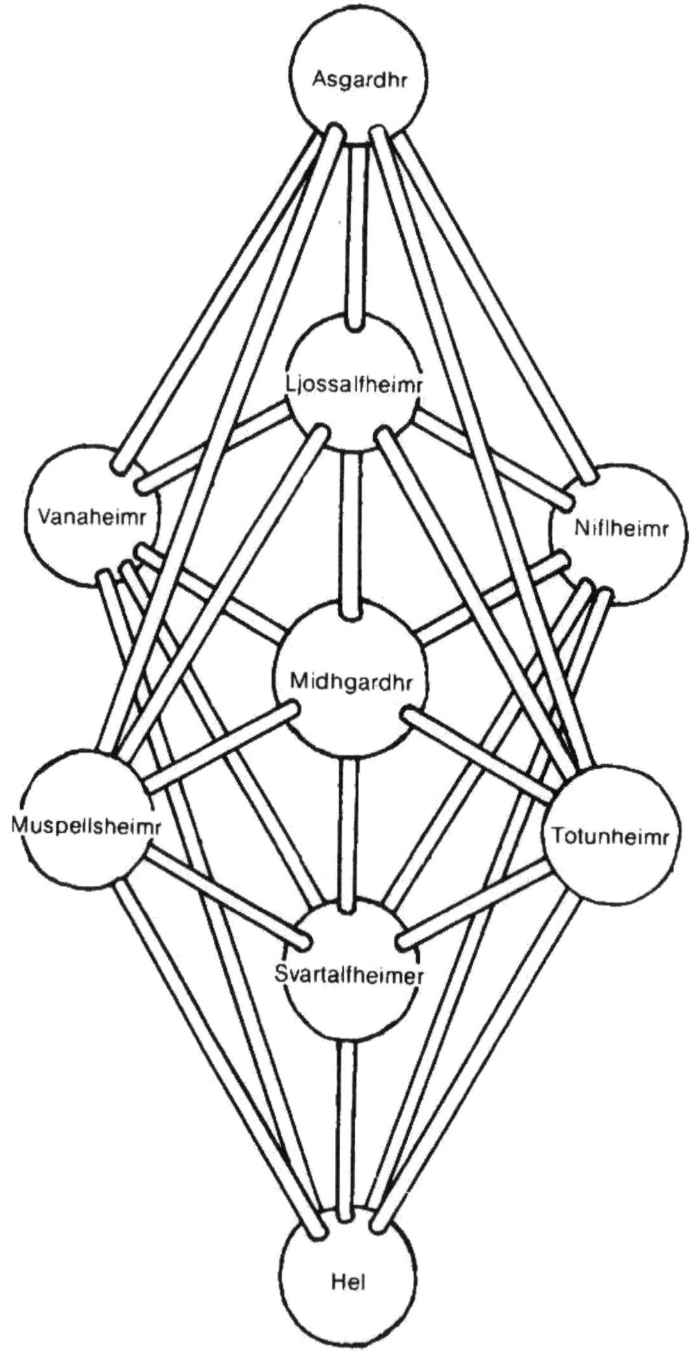

Figura 10.7. Yggdrasill.

En realidad, el plano central debe estar inclinado en la imaginación para que Niflheimr pueda estar en el borde inferior y Muspellsheimr esté en el superior. Sabemos que ésta es una concepción antigua porque la evidencia lingüística muestra que la palabra raíz –de la cual se deriva «norte» (*ner-)– originalmente significaba «debajo». Encima de Midhgardhr está el reino de la luz: «los cielos»; debajo está el mundo de las tinieblas: «el mundo inferior». Y el Irminsül o pilar cósmico de Yggdrasill los conecta a todos. El libro de Mircea Eliade, *El mito del eterno retorno*, habla elocuentemente de este misterio. La columna o eje vertical define la disección psicocósmica entre lo consciente y lo inconsciente, entre la luz y la oscuridad, así como el plano horizontal define la disección entre las energías expansivas y eléctricas del fuego y las energías magnéticas constrictivas del hielo. La horizontal es la energía y el plano en el que se encuentra la energía «física»; la vertical es el patrón psíquico de la consciencia y el ser. Todos se encuentran en potencial armonía, en Midhgardhr. Dicho potencial puede ser activado por el tirador.

Asgardhr	Reino de consciencia que es, en sí mismo, complejo, con muchos recintos y salas en su interior, entre ellos Valhöll (Walhalla) o Salón de los Caídos. La morada de la búsqueda y la casa del espíritu (AN *önd*).
Ljóssálfheimr	Amplias extensiones de luz (que también contienen otros subplanos). La morada de la mente y la memoria: el intelecto.
Midhgardhr	Tierra Media. En el cosmos, ésta es una manifestación material: la tierra. En la composición del hombre es el cuerpo, pero también todo el potencial del yo. En Midgardhr, todos los mundos se encuentran.
Svartálfheimr	Morada del *hamr* (forma o camuflaje). Un mundo «subterráneo» de oscuridad en donde se forjan formas. Reino de las emociones.
Hel	Reino de los instintos. Morada de quietud e inercia: inconsciencia. El lugar de descanso final del alma de los no erulianos.
Niflheimr	Reino de niebla que se convierte en hielo, morada de contracción y magnetismo. La fuerza de la antimateria, un punto que se lanza constantemente sobre sí mismo, como un «agujero negro».
Muspellsheimr	Reino de chispas de fuego, morada de expansión y electricidad. La fuerza de la energía pura se expande constantemente, lejos de sí misma.
Vanaheimr	Reino de patrones orgánicos y coalescencia: agua. Morada de fuerzas en equilibrio, fructífero y estático.
Jötunheimr	Un reino en constante movimiento, buscando oponerse y dar resistencia a todo lo que se encuentre. Fuerza de disolución y engaño. Poder reactivo de destrucción (necesario para el cambio evolutivo).

Tabla 10.2. Claves para los mundos de Yggdrasill.

Como se aprecia, entre estos 9 mundos hay 24 caminos. Esto tiene dos significados. Indica que el misterio de 24 ayuda a dar forma y mantener todo el cosmos unido (ya que formula la estructura del sistema rúnico en sí), y en cierto nivel indica que los estados de ejecución podrían atribuirse a las diversas vías como claves para desbloquear el acceso consciente a ellos. La experiencia ha demostrado que puede que no haya una correspondencia objetiva, aunque los ejercicios especulativos en esta dirección siempre han resultado significativos. La verdad universal parece ser que la estructura de Yggdrasill y la del sistema rúnico están conformadas por la misma fuerza de 24 pliegues y que cada vía contiene un futhark potencial completo dentro de él. En el flujo y reflujo de energías dentro del sistema, una runa puede dominar una determinada vía, pero eso no significa que no se encuentren otras runas allí. Como es habitual con las runas, mucho depende del estado del tirador: el observador de los misterios.

En lo que respecta al análisis de las esencias de los mundos, la tabla 10.2 en la página anterior proporciona la tradición esotérica fundamental necesaria para la comprensión rúnica de los reinos de Yggdrasill.

Estos mundos o recintos interactúan entre sí en una ecología cósmica de energía y esencia. Los 8 reinos fuera de Midhgardhr se oponen y equilibran con un contrarreino: Asgardhr equilibra a Hel, Ljóssálfheimr equilibra a Svartálfheimr, Muspellsheimr (fuego) contrarresta a Niflheimr (hielo) y Vanaheimr contrarresta a Jötunheimr. El «mundo material», Midhgardhr, se encuentra en medio de todo: es el reino de las potencialidades. Desde allí, el tirador puede alcanzar todas las direcciones y ascender a los reinos de arriba o descender a los mundos de abajo. Sin embargo, debe tenerse en cuenta que existe una relación especial entre Asgardhr, Midhgardhr y Hel, que se llaman propiamente «los tres reinos»: celestial, terrenal y ctónico. Hay un vínculo similar entre esos 6 reinos propiamente llamados *heimar*, que «rodean» a Midhgardhr. El acceso a los reinos más allá de estos 6, en los 2 más externos, es difícil, por decirlo suavemente.

Colectivamente, los caminos entre los mundos se conocen como Bifröst, el Puente del Arcoíris. Esta estructura es un modelo del mundo, pero también es el patrón del «mundo interior», el microcosmos del ser humano, si se quiere. Se pone de manifiesto en el lenguaje skáldico del norte, en el que los humanos a menudo se parafrasean en términos de árboles; por ejemplo, un guerrero será llamado «el roble de la batalla». Estos «kennings» se derivan del hecho mítico de que los humanos fueron «formados» a partir de los árboles (es decir, ya vivos, como sustancia orgánica) por la tríada de la divina consciencia. (Comparemos esto con otras mitologías en las que los humanos están hechos de materia inerte). En el patrón de Yggdrasill vemos el antiguo modelo germánico (y quizás incluso indoeuropeo) del universo subjetivo y un modelo para sus vínculos con el universo objetivo. Aquí sigue manteniéndose oculta una runa de gran poder.

Capítulo 11

NUMEROLOGÍA RÚNICA

Cuando se tiene acceso a los voluminosos trabajos académicos sobre la magia de las runas, nos sorprendemos al instante por la abundancia de interpretaciones numerológicas. Subyacente a dichos estudios parece estar la suposición de que simples patrones numéricos (reales o imaginarios) son suficientes para indicar la naturaleza «esotérica» de una inscripción. La debilidad de estos trabajos radica en el hecho de que los autores nunca indican *cómo* se supone que dichos patrones son mágicamente eficaces, ni nos hablan de la parte de la sabiduría germánica sobre números que sería necesaria para entender las inscripciones de esa manera esotérica. Desde un punto de vista puramente histórico, incluso parece dudoso que alguna vez se hayan usado las runas como números o que se les haya atribuido un valor numerológico. No existe ningún ejemplo claro de tal uso, incluso cuando se expresan números en las inscripciones, lo hacen con palabras. (Eso no quiere decir que no existiera una tradición sagrada o mágica de los números, completamente distinta del uso de números «profanos», pero lo cierto es que no la conocemos). Los estudiosos de la runonumerología creen que los antiguos maestros de las runas utilizaban ambos recuentos de runas (contando el número total de caracteres en una inscripción, línea o frase, por ejemplo: ᚨᛚᚢ: = 3) o totales de runas (contando el total de los valores numéricos asignados a los caracteres en virtud de sus posiciones en la fila, por ejemplo: ᚨᛚᚢ: = 4 + 21 + 2 = 27).

Y aquí surge la pregunta: ¿son legítimas estas prácticas teniendo en cuenta la falta de evidencias históricas? La respuesta es que sí por dos motivos: (1) la evidencia histórica generalmente se ha manejado mal, y el caso científico (especialmente para el recuento de runas) debe mantenerse abierto; y (2) en el espíritu de innovación viva, expresado constantemente por los maestros de runas más antiguos, nosotros, los nuevos tiradores, debemos sentirnos libres para incorporar y desarrollar la tradición de recuento en nuestro sistema, independientemente de la tradición histórica. Nuestro objetivo no consiste copiar prácticas antiguas, sino en extenderlas de manera armoniosa a partir de la tradición. Nuestro tratamiento de la numerología rúnica, o conocimiento del recuento de runas, se basa en el conocimiento profundo de la sabiduría numérica germánica y solamente germánica (generalmente ignorada por los estudiosos anteriores en favor de los sistemas forasteros), así como por el espíritu de innovación intuitiva.

La tradición de contar

Los patrones numéricos hacen que una inscripción sea más eficaz en los ámbitos correspondientes a los indicados por el número clave. Esto es simplemente una parte de las leyes de la empatía sistemática necesaria para el trabajo mágico en general. El acto voluntario de dar forma consciente a las comunicaciones operativas, a niveles cada vez más sutiles, tiene un poderoso efecto intrínseco para el trabajo mágico. En otras palabras, para que un trabajo mágico sea efectivo, debe estar en una forma, en un código si se quiere, que el objeto del trabajo pueda «entender» y responder. El patrón numérico es un nivel sutil de dicho proceso de codificación. Ésta es una de las partes más oscuras de la respuesta a la pregunta odínica «¿Sabes cómo tallar?». Por otro lado, hay una vertiente pasiva importante en este aspecto activo. Porque también se debe poder responder la pregunta «¿Sabes leer?». Es decir, el tirador debe ser capaz de comprender las runas cuando se le presentan, tanto con el ojo de la mente como con el ojo del cuerpo. En consecuencia, la habilidad para el recuento de runas también es una herramienta sutil e iluminativa en trabajo mágico (tiradas de runas).

Algo que siempre ha impedido que la historia de las runas sea completamente eficaz es el esfuerzo general para tratar de adaptarla a la numerología mediterránea, tal como la practicaban los griegos, los hebreos y todos los demás. Aunque el sistema de números germánico es similar al utilizado por los griegos (ambos derivados, en última instancia, del indoeuropeo), hay un cambio importante de énfasis de dos a tres y sus múltiplos, que dan como resultado un sistema cuasi-duodecimal en los pueblos germánicos. Por eso tenemos números llamados «once» y «doce» y no, como sería de esperar en un sistema puramente decimal, algo así como «dieciuno» y «diecidós». Hay un sistema subyacente con énfasis en el doce y sus múltiplos, en el antiguo sistema de números germánico, que también subyace en la tradición rúnica. Cuando un antiguo sajón de Inglaterra escuchaba hablar de «cientos», imaginaba grupos de 120 «cosas»: *teontig* (ten-ty = 100), *endleofantig*, (eleven-ty = 110), y así sucesivamente. Este último término incluso sobrevive en algunos dialectos del sur norteamericano como «elebenty».

Esos valores numéricos eran, en cierta medida, una parte de la antigua tradición rúnica, obvia en la naturaleza de los sistemas de códigos rúnicos *(véase* capítulo 7). El sistema rúnico, como vimos en el capítulo 9, y toda la cosmología rúnica, tienen una fuerte base numérica. Dentro del sistema rúnico destacan ciertos números clave. El tres y sus múltiplos son claros: los tres airts (aettir) del futhark, por ejemplo. El tres es un número de enlace cósmico esencial en el eje numinoso vertical, una fórmula que conecta lo que está «arriba» y «abajo» con el aquí y el ahora. Tres y todos sus múltiplos contienen este valor raíz. Cuatro y ocho tienen un efecto similar en el plano horizontal de la naturaleza. El simbolismo de estos grupos de números queda claro cuando uno mira la disposición del alfabeto rúnico.

En un sentido esférico y multidimensional, los números doce y trece son de importancia capital *(véase* capítulo 10). Están en el núcleo del sistema rúnico, y cada uno contiene un misterio único y distinto. En otras palabras, trece no es simplemente doce más uno. La esencia de trece es algo independiente de doce (es el «punto de ruptura» central tanto en el sistema rúnico como en el sistema numérico germánico).

El número de la totalidad es veinticuatro. Contiene un sentido integridad absoluta, aunque también está sujeto a multiplicaciones significativas. En este sentido, la fórmula 24 x 3 = 72 parece ser de particular importancia. Este valor de integridad para veinticuatro se mantuvo incluso cuando el sistema se reformó. Uno de los mayores testimonios de este hecho son las misteriosas «veinticuatro cosas» en las que las runas deben ser talladas según las instrucciones de Sigrdrífa a Sigurdhr (véase «Sigrdrífumál» en la *Edda Poética).*

Básicamente, hay cuatro números clave: trece, dieciséis, dieciocho y veinticuatro. Cada uno expresa un aspecto de la totalidad. Además, todos los números primos, aquellos que son independiente, libres y aislados entre sí, expresan un aspecto de la voluntad mágica del tirador.

La tradición nórdica de los números

Hasta cierto punto, la interpretación de las runas[1] revela una gran cantidad de conocimiento sobre los significados de los números y las relaciones numéricas entre las runas. Sin embargo, como muestra una lectura detallada de los textos más antiguos de la tradición germánica, hay ciertos poderes específicos en cuanto a las características de los números que el aspirante a tirador debe saber. Estas características son bastante diferentes de las de la numerología mediterránea.

Uno (1) es el número del inicio, de la causa raíz, y es la fuerza solitaria. Es raro en las tiradas y en las referencias mitológicas.

Dos (2) es el número de cooperación, de la duplicación de fuerzas en tándem. En el trabajo operativo a veces se usa para fortalecer, especialmente la parte física. En mitología, muestra el poder del trabajo en equipo entre parejas complementarias: Huginn/Muninn, Geri/Freki (los lobos de Odín), Árvakr/ Alsvidhr (equipo de caballos que tira del carro del sol), o el tándem divino Odín/Loki.

Tres (3) es un «número sagrado» que está ampliamente representado en la tradición. Indica un proceso de funcionamiento completo y es la fuerza raíz del dinamismo. En el trabajo con runas, el tres se usa para completar y acelerar cosas, para mover a la acción. En la tradición mítica abundan los treses; por ejemplo, Urdhr-Verdhandi-Skuld, Odín-Vili-Vé, las tres «raíces» de Yggdrasill, y los tres contenedores de hidromiel, Ódhrœrir-Són-Bodhn.

1. *Véase* el capítulo 9 de este volumen; véase también Edred Thorsson, *Futhark: A Handbook of Rune Magic* Samuel Weiser, York Beach, ME, 1984, capítulo 2.

Cuatro (4) es una cantidad de estabilidad, de solidez y espera. Contiene poder y éste es uno de sus principales usos operativos. En mitología tenemos cuatro ciervos que mastican las hojas de Yggdrasill y los cuatro enanos Nordhri-Austri-Sudhr-Vestri en los cuatro puntos cardinales.

Cinco (5) es el orden en el tiempo y el espacio. La antigua semana germánica tenía una duración de cinco noches, llamada *fimmt* en nórdico antiguo, que también era el intervalo de tiempo que se tenía para responder a una citación legal. Rara vez se encuentra en la tradición mitológica, pero para fines operativos es una poderosa fórmula invocatoria.

Seis (6) es el número de vida vibrante y de la fuerza. Se puede usar para crear o destruir. Raramente se encuentra en contextos míticos.

Siete (7) es el número de la muerte y del contacto pasivo con los «otros mundos». Era tradicional dejar un intervalo de siete noches (AN *sjaund)* entre la muerte y la realización de los ritos funerarios. No se suele ver en la mitología. Algunos acontecimientos míticos parecen haber sido influenciados por la tradición astrológica.

Ocho (8) es el número de manifestación completa, de totalidad y simetría perfecta. Su significado principal se puede encontrar en la división óctuple de los cielos *(véase* el capítulo 6). Es el número de ordenamiento espacial. El ocho es abundante en la tradición mítico-mágica, principalmente como una forma de enumerar cosas, por ejemplo, los ocho problemas y sus remedios. («Hávamál», 137), las ocho operaciones rúnicas («Hávamál», 144) y las ocho «mejores cosas» («Gríminismál», 45). Todos estos textos se encuentran en la *Edda Poética*.

Nueve (9) es el «número más sagrado» y la raíz de los poderes psicocósmicos. Presta su fuerza para cualquier propósito. Es el número de vida eterna y muerte sin fin. El nueve transforma todo lo que toca, pero permanece eterno dentro de sí mismo. Su uso abunda en el mito y en la magia. Sólo por nombrar algunos de los muchos ejemplos del uso del nueve: nueve son los mundos de Yggdrasill, nueve son las noches en que Odín se aferra a él y luego se le enseñan nueve canciones poderosas, nueve es el número en el que el *valkyjur* aparece al eruliano.

Las dos formas principales en que las runas pueden ser manipuladas como números se describen en un contexto operativo con el *futhark* (especialmente en las páginas 102-104). Ambos métodos implican calcular el recuento de runas (añadiendo el número de runas) y el total de runas (añadiendo los valores numéricos de cada una de ellas). Por ejemplo, un lado de una fórmula rúnica famosa y compleja de alrededor del año 500 e.c. (el Amuleto de Lindholm) puede verse en la figura 11.1.

Figura 11.1. Lado B del amuleto de Lindholm.

El recuento de runas generalmente indica el ámbito en el que debe funcionar la fórmula, y el total de runas muestra el objetivo sutil o el resultado deseado de la fórmula. Estos dos números se analizan adicionalmente al sumar sus dígitos para obtener un número clave de «recuento» (reducido a un número entre uno y veinticuatro) y al encontrar valores múltiples para llegar a los números clave «múltiples». Dichos números refinan los valores ya demostrados por el recuento de runas y el total, y muestran los «instrumentos mágicos» con los que trabajar. Por ejemplo, una tabla analítica para el lado B del amuleto de Lindholm aparece en la tabla 11.1.

Al usar estas formas sutiles para «leer las runas correctamente», vemos que, en los términos más estéticos, la inscripción de la figura 11.1 expresa la voluntad puramente ordenada (5) de un vitki eruliano (47) que trabaja con arte (6) dentro del universo objetivo (24) hacia la manifestación (10).

Para concluir este capítulo sobre la numerología, debemos hablar del ejemplo más misterioso de simbolismo numérico en la literatura germánica: la estrofa 24 del «Gríminismál» en la *Edda Poética*, que dice:

> Quinientas puertas
> y cuarenta más,
> sé que estoy en Valhöll:
> ochocientos guerreros solitarios [AN *einherjar]*
> pasan por una puerta solitaria
> cuando salen a luchar contra el lobo [= Fenrir].

Muchos eruditos y místicos por igual se han sentido impactados con esta estrofa. Por una parte, el análisis numérico parecería ser 540 x 800 = 432.000 –que es el número de años en el Kali Yuga, en el esquema de la cosmología hindú–. Esto ha llevado a los historiadores a concluir que puede haber habido un préstamo de ideas de la cultura indoiraní en el norte, o que nos enfrentamos a un ejemplo de la antigua tradición indoeuropea común a ambas culturas desde la prehistoria.

Recuento de runas	24	Ámbito en que se opera
Clave de recuento	6	
Clave múltiplo	4 x 6	Forma en que se opera
Total de runas	235	Objetivo del trabajo
Clave de recuento	10	
Clave múltiplo	5 x 47	Forma de lograr objetivo

Tabla 11.1. Análisis numérico del amuleto de Lindholm (B).

Sin embargo, desde un punto de vista indígena, hay que recordar que cuando un escandinavo decía «cien» tenía en mente 120 (en nuestros términos), por lo tanto, la fórmula del «Gríminismál» sería:

quinientos (= 600) más cuarenta (40) = 640 (= 16 x 40)

ochocientos (= 960) (= 24 x 40)

y la multiplicación de los dos números daría como resultado 614.400 (= 40 x 15.360). Que dos números sistémicos clave (16 y 24) estén presentes y que aparentemente haya múltiplos intencionados de 40, parece apuntar a una simbología de números germánicos independiente e internamente coherente. El desciframiento final de este misterio aún está por llegar.

Capítulo 12

PSICOLOGÍA RÚNICA

El conocimiento de la mente, o la psicología, es un tema complejo pero fundamental en los estudios rúnicos (y esotéricos en general). Los antiguos pueblos germánicos contaban con un conocimiento de la mente tan intrincado y preciso como cualquier otro pueblo en la historia, y mucho más complejo de lo que nosotros pensamos en la actualidad. Gran parte de este maravilloso mundo puede recuperarse mediante el estudio de las palabras que los antiguos nórdicos empleaban para describir diversas concepciones del alma y procesos psicofísicos. Es fácil comprobar que cuando un grupo de gente tiene un vocabulario altamente especializado o técnico en un campo determinado es porque (1) entienden su funcionamiento íntimo y necesitan términos para distinguir los diversos aspectos de los que tienen conocimiento, y (2) es un área de la vida a la que atribuyen un alto grado de importancia. Además de las «almas», otra idea que domina el pensamiento germánico es la del «destino»: *wyrd*. Éste no puede comprenderse completamente si no va junto al conocimiento del alma en sí misma y ayuda a explicar exactamente cómo opera ésta en nosotros.

Formas del alma

En la tradición rúnica, es una idea errónea pretender separar el «alma» del «cuerpo». Están íntimamente unidos, pero, paradójicamente, pueden dividirse conscientemente a través del trabajo con las runas. Sin dicho trabajo, la separación entre alma y cuerpo sólo tendría lugar, naturalmente, con la muerte. Hablar de «persona completa», es probablemente más exacto que usar complejos términos, psicofísicos o psicosomáticos (alma/cuerpo). En cualquier caso, el alma está compuesta de varios aspectos: esencias o sustancias que pueden permanecer más o menos latentes en algunos individuos, pero en el tirador se despiertan a una existencia vital. No es de extrañar que cuando un pueblo pierde la terminología de una experiencia, ésta se desvanece de la memoria. La tradición rúnica y el trabajo con las runas despiertan ese recuerdo.

Dado que los nórdicos fueron los últimos pueblos germánicos en ser «convertidos» al cristianismo y dado que en Islandia la fase temprana de la conversión fue de naturaleza tolerante, el idioma y el conocimiento nórdico conservan intacta la psicología rúnica más completa.

En esta tradición que se basa el siguiente análisis. Sin embargo, es muy probable que el resto de los pueblos germánicos –anglosajones (inglés), alemanes, godos, etc.– tuvieran sistemas equivalentes.

Hay nueve construcciones psicológicas (cada una más o menos compleja) que conforman «la persona completa».

1. El vehículo físico está formado por varios elementos. El cuerpo mismo (AN *lík)* es un complejo de sustancias diversas (AN *efni)* como «apariencia» (un término especial en AN, *lá,* que puede referirse al cabello; también en AN *sjón*, *véase hamingja* a continuación), movimiento (AN *laeti),* salud o buen cutis (AN *litr).* Éstos son los regalos originales del dios Lódhurr. Las «sustancias» del cuerpo son como puertas de entrada a otros aspectos del yo, y son los receptáculos finales del trabajo mágico. Por lo tanto, ciertas sustancias sutiles del cuerpo se convierten en puntos focales para el desarrollo del ser o de la persona con plena consciencia de todos los aspectos en un estado de ego exaltado.
2. La «sustancia-forma» (AN *hamr)* está estrechamente asociada con el «cuerpo». Da la base plástica o la matriz sutil a la realidad física. Sin embargo, se puede controlar con la voluntad (en la mente; AN *hugr)* y causar primero formas sutiles y luego más sustanciales que se formen de acuerdo con la voluntad. Éste es el poder de la visualización. Llevado al extremo, puede causar «materializaciones» de seres imaginarios (naturales o no) en los que se puede proyectar la consciencia. La literatura nórdica antigua está llena de tales descripciones. Por lo general, el vitki yace como si estuviera dormido o muerto y, en otro lugar, puede materializar una forma de animal con la que puede luchar o acechar a su enemigo. Si esta forma recibe alguna lesión, el vitki también recibirá las heridas.
3. La facultad del éxtasis (AN *ódhr)* es un regalo del dios Hoenir. Se trata tanto de una experiencia como de un estado mental o cualquier otra cosa. Es la facultad, emocionalmente pero casi físicamente experimentada, de elevarse y salir del estado normal de consciencia hacia un alto grado de energía y entusiasmo. *Ódhr* tiene la misma raíz presente en el nombre Odín, y gracias a este poder se manipula la fuerza mágica. Es el agente activo dirigido por la voluntad. Sobre este poder gobierna Odín.
4. Estrechamente relacionada con la facultad extática está la respiración vital (AN *önd),* que es un regalo de Odín. (Debe recordarse que la tríada Odín-Hoenir-Lódhurr en realidad representa un Odín triforme). Su finalidad es la «chispa divina», la energía vital omnipresente en la que se basa toda vida y que es la base de todo trabajo con las runas. El concepto es similar al *prana* de los indios, e incluso la palabra misma está relacionada con el sánscrito *atman* (espíritu, yo). Es el puente hacia niveles superiores de ser.

5. La «mente» (AN *hugr)* es sin duda una entidad compleja. En realidad, se compone de tres facultades: (1) volición, (2) percepción y (3) cognición. Es la sede de la voluntad y como tal tiene el poder de asimilar otros aspectos del complejo psicofísico en sí mismo. Ésta es la razón por la cual el término *hugr* se usa a menudo en la literatura nórdica antigua cuando se esperaría encontrar otros aspectos. Parece «hacerse cargo» de las personalidades de los tiradores avanzados, porque su evolución está cada vez más bajo el control consciente. Gracias a esta facultad, las personas cuentan con un pensamiento analítico consciente. Es sinónimo de las funciones del hemisferio izquierdo.
6. Íntimamente vinculado a la «mente» está la «memoria» (AN *minni).* Son los dos aspectos psíquicos representados por los cuervos de Odín: Huginn y Muninn (Mente y Memoria). Esta facultad es la memoria, verdaderamente, pero es mucho más de lo que comúnmente asociamos con este término. Es más que el simple recuerdo de eventos pasados; es el almacén de todos los misterios, el gran tesoro de las runas. Por eso, en el «Gríminismál» (est. 20), Odín dice respecto a los valores relativos de Huginn y Muninn:

   Todo en la tierra termina;
   todos los días
   se ciernen Huginn y Muninn;
   temo que Huginn se caiga en su vuelo,
   sin embargo, temo aún más por Muninn.

   La buena coordinación entre la mente y la memoria es lo que da «inteligencia». La mente procesa estímulos externos (incluido lo recibido de la memoria), mientras que la memoria *(minni)* se refleja en su propio material infinito. *Minni* es análoga al hemisferio derecho.
7. El «alma» (AN *sál)* generalmente entra en juego después de la muerte. Es como una sombra: un cuerpo sutil en el que los aspectos psíquicos (o algunos de ellos) se despiertan tras la muerte de la parte física. En vida, es la parte de la psique que recibe pasivamente el registro de las acciones de uno mismo y sigue siendo el espacio negativo en el que uno evoluciona. Es análogo al concepto «sombra» de Jung sobre los aspectos no manifestados de la psique, que se analiza en la siguiente sección.
8. La «que te sigue» (AN *fylgja)* es en muchos aspectos el lado brillante de la sombra. En los hombres, es algo femenino, y en las mujeres algo masculino. En realidad, hay tres tipos de *fylgja:* con forma humana, con forma animal y con forma geométrica. Cada imagen tiene su propia función. La que está en forma humana está unida a nosotros durante toda la vida y puede transmitirse de generación en generación, ya sea a lo largo de líneas genéticas o de acuerdo con la proyección voluntaria. La forma de animal generalmente corresponde al carácter de la persona a la que está unida: un lobo, un águila, un caballo, un zorro, un ratón, etc.

Se puede separar del vitki como un acto mágico. El vitki también puede proyectar su voluntad consciente en la sombra para llevar a cabo labores mágicas. Los que tienen «percepción extrasensorial» suelen ver una forma geométrica en personas de gran poder. La *fylgja* es el depósito de todas las acciones de la gente a la que la entidad está vinculada. Puede ser fuente de gran poder, pero también de tremendas responsabilidades e incluso dificultades. Esta entidad es el almacén de *ørlög:* puede proteger y puede condenar. La *fylgja* está estrechamente relacionada con la *valkyrja* o *dís* y en algunos casos es idéntica a ella.

9. La «suerte» (AN *hamingja)* de una persona es extremadamente compleja y, en muchos sentidos, está estrechamente vinculada a la *fylgja*. *Hamingja,* que se deriva lingüísticamente de *hamr* (es decir, *ham-gengja,* alguien que puede moverse con otra forma) es esencialmente un concepto de poder análogo al *maná* polinesio, al *orenda* iroqués, etc. También tiene algunos símbolos antropomórficos y se concibe como (1) «suerte» (poder personal), (2) espíritu guardián (derivado simbólicamente de esa suerte) y (3) capacidad de cambio morfológico (que es su significado original). Muy diversas acciones intencionadas desarrollan este poder mágico. Se puede transferir de una persona a otra (aunque sus efectos son sólo temporales a menos que se adjunte a la *fetch-wife* o arquetipo femenino). El *hamingja* es el poder colectivo y principal del individuo. Es alimentado y alimenta a la *fetch-wife* con poder, para que durante el tiempo de vida de un hombre podamos hablar de un complejo *hamingja-fylgja* que funciona en armonía.

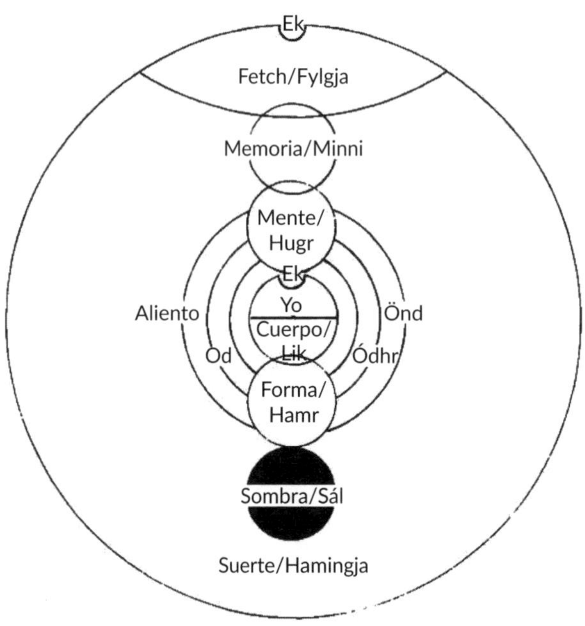

Figura 12.1. Estructura germánica del complejo psicofísico.

Una representación esquemática del complejo psicofísico (figura 12.1) quizás ofrezca una imagen más clara de cómo estos diversos conceptos se relacionan e interactúan entre sí. Sin embargo, dado que la realidad de este modelo, como la de Yggdrasill (figura 10.7 en la página 136) es en realidad multidimensional o extradimensional, un modelo bidimensional o incluso tridimensional será siempre inadecuado.

Otras estructuras que aparecen en la figura incluyen el *ego,* o el concepto de «yo» y el «ego» mágico (o persona). El «Yo» (AN *ek)* está vinculado o identificado con el nombre de la persona. En el camino odínico, el tirador, a medida que desarrolla vínculos más fuertes con la *fylgja* y fortalece los poderes del resto de los aspectos psíquicos, forma conceptos mágicos del «yo» aliados con la *fylgja*. Estas sustancias alternativas generalmente son del mismo género que el «cuerpo natural». Cada persona tiene un nombre y puede evocarse con la fórmula correcta. En estas formas mágicas autoformadas es donde el tirador lleva a cabo el trabajo rúnico. Los personajes mágicos pueden ser bastante numerosos, pero cada uno representa una parte de todo el complejo psicofísico; cada uno es una entidad hiperconsciente. En última instancia, es en estos conceptos donde se debe entender la esencia odínica. También nos da una clave para la comprensión de la mitología heroica germánica, y cada uno de las runas habla de, al menos, un aspecto de este reino.

Psicología rúnica y junguiana

La única teoría psicológica moderna que se acerca un poco al poder de la antigua tradición germánica es la desarrollada por el psiquiatra suizo C. G. Jung. La psicología de Jung ha sido objeto de investigaciones «esotéricas» desde hace mucho, pero el sistema germánico parece inusualmente adecuado para su estructura porque es particularmente comprensible en términos junguianos. El propio Jung dedicó algo de tiempo al arquetipo de Wotan en un artículo en el que comparó el arquetipo medio olvidado con un lecho de río seco que sólo espera la liberación de las aguas de la vida para renovarlo siguiendo sus viejos patrones[1]. Lo mismo hizo con el concepto del alma. Como cultura, nos hemos empobrecido en relación al alma, estamos separados de las ideas ancestrales al respecto, y se nos han dado solamente doctrinas confusas, a menudo contradictorias, como sustitutos. Ha llegado el momento de que las aguas de la vida sean restauradas a sus lechos ancestrales, y las almas cobrarán vida nuevamente.

El esquema psicológico de Jung se caracteriza por ciertas estructuras, como se indica en la figura 12.2. El esquema de Jung, por

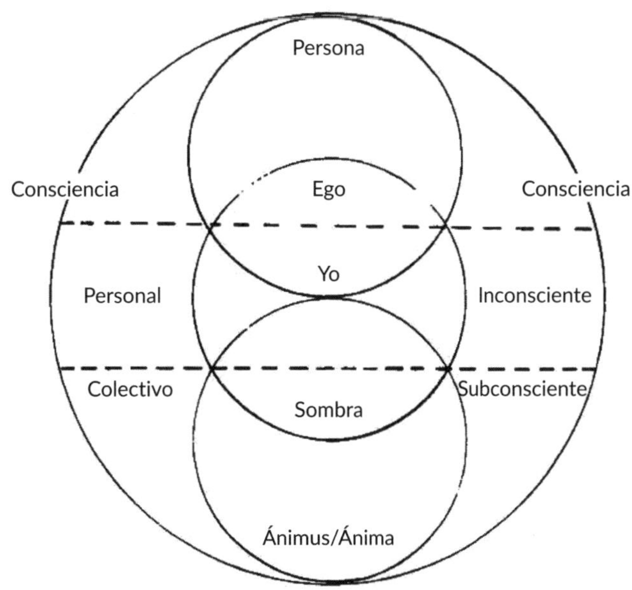

Figura 12.2. Estructura junguiana del alma.

1. Véase C.G. Jung, «Wotan», en *Collected Works*, vol 10, Princeton University Press, Princeton, 179-193.

supuesto, carece de las funciones abiertamente mágicas (prácticas) del *hamingja-fylgja*, pero permanecen ciertas pinceladas en el proceso del «matrimonio alquímico» entre el ánimus y el ánima (los lados masculino y femenino del alma). Es en el proceso común de una unión entre los aspectos contrasexuales del alma donde los dos sistemas son más parecidos a un nivel práctico. Además, las técnicas junguianas diseñadas para activar la «función trascendente» son beneficiosas para obtener acceso a la *fetch-wife* o *fetch* actual.

Además, la sombra se parece mucho a la función de «sombra» del alma. Incluso los dioses tienen sus sombras, sin ir más lejos, lo que Loki es para Odín. Quizá la característica más destacada de la psicología junguiana es la estructura del inconsciente colectivo. En esto se acerca más que en cualquier otra cosa, tal vez con las teorías sobre el cerebro de dos hemisferios, para definir la verdadera naturaleza de *minni* y los misterios enseñados por el cuervo Muninn.

Capítulo 13

LAS RUNAS DE LOS DIOSES

(TEOLOGÍA ESOTÉRICA)

La tradición rúnica está dominada por la figura de Odín. Es el camino ejemplificado por el que el tirador busca viajar. Sin embargo, como Odín ha demostrado, otros dioses también son esenciales para el correcto funcionamiento de los ámbitos cosmológico, sociológico y psicológico. Sabemos, por una historia escrita por el monje Saxo Grammaticus en el libro I de su *Historia de los daneses*, que es voluntad de Odín preservar y promover toda la estructura de los dioses, todo el panteón al completo. En esta historia, leemos que Odín dejó su reino y su lugar fue ocupado por uno llamado Mitódhinn. El nombre Mitódhinn puede significar «el que está al lado de Odín» (Mit-Odín) o «el que mide» (Mitódh-in), relacionado con una palabra para definir a la divinidad, en inglés antiguo, Meotod. En cualquier caso, parece ser un nombre para Tyr. Mitódhinn trató de instituir un culto separado para cada uno de los dioses. Cuando Odín regresó, derrocó a Mitódhinn y restauró el culto común en el que se realizaban sacrificios (tres veces al año) a todos los dioses y diosas del panteón juntos. El plan de Mitódhinn ciertamente habría llevado a la fragmentación de la sociedad, mientras que la restauración de Odín tenía como objetivo mantener un todo coherente. Como veremos, esas dos tendencias son lo que cabe esperar de Odín y Tyr.

Antes de profundizar en el arquetipo odínico y siendo fieles a su camino, deberíamos delinear la estructura de todo el panteón germánico desde un punto de vista rúnico o esotérico. En el siglo XX, dos investigadores, trabajando desde dos perspectivas diferentes, han proporcionado las claves para descifrar la manera en la que las divinidades se relacionan entre sí. C. G. Jung, con su teoría de los arquetipos en el inconsciente colectivo *(véase* el capítulo 12), aportó una base viable para comprender el vínculo entre la psique humana y los dioses y diosas de nuestros antepasados. Georges Dumézil, un historiador francés de la religión y un indoeuropeísta, añadió la clave para la estructura del panteón.[1]

Los dioses y las diosas cuentan tanto con una realidad subjetiva (es decir, dentro de la psique de lo individual) como con una realidad objetiva multiversal (es decir, fuera de la psique del indi-

---

1. Véase Edred Thorsson, *Futhark: A Handbook of Rune Magic*, Samuel Weiser, York Beach, Maine, 1984, 79.

viduo). Estas realidades son esencialmente tres: (1) dentro del grupo nacional (un patrón divino «metagenético» heredado), (2) dentro de la especie *Homo sapiens* e (3) independientemente de la humanidad. No todos los dioses participan de las tres realidades. La primera realidad es el vínculo objetivo más fuerte que el hombre puede tener con lo divino. Este vínculo metagenético es más poderoso dentro de las relaciones nacionales/lingüísticas cercanas, es decir, las que corresponden a la herencia de uno mismo (pero todos los hablantes nativos de inglés, por ejemplo, habrán absorbido buena parte de las estructuras indígenas de esa nación, independientemente de su herencia étnica). Sin embargo, las «meganaciones» o agrupaciones lingüísticas (por ejemplo, indoeuropeas, semíticas, sinotibetanas) también tendrán un impacto significativo. Solamente Odín, en tanto que moldeador de la humanidad, es independiente de ella.

¿Qué es un dios o una diosa? En términos rúnicos, un dios es una entidad viviente con algún tipo de existencia autónoma de la psique individual, aunque la mayoría de los dioses pueden haber tenido su origen último ahí. Se puede incorporar a cualquier lugar dentro del complejo psicofísico; es decir, puede tener su origen en un patrón instintivo, emocional, físico, mental o espiritual. Un dios, como la mayoría lo percibe por primera vez, es una tendencia sutil dentro del yo, que luego puede ser alimentada con energía psíquica por medio de mitos, rituales, runas y demás. La forma antropomórfica de un dios es nada más que un símbolo. Es la forma más simple para que la mayoría de la gente comprenda entidades que tienen ciertos roles e interrelaciones complejas. El símbolo antropomórfico no es del todo arbitrario porque los dioses son esencialmente criaturas de la gran fuerza de la consciencia dada por el Padre del Todo sólo a la *humanidad*. Una parte del dios se encuentra dentro del *minni* de un individuo y se hereda metagenéticamente de sus ancestros.

En el análisis final, hay tantas concepciones de lo divino como individuos. No hay dos personas que comprendan una deidad o una teología exactamente de la misma manera, sin embargo, hay tendencias innatas que están determinadas por formas metagenéticas vivas. Por supuesto, otro método, utilizado por los profetas de la religión revelada, es el dogma y la coerción.

Para el individuo que desee comprender la realidad interna o externa de un dios o una diosa, debe desarrollarse un proceso de aprendizaje sobre la forma interna y la manera de vincular dicha forma interna con su contraparte externa. Ésta es una forma de comunicación con la divinidad y es una preocupación principal de la religión. La tarea del eruliano va un poco más allá de esto, como veremos.

Los grandes dioses de aesir

Las diversas divinidades germánicas se relacionan entre sí de una manera profunda, arcaica y de gran potencia en la comprensión de tradición rúnica al nivel más profundo. La tabla 13.1 muestra, de forma abreviada, los aspectos estructurales más importantes de la morfología más arcaica del panteón germánico. Equivale a una estructura social del panteón y es, básicamente, la restauración dumeziliana con ideas rúnicas adicionales.[2] Por otro lado, los elementos no humanos del multiverso se extienden más allá de los reinos de los aesir y vanir, y estos mundos están representados en el patrón de Yggdrasill *(véase* figura 10.7 en la página 136).

Nuevamente, estas relaciones se encuentran dentro de la psique individual, dentro de la psique nacional de un pueblo; también tienen sus correspondencias en el multiverso objetivo. Hasta cierto punto, estas relaciones nos muestran la estructura interna del *minni*, las «cosas» psíquicas con las que uno nace. Las interrelaciones dinámicas entre dichos habitantes vivos de esta parte de la psique son los puntos de partida para los grandes mitos. A través de varios trabajos de naturaleza religiosa, uno puede vincular los elementos de la propia psique con aquéllos en el mundo objetivo de la tradición mítica, e in-*formarse* con ellos.

Función I	
A.- Tyr El Juez Rey El Medidor	B.- Odín El Mago Sacerdote El sintetizador
Función II	
Thor El Guerrero/Defensor Rompedor de Barreras	
Función III	
Los vanir Ingvi-Freyr (el Señor) — Freyja (la Dama) Los gemelos divinos Los proveedores Fertilidad, erotismo, bienestar material	

Tabla 13.1. Estructura del panteón germánico.

2. Véase Edred Thorsson, *Futhark: A Handbook of Rune Magic*, Samuel Weiser, York Beach, Maine, 1984, 79. Y Georges Dumézil, *Gods of the Ancient Northmen*, E. Haugen, Berkeley, University of California Press, 1973, 1-48.

Odín

Aunque estudiaremos en profundidad a Odín a lo largo de este capítulo, aquí presentaremos esta divinidad en el contexto de todo el panteón.

Odín es un dios como ningún otro. Él es el Alfadhir, el Padre de Todo. Se le llama así porque es la fuente de consciencia entre los dioses y la humanidad. Su don es la consciencia humana expandida que permite que surja el concepto de sí mismo sintetizador. Por esta razón, el odiano activo no se interesa tanto en la forma divina externa de Odín como en sí mismo, para encarnar y desarrollar la concepción de sí mismo y la consciencia dada por el dios. Mientras que otros cultos religiosos se vuelven hacia la manifestación objetiva del dios particular, el culto a Odín se vuelve hacia adentro y busca la deificación del ser. El odiano no adora a su dios: se convierte en su dios.

Por su propia naturaleza, Odín sintetiza todo lo que lo rodea. Hace que todas las cosas sean suyas y las usa de acuerdo con su voluntad, sin dejar de ser esencial, aparte de las cosas externas. En la historia del mito germánico, se puede ver cómo el arquetipo odínico absorbe el aspecto týrico y asume características del guerrero y artesano/agricultor.

La estructura odínica esencial es triple. El nombre más antiguo de esta entidad tripartita es *Wödhanaz-Wiljön-Wïhaz* (AN *Odín-Vili-Vé)*. El significado de estos nombres demuestra cómo funciona esta entidad tripartita de consciencia. *Wödh-an-az* (maestro de la inspiración *[wödh-])* es la fuerza expansiva y transformadora que lo todo abarca desde la raíz de la consciencia y el entusiasmo. *Wil jön* (la voluntad) es la aplicación consciente de un plan deseado conscientemente y alcanzado, y *Wïhaz* (lo sagrado) es el espíritu de separación en un «espacio» sagrado independiente. Esta separación entre consciencia y «naturaleza» (lo que está fuera de la consciencia) debe efectuarse antes de que cualquier transformación o «trabajo» pueda tener lugar. Las tres son necesarias; las tres deberían trabajar juntas como un todo.

Aunque Odín es, ante todo, el dios de la consciencia sintética, esta característica le permite asumir los roles de dios de los muertos, de la poesía y de actividades intelectuales de todo tipo (incluidas las runas). Este último aspecto lo convirtió en el favorito de los grupos de élite de guerreros y reyes innovadores y conscientes.

Resulta esencial para el misterio odínico su naturaleza múltiple. Él está compuesto de muchas partes. En la mitología queda claro no sólo por su apariencia tripartita, sino también por sus muchos «epítetos» (AN *heiti)*. Se han documentado más de un centenar de éstos. Una auténtica letanía de ellos se puede encontrar en el «Gríminismál» (est. 47-55). Van desde nombres que significan Trabajador del Mal (AN *Bölverkr*) hasta Padre de Todo (AN *Alfödhr)* con todas las cualidades que median entre un concepto y el otro. Quizás uno de los nombres resuma esta cualidad: *Svipall* (el Cambiable), que indica el carácter transformador del dios. Este caso de «personalidad múltiple divina» indica por qué Odín es mal interpretado tan a menudo. De hecho, los que se acercan a él desde un punto de vista no odínico se sentirán decepcionados, confundidos o destruidos.

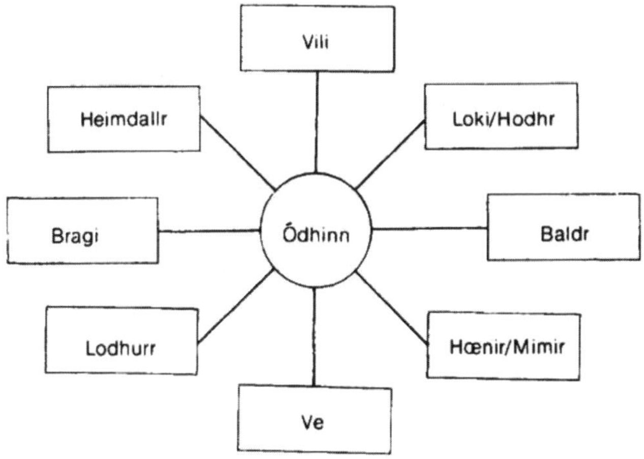

Figura 13. 1. Los ocho grandes aspectos de Odín.

Si los *heiti* no fueran suficientes para confundir al no iniciado, los aspectos mayores (hipóstasis) llegan a confundir a muchos expertos. Una hipóstasis es un aspecto de un dios que parece pertenecer a un dios independiente, pero que en una investigación más cercana se comprende que es un aspecto funcional del mismo dios particularmente bien desarrollado. Dado su carácter polifacético, Odín está especialmente sujeto a este modo de comprensión. La figura 13.1 muestra las ocho grandes hipóstasis de Odín. Algunas de éstas son de naturaleza dual.

Vili y Vé han sido vistos y serán explicados más adelante en la sección «Odín: El dios oculto de las runas», a continuación. Las formas Lodhur y Hœnir son las contrapartes de Odín en el mito antropogónico reportado por Snorri en su *Edda Prosaica*. Hœnir también figura como socio de otro dios llamado Mímir. Cuando estas dos formas divinas fueron entregadas como rehenes a los vanir, al final de la Primera Guerra, Hœnir, quien tenía fama de ser sabio, demostró ser un «cabeza hueca», salvo cuando Mímir lo aconsejaba. Esto enfureció tanto a los vanir que le cortaron la cabeza a Mímir y la enviaron de vuelta a los aesir. Se dice que Odín preserva esta cabeza para aprender de ella la sabiduría oculta. A primera vista, este mito es desconcertante, especialmente cuando vemos que Hœnir es representado como una poderosa fuerza intelectual. En el «Völuspá» le da *ódhr* a Askr y Embla, y después de que Ragnarök regresara como principal adivino de los dioses que puede leer las runas. Pero todo se aclara cuando Hœnir/Mímir se entienden como aspectos de Odín, no como personajes individuales. El hecho de que nunca actúen realmente de forma independiente es la mayor indicación de esto, y además sus nombres contienen la clave. Hœnir deriva de la misma raíz que *hugr,* y Mímir está relacionada con la misma raíz que *minni*. Por lo tanto, tenemos las claves relacionadas con Odín de la misma manera que sus homólogos zoomórficos Huginn y Muninn, los cuervos de Odín. Así que se trata de las funciones cognitivas y reflexivas del dios.

Bragi es el aspecto poético del dios y un nombre tomado por un antiguo skald que se identificó con el dios mayor de la poesía. Baldr es el aspecto de Odín como joven guerrero y también se relaciona con la iniciación de los jóvenes guerreros en el ejército de hombres armados. Heimdallr es su aspecto de guardián que protege el Puente del Arcoíris *(Bifröst)* contra la amenaza de la escarcha, pero también es el aspecto que se comunica continuamente con la humanidad. Es Odín –en forma de Heimdallr y con el sobrenombre de Rígr– quien se convierte en el progenitor de la sociedad humana. El misterio de Heimdallr se encuentra en la runa-M.

La hipóstasis más desconcertante de todas es la de Loki. En Loki, Odín contiene la semilla de su propia destrucción, pero también una parte necesaria del proceso de su propio renacimiento y transformación en la nueva era. Loki, como nombre y como entidad separada, llega tarde al panteón germánico y realmente se encuentra sólo en fuentes de origen nórdico. Pero en la mayoría de los aspectos, las características de Loki corresponden al lado «más oscuro» de Odín como un dios astuto, engañoso y perverso. En cierto modo, Loki es la sombra del yo objetivado de Odín. Trabaja junto con su «hermano oscuro», e incluso se dice que se convierten en «hermanos de sangre» (véase «Lokasenna», est. 9). En realidad, son de la misma «sangre» porque son el mismo ser.

Donde Loki es más conspicuo es en su papel conectado con Ragnarök: el juicio de los dioses. Cuando nos damos cuenta de que el proceso de Ragnarök es en realidad un modelo de transformación y que las figuras triádicas centrales de Odín-Baldr-Loki/Hödhr pueden entenderse como fuerzas internas de un mismo ser, el verdadero significado de «hermano oscuro» se aclara. El ciego Hödhr (cuyo nombre significa «guerrero») es guiado por la fuerza de la negación (Loki) para matar al Señor de la Luz, el audaz Baldr (otro nombre que significa «guerrero»). Baldr es enviado al oscuro y cerrado recinto de Hel, informado por el mayor de los secretos (runas) que Odín le susurró al oído mientras estaba en la pira, antes de ser enviado al recinto de Hel. Allí espera que Ragnarök renazca en la nueva era. Loki también es arrojado y atado en el inframundo como castigo por su acto asesino. Allí también espera el «conflicto final». Este acto del hermano oscuro pone en marcha el proceso hacia Ragnarök. Cuando llega la hora final, Odín, con sus anfitriones de Valhöll y Asgardhr, gira hacia el sur para enfrentarse a Loki y a las fuerzas de Hel y Muspellsheimr. El dios de la consciencia se vuelve para enfrentarse a su Yo en la Sombra. Heimdallr y Loki se matan entre ellos, y Odín es tragado por el Lobo Fenris (un hijo de Loki). A su vez, Odín es vengado por su hijo Vídharr, quien mata al Lobo Fenris cortándolo por la mitad con una espada o desgarrando sus mandíbulas. La sabiduría de las runas nos dice que esto significa que Odín también «renace», en un estado transformado en la nueva era. ¿Pero de qué forma? Él es Hoenir curado, quien «manejará las ramitas de sangre».

Cuando se lo ve como un paradigma mítico de transformación, el proceso de Ragnarök adquiere significados que son poderosos y útiles en el trabajo con runas, y brinda una comprensión más profunda de la función de Loki y del «lado oscuro» de Odín.

Antes de volver al significado y poder de Odín, deberíamos explorar las formas en las que el odiano ve a los otros dioses del norte.

Tyr

Los misterios esenciales de este dios están encarnados en la runa-T que lleva su nombre. Tyr es el dios de la justicia y del autosacrificio por el bien de la sociedad. Este aspecto está ilustrado en el mito de la captura del Lobo Fenris, al atarlo con un grillete hecho de seis cosas, las cuales indican misterios sutiles, mientras que Tyr mete su mano (derecha) en las fauces del lobo como muestra de fidelidad. Cuando Fenrir descubre que no puede escapar, la mano de Tyr se sacrifica en las fauces del hijo de Loki (el lobo). Como figura mítica, Tyr se retira al reino de la relativa inactividad tras este episodio. Sin embargo, en la práctica religiosa (especialmente la relacionada con asuntos legales) sigue siendo un dios de gran importancia. El martes lleva su nombre. En alemán tenemos *Dienstag*, que se deriva de una forma anterior *Dings-tag*, «día de la cosa» (reunión legal). Así es que en un idioma tenemos al dios y en el otro tenemos la instrucción sobre la cual gobierna.

Como lo muestra la estructura general de los aspectos psicocosmológicos del panteón, teóricamente Tyr y Odín deberían trabajar juntos en armonía como el hemisferio izquierdo y el derecho, respectivamente. En el proceso de dar forma o crear cualquier cosa, ambas fuerzas son necesarias. El aspecto tyrico establece los planes, y el aspecto odínico los implementa y los hace reales. Tyr es el planificador, mientras que Odín es el ejecutor. El alma germánica es esencialmente de acción y movimiento eterno. Por eso, el aspecto odínico siempre ha sido, como mínimo, ligeramente dominante en el panteón germánico; Odín es el dios supremo y el Padre de Todo. La esencia transformadora expansiva de Odín conduce a su aspecto, sintetizando en gran medida en Tyr. En ninguna parte se ve más claro que en el legendario nombre posterior de la Estrella del Norte: Ojo de Odín. La Estrella del Norte, por supuesto, se identifica principalmente con Tyr (véase la runa-T), pero en cierto sentido, Tyr se convierte en el ojo de Odín que todo lo ve desde lo alto de Hlidhskjálfr, la Torre de la Puerta. Es el ojo que ve al mundo entero, mientras que el que está metido en el Pozo de Mímir es el ojo que ve «por debajo» de los mundos, que ve sus secretos más profundos (runas).

El antagonismo latente entre Odín y Tyr simplemente resulta de que a menudo ocurre dentro de sistemas compuestos de aspectos complementarios. Se necesita un acto de voluntad para hacer que trabajen juntos en armonía.

Thor

Este dios parece simple, pero es bastante complejo. Los grandes misterios de Thor están contenidos en la runa-TH. Esencialmente, Thor es el antiguo dios de la guerra. En tiempos posteriores, cuando Odín absorbió esa función, perdió gran parte de dicho atributo entre los mortales. Sin embargo, vemos que lo mantiene entre los dioses mismos. Él es el defensor de los dioses y el que ejerce la fuerza bruta mediante el poder de su martillo cósmico, Mjöllnir, contra las fuerzas inconscientes o preconscientes de Jötunheimr.

Los aesir, dioses ancestrales de la consciencia y la transformación, se enfrentan a las fuerzas de la no-consciencia y la entropía que presionan desde el este y el sur, desde Útgardhr. Para oponerse a dichas fuerzas, los dioses necesitan un poder muy similar al de thurses y etins, pero leales sólo a ellos. Éste es Thor. Thor «piensa» poco por sí mismo; se limita a seguir las órdenes dadas por los dioses soberanos. Hablando claro, existe, por supuesto, un antagonismo superficial entre el «Guerrero» y el «Mago» (véase «Harbardhsljódh» en la *Edda Poética*), pero en última instancia, el guerrero sigue la guía del mago. El mago gobierna por su sabiduría; el guerrero gobierna por la fuerza de las armas. Mientras Odín siga siendo dominante, la sabiduría gobernará por encima del arma. Lo que lleva a la catástrofe nacional es un Thor descontrolado.

Freyja

Aunque la «teología» rúnica está dominada por Odín, como gran maestro de runas, hay otra figura, Freyja, que destaca en la práctica de la magia germánica. Incluso se dice que le enseñó a Odín una forma de magia conocida en nórdico antiguo como *seidhr* (métodos chamánicos de inducción del trance). En muchos sentidos, Freyja es la contraparte femenina de Odín. Ella es el arquetipo para las mujeres involucradas en actividades mágicas, como lo es Odín para los hombres. En sus aspectos más básicos, Freyja es «la Dama» por excelencia (y ése es el significado literal de su nombre). Su compañero es su hermano/amante Freyr, «el Señor». Sin embargo, sería un gran error, como ya hemos señalado, asumir que Freyja es principalmente una diosa de la fertilidad. Entre los vanir –recordémoslo– es la principal diosa preocupada por lo numinoso. En su misma esencia, encarna una relación profunda con los caminos odínicos.

Al igual que Odín, Freyja es conocida por muchos nombres. Algunos ejemplos de estos son Vanadís (la diosa de los vanir), Vanabrúdhr (novia de los vanir), Hörn (amante del lino), Gefn (la dadora), Syr (la cerda, su aspecto solar), Mardöll (el mar-brillante) y Gullveig (ávida de oro). Estos nombres nos dicen bastante sobre el rango de las funciones de Freyja y su posición. Es de gran importancia entre los vanir, en muchos lugares superiores a su hermano. De hecho, está conectada con la prosperidad y el crecimiento, y reparte sus dones (materiales y numinosos) entre los humanos. En su aspecto cósmico, está conectada al sol (que es femenino en germánico; véase la runa-S) a través de su imagen como la «cerda dorada». El jabalí y la cerda son los animales de Freyr y Freyja, respectivamente. En Alemania, actualmente, cuando el sol aprieta con el calor, dicen: *Die gelbe Sau brennt* (La cerda amarilla está ardiendo). El vínculo con el oro es casi constante y hasta cierto punto es una expresión más de la capacidad de Freyja como deidad vánica para proporcionar prosperidad y bienestar. Hay otro nivel que queda claro en el misterio de *fehu*.

En el «Völuspá» leemos cómo una cierta hechicera llamada Gullveig llegó hasta los aesir desde los vanir cuando esos dos grupos de dioses estaban en guerra. Ésta es Freyja en otra forma. Lo sabemos porque, aunque Freyja se encuentra más tarde entre los aesir, *no* es una de los vanir

(Freyr, Njördhr y quizás también Kvasir) que fueron a los aesir como rehenes, como parte de la tregua entre las dos razas divinas.

Antes de considerar tres de los mitos de Freyja con cierto detalle, sería bueno recordar cuánto se ha perdido de su historia. Hubo un tiempo en el que había un vasto cuerpo de material mítico y de culto relacionado con esta diosa, pero quizás debido a la naturaleza erótica de sus misterios y mitos, los misioneros cristianos los seleccionaron cuidadosamente para su eliminarlos. Incluso en la habitualmente tolerante Islandia, su poema, el *mansöngr* (canción de amor), estaba prohibido. Y desafortunadamente, su culto no podía retroceder a los confines protectores de la sala del jefe. Pero algo logró salvarse gracias al arte del skald.

Heidh

Durante la Primera Guerra –la guerra entre los aesir (primera y segunda clases) y la (tercera clase) vanir–, una hechicera llamada Gullveig llegó hasta los aesir, en el salón de Odín. Los aesir intentaron matarla atravesándola con lanzas y quemándola. Pero ella renacía una y otra vez. La tercera vez se transformó de Gullveig en Heidh (la Brillante). Esta «*völva* (vidente) tres veces nacida» es, probablemente, Freyja, y así se convirtió en la maestra de Odín en las formas de *seidhr*. Después de que su tradición y su culto se asimilaran a los de Odín y los aesir, la tradición de *seidhr* se convirtió en un campo integral (pero especializado) dentro de tradición rúnica (en el sentido de los estudios esotéricos).

Brisingamen

El collar de los Brisings es mucho más que una baratija la mar de aparente. Es el anillo cuádruple cósmico que todo lo abarca, bajo el control de la gran diosa Freyja. Es el equivalente mágico de la Serpiente Midhgardh que rodea el cosmos entero. *El Cuento de Sörli* nos explica cómo Freyja obtuvo esta herramienta mágica al pasar una noche con cada uno de los cuatro enanos, los Brisings (descendientes de los Brillantes), que forjaron el collar. Estos cuatro enanos pueden ser los mismos que Nordhri, Austri, Sudhri y Vestri, que están estacionados en los cuatro puntos cardinales del mundo. Parece que originalmente tuvo relaciones sexuales con los cuatro, simultáneamente o durante cuatro noches. En cualquier caso, el resultado es el mismo: Freyja se gana el anillo cuádruple del cosmos y los poderes generativos y regenerativos que le están asociados. Se dice que el objeto lo usa como cinturón o como collar, dependiendo de cómo la diosa quisiera usar su poder. En un momento, el travieso dios Loki le robó Brisingamen a Freyja, y ésta sólo consiguió recuperarlo cuando el dios Heimdallr se lo quitó a Loki. Lo interesante aquí es que tanto Loki como Heimdallr se consideran aspectos (hipóstasis) de Odín, sus lados oscuro y claro, por así decirlo.

La búsqueda de Ódhr

Se dice que Freyja está casada con un dios llamado Ódhr, que no es otro que Odín. El nombre Ódh-r simplemente indica la fuerza del éxtasis, de la mente mágicamente inspirada. De hecho, la diosa Freyja está casada, y (como también pasa con el propio Odín) es el objetivo principal de sus esfuerzos. Mientras Ódhr vagaba, Freyja vagaba tras él, derramando lágrimas de oro. Muchos han querido ver en esta triste búsqueda un paralelismo con la búsqueda de Ishtar para encontrar a Tammuz. Sin embargo, el significado de este mito sumerio/acadio y el de la búsqueda de Freyja para encontrar a Ódhr es bastante diferente. La búsqueda de Freyja no tiene nada que ver con la fertilidad: lo que ella está buscando es la «inspiración numinosa» encarnada en el dios.

Cada uno de estos tres mitos indica algún aspecto del carácter fundamentalmente mágico o numinoso de Freyja. Que la fertilidad, la riqueza, el bienestar y el erotismo surjan de este personaje es bastante secundario, aunque esencial.

Otro hecho importante sobre Freyja es que le toca la mitad de todos los caídos en batalla, según su propia elección, para llevárselos a su fortaleza de otro mundo llamada *Folkvangr* (Campo del Ejército de Guerreros). La otra mitad, por supuesto, se la queda Odín.

Como Odín, Freyja es una divinidad triple. Ella, como ninguna otra diosa, es capaz de encargarse de las tres funciones del panteón: (1) es una figura mágica, (2) es una diosa guerrera y (3) es una deidad vánica con todos los poderes de esa raza de dioses. Puede crear cosas, hacer que se conviertan en otras y hacer que desaparezcan para darles un nuevo comienzo. Este poder mágico está en la raíz de su función como diosa de la fertilidad. En definitiva, el «matrimonio» entre Freyja y Odín es bastante «moderno». Freyja no es el «lado femenino» de Odín (éste lo lleva cómodamente dentro de sí mismo o en su aspecto «malévolo», Loki); ni Odín es el «lado masculino» de la Dama (ella también lleva el suyo dentro). Incluso es posible que Freyr saliese originalmente de Freyja, de la misma manera que el Njördhr masculino surgió del Nerthus femenino. En cualquier caso, estamos tratando con dos deidades indivisas y unidas por un propósito común. Todavía hay muchos misterios por descubrir sobre esta diosa tan poderosa.

Freyr

De todos los dioses, el más independiente de Odín es Freyr, el dios de este mundo (AN *veraldar godh)*. A pesar de esta independencia, o tal vez gracias a ella, hay pocos conflictos entre el Señor y Odín. De hecho, parece que conspiran juntos secretamente en muchos aspectos. A través de la investigación rúnica, vemos que, además de Odín, es Freyr quien está mejor representado en la antigua tradición rúnica. Por eso, los tiradores de antaño reconocen la importancia del Señor en el funcionamiento del mundo.

Freyr no es el nombre real del dios, sino un título. Esto no es inusual. Pero en este caso, quizás tengamos el nombre real del dios en nombre de la runa-NG: *Ingwaz*. También es posible que dos dioses se asimilen en Freyr, como el originalmente el aesírico Ing y el vánico Freyr. Los misterios del dios están contenidos en la runa-NG. Yngvi es también un gran progenitor de casas reales (especialmente en Suecia); los ynglings son el clan más grande de los sviar (suecos).

Aunque Freyr a veces está conectado con imágenes de guerra, frecuentemente aparece como una figura de paz, prosperidad y placer. En pleno verano, los nórdicos le hacían sacrificios por las buenas cosechas y la paz (AN *til árs ok fridhar)*. Otro nombre de Freyr puede que sea Fródhi, quien gobernó sobre una edad de oro y paz llamada *Fródha fridhr* (Paz de Fródhi), como rey legendario en el norte. Rúnicamente, esto nos señala la dirección de jera (nombre arcaico, *ár)*. Recordemos que, para *ár,* la «Rima rúnica en noruego antiguo» dice: «Digo que Fródhi fue generoso». En Freyr, el Señor del mundo, vemos que la fuerza rige sobre los procesos orgánicos que unen las runas-J y NG. :◇: es el círculo cerrado del año, el ciclo de gestación, y :ᛃ: es la apertura dinámica del ciclo anual en la cosecha cuando la fruta nace.

Odín y Freyr trabajan armoniosamente juntos en la *Saga Völsunga*. Sin embargo, su cooperación está oculta, en gran medida, al ojo no iniciado. Es bien conocido y obvio que Odín es el progenitor divino de los Völsungs y que él y sus agentes son responsables de la iniciación en los secretos de los dioses de todos miembros del clan. Pero en su aspecto de guerrero –poco expresado–, Freyr está presente en el más grande de los Völsungs-Sigurdhr (o Siegfried), el Dragón-Asesino. En algunas versiones del mito, Sigurdhr es criado por ciervos en el bosque y por eso luego se lo identifica como un ciervo (que es su animal). Freyr también está estrechamente asociado con esta bestia de cuernos altos y, tras renunciar a su espada para ganarse el favor de su esposa-etin, Gerdhr, tiene luchar con lo que le queda: la cornamenta de ciervo.

Esta y otras asociaciones ocultas demuestran que Freyr y Odín podrían trabajar juntos de manera independiente para formar grandes iniciados: Odín como progenitor, patrocinador e iniciador y Freyr como proveedor terrenal.

Criaturas elementales

Además de los dioses superiores, aesir y vanir, hay toda una retahíla de seres importantes que habitan en otras moradas de otros mundos en las ramas de Yggdrasill. Odín interactúa activa y fructíferamente con todos los seres de todos los mundos. Después de todo, Odín mismo es una síntesis de las corrientes puras de la fuerza de Thurs y la consciencia divina *(véase* capítulo 10), y su consciencia inherentemente expansiva busca la sabiduría en todos los reinos sin rechazar nada que pueda ser instrumental para efectuar su voluntad.

Elfos

Los elfos (AN *álfar*; sing. *Álfr)* son un grupo complejo. Habitan en (Ljóss)álfheimr y a veces se asocian con Freyr. La palabra *elfo* significa «el blanco brillante». Se trata de entidades de luz (no siempre pueden ser vistas porque son extremadamente pequeñas de estatura) que a veces interactúan beneficiosa o maliciosamente con los humanos. Esencialmente, son los cuerpos de luz colectivos o «mentes» (AN *hugar)* de los antepasados (en sus formas femeninas se les llama *dísir* o dises o ides) que continúan teniendo contacto con las mentes humanas. Tienen mucha sabiduría y conocimientos para enseñar. Son las facultades mentales de los antepasados que han sido reabsorbidas en el organismo cósmico.

Enanos

Los enanos también se conocen en nórdico antiguo como *svart* –o *dökk-álfar*– y habitan «debajo» de Midhgardhr en Svartalfheimr. Estas entidades también tienen mucho conocimiento que enseñar, pero su función principal es la de los formuladores. Son los creadores de formas que nacen en Midgardhr, especialmente aquellas formas capaces de cumplir la voluntad de un gran guerrero o mago. Por eso siempre se dice que son los falsificadores de armas mágicas. También pueden considerarse las habilidades y artesanías ancestrales reabsorbidas.

Rises, etins, thurses

Estas palabras suelen ser traducidas frecuentemente como «gigante» pero en realidad son tres palabras diferentes en la tradición nórdica. En nórdico antiguo, *rísi* (ris) es un *gigante* auténtico, es decir, ser de gran tamaño y tal vez puede que se refiera en última instancia a los habitantes prehistóricos del norte. Se dice que se pueden casar con humanos y que tienen hijos con ellos. Además, la mayoría de las veces son benéficos y a menudo de apariencia agradable a la vista. Los etins (AN *jötnar*, sg., *jötunn)* se caracterizan por su gran resistencia y por alcanzar una elevada edad, aunque su tamaño no es particularmente importante. Pueden ser enormes como los mundos (Ymir) o prácticamente microscópicos (el nombre de cierto escarabajo en nórdico antiguo es *jötunuxi* [etin-buey]). Los etins son entidades sin edad muy potentes que encarnan la sabiduría de los eones a través de los cuales han existido. Con respecto a la eterna «batalla» entre lo consciente y lo no consciente, ellos son neutrales. Es decir, a veces van con los aesir y otras con los thurses. Lo cierto es que existen. Los etins son seres que no evolucionan, son ahora mismo como lo fueron en eones pasados. Por esta razón, Odín engendra hijos con esposas-etin. Las fuerzas de la no consciencia están encarnadas en los thurses o trolls (AN *thursar,* sg. *thurs*). Están, incluso en historias posteriores, marcados por su estupidez superlativa. Los thurs también llegan a muy avanzada edad *(véase* capítulo 10), pero son activamente antagónicos hacia las fuerzas de la consciencia y buscan destruirla a través de su entropía helada. Los «hijos de Muspell», y su líder Surt, que salió de Muspellsheimr para destruir el orden cósmico con fuego, también forman parte de este grupo, los polos opuestos de las espinas de escarcha. Es imposible, desde el punto de vista de odínico, llamar a estas fuerzas moralmente «malvadas» en el sentido cristiano; son meras fuerzas naturales no conscientes, propias del multiverso mecánico u orgánico, que buscan la estasis eternamente. Sin embargo, son contrarios a los propósitos de hombres y dioses por igual.

El odiano dominará la tradición de todos los dioses y todos los elementales del multiverso. Por lo tanto, nada queda fuera de su interés y ningún camino está cerrado para él. Pero antes de que los caminos de otros dioses se abran al odiano, la profunda esencia del camino mostrado por el gran dios debe ser comprendida.

Odín: El dios oculto de las runas

Odín debe ser conocido eternamente en su verdadera naturaleza como el *omnideus,* el dios completo del ser interior, la transformación y el misterio intemporal. Odín conoce las sagradas palabras para abrir las puertas del nuevo amanecer, pero no las regalará; hay que ganárselas con la propia voluntad. Para conseguirlo, el primer paso es el descubrimiento del carácter de esta divinidad.

¿Qué se entiende en la formulación «Odín: Dios oculto de las runas»? En primer lugar, expongamos y ampliemos la etimología del nombre *Odín*. Su nombre aparece en la mayoría de los principales dialectos germánicos (AAA *Wuotan*, AI *Wöden*, así como en AN *Ódhinn)*. La forma germánica del nombre habría sido *Wödhanaz,* que tiene un significado bastante transparente. *Wödh-* es un término para la actividad mental o extática inspirada; es casi como una respuesta fisiológica en el complejo psicofísico, mediante un alto nivel de estimulación presente en fenómenos tales como el éxtasis, el entusiasmo, los viajes astrales y la sensación de asombro en presencia del *numinosum tremendum* (el aspecto aterrador de lo «divino»). *Wödh* es ante todo un concepto de poder mágico. El elemento *-an-* indica el «maestro de» cualquier concepto al que esté asociado. (Otros ejemplos de esto serían AN *thjódh-inn,* el maestro del pueblo [= rey] y AN *drótt-inn,* el maestro del ejército). El final gramatical *-az-* ya es familiar para el lector de los nombres de las runas. En la mayoría de los casos, este final se convirtió en *-r* en nórdico antiguo, pero después de *-n-* también cambió a *-n*. Además, la pérdida de la *w* inicial antes de una ó o ú largas ya es conocido por la relación entre el AN *Urdhr* y AI *Wyrd*. Por lo tanto, «Odín» es sólo una evolución normal de *Wodhanaz*.

Maestro de Inspiración es uno de los muchos nombres característicos *(heiti)* atribuidos a este dios escondido, antiguo, que en realidad no tiene nombre. El numen esotérico o arquetipo de los misterios no está oculto por un velo como tal, ni está oculto principalmente por su trascendencia, sino por su omnipresencia. Ésa es la clave de sus muchos nombres. Lo que hace a Odín especialmente «oculto» es su intensa presencia en formulaciones paradójicas. Su presencia coigual como fuerza vinculante entre los opuestos es una característica esencial de su carácter, pero a menudo desconcierta la visión humana que tiende a comprender las cosas de una manera más dualista-analítica. Pero Odín comprende la totalidad del ser expresada por construcciones polares. Odín ve con todo el ojo. Ésta es la esencia que lo oculta ante nuestras mentes racionales («dos ojos»): es la encarnación del «todo suprarracional».

Odín es un dios porque sirve (y ha servido durante eones) como modelo ejemplar para la expresión, el desarrollo y la transformación de la consciencia humana. Estuvo institucionalizado durante mucho tiempo en un «culto nacional» entre los pueblos germánicos, y cada tribu mantuvo sus versiones de énfasis especial dentro de un marco tradicional general. Odín, con cualquier nombre que se le llamara, cumplió dicha función desde el nacimiento de la etnia indoeuropea y, por lo tanto, no puede extinguirse salvo con la destrucción física de su pueblo.

Las runas son parte integral de la esencia odínica porque a través de ellas, y gracias ellas, él crece en poder, se vuelve indestructible y es capaz de comunicar misterios multiversales a su parentela humana. Odín, las runas y la humanidad forman una matriz en la que se encuentran lo consciente/inconsciente y la existencia/no existencia.

Para establecer un marco tradicional que explore y emule el arquetipo odínico, es aconsejable leer lo que se compuso sobre la evolución de Odín en las noches, cuando era un estilo de vida establecido e institucionalizado, ahora desordenado por siglos de ignorancia. Para ello, debemos centrarnos en las fuentes de la sabiduría y el poder de Odín tal como se describe en los pasajes de la literatura nórdica antigua.

El principal mito iniciático odínico es el del autosacrificio en Yggdrasill descrito en el «Hávamál», estrofas 138 a 165. Este proceso debe entenderse que tuvo lugar en un reino más allá del tiempo, en ese inmenso espacio cosmogónico antes del advenimiento de las leyes nórdicas (véanse las runas-N y P). El «nacimiento» de Odín y el autosacrificio del Árbol del Mundo son esencialmente simultáneos, sin eso, Odín no sería Odín. En dicho proceso, Odín se entrega a sí mismo mientras se cuelga de Yggdrasill (el corcel de Yggr [= Odín], o la columna de tejo). El sujeto se ha vuelto sobre sí mismo y se ha convertido exitosamente en el objeto de su propio trabajo. Odín se vuelve omniobjetivo. En esta acción, Odín se encuentra con el reino oscuro de Hel, el inconsciente, y se fusiona con él manteniendo todo su ingenio. Por lo tanto, en un destello de inspiración, se le infunde la totalidad del patrón rúnico. Debido a que Odín es, por su esencia tripartita, una entidad consciente, dicho patrón es reformado por su voluntad para adquirir una forma *comunicable*. A través de este misterio odínico central, lo consciente se funde con lo inconsciente, la luz con la oscuridad y la esencia supraconsciente de Odín lo hace comprensible. Odín comienza a formular las runas en un metalenguaje contenido en el sistema rúnico, en la poesía y en el lenguaje natural, de manera que «una palabra lleve a la otra y una obra lleve a la otra». La semilla de Odín, su don, es por lo tanto la esencia que hace posible esta comprensión en todos sus descendientes: la humanidad consciente.

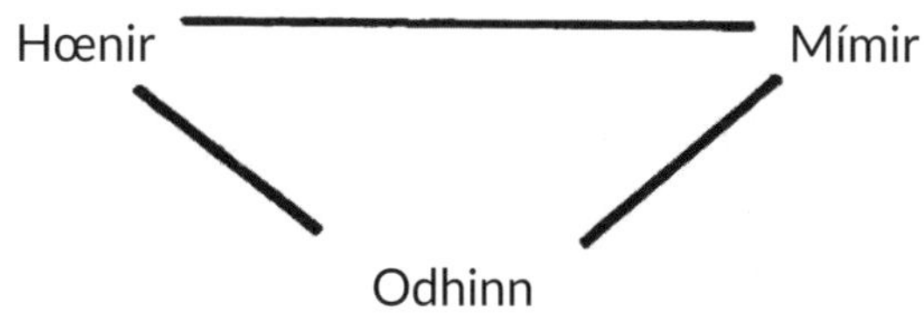

Figura 13.2. Complejo Odín-Hoenir-Mímir.

Una fuente compleja de la sabiduría secreta de Odín se encuentra en Mímir. Como hemos visto (página 155), Mímir es realmente el aspecto de «memoria» de Odín y una contraparte del aspecto de Hœnir. Mímir pertenece, incluso en el nivel exotérico, a esa generación de «primer aesir», a veces identificado como un sabio ase, a veces como un etin. Esta doble naturaleza se debe al hecho de que Mímir es, en gran medida, el conjunto de «recuerdos ancestrales» de Odín, cuyos antepasados se encuentran entre los thurs y los etins. Odín deriva la sabiduría de este aspecto de dos maneras: (1) de la cabeza cortada de Mímir y (2) de su ojo, que ha escondido o dado en prenda al Pozo de Mímir.

Según el mito del intercambio de rehenes entre los guerreros aesir y vanir *(véase* página 155), sabemos que los vanir le cortaron la cabeza a Mímir al sentirse engañados porque Hoenir (el compañero de Mímir) era menos inteligente de lo que iba presumiendo. Odín conservó esta cabeza en hierbas y pronunció hechizos sobre ella para mantenerla viva. Se guarda, con mayor sabiduría aún, en el Pozo de Mímir. La consulta a la «cabeza de Mímir» es, pues, una imagen mágica en la que se demuestra que el yo tiene acceso al aspecto *minni*. Pero como fue «cortada» por la desconfianza de los no iniciados, requiere actos mágicos de voluntad para mantener los canales de comunicación abiertos. Cuando Odín obtuvo la redención de la cabeza (memoria) de Mímir, informó a Hœnir (mente), y así se completa otro triple patrón, como se muestra en la figura 13.2. En última instancia, «la cabeza de Mímir» es una metáfora que indica el enfoque de la consciencia en el *minni*, en el Pozo de Mímir.

Se dice que este pozo está bajo una raíz de Yggdrasill (también llamado AN Mímameith [Árbol de Mímir]) que está sobre Jötunheimr. Para ganar en sabiduría, Odín quiso beber de las aguas de este pozo, pero la cabeza de Mímir le pidió uno de sus ojos, una parte de sí mismo, como prenda o sacrificio. Odín «ocultó» su ojo abajo, en la columna de consciencia vertical, hacia las profundidades. Allí su ojo permanece activo, siempre capaz de ver, «beber», la sabiduría de todos los mundos. Por lo tanto, Odín siempre tiene dos visiones: una de «este mundo» (de Hlidhskjálf) y otra de los «otros mundos» (del Pozo de Mímir). También podría señalarse que Heimdallr almacena su *hljódh* (audición u oído) en este pozo; así, él (Odín) puede escuchar en todos los mundos. En el mito de Mímir, el odiano reconoce la necesidad de acceder al reino de *minni,* el almacén heredado de las imágenes mágico-míticas, y la necesidad de una síntesis de los diversos aspectos psíquicos designados por los nombres de Mímir y Hœnir. Esto se lleva a cabo mediante un acto mágico de voluntad por medio de una «técnica» secreta con la cual se obtiene, preserva y asimila el punto focal (cabeza) de este almacén. Un ojo se enfoca hacia abajo en el Pozo de «Wyrd» (imágenes), y el otro se enfoca hacia afuera en los amplios mundos de las palabras y las obras. (Nuevamente, las funciones del cerebro bihemisférico parecen representadas).

Odín también obtiene conocimiento de fuentes externas a él. Su principal fuente externa es Freyja. Como hemos visto, los vanadís le enseñaron a Odín las artes del *seidhr.* Hay muchas razones para creer que esto tuvo lugar en algún tipo de contexto de iniciación sexual en el que ciertos secretos de lo que hoy podría llamarse «magia sexual» se transmitieron originalmente de mujeres iniciadas a hombres comunes y de hombres iniciados a mujeres comunes. En el mito lo vemos reflejado en los matrimonios mágicos entre un guerrero y su valquiria o entre humanos e iniciadores sobrehumanos. Los «Rúnatals tháttr Ódhins» *(véase* página 99) nos dicen que el decimoctavo secreto (probablemente lo podríamos atribuir a la runa-G) no se cuenta a nadie «excepto a la que me abraza o que es mi hermana». Es un contexto de culto en el que Odín y Freyja intercambian secretos ocultos. Las técnicas de *seidhr* incluyen la inducción del trance con fines adivinatorios, el cambio de forma (que también se puede hacer con *galdr),* la privación de las almas de los demás, la creación de ilusiones y otras artes más o menos consideradas por algunos como «chamánicas». Cabe destacar, desde el punto de vista de la historia de la religión, que el chamanismo como tal parece ser una tradición claramente diferente. Estas técnicas se solían usar en magia agresiva, lo que en parte ha llevado a que se piense que se trataba de temas malvados. Pero quizás otro rasgo le valió una reputación de ser «poco viril»; se trata de una práctica en la que los hombres se transforman en mujeres para engendrar seres mágicos (a menudo dañinos) a través de cierta brujería sexual. De esa manera, Loki se convirtió en la madre del corcel Sleipnir.

Otra de estas misiones asume una importancia sólo es superada por el rito de Yggdrasill: la obtención del hidromiel poético del reino de los etins. El hidromiel poético había sido creado a partir de la sangre de Kvasir, que era un ser vinculante entre los aesir y los vanir cuando estaban en tregua. (En una versión del mito, está formado por el salivazo de las dos razas divinas; en otra, es simplemente uno de los vanir enviado como rehén [véase *Skalds-kaparmál* en la *Edda Prosaica*, capítulo 1]). En cualquier caso, Kvasir tenía fama de ser el «más sabio de todos los seres», pero algunos enanos lo matan y hacen el hidromiel poético a partir de su sangre. Este líquido, la esencia de la consciencia inspirada de los aesir y el inconsciente orgánico de los vanir, finalmente llegó a manos de los etins (gracias a seres de la naturaleza del reino no consciente). Por lo tanto, el hidromiel tuvo que ser recuperado necesariamente por Odín «por las buenas o por las malas». Este mito es descrito tanto por Snorri *(Skaldskaparmál*, capítulo 1) como en el «Hávamál» (ests. 104-110). El proceso por el cual se consigue es más significativo. Disfrazado de Bölverkr (Servidor del Mal) con astucia y rompiendo su juramento, obtiene acceso a la montaña *(Hnitbjörg*, montaña tejida), donde una esposa-etin llamada Gunnlödh, guarda el hidromiel. Pasa en tiempo en la montaña, en forma de serpiente, y permanece en el interior durante tres noches, durmiendo con la etin, después de lo cual puede beberse el hidromiel en tres tragos de los tres vasos, Ódhoerir, Són y Bodhn, que lo contenían. Luego se transforma en un águila y vuela desde la cima de la montaña para regresar a Asgardhr, donde escupe el hidromiel en tres cubas, devolviendo así el hidromiel a su lugar legítimo entre los aesir y la humanidad. Se dice específicamente que parte del hidromiel cayó a la tierra cuando Odín se fue volando, y que *cualquiera* puede beberlo (si se lo encuentra por casualidad). Por eso se le llama la «parte del poeta loco».

Este mito es vital para la tradición rúnica. El símbolo del Rune-Gild –tres cuernos de beber entrelazados– deriva de esta historia. Describe el camino del devenir, el camino del odianismo transformador y la misión esencial del Gild: servir a la comunidad consciente de dioses y hombres.

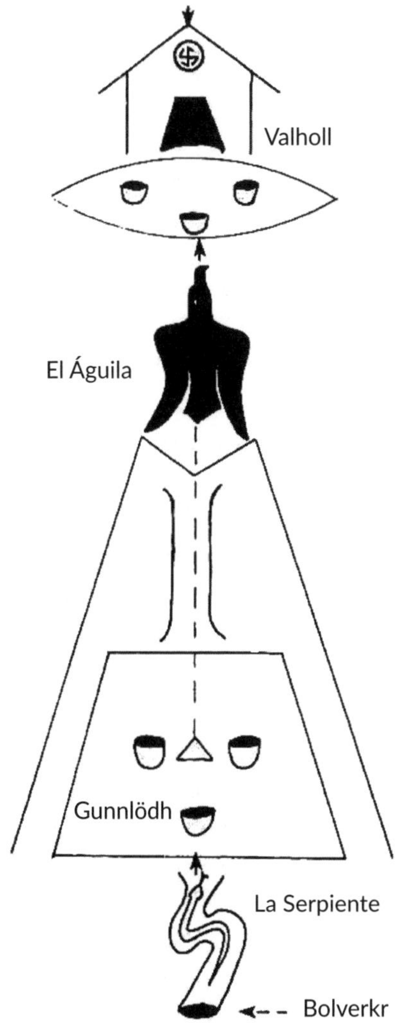

Figura 13.3. La recuperación del hidromiel poético.

La figura 13.3 muestra gráficamente el proceso de recuperación de la inspiración poética. En dicho proceso, vemos que la fuerza amoral de Odín, obedeciendo sólo a sus leyes superiores de voluntad y servicio en la vía del devenir/consciencia, obtiene acceso al reino secreto que oculta el poder mal conseguido, transformándose en una serpiente. Se alía con las fuerzas de disolución del inframundo para atravesar la montaña y poder atravesar los extremadamente estrechos caminos de la realidad densa. Aquí permanece oculto el significado del aspecto serpentino del culto odínico, bien conocido por las bandas de serpientes en las piedras rúnicas y los famosos barcos dragón de los vikingos. Mientras está en la cámara interior con Gunnlödh, tal vez en conjunción con los ritos de hechicería sexual en los que la oscuridad y la luz se unen –(unir: *véase* el significado del nombre de la montaña)–, Odín consume todo el hidromiel de las tres cubas. La fuerza estática del hidromiel en poder de los etins, aunque inútil para ellos, ahora se vuelve a asimilar a Odín, que se transforma en un águila, el ave de rapiña de gran alcance que transmite la fuerza extática al mundo de los aesir, separadamente del mundo de los hombres y bajo el control de la consciencia. Allí, el hidromiel se rearticula en su triple esencia y se devuelve a los tres vasos: (1) Ódhroerir (el excitador de la inspiración, que también es un nombre del hidromiel), (2) Són (expiación) y (3) Bodhn (contenedor). La importancia en el número de estos vasos está en la triple esencia del hidromiel en sí. Normalmente, esta «esencia» de consciencia es compartida sólo por Odín con los aesir y con los iniciados humanos de su culto.

El camino de la serpiente conduce a la sabiduría (:ᚺ:). En el recinto de la montaña (:ᛒ:) los opuestos se unen (:ᛖ:) y se obtiene la inspiración (:ᚨ:), para ser devuelta por el vuelo del águila (:ᛃ:) al recinto de los dioses e iniciados (:ᛟ:), para ser entregado (:ᚷ:) por el gran dios a sus adeptos. Con este mito comprendemos por qué Odín es considerado tanto Iluminador de la Oscuridad como Señor de la Luz.

La sabiduría de Odín deriva de tres fuentes continuas: (1) el sacrificio de Yggdrasill (por la sabiduría de las runas), (2) el Pozo de Mímir (la cabeza de Mímir y el «ojo oculto») y (3) el hidromiel poético Ódhoerir. Los paradigmas míticos conectados a estas fuentes dan forma al proceso de adquisición de la tradición rúnica, sabiduría rúnica y trabajo con las runas. También sirven como modelos psíquicos que el tirador sigue en el patrón odínico. El «dios» Odín es, en cierto nivel, algo separado del paradigma de «aquello que comprende los opuestos» en la raíz del misterio odínico. Estos aspectos pueden estar contenidos en el concepto de arquetipo (si no en los más estrictos términos junguianos). El arquetipo no es una cosa personificada, sino más bien un patrón impersonal de acción o consciencia pura. A medida que dicho paradigma se vuelve más consciente en el ser humano, empieza a surgir una «personificación» del patrón y a actuar como un modelo ejemplar de consciencia y comportamiento, como un «dios». Desde el punto de vista odínico, éste es el proceso de todos los dioses y diosas.

Aquí queremos concentrarnos en Odín como modelo psíquico para la evolución del maestro de runas, el papel de las runas y su interacción y asimilación con este modelo, y por qué Odín debe seguir siendo el dios oculto.

En la raíz del arquetipo odínico está el concepto de totalidad dentro de la duplicidad. Sus orígenes lo demuestran con bastante claridad. Nace de Borr, hijo de Búri (de la raza de los protodioses) y Bestla, hija del etin Bölthorn. Por lo tanto, Odín representa una síntesis de entidades primarias (preconscientes) (*véase* capítulo 10). La función de puente es algo que finalmente puede dar a su parentela humana.

De esta doble faz viene la gran multiplicidad («el todo») que está representada en toda la literatura odínica por sus nombres y formas ilimitados. Dicho carácter múltiple se representa formalmente en el número omnipresente de Odín: el tres (y sus múltiplos). Odín se representa una y otra vez en tríadas de aspectos, por ejemplo, Odín-Vili-Vé, Odín-Hoenir-Lódhurr, Odín-Hoenir-Loki y Hárr (el Alto) –Jafnhárr (el Igualmente Alto)– Thridhi (el Tercero). La formulación más antigua de este tipo es sin duda Odín-Vili-Vé, que data del período germánico común. Lo sabemos porque originalmente era una fórmula aliterativa. Las formas germánicas de los nombres habrían sido *Wödhanaz, Wiljön* y *Wïhaz*. Un examen de los niveles más profundos de la fórmula producirá gran parte de la estructura oculta de Odín (*véase* tabla 13.2).

Wödanaz ahora ya debería estar lo suficientemente claro como aquello que integra a muchos en un todo consciente y describe todo el proceso (por consiguiente, es el nombre más común para el dios). *Wiljön* es la voluntad que carga el proceso con un dinamismo animado. La idea de alegría o animación se expresa con esta raíz en la mayoría de los dialectos germánicos antiguos, incluido el inglés antiguo. Es el poder de la dirección consciente y voluntaria. *Wïhaz* contiene en su raíz un concepto de separación, de «otredad», que es absolutamente esencial para el triple funcionamiento del dios en todos los mundos. Esto está relacionado con la dicotomía de lo «sagrado» tal y como se expresa en el pensamiento indoeuropeo. *Wïh* es ese aspecto aterrador y misterioso (el *numinosum* o *mysterium tremendum),* la puerta entre los mundos a través de la cual deben pasar todos los que van a transformarse, dioses u hombres. Cuando se ve desde fuera, *wïhaz* puede ser aterrador, pero una vez que el tirador se convierte en *wïhaz* lo ve por primera vez y por eso le teme, le molesta o incluso lo odia.

Nombre	Significado	Esencia	Función
Wödhanaz	inspiración	integral	integrativa
Wiljön	deseo/animación/ voluntad	dinámica	transformadora
Wïhaz	sagrado	separadora	separación

Tabla 13.2. La estructura de la tríada Odínica.

Por lo tanto, el todo describe un proceso eterno de evolución y de transformación: el poder de dar forma y remodelar. Este proceso es la interacción entre las dos mitades del todo; y Odín es la encarnación y eventual modelo consciente de la oscilación entre los campos de luz y oscuridad a través de un proceso continuo de separación de un campo y la fusión con el otro, para experimentar la transformación, seguida de la reintegración con el primer campo. Así, los campos de la oscuridad se siembran con las semillas de la luz, y los campos de la luz se siembran con las semillas de la oscuridad. Todos los campos polares contienen las semillas de sus opuestos. Esto se hace por medio de una voluntad, o consciencia, que está fundamentalmente separada del proceso mismo. Es más evidente en la iniciación de Yggdrasill, donde Odín une los reinos de la luz y la oscuridad, la vida y la muerte, consciente e inconsciente. Pero el proceso no lo consume, sabe utilizarlo. Las otras fuentes de sabiduría odínica también contienen elementos de dicha unión de opuestos polares y de su utilización final por el Yo mágico.

Para el tirador moderno, esto tiene muchas lecciones que enseñar. La verdadera esencia del saber es, por su propia naturaleza, imposible de expresar completamente con «palabras», es decir, en un lenguaje natural común, porque es inefable. Pero lo que se puede decir es que el ser de Odín enseña el camino del «Yo-Total», el «Todo-Yo», así como el «Yo Superior». Este yo superior es una entidad supraconsciente, un «yo sacro» o el ego mágico del maestro de runas. Puede mezclarse con el cosmos natural y orgánico. Puede mezclarse con los reinos no naturales y numinosos. Sin embargo, lo hace para promover sus objetivos voluntarios. Es la esencia del camino del verdadero buscador, nunca descansa, siempre busca en la oscuridad y en la luz, en lo alto y en lo bajo, en la vida y en la muerte. Pero el objetivo de sintetizar los campos polares no es la neutralización, sino la maximización, un acceso directo a las esencias del núcleo. Sólo de esta manera se puede conocer y utilizar todo el poder.

Las runas juegan un papel central en estos misterios odínicos. A través de ellos, Odín comprende los procesos, a través de ellos los formula para poder dominarlos y finalmente (en parte) manipularlos, y a través de esta formulación puede comunicar los misterios a sus familiares y parientes humanos.

Las «runas cósmicas» (AN *ginnrúnar)* son patrones innatos y eternos en la sustancia del multiverso, indestructibles y siempre en crecimiento a lo largo de patrones infinitos. Sin embargo, no pueden ser completamente comprendidas porque cuando una parte de ellas se comprende (es interiorizada por un ser consciente), empiezan a crecer inmediatamente, más allá de esa comprensión; dicho proceso también es eterno. Odín, como los físicos teóricos modernos que lo han seguido, lo sabe bien y sabe que su búsqueda de la totalidad es interminable. Sin embargo, continúa en su lucha heroica, al igual que sus compañeros. Aquellos que encuentran esta perspectiva desalentadora no están destinados al camino odiano.

Cuando Odín emprendió el trabajo de Yggdrasill, se completó el acto heroico primitivo de la consciencia. La estructura sistemática, básica y elemental, del todo fue inmediatamente ganada y comprendida. Estas runas, divididas en runas brillantes (AN *heidhrúnar*) y runas oscuras (AN *myrkrúnar*), nos proporcionan el mapa de ruta para la exploración interminable del multiverso. Las runas en poder de Odín pueden ser ganadas por la humanidad siguiendo el ejemplo de Odín y asimilando, como él lo hizo, el patrón de su consciencia impreso con el sistema rúnico. (El odiano no busca la «unión» con Odín, sino que busca la unión sólo con aquello con lo que Odín buscó la unión: el Yo).

Estas runas representan la totalidad en su forma más simple pero más comprensible para el complejo psicofísico humano. Pero si el mismo Odín nunca puede llegar a comprender todas las runas cósmicas, los humanos rara vez pueden llegar a comprender completamente todas las runas divinas. Sin embargo, dado que somos los hijos del Todopoderoso (es decir, seres conscientes) y hemos recibido sus dones de consciencia primarios (y «gratis») *(véase* capítulo 10), somos capaces de montar las runas con el Aesir. Las runas son el mapa gracias al cual el ser humano puede encontrar su propio Yo; y los dioses a su vez, proporcionan el camino a través del cual Odín puede trazar los bordes desconocidos del tiempo y el espacio.

Ahora deberíamos entender con total evidencia por qué Odín es un dios oculto. Como se entiende popularmente, la formulación «dios oculto» indica que está «más allá de la dualidad», que es desconocido e incognoscible. Ningún otro arquetipo que trabaje en el reino de la consciencia representa tan perfectamente el camino hacia ese estado. Los procesos descritos precedentemente muestran cómo funciona este dios; esencialmente, su función no puede entenderse en un sentido racional. Puede entenderse únicamente a través de la experiencia en el funcionamiento mágico de la «paradoja odínica». Incluso cuando se produce esta comprensión, y empiezas a descubrir los secretos rúnicos, Odín seguirá siendo un dios oculto, ya que, en la experiencia real, el intelecto y las palabras del habla humana fallan porque son fenómenos de sólo la mitad del todo al que pertenece la experiencia.

Tercera parte

LECTURA DE LAS RUNAS

TIRADA DE RUNAS Y ADIVINACIÓN

Capítulo 14

SENTADOS EN EL POZO DE WYRD

Para comunicarnos directamente con un dios, o varios dioses, de eso se trata la adivinación. Las runas, en su nivel más mundano, son un sistema de escritura. Tanto a nivel mundano como a nivel cósmico, son un sistema de comunicación.

Son herramientas para conocer verdades ocultas. Las runas son una especie de código tradicional, originalmente regaladas por Odín, a través del cual se pueden enviar mensajes desde un nivel de realidad hacia otro, desde un mundo hacia otro. Ya sea en magia *(galdr),* donde el objetivo del tirador es hacer que el mundo objetivo se ajuste a la voluntad subjetiva, o en la tirada de runas, donde el objetivo del tirador es conocer las verdades ocultas de su propio ser subjetivo o del mundo objetivo, se utilizan como herramientas, como medios por los cuales se pueden enviar y recibir mensajes.

En realidad, por supuesto, las verdaderas runas habitan en el alma del tirador, dentro de uno mismo. Las runas son objetos simbólicos que actúan como una especie de espejo mágico del alma. Cuando contemplas las runas esparcidas sobre la tela de color blanco, realmente estás mirando profundamente dentro del Pozo de Wyrd. Como tirador de runas, el vitki se acerca al nivel de un sacerdote o una sacerdotisa (de un *godhi* o *gydhja),* alguien encargado de tratar con los dioses y actuar como comunicador entre los mundos divinos y Midhgardhr. Sin embargo, lo más importante es el hecho de que cualquiera que se tome el tiempo para convertirse en experto en runas abrirá canales invisibles entre los seres conscientes e inconscientes. Esta «apertura de canales» se gana sólo después de que se haya hecho un esfuerzo de voluntad. El aspirante a tirador de runas debe aprender mucho y trabajar concienzudamente antes de poder lograr el éxito. En este libro, se encuentra lo necesario para convertirse en un eficaz «comunicador rúnico».

Esta parte del libro está destinada a presentar indicaciones concretas y prácticas de la tradición, así como los procedimientos tradicionales; pero no se debe tomar como algo restrictivo. Cuando la tradición de los mayores es clara, la seguimos con normalidad, pero en algunos asuntos técnicos hemos tenido que reconstruir algunos detalles. Lo hemos hecho con el espíritu de la tradición germánica y rúnica. Cada detalle puede estar respaldado por algún aspecto o interpretación de la tradición más antigua que ha sobrevivido en fuentes históricas o literarias. Sin embargo, también es una parte integral de la tradición germánica y rúnica innovar cuando sea necesario. El potencial maestro de runas no dudará en inventar nuevas formas o lecturas, lanzar métodos, etc. La mayoría de los tiradores de runas, y posibles expertos en el tema no pecan al innovar, sino al depender demasiado de la falta de pensamiento propio o de tomar cosas prestadas de algún otro sistema de adivinación (generalmente más moderno, más «popular»). Estos elementos prestados luego se acaban incorporando de manera involuntaria al sistema rúnico.

Otro problema que a menudo encontramos en los libros sobre «adivinación rúnica» es que el tirador suele ignorar totalmente la tradición real y prefiere seguir así porque le resulta más fácil. La calidad de tus tiradas de runas será mayor si inviertes tiempo y energía en aprender la tradición antes de ponerte a echar runas (¡y mucho más escribir sobre ello!).

La adivinación rúnica debe practicarse mucho antes de convertirse en un experto. Hay que hacer muchas tiradas que probablemente se hacen con pocas ganas. Se recomienda que no hacer tiradas de manera profana, como un «juego» (con fines de entretenimiento); para este fin, los rituales deberían ayudar. Sin embargo, desde un punto de vista práctico, ¿cómo vamos a llegar a ser competentes si sólo tiramos las runas en ocasiones importantes? Al principio, habrá que practicar diariamente como entrenamiento, aunque será prudente no echarlas más de una vez al día. De esta forma equilibrada, alcanzarás un respeto saludable por las runas y te familiarizarás con ellas en el menor tiempo posible.

A veces, el tirador de runas plantea una pregunta a las runas, pero éstas parecen estar hablando de otra cosa que nada tiene que ver. Las runas (es decir, tus runas internas personales) tienden a captar la pregunta real en tu mente. Es más fácil obtener lecturas precisas de este tipo de preguntas. Las preguntas más refinadas requieren más dirección de la voluntad consciente.

En definitiva, echar las runas es quizás el mejor método para «conocerlas». Leer, incluso memorizar, lo que dice la tradición de los ancestros está bien, pero el método directo de tirador a runas es, con diferencia, la forma más poderosa de aprender sobre los «misterios». Las habilidades adquiridas de este modo se pueden aplicar, directamente, a todos los demás aspectos del trabajo con runas.

Hemos dicho muchas cosas en la primera parte de este libro sobre la historia de las runas tal como se encuentra en la literatura y el folclore. Ahora vamos a pasar a la historia actual de la práctica de la adivinación rúnica y sus aplicaciones reales.

La situación ha cambiado y ha llegado el momento de que todos los parientes de Odín se reúnan en el Pozo de Wyrd, nuevamente, para conocer la terrible experiencia de los dioses y la humanidad así como para manejar los poderosos amuletos de sangre.

Adivinación rúnica y renacimiento mágico

En este siglo han aparecido muchos sistemas de adivinación rúnica. Sólo uno de ellos, que presentaron en *Rune Games* Marijane Osborn y Stella Longland,[1] se ha acercado ligeramente a lo que sería un sistema tradicional. Sin embargo, en Alemania, los sistemas inspirados en el trabajo pionero de Guido von List (1848-1919) se convirtieron en una neotradición dentro de varias escuelas de magia en el siglo XX.

La mayoría de los escritores sobre magia rúnica, pertenecientes a la tradición listiana temprana, no abordaron explícitamente asuntos de adivinación rúnica. La única excepción fue E. Tristan Kurtzahn, cuyo *Die Runen als Heilszeichen und Schicksalslose* [Las runas como símbolos sagrados y del destino] (1924)[2] incluyó un apéndice sobre métodos específicos de adivinación rúnica que fue muy reacio a incluir. Tras la Segunda Guerra Mundial, el libro de Karl Spiesberger *Runenmagie* (1955)[3] incluyó un capítulo entero sobre «RunenMantik» (en gran medida extraído del trabajo de Kurtzahn). En 1955, Roland Dionys Jossé presentó en su *Die Tala der Raunen (Runo-astrologische Kabbalistik)*[4] una explicación de la adivinación rúnica propiamente dicha, cuyo subtítulo se traduce como «Manual de la interpretación de la esencia y el camino de un persona basados en las runas del destino ocultas en su nombre». Éste es un tipo de runonumerología fundamentado en una modificación del sistema listiano. La incursión más reciente en la adivinación rúnica es el tratamiento integral de Werner Kosbab en *Das Runen-Orakel* (1982).[5]

En los mundos de habla inglesa no nos ha ido tan bien. Ya a finales de la década de 1950, la adivinación rúnica parece haberse conocido en los círculos ocultistas, pero desde entonces, y en su mayor parte, sólo lo que puede describirse como «bastardización» de las tradiciones rúnicas se ha impreso en inglés. Desafortunadamente, y tal vez de manera habitual, uno de los «responsables» en este sentido también fue el más ampliamente distribuido: *El libro de las runas* de Ralph Blum.[6] Se han generado otros «sistemas» dentro de la fábrica oculta angloamericana *(véase* bibliografía), pero creo que sólo uno, *Rune Games*, vale la pena tenerse en cuenta por lectores interesados en la

---

1. Marijane Obsborn y Stella Longland, *Rune Games*, Routledeg and Kegan Paul, Londres, 1982.
2. E. Tristan Krtzahn, *Die Runen als Heilszeichen und Schickalslose*, Uranus, Bad Oldesloe, 1924.
3. Karl Spiesberger, *Runenmagie*, Schilowski, Berlín, 1955.
4. Roland Dionys Jossé, *Die Tala der Raunen*, Bauer, Freiburg/Breisgau, 1955.
5. Werner Kosbab, *Das Runen-Orakel*, Bauer, Freiburg/Breisgau, 1982.
6. Ralph Blum, *The Book of Runes,* St. Martin Press, Nueva York, 1982. El juego de runas de Blum abrió el reino de las runas a muchos novatos; sin embargo, los que prefieren estudiar más en serio el tema de la runología encuentran que este trabajo descuida lo más esencial de todo el sistema futhark. Así, a pesar de cualquier información personal que Blum pudiera proporcionar sobre runas individuales, todo su sistema debe considerarse artificial.

tradición o la autenticidad. Osborn y Longland presentan la imagen de un sistema y una cultura en transición, de los paganos a los cristianos. Esto puede verse como una imagen invertida de la situación actual a medida que el péndulo cultural retrocede. *At the Well of Wyrd* intenta presentar un sistema cristiano totalmente tradicional, pre (y pos) cristiano para aquellos que están listos para deshacerse de sus muletas.

Aunque esta sección contiene un sistema completo de adivinación rúnica viable, que pueden usar personas de diferentes tradiciones, sigue siendo una parte importante del trabajo de Rune-Gild para enseñar métodos más profundos e incluso más tradicionales de tirada de runas y continuar así la investigación en este campo. La adivinación es una herramienta importante no sólo en el trabajo con las runas (autotransformación esotérica) sino también en el arte de las runas (ingeniería ambiental esotérica).

Capítulo 15

TEORÍA RÚNICA ADIVINATORIA

Comprender cómo funciona la tradición de las runas puede ser algo relativo. Lo que nosotros entendamos puede variar bastante en relación a la forma exacta en que un tirador de runas eruliano de la antigüedad podría haberlo hecho. También hay varios niveles de comprensión en nuestra propia época. Siendo así, ¿por qué meternos en la «teoría»? ¿Por qué no ponernos manos a la obra y dejarnos de tales asuntos?

Desde el punto de vista del verdadero trabajo con runas a cualquier nivel, estas preguntas son absurdas. Está en el carácter del tirador indagar y actuar, buscar más en las runas y sus misterios. Si las runas son más que un sistema de «adivinación», entonces trabajar a través de varios de sus niveles de comprensión sólo puede mejorarse mediante intentos constantes de comprenderlas en toda su integridad. Entonces, la cuestión de la «teoría» o comprensión se vuelve totalmente práctica.

Tradicionalmente, el trabajo con las runas es un verdadero acto de comunicación directa entre los humanos y las divinidades de los muchos reinos, como se describe en el capítulo 6, «La magia de las runas y la adivinación». Dicha comunicación se lleva a cabo en el metalenguaje de los dioses (runas): la forma externa del regalo de Odín. También se sabe que las runas y toda la tradición que las acompañaba, así como los métodos rituales de consultarlas, eran de origen divino. El primer «tirador de runas» fue el propio Odín, y cada vez que se tiran, se participa en el proceso divino de una manera imitativa. Ésta es la esencia de la teoría tradicional de la tirada de runas, al menos desde el punto de vista odiano. La población no odiana de la antigüedad habría visto el proceso adivinatorio como un momento en el que «los dioses hablan a los mortales», y probablemente los odianos alentaban esta idea.

La comprensión exotérica, como todos los niveles verdaderos de comprensión, no es del todo incorrecta. Sin embargo, lo que este nivel no puede ver es que, en el contexto del acto ritual, el tirador de runas ha asumido el estado de «un dios». En realidad, para comunicarse con la realidad transpersonal oculta (las runas), el tirador debe asumir dicho estado para ser totalmente eficaz. Los resultados de la tirada se comunican al nivel humano de consciencia del tirador de runas (y tal vez al de los demás) a través de las runas y su sabiduría. Por lo tanto, la tirada de runas no es una tarea totalmente pasiva. La voluntad, la habilidad, el conocimiento y el nivel de ser del tirador son muy importantes. Sin ellos, las runas permanecerían ocultas para siempre.

Otro aspecto de la teoría tradicional involucra las «divinidades del destino», que son numerosas y prevalentes en la tradición germánica. Éstas se pueden dividir aproximadamente en tres «funciones» o ámbitos característicos de actividad. Primero, las grandes nornas (AN *Nornir)* Urdhr, Verdhandi y Skuld dan el contexto general en el que existen la acción y la reacción, la causa y el efecto, el tiempo y la sincronía, y proporcionan el contexto en el que pueden ser comprendidas. En segundo lugar están los «portadores del destino» personal. Éstos se conceptualizan como entidades que están unidas al individuo y que conducen el destino de ese individuo (AN *ørlög),* influyen en su vida y sus acciones. Hasta cierto punto, el tirador de runas está buscando el conocimiento de estas entidades y sus contenidos. Las entidades que pertenecen a este segundo grupo incluyen los fetch (AN *fylgja)* y nornir *(norns* menores), así como en ciertos casos *valkýrjur* (valkirias) y *disir* (dises).[1] En tercer lugar están las «guías». Se cree que estas entidades son capaces de manipular las runas para que caigan o se distribuyan de una determinada manera. Las guías pueden ser norns, dises o incluso valkirias. Cabe señalar que, desde el punto de vista del odiano, estas entidades son en realidad partes de su Yo total.

Las runas y el destino

La runa *perthro* es fundamental para comprender el contexto en el que funciona la adivinación rúnica. Esta runa contiene el funcionamiento secreto de las tres grandes norns: Urdhr-Verdhandi-Skuld. Éstas son vastas fuerzas del cosmos cuya manifestación es sinónimo del origen del tiempo (incluida la sincronicidad), el movimiento (por lo tanto, causa y efecto) y todo el devenir. Éstas son fuerzas oscuras etin según el «Völuspá» estrofa 8, de la *Edda Poética*.

La esencia de su misterio está contenida en el significado de sus nombres. Urdhr (AI *Wyrd)* es simplemente el participio pasado del verbo *verdha*, «llegar a ser», «convertirse en» (AI *wyrd* se forma de manera similar a partir del verbo *weordhan).* Así, Urdhr realmente significa «lo que se ha convertido en o ha llegado a ser», en otras palabras, «el pasado». Verdhandi es el participio presente del mismo verbo, y significa «lo que se está convirtiendo o llegando a ser», es decir, «el presente». Skuld obviamente proviene de otro verbo, *skulu*, que significa «deberá». Es esencial o cualitativamente diferente de los otros dos, y significa «lo que será (llegará a ser)». En nórdico antiguo estas palabras tienen connotaciones de deber y obligación, pero en los niveles más arcaicos, cuando surgió el término, sólo indicaba lo que debería suceder, dadas las circunstancias pasadas.

También es de suma importancia darse cuenta de que la antigua idea germánica del tiempo se construyó sobre un modelo de «pasado versus no-pasado». Si nos fijamos, incluso en inglés mo-

1. Thorsson, Edred: *Runelore: A Handbook of Esoteric Runology*. Weiser, York Beach, 1987.

derno no existe realmente un tiempo futuro (se necesita el verbo auxiliar *will* para formar el futuro). Ésta es una característica común de todas las lenguas germánicas: alemán, inglés, holandés y lenguas escandinavas. Pero sí que tenemos un tiempo pasado absolutamente real. Esto se debe a que, para la mente germánica, el pasado es real, mientras que el futuro es sólo hipotético y está sujeto a cambios, y el presente es una constante ahora mismo.

Si esos conceptos se entienden completamente, será fácil ver la verdadera naturaleza del concepto germánico de «destino» (AN *ørlög). Ørlög* no es una cosa fija e inmutable; de hecho, se está transformando constantemente por la acción continua. Sin embargo, *ørlög* es una fuerza poderosa y de cuya acción pocos pueden escapar una vez que se arraigan ciertos patrones. El conocido «fatalismo» germánico es, en su mayor parte, una comprensión exotérica de este proceso. Tu «Skuld» se ve afectado, incluso determinado, por «Urdhr», que es tu *wyrd*. El *wyrd* es esencialmente una «acción pasada» que ha sido formulada y absorbida por tu ser. Ahora, si a este trabajo en la ya vasta red se añade la idea de la «reencarnación» germánica (AN *aptrburdhr,* renacimiento), surge una imagen verdaderamente compleja. *Wyrd* parece (y, de hecho, es) tan convincente porque sus raíces generalmente están ocultas en su remoto «pasado»; están tan profundamente arraigadas en nosotros que se han vuelto invisibles. Además, la gran complejidad del trabajo en red de *wyrd,* todas las acciones y reacciones pasadas a todos los niveles del ser, a lo largo de todo el tiempo de sus «existencias esenciales», dificulta enormemente la clasificación de los hilos de *wyrd*. En el nivel más elemental, el poder de *wyrd* puede expresarse con la frase «Los viejos hábitos son difíciles de romper». Mediante la tirada de runas, el vitki se esfuerza por llegar a la raíz o al nivel *wyrd* del asunto en cuestión.

Dos términos técnicos mencionados precedentemente necesitan un mayor análisis. *Aptrburdhr* o renacimiento (AN) es un proceso mediante el cual los poderes y características esenciales de una persona son transmitidos y heredados por generaciones posteriores. Esto generalmente ocurre de forma natural y a lo largo de líneas genéticas. Por ejemplo, el nieto puede ser la reencarnación del abuelo muerto. Con este renacimiento, el nieto también «hereda» el destino *(ørlög)* del abuelo y de todo su clan o tribu. El niño se ve afectado por su legado.

Ørlög en sí misma es una idea compleja. La palabra literalmente significa «capas primordiales» o «leyes primordiales», y realmente indica una acción que ha sido «establecida» en el pasado. Pero *ørlög* tiene una doble vertiente: comprende tanto las acciones pasadas que hemos realizado (en esta vida y quizás en las existencias anteriores de nuestro ser esencial), como las que otros (o fuerzas impersonales) nos han hecho en el mismo lapso de tiempo. En inglés, la única supervivencia de este concepto está en la palabra *ordeal* (acuerdo primordial), es decir, lo que fue «acordado» en el pasado. Por lo tanto, las ordalías (en teoría) servían para conocer objetivamente la verdad basada en estos conceptos.

De lo que se ha dicho anteriormente, debe quedar claro que el proceso que el tirador se propone para investigar a través de las tiradas de runas no es estrictamente uno de causa y efecto. El proceso nórdico es aquel que formula un conjunto de probabilidades basadas en una amplia gama de acciones y reacciones complejas en muchos niveles del ser. La tirada de runas es un intento de reproducir una imagen del trabajo en red de *wyrd* para que sus contenidos puedan analizarse y leerse. La teoría que más se acerca al ajuste del modelo germánico es la de la sincronicidad, originada por el psicólogo suizo C. G. Jung.[2]

Una *sincronicidad* es una coincidencia significativa, cuando los eventos externos (sucesos) coinciden con un evento psíquico (una conciencia del significado). Éstos son momentos en los que los campos eternos de significado se abren y tocan momentos en el tiempo cíclico (natural). Son momentos en los que nuestras almas y todo lo que nos rodea, pueden ser transformados hasta cierto punto si somos conscientes de ello.

El acto de tirar las runas no es tanto un intento de predecir eventos futuros como un intento de organizar las circunstancias internas y externas (el alma y la disposición de las runas) de tal manera que el centro de la red de *wyrd* sea comprensible. Desde este centro podemos interpretar la forma de gran parte del resto de la urdimbre y el tejido del mundo que nos rodea. Incluso podemos ver el mundo entero: pasado y «presente», arquetípico y mundano. Aquellos capaces de leer las runas podrán expandir su visión de tal manera que se aclaren todos los factores condicionantes de cualquier situación. Las líneas en la red de *wyrd* pueden extenderse en la consciencia y, por lo tanto, el reino de las probabilidades que rodean los eventos que suceden puede hacerse visible.

Si el vitki considera el patrón Yggdrasill que se muestra en el capítulo 10, en la página 135, como un trabajo en red de cuatro dimensiones, y el acto de echar las runas como una forma de expandir la consciencia a lo largo de todos los caminos hacia los nueve mundos, la tirada de runas puede verse como un método para expandir la consciencia desde un punto central (Midhgardhr). Pero así como Midgardhr es el fruto final de la creación de los mundos de Yggdrasill, también lo es la semilla de la que brota el nuevo crecimiento. La tirada de runas puede darnos los patrones probables para este nuevo crecimiento.

Finalmente, hay que decir algo sobre la «experiencia del *wyrd*». En inglés coloquial, el término «weird» ha llegado a ser sinónimo de raro. Éste es un desafortunado giro de los acontecimientos. La palabra proviene del idioma escocés, la lengua germánica de las tierras bajas escocesas, el norte de Inglaterra y el norte de Irlanda, un idioma en el que sobreviven muchos conceptos arcaicos. En otros tiempos, una experiencia «extraña» era aquella que parecía tener sus orígenes en lo numinoso, en el mundo de los dioses. Una experiencia rara hacía que se erizaran los pelos de la nuca y esto se consideraba muy significativo. Tales eventos eran más sincrónicos que cualquier otra cosa. Las cosas se volvieron palpablemente claras, a veces causando una reacción temerosa. Se espera que este libro ayude de alguna manera a rescatar esta palabra del olvido y de su moderno uso sin sentido.

2. Jung, C. G.: *Synchronicity: An Acausal Connecting Principle*. Princeton University Press, Princeton, 1973.

Capítulo 16

SIMBOLISMO RÚNICO Y TABLAS ADIVINATORIAS

En los primeros capítulos de este libro nos concentramos en asimilar la sabiduría esotérica de las runas. En la última parte participaremos activamente en el uso de las runas para causar alteraciones en nosotros mismos y en el medioambiente. Pero antes de que el aprendiz busque hacer cambios o escribir en la urdimbre y la trama del mundo, debe aprender a leer las runas correctamente. Ahora presentaremos los conceptos básicos para adquirir habilidad en la tirada de runas. Sin embargo, debe enfatizarse que las claves presentadas aquí no agotan las otras posibilidades de lecturas rúnicas. Cada vitki debe mantener registros cuidadosos de cada tirada para que las tendencias personales en la interpretación puedan ser memorizadas y utilizadas. Así como no hay dos personas que realmente hablen el mismo idioma (cada uno de nosotros usa la gramática y el vocabulario de manera única), la forma en que «tú y tus runas os comunicáis» también será única. Ésta es la razón por la cual aprender el arte de las runas es en realidad tan importante como aprender a conocerse a uno mismo.

Sin embargo, las siguientes tablas se basan en asociaciones tradicionales esencialmente extraídas de las percepciones de los poemas de runas y otros aspectos de tradición rúnica antigua (asociaciones de nombres, números, etc.). Además, se ha aprovechado la visión adivinatoria del sistema armánico alemán en el que se ha practicado con éxito una gran cantidad de tiradas de runas durante décadas.

Estas tablas delinearán las lecturas rúnicas a tres niveles: (1) conocimiento general, (2) niveles «positivos» o de nacimiento/vida (bajo el título «Runa brillante»), y (3) «negativos» o nivel de muerte (bajo el encabezado «Runa oscura»). El primero es necesario para dar una orientación general sobre el simbolismo rúnico y proporcionar un contexto desde el cual el tirador podrá ampliar las lecturas personales.

La lectura «brillante» de una runa es realmente su lectura «normal», la que tiene aisladamente y fuera del contexto de otras runas. Esto de ninguna manera significa que sea una lectura «positiva» en el sentido de «beneficiosa». Pongamos como ejemplo las runas *thurisaz, isa, nauthiz o hagalaz,* que pueden ser perjudiciales por sí mismas en sus aspectos «positivos». La lectura «negativa» u oscura de una runa está determinada por su relación con otras runas o por la posición en la que aterriza en una tirada. Esta negatividad es, en realidad, la expresión de uno de dos posibles patrones: (1) cataclismo u (2) obstrucción. Cuando una runa se yuxtapone cataclísmicamente a otra, indica que un cambio está por venir, un cambio que tal vez sea incómodo, pero que puede conducir a un nuevo comienzo. La obstrucción de una fuerza rúnica por otra es la peor de las posibilidades; sugiere estasis y estancamiento de las fuerzas. Las formas de determinar el brillo relativo o la oscuridad de una runa en una lectura concreta se verán detalladamente en el capítulo 19.

Cada tabla muestra la forma del carácter, sus valores numéricos y fonéticos, su nombre germánico con traducciones de varios contextos culturales e históricos y la palabra moderna en inglés derivada de él (o un nombre reconstruido). Esta palabra en inglés se puede usar como un nombre moderno alternativo para la runa. También se incluyen estrofas del «Poema rúnico en inglés antiguo» (PRIA), la «Rima rúnica en noruego antiguo» (RRNA) y el «Poema rúnico en antiguo islandés» (PRAI) que son relevantes para cada uno de los caracteres antiguos. Sólo hay dieciséis runas en el sistema más moderno utilizado por la «Rima rúnica en noruego antiguo» y el «Poema rúnico en antiguo islandés», por lo que solamente esas dieciséis –de las veinticuatro runas del sistema antiguo– tienen estrofas en estas dos obras.

1

ᚠ

FEHU

Valor fonético: F

Nombre germánico: *Fehu*
riqueza móvil, ganado,
ahorros, dinero, oro

Inglés moderno: *Fee*

PRIA

ᚠ (El dinero) es un consuelo
para todos,
aunque cada hombre debería
usarlo libremente
si quiere obtener la aprobación
del señor.

RRNA

ᚠ (El dinero) causa conflictos entre los parientes;
el lobo crece en el bosque.

PRAI

ᚠ (El dinero) es la (causa de la) lucha entre los parientes
y el fuego de la marea de inundación
y el camino de la serpiente.

Tradición

Éste es el principio del poder móvil: en la naturaleza, en uno mismo y en la sociedad. *Fehu* es un poder que fluye hacia afuera como el fuego y debe circular para ser beneficioso. La circulación del fuego debe ser controlada por los athelings con sabiduría y previsión para que no los destruyan a ellos mismos ni a los demás. La runa-F es un símbolo del fuego primigenio de la vida y el movimiento que garantiza el cambio continuo en el mundo.

Runa brillante

Se necesita previsión. La riqueza puede estar a la vista, pero debe usarse con sabiduría y compartirse generosamente para evitar conflictos. Si se usa correctamente, se ganará éxito social. Esto también vale para la «riqueza interior», el conocimiento. Comparte y tu poder crecerá. El origen de este bienestar está fuera de la consciencia actual. El poder sale de debajo de la superficie. Se requiere un comportamiento ético basado en la sabiduría y la tradición. Puede haber viajes a la vista. Se indica una gran energía, así como nuevos comienzos o una nueva vida. Renovación erótica. Esta runa podría significar una persona que trabaja con animales o con finanzas.

Runa oscura

La avaricia puede hacer que te conviertas en un paria en la sociedad y que sufras una alienación interna. La discordia puede estar cerca, basada en la falta de circulación del poder de *fehu*. El exceso de *fehu* puede hacer que «quemes» tus energías creativas. Contrólalas y úsalas con sabiduría. Puede haber propensión a la agresión ofensiva. La obstrucción conduce a un bloqueo o atrofia de las energías vitales. El fracaso y la pobreza pueden acechar.

Palabras claves para *fehu*

Brillante: Éxito social, riqueza energética, previsión, nuevo comienzo.
Oscura: Avaricia, «agotamiento, atrofia, pobreza, discordia.

2

ᚢ

URUZ

Valor fonético: U

Nombre germánico: *Uruz*
Uro, llovizna, escoria

Inglés moderno: *Urox*

PRIA

ᚢ (Aurochs) no tiene miedo;
tiene grandes cuernos
y es una bestia feroz,
lucha con sus cuernos.
Un famoso vagabundo del páramo,
es un animal valiente.

RRNA

ᚢ (Escoria) es de hierro malo;
a menudo corre el reno por la nieve dura.

PRAI

ᚢ (Llovizna) es el llanto de las nubes
y la disminución del borde del hielo
y (un objeto para) de odio para el pastor.

Tradición

Éste es el principio de la energía orgánica vital, la procreación orgánica y la transformación orgánica. *Uruz* es la fuerza de la Gran Vaca Cósmica primigenia que da forma a la manifestación y defiende lo manifestado. El auroch era un bovino salvaje y poderoso, grande como un bisonte, con cuernos largos, que deambuló por Europa hasta su extinción. La bestia era conocida por su poder, ferocidad y tenacidad. Los poemas medievales le otorgan diferentes significados: (1) un fuego purificador que elimina la escoria, o (2) agua expulsada de las nubes por un proceso similar.

Runa brillante

La fuerza vital es su esencia. Hay un emotivo aumento y derramamiento de energía. Dicha energía conduce a la fuerza si se mantiene y controla tenazmente. Correctamente usada, esta fuerza puede defender la «patria», ya sea el hogar físico o el «salón» del yo (es decir, que aporta «mecanismos de defensa»). Cuando hay esfuerzo hacia metas internas se irá acumulando más poder. Usa la fuerza para quemar la debilidad y la escoria. Sé constante y vigilante. La esencia orgánica de la runa te conducirá al conocimiento y la comprensión, la salud y la suerte en general. (La herradura como símbolo de suerte se derivó de esta runa **:ᚢ:**). Esta runa podría hablar de un médico o de un artesano.

Runa oscura

Protección obsesiva y codicia. La mala dirección de la energía arruina o destruye los aspectos beneficiosos. Puede indicar que la fuerza se está usando de forma inadecuada o en el tiempo incorrecto («lluvia sobre el heno»), o la fuerza utilizada por las personas equivocadas cuyo único deseo es controlar a los demás («pastor»).

El entusiasmo descontrolado conduce a la manía. Un bloqueo de *uruz* conduce a la enfermedad, la inconsistencia y la ignorancia.

Palabras clave para *uruz*

Brillante: Fuerza, defensa, tenacidad, libertad, buena forma, salud, comprensión.

Oscura: Debilidad, obsesión, fuerza mal dirigida, dominación por los demás, enfermedad, inconsistencia, ignorancia.

3

ᚦ

THURISAZ

Valor fonético: TH

Nombre germánico: *Thurisaz*
gigante *(thurs)*; espina *(thorn)*

Inglés moderno: *Thurs* o *thorn*

PRIA

ᚦ (La espina) es muy cortante;
para todo señor
que la agarre; es dañina y extremadamente cruel
con todo hombre
que yazca sobre ella.

RRNA

ᚦ (Thurs) causa la enfermedad de las mujeres;
pocos se alegran de la desgracia.

PRAI

ᚦ (Thurs) es el tormento de las mujeres
y el habitante en las rocas
y el esposo de Vardh-rúna (¿una giganta?)

Tradición

Thurs es una fuerza reactiva en la naturaleza salvaje. Es una reacción al choque de dos fuerzas polarizadas y la transformación de éste en energía cinética. Esto ocurre en la naturaleza en forma de *Thurses* (fuerzas inconscientes), pero también el Ása-Thor utiliza una fuerza análoga, Mjöllnir, para combatir la invasión de la inconsciencia. La runa-TH es símbolo de la respuesta psicosexual, que en los seres inconscientes conduce a la compulsión, pero en los conscientes a la transformación.

Runa brillante

Las reacciones a tus actos pueden ser peligrosas. Ten cuidado al comprometerte pasivamente o aferrarte ciegamente al «mundo exterior» (es decir, fuera de ti, tu hogar, etc.). Hazlo todo con sensatez. El peligro puede estar presente en el mundo exterior. Ésta es una fuerza vital erótica. Una intensificación de la expresión erótica puede aparecer, pero podría mezclarse con dolor. Aplicado correctamente, este poder puede ser protector y conducir a cambios evolutivos y regenerativos. Ésta es la runa de la crisis para bien o para mal, un catalizador para el cambio. Puede representar una persona brutal o no cualificada.

Runa oscura

Si se toma imprudentemente, la runa-TH refleja indefensión y peligro. Cuidado con los enemigos externos. Indica compulsión reactiva y miseria en las relaciones con el sexo opuesto. La traición está a la vuelta de la esquina. Thurs es una entidad intelectualmente «densa» como una roca.

Palabras clave para *thurs*

Brillante: Fuerza reactiva, fuerza dirigida, erotismo vital, catalizador regenerador.
Oscura: Peligro, indefensión, compulsión, traición, embotamiento.

PRIA

ᚩ (Dios/Mouth) es el maestro
de todo discurso,
el pilar de la sabiduría
y un consuelo para los sabios;
para todo noble guerrero,
esperanza y felicidad.

RRNA

ᚨ (Estuario) es el camino de todo viaje;
pero la vaina es (para) las espadas.

PRAI

ᚨ (Ase = Odhinn) es el viejo padre
y el jefe de Asgardhr
y el líder de Valhöll.

4

ᚨ

ANSUZ

Valor fonético: A

Nombre germánico: *Ansuz*
Ase, Odín: soberano, dios
ancestral del intelecto

Inglés moderno: *Ans*

Tradición

Es el principio del poder consciente divino, como se encarna en el dios Odín. Odín es el patrón divino o modelo ejemplar para la autotransformación, no un dios con el que los fieles busquen la «unión». Esto se muestra simbólicamente en las analogías hechas en la RRNA: estuario/viaje en barco y espada/vaina. Ansuz contiene el misterio del «metalenguaje», ya que encarna todos los sistemas lingüísticos y simbólicos. Ésta es la runa de la consciencia sintética.

Runa brillante

Indica habilidades relacionadas con el lenguaje. El poder de persuasión es grande en la palabra hablada y en la capacidad para imitar. El acceso directo a la fuente de consciencia y quizás una experiencia espiritual transformadora están muy cerca. Aprende el camino de Odín, pero no lo adores. Indica la responsabilidad de las formas ancestrales y la promoción de los intereses de los ancestros. Es necesario sintetizar, reunir elementos dispares, para poder comprender. La inspiración y el logro intelectual están presentes. Lo inesperado puede suceder. Lucha por lo mejor y lo más alto. Esta runa puede hablar de una persona intelectual o sacerdotal.

Runa oscura

Sin una comprensión adecuada, *ansuz* puede conducir a la ilusión. Las situaciones incómodas pueden estar cerca, como pruebas o catalizadores para una nueva comprensión. Ten cuidado con los intentos para manipularte. El peligro puede venir por un mal uso del conocimiento o por influencias nocivas. Un bloqueo de esta fuerza conduce al aburrimiento y finalmente a la muerte intelectual.

Palabras clave para *ansuz*

Brillante: Inspiración (entusiasmo), síntesis, transformación, palabras.
Oscura: Malentendido, engaño, manipulación por otros, aburrimiento.

5

ᚱ

RAIDHO

Valor fonético: R

Nombre germánico: *Raidho*
Montar a caballo,
montar un vehículo

Inglés moderno: *Riding* o *rowel*

PRIA

ᚱ (Montar) es fácil
para todo guerrero,
pero muy difícil
para el que se sienta
en un poderoso caballo
durante kilómetros de camino.

RRNA

ᚱ (Montar), se dice, es lo peor para el caballo;
Reginn forjó la mejor espada.

PRAI

ᚱ (Montar) es un acto bendito
y un viaje rápido,
y un trabajo duro para el caballo.

Tradición

Éste es el principio del dinamismo rítmico y proporcional o acción energética. Es el ciclo, pero en forma de espiral, siempre gobernado por una proporción e intervalo perfectos. Como tal, *raidho* es la runa del largo viaje, el prolongado y duro viaje de crecimiento y devenir en el mundo. Es un viaje que debe regirse por el buen consejo y por un proceso racional. *Raidho* es la práctica de lo que *ansuz* ha inspirado.

Runa brillante

Se indica un cambio ordenado. Los actos éticos ordenados son necesarios. Sin embargo, requieren planificación, preparación y buen juicio. La acción es necesaria. Adquiere experiencia del «mundo exterior». El *fylgja* y el *hamingja* deben fortalecerse. Un viaje o cambio en la situación doméstica está a la vista. Los asuntos lógicos pueden convertirse en una preocupación. Habrá justicia. Haz uso de la razón y acepta un buen consejo. Esta runa puede significar una persona del campo legal o del transporte.

Runa oscura

Los tiempos difíciles están llegando. La crisis espiritual basada en la falta de preparación puede estar muy cerca. Podría producirse el aburrimiento espiritual resultante de rutinas rígidas. Cuidado con los malos consejos. Un bloqueo de la fuerza *raidho* conducirá a la injusticia, la violencia, la estupidez o la irracionalidad.

Palabras clave para *raidho*

Brillante: Racionalidad, acción, justicia, crecimiento ordenado, viaje.
Oscura: Crisis, rigidez, estasis, injusticia, irracionalidad.

6

ᚲ

KENAZ

Valor fonético: K

Nombre germánico: *Kenaz*, antorcha; *Kaunaz*, dolor

Inglés moderno: *Keen*

PRIA

ᚳ (Antorcha) es para toda persona viva
conocida por su fuego,
es clara y brillante,
por lo general, arde
cuando los athelings
descansan dentro en el salón.

RRNA

ᚴ (Dolor) es la maldición de los niños;
el dolor hace palidecer a un hombre.

PRAI

ᚴ (Dolor) es el fardo de niños,
y un azote,
y la casa de carne podrida.

Tradición

Éste es el principio del análisis (de dividir las cosas en sus diversos componentes) y de la creatividad para dar forma a las cosas. *Kenaz* es el fuego de la inspiración divina bajo el control del arte humano, lo que da como resultado la creación artística. Es el fuego de la antorcha, el hogar, el altar, la fragua y la pira funeraria.

Runa brillante

Indica creatividad interna o capacidad artística, habilidad en general y aptitudes. El fuego creativo se aplica a la personalidad. Sugiere transformación, modelado o remodelado de las cosas y las personas en una situación presente, por inspiración divina. Puede ser que un niño esté en camino. Esta runa se refiere a alguien que se dedica al arte o la artesanía.

Runa oscura

Disolución no deseada, tal vez en forma de enfermedad física, o la ruptura de una relación. Puede indicar problemas con los niños. El bloqueo de la fuerza de *kenaz* conduce a la incapacidad y la falta de creatividad o habilidades.

Palabras clave para *kenaz*

Brillante: Habilidad técnica, inspiración, creatividad, transformación, descendencia.
Oscura: Enfermedad, ruptura, incapacidad, falta de creatividad.

PRIA

ᚷ (Regalo) es para todo hombre
un orgullo y alabanza,
ayuda y dignidad;
y de todo aventurero sin hogar
es el patrimonio y la sustancia
para aquellos que no tienen nada más.

7
ᚷ
GEBO
Valor fonético: G
Nombre germánico: *Gebo*, regalo, generosidad
Inglés moderno: *Gift*

Tradición

Éste es el principio del triple regalo de Odín: consciencia, aliento divino y forma. También es el principio de dar y recibir, de un intercambio entre dos seres o dos reinos. Es el sacrificio –u ofrenda– que las personas hacen a los dioses para compensar o solicitar favores divinos. En la sociedad humana esto se refleja como simple hospitalidad.

Runa brillante

Brindar hospitalidad y generosidad a los huéspedes. Prepárate para aceptarla también. Un don material o espiritual puede estar al caer. Puedes esperar un gran honor, dignidad, buena reputación, o puede que vayas a otorgarlos a otro si tienes una posición de poder. Puedes tener una relación mágica con un miembro del sexo opuesto. Una experiencia poderosa y sincrónica *(wyrd)* podría estar a punto de suceder. Esta runa puede representar a una persona que trabaja para una organización sin ánimo de lucro o una organización benéfica, o alguien que regenta un hotel o restaurante.

Runa oscura

Ten cuidado de no regalar todo lo que tienes. Gasta tu dinero sabiamente. No te vuelvas demasiado dependiente de los obsequios de los demás, porque «un regalo siempre espera una retribución». Es posible un intento de comprar influencia con regalos; cuidado con la esclavitud financiera. Las cosas pueden empeorar antes de mejorar. El bloqueo de *gebo* causará avaricia y debilidad, o pobreza y soledad.

Palabras clave para *gebo*

Brillante: Don (dar), generosidad, intercambio mágico, honor, sacrificio voluntario.
Oscura: Compra de influencias, avaricia, soledad, dependencia, sacrificio excesivo.

8

ᚹ

WUNJO

Valor fonético: W

Nombre germánico: *Wunjo,* alegría

Inglés moderno: *Wyn*

PRIA

ᚹ (Alegría) tiene
quien conoce pocas penas
dolores y problemas
y el que tiene
poder y bendición,
y una casa suficientemente buena.

Tradición

Éste es el principio de la armonización ideal entre entidades o elementos, especialmente aquellos derivados de la misma fuente. De ahí la armonía, la alegría y el buen ánimo que surgen naturalmente.

Runa brillante

Se puede esperar armonía social y doméstica. Indica la ausencia de dolor o la capacidad para sobrellevarlo bien. Mantén los ideales en mente; lucha por ellos. O bien indica buena salud física, aunque se le deba prestar atención. Esfuérzate por reunir elementos dispares en tu vida; organiza las cosas. Armoniza tu vida interior y exterior. Es probable que haya nuevas relaciones sociales, no necesariamente sexuales. La prosperidad material puede resultar de las relaciones comerciales. Habla de una persona que trabaja en servicios sociales o ayudando a los demás de algún modo.

Runa oscura

Sugiere la disolución de la individualidad en la «mente colectiva». El desenfoque de los esfuerzos individuales y la minimización del ego individual pueden conducir a la pérdida de la propia identidad. La detención de la fuerza *wunjo* da como resultado malas relaciones con los demás (conflictos y alienación), así como el alejamiento interno del yo y de los dioses.

Palabras clave para *wunjo*

Brillante: Armonía, alegría, compañerismo, prosperidad.
Oscura: Estulticia, tristeza, lucha, alienación.

9

ᚺ

HAGALAZ

Valor fonético: H

Nombre germánico: *Hagalaz*, granizo (piedra)

Inglés moderno: *Hail*

PRIA

ᚻ (Granizo) es la más blanca de las semillas,
viene de lo alto en el cielo,
las lluvias con viento lo arrojan,
y entonces se convierte en agua.

RRNA

ᚼ (Granizo) es la más fría de las semillas;
Cristo[1] moldeó el mundo en la antigüedad.

PRAI

ᚼ (Granizo) es una semilla fría y una lluvia de aguanieve,
y la enfermedad (destructora) de las serpientes.

Tradición

«Granizo» es un principio complejo que implica su proyección (desde «arriba» o desde el «más allá») de una sustancia dura y peligrosa que es también la «semilla del devenir», la nueva creación y la transformación, a veces a través de la crisis. Esto queda claro en todos los poemas de runas que se refieren al «granizo» como una forma de «grano» o una semilla. Implica transformación dentro del marco del cosmos, y la (re)unificación de opuestos polares de una manera productiva. Al igual que el número nueve, representa la compleción.

Runa brillante

Un cambio o transformación de una situación en tu vida. Quizás haya una crisis o un trauma a la vista. La fuente de este impulso probablemente vendrá de más allá de tu consciencia actual. Advertencia: prepárate para la crisis. Esta runa indica orden autoimpuesto y armonía interior basada en modelos míticos (que es la única preparación posible). Busca desarrollar ideales o principios puros y cristalinos. Si se emprende un cambio a partir del impulso de la crisis, se puede esperar un buen resultado. Indica una remodelación de la situación actual inspirada en formas o principios superiores (arquetipos). Esta runa puede indicar una persona mística, un mago, un gurú o un sacerdote.

1. Seguramente ponía *Hroptr* antes de que un copista cristiano lo cambiara.

Runa oscura

Indica una crisis que conduce a la destrucción de los poderes vitales y fuentes de bienestar. Hay falta de preparación. Cambio a peor. El estancamiento personal es una invitación a la catástrofe. El bloqueo del *hagalaz* dará como resultado un estancamiento total y la falta de cambios en la vida. Al principio puede parecer beneficioso, pero la crisis debe controlarse, sin evitarse por completo.

Palabras clave para *hagalaz*

Brillante: Cambio según ideales, crisis controlada, finalización, armonía interior.
Oscura: Catástrofe, crisis, estancamiento, pérdida de poder.

10

ᚾ

NAUTHIZ

Valor fonético: N

Nombre germánico: *Nauthiz*, necesidad, fuego salvaje, angustia

Inglés moderno: *Need*

PRIA

ᚾ (Necesidad) se contrae en el pecho
aunque para los hijos de los hombres puede ser
una ayuda y salvación
si la atienden a tiempo.

RRNA

ᚾ (Necesidad) hace una situación difícil;
la desnudez se hiela en la escarcha.

PRAI

ᚾ (Necesidad) es el dolor de la esclava,
y una condición difícil para sobrellevar,
y trabajo duro.

Tradición

La «necesidad» es el principio de resistencia o fricción en el universo. Al igual que con la runa «granizo», el origen está fuera del control del individuo. Éste es el principio de la cadena de causalidad: causa y efecto. Es un principio fundamental de *ørlög*: acción y reacción en una cadena de eventos. En la oscuridad y el frío de la runa-N, la necesidad de fuego se realiza, pero el fuego debe generarse a partir de lo que tienes dentro de ti. Por lo tanto, la necesidad de fuego se enciende para desterrar la angustia.

Runa brillante

El reconocimiento de la «necesidad» lleva a tomar las medidas adecuadas para aliviar la angustia. El estrés se convierte en fuerza a través de la consciencia. La resistencia de la voluntad conduce a un fortalecimiento de ésta. La crisis fuerza el pensamiento original y la autosuficiencia. Un cambio lleva a la salvación desde dentro del ser. Esta runa puede indicar una historia de amor tórrida o una crisis en el presente. También puede significar un trabajador de servicios o burócrata, o un místico/mago.

Runa oscura

Las circunstancias externas limitan la libertad. Cuidado con un ambiente hostil. Tu voluntad tiene resistencia. Los aspectos difíciles de la vida te están agobiando. La fricción está presente en tus relaciones internas y externas. Estás demasiado enfocado en las cosas «externas», vuélvete hacia adentro. El bloqueo de *nauthiz* conduce a una falta de tensión dinámica en la vida. Existe el peligro de ser seducido por el «camino fácil» (el llamado «camino de menor resistencia»). Esto resultaría en atrofia personal.

Palabras clave para *nauthiz*

Brillante: Resistencia (que conduce a la fuerza), reconocimiento de *ørlög,* innovación, fuego salvaje (autosuficiencia).

Oscura: Restricción de la libertad, angustia, trabajo duro, trabajo pesado, laxitud.

11

ᛁ

ISA

Valor fonético: I

Nombre germánico: *Isa*, hielo

Inglés moderno: *Ice*

PRIA

ᛁ (Hielo) es muy frío
y extremadamente resbaladizo;
brilla, claro como el cristal.
Es muy parecido a las gemas,
un piso hecho de escarcha.
Es justo verlo.

RRNA

ᛁ *(Hielo), llamamos al puente ancho;*
los ciegos necesitan ser guiados.

PRAI

ᛁ (Hielo) es la corteza del río,
y el techo de las olas
y un peligro para las hadas.

Tradición

El «hielo» es el principio de contracción absoluta y estasis. Reúne todas las cosas a su alrededor y trata de mantenerlas quietas, oscuras y frías. Ésta es la extensión del hielo cósmico de Niflheimr que equilibra el dinamismo total de los fuegos en Muspellsheimr. Esta fuerza actúa como un puente entre mundos debido a su calidad de «solidificación». Es el elemento de unión en el cosmos. Sin embargo, en su estado puro es un elemento destructivo y peligroso.

Runa brillante

Mejora de la autoconsciencia y de la consciencia del ego. Las situaciones difíciles se superan con recursos internos. Transición (no siempre fácil) de un estado de ser a otro. Esta runa puede indicar un momento para regresar al yo sin separarse del mundo. Necesita una acción iluminada para guiar sus pasos en las posibles transiciones. Posees autocontrol, la capacidad de influir en los demás, unidad de propósito y ser. Este elemento no está exento de la fascinación de la belleza. Isa también puede representar a un místico, un pillo o un muerto.

Runa oscura

Fuera de equilibrio, el «hielo» puede causar el congelamiento de las fuerzas vitales y un exceso de concentración en mitad del ego, lo que lleva a la opacidad y la estupidez. Existe el peligro de quedarse ciego totalmente. Las transiciones auguran peligros, aunque los peligros pueden estar ocultos por la belleza. Tu voluntad puede debilitarse; o puedes ser controlado por otros, por fuerzas externas: un bloqueo de *isa* conduce a una disipación de fuerzas y una incapacidad para concentrarse en la consciencia o la actividad.

Palabras clave para *isa*

Brillante: Yo concentrado, consciencia (ego), autocontrol, unidad.
Oscura: Egolatría, opacidad, ceguera, disipación.

PRIA

ᛄ (Cosecha) es la esperanza de los hombres,
cuando dios lo permita,
santo rey del cielo,
la ticrra da frutos brillantes
a nobles y a necesitados.

RRNA

ᛅ (Buena cosecha) es el beneficio de los hombres;
Yo digo que Frodhi fue generoso.

PRAI

ᛅ (Buena cosecha) es el beneficio de todos los hombres,
y un buen verano
y un campo maduro.

> 12
>
> ᛃ
>
> JERA
>
> Valor fonético: J (Y)
>
> Nombre germánico: *Jera* (bueno), año, cosecha
>
> Inglés moderno: *Year*

Tradición

Jera es el aspecto cíclico de la naturaleza, la gran rueda del año. Cuando se usa adecuadamente, este ciclo natural produce buenos frutos (recompensas). El año es un proceso mecánico/orgánico, no un proceso «moral». Este concepto de ciclo eterno, o eterno retorno, es uno de los conceptos centrales del futhark. El otro se encuentra en el eje de la runa-Y.

Runa brillante

Recompensas por la acción correcta. Mucho se puede esperar una «buena cosecha». Puedes ser el destinatario de la generosidad de otro. La paz y la tranquilidad nacidas del bienestar material están a la vista. Experimenta las manifestaciones orgánicas/materiales de tus acciones. Ten paciencia para actuar en el momento adecuado. Esta runa puede representar a un agricultor o alguien relacionado con asuntos financieros.

Runa oscura

La esclavitud de los patrones cíclicos. No puedes ir más allá del comportamiento repetitivo. El tiempo o las acciones inapropiadas conducen a resultados negativos. El fracaso y la pobreza pueden resultar del trabajo incorrecto. Un bloqueo de la runa-J provoca la incapacidad para usar patrones cíclicos y naturales. La ignorancia de los caminos de la naturaleza puede conducir a un conflicto consigo mismo y con los demás cuando intentas compensar.

Palabras clave para *jera*

Brillante: Recompensa, abundancia, paz, sincronización adecuada.
Oscura: Repetición, mal momento, pobreza, conflicto.

13

ᛇ

EIHWAZ

Valor fonético: J (Y)

Nombre germánico: *Eihwaz*, tejo

Inglés moderno: *Yew* o *Yogh*

PRIA

ᛇ (Tejo) está fuera
de un árbol áspero
y duro, firme en la tierra,
guardián del fuego,
apoyado por raíces.
(Es una) alegría en la finca.

RRNA

ᛦ (Tejo) es el bosque más verde del invierno;
generalmente, cuando arde, todo se chamusca
(es decir, hace un fuego muy caliente).

PRAI

ᛦ (Tejo) es un arco ensartado,
y un hierro frágil,
y Farbauti (= un gigante) de la flecha.

Tradición

Es el principio del eje vertical que penetra en el mundo desde arriba y desde abajo, conectando el reino humano con las regiones celestiales y ctónicas. Es la síntesis del arriba y abajo, luz y oscuridad, vida y muerte. El tejo es una fuerza flexible pero también dura; perdura más allá de todas las demás cosas.

El tejo es de hoja perenne en el invierno, la vida en medio de la muerte, y se utiliza para encender fuego, convirtiéndose así en el «sol interior». Éste es Yggdrasill, el Árbol del Mundo.

Runa brillante

El «tejo» promueve la iluminación espiritual a lo largo del eje vertical de la consciencia. Se necesita dureza y flexibilidad mental. La llama interna debe encenderse a través de la disciplina. Busca la independencia del orden natural/mecánico del cosmos. Anuncia cambios controlados en la consciencia (iniciación). La comprensión de la fuerza interior te protegerá de los peligros externos. Reúne la luz y la oscuridad. Esta runa también puede indicar un místico o mago.

Runa oscura

Cuando *eihwaz* llegar demasiado pronto a la vida de una persona puede causar una profunda confusión y consternación. Los fuegos calientes que se encienden inconscientemente pueden causar «agotamiento», lo que lleva a la muerte y la descomposición. Una interrupción del principio de «tejo» en aquellos que están preparados para ello provoca una profunda sensación de insatisfacción, aburrimiento y falta de sentido. También puede suavizar la voluntad y sentido de autodisciplina.

Palabras clave para *eihwaz*

Brillante: Iluminación, resistencia, iniciación, protección.
Oscura: Confusión, destrucción, insatisfacción, debilidad.

14

ᛈ

PERTHRO

Valor fonético: P

Nombre germánico: *Perthro*, cubilete para tirar los dados

Inglés moderno: *Perd*

PRIA

ᛈ (Cubilete) es siempre
juego y risa
entre hombres audaces
cuando se sientan los guerreros
en la cervecería
felizmente juntos.

Tradición

Dos cosas son necesarias para entender la conexión entre la alegría descrita en la «cervecería» (es decir, un lugar donde se consume cerveza, que era una bebida sacrificial) y la idea de adivinación o tirada de runas. Primero hay que comprender que había muy poca diferencia entre las técnicas y herramientas de adivinación con runas y las del juego corriente para pasar el rato. En segundo lugar, debes saber que el juego era una pasión absoluta entre los pueblos germánicos (e incluso todos los indoeuropeos). (Véase *Germania*, capítulo 24). Igual que la guerra, el juego era una forma de «probar suerte», lo que significaba nada menos que la fuerza de sus seres esenciales. Éste es el principio rúnico detrás del proceso encarnado en las tres nornas, Urdhr-Verdhandi-Skuld, que resulta en *ørlög,* la prueba de la humanidad. El misterio de *perthro* es de lo que se trata en una tirada de runas.

Runa brillante

Una fuente de alegría para los athelings (poderosos e iluminados) que se sientan en la cervecería, es decir, un pozo de conocimiento y éxtasis para los athelings en un estado contemplativo, contenido dentro de sus recintos psicosomáticos («hall») cargados con el fluido («cerveza») de la consciencia de Odín. Esto es generalmente «buena suerte» y es un buen augurio para las tiradas de runas. Presagia buena comunión y felicidad, pero indica un constante cambio evolutivo y crecimiento. Puede representar a un artista o músico.

Runa oscura

Demasiada fuerza, una adicción a los placeres, puede causar caos, destrucción y confusión. El uso imprudente de *perthro* conduce a la disipación y al despilfarro de fuerzas vitales. El cese de esta fuerza provoca el estancamiento, la soledad y el marchitamiento de los placeres de la vida.

Palabras clave para *perthro*

Brillante: Buena suerte, conocimiento de *ørlög,* compañerismo y alegría, cambio evolutivo.
Oscura: Adicción, estancamiento, soledad, malestar general.

15

ᛉ

ELHĀZ

Valor fonético: Z

Nombre germánico: *Elhaz,* alce o *Algiz,* protección

Inglés moderno: *Elks*

PRIA

ᛉ La juncia (del alce) tiene su hogar
en el pantano,
crece en el agua
y causa heridas severas
y enrojece («quema») con sangre
a cualquier hombre
que, de alguna manera, trate de arrancarla.

Tradición

Ésta, como la runa *thurisaz* (ten en cuenta las similitudes temáticas en el PRIA), es un concepto de «doble filo». El nombre de «juncia del alce», en AI, es una metáfora, o nombre poético, de la espada. Esencialmente, *elhaz* es el principio de atracción numinosa e incluso la unión entre la consciencia individual y el «yo superior» encarnado en la búsqueda de *fylgja*. *(Véase* «Poema rúnico en inglés antiguo», capítulo 8). Este contacto, lógicamente, puede ser peligroso cuando lo intenta alguien que no está preparado. Al igual que con la runa *eihwaz,* se emplea la simbología arbórea para mostrar la conexión entre las «raíces y ramas» de cualquier cosa. O puede tomar la forma del «Puente del Arcoíris» *(Bifröst)* que conecta la mente humana con la grandeza de los dioses.

Runa brillante

A excepción del atheling o el tirador experimentado, esta runa puede ser un auténtico peligro. Sin embargo, para aquellos que saben no «captar» el *elhaz* sino «convertirse» en él, pueden esperar realizaciones divinas. No irrumpir como un guerrero, sino acercarse con las artes de un odiano. El despertar está previsto. La comunicación divina está indicada. Además, esta fuerza se puede revertir y usar en un ataque o bien para protegerse. Generalmente, esta runa no habla de personas, sino de fuerzas divinas.

Runa oscura

Peligros graves yacen ocultos. La falta de preparación lleva a ser consumido por fuerzas asombrosas y arquetípicas y puede provocar lesiones en uno mismo. El bloqueo de esta fuerza puede ser una bendición para la mayoría de las personas. Para athelings o erulianos, sin embargo, significa estar separado de un importante manantial de inspiración: la búsqueda (el griego *daimon*, o el *genio* latino).

Palabras clave para *elhaz*

Brillante: Conexión con los dioses, despertar, vida superior, protección.
Oscura: Peligro oculto, consumo por fuerzas divinas, pérdida del vínculo divino.

16

ᛋ

SOWILO

Valor fonético: S

Nombre germánico: *Sowilo*, sol

Inglés moderno: *Sun*

PRIA

ᛋ (Sol) es por marineros
siempre esperado
cuando están muy lejos
sobre la bañera de peces
hasta que el semental salmuera
los devuelve a la tierra.

RRNA

ᛋ (Sol) es la luz de las tierras;
me inclino ante la santidad.

PRAI

ᛋ (Sol) es el escudo de las nubes,
y una gloria brillante,
y la larga tristeza de la vida (= destructor) del hielo.

Tradición

Es el principio de guía. También es el objetivo tras el cual va el tirador. Brilla como un faro que atrae y alienta a quienes lo buscan. *Sowilo* es la rueda del sol; no sólo guía, sino que también es, en sí mismo, un símbolo dinámico que gira, un contrapeso a la runa *Isa*. Ésta es la runa del ser superior. La runa-S también es un signo de los misterios serpentinos del norte, a menudo ignorados, que muestran la necesidad de lidiar con la oscuridad para ganar la verdadera sabiduría (*véase* el regreso de Odín al hidromiel poético, capítulo 9).

Runa brillante

Hay motivos para la esperanza. Se está bien orientado. Si estás «perdido», encontrarás tu camino. La concentración fija en el objetivo conduce al éxito. Esta runa es un buen augurio para cualquier viaje, especialmente navales. Escucha el consejo que sale de dentro de ti mismo o de los demás. La luz del «sol quema las apariencias externas («hielo»), dejando sólo la realidad esencial. Esta fuerza protegerá al tirador de los poderes hostiles. Romperá la inercia cósmica o psicológica y ayudará en el viaje. *Sowilo* trae honor y suerte. Empresas educativas pueden estar cerca. Esta runa también puede hablar de un marinero o de un educador.

Runa oscura

Mal consejo. Esta runa revela una atracción irreflexiva y la búsqueda de objetivos establecidos por otros. El falso éxito se obtiene por medios deshonrosos. Existe tendencia a buscar respuestas a preguntas y orientación fuera de uno mismo. Credulidad. El bloqueo del «sol» conduce a la pérdida del sentido de propósito y metas en la vida. La confusión y la eventual derrota de tus planes se deben a la falta de dirección.

Palabras clave para *sowilo*

Brillante: Orientación, esperanza, éxito, objetivos alcanzados, honor.
Oscura: Falsos objetivos, malos consejos, falso éxito, credulidad, pérdida de objetivos.

17
↑
TIWAZ
Valor fonético: T
Nombre germánico: *Tiwaz,* el dios Tiw (Tyr)
Inglés moderno: *Tue*

PRIA

↑ (Tir) es una estrella,
que mantiene bien la fe
de los athelings,
siempre en su curso
sobre las brumas de la noche
sin desfallecer jamás.

RRNA

1 (Tyr) es el de una sola mano entre los aesir;
el herrero tiene que soplar a menudo.

PRAI

1 (Tyr) es el dios de una sola mano
y los restos del lobo
y el gobernante del templo.

Tradición

Esta runa es un principio triple de (1) orden (justicia, ley), (2) autosacrificio y (3) la columna del mundo. Cada uno de estos principios se deriva del principio unificado de existencia ordenada e independiente, cuyos sirvientes se sacrificarán por su bien. Su función cósmica principal es la separación de los cielos y la tierra mediante la columna del mundo (Irminsül) para que la manifestación pueda tener lugar en el espacio «creado». *Tiwaz* es el símbolo de la «Estrella Polar» utilizada como guía constante en el cielo nocturno.

Runa brillante

Representa una gran cantidad de confianza (fe, lealtad) que perdura ante todas las dificultades. Se puede esperar justicia y sensatez basada en un análisis cuidadoso de los hechos. La victoria será tuya si has actuado sabiamente. Esforzarse por ordenar el medioambiente de manera racional. El camino hacia el éxito puede estar en el sacrificio personal. La vigilancia y el trabajo duro combinado con el conocimiento son necesarios. La fiabilidad, la lealtad, la fidelidad se deben practicar y se pueden esperar. Esfuérzate por la exactitud y la precisión y planifica con mucho cuidado. Haz tu trabajo metódicamente. Se indican modelos analíticos basados en principios matemáticos. La runa puede indicar un científico o un académico.

Runa oscura

Tiene tendencia a atascarse en el análisis y los detalles, lo que puede conducir a una parálisis de la acción y una limitación de la visión. Siempre estás planeando, nunca haciendo. El sacrificio personal es en detrimento de los intereses últimos: «sacrificarse en exceso». El cese de la fuerza de *tiwaz* conduce a la injusticia, el desequilibrio, la confusión y el deterioro de la racionalidad.

Palabras clave para *tiwaz*

Brillante: Verdad, justicia, racionalidad, autosacrificio, análisis.
Oscura: Parálisis mental, sobre análisis, sobre sacrificio, injusticia, desequilibrio.

18

ᛒ

BERKANO

Valor fonético: B

Nombre germánico: *Berkano*, abedul, la diosa del abedul o ramita

Inglés moderno: *Birch*

PRIA

ᛒ (Abedul) no tiene fruto,
sino que viste
sus extremidades sin semilla fértil;
tiene hermosas ramas
en lo alto de su copa,
está finamente cubierto,
cargado de hojas,
que tocan el cielo.

RRNA

ᛒ (La ramita de abedul) es la rama con hojas más verdes,
Loki trajo la suerte del engaño.

PRAI

ᛒ (La ramita de abedul) es una rama frondosa
y un arbolito
y un bosque juvenil.

Tradición

El principio de Berkano es de propagación o crecimiento autónomo y continuo. Es el principio del nacimiento mismo, el que nunca «nace» sino que siempre está naciendo. Esta runa se expande sin perder su autoconsciencia. Es un poder creativo del ser que se extiende a los cielos y a las regiones inferiores. Es un coleccionista, un conservador de energía y un símbolo de recinto y refugio. *Berkano* es el liberador de las energías acumuladas, que cuando se liberan conducen a un nuevo crecimiento.

Runa brillante

Se indican nuevos comienzos basados en patrones antiguos. Los cambios graduales están en camino. Busca la importancia de las cosas nuevas, cosas que pueden parecer pequeñas al aparecer. El crecimiento espiritual está dentro de la tradición. El cambio doméstico ocurre dentro de un ambiente tranquilo. Se introducen nuevos aspectos en las relaciones eróticas. La prosperidad y la belleza están llegando. Algunos elementos de manipulación o engaño pueden ser necesarios para lograr los objetivos. Esta runa puede representar tanto una madre como una puta.

Runa oscura

La inmersión en el «mundo natural» conduce a una confusión de la consciencia. Hay una fascinación por la belleza del mundo de las apariencias. El engaño es un peligro. Un bloqueo del «abedul» puede conducir a la esterilidad de la mente y del cuerpo, y al estancamiento en todos los aspectos de la vida.

Palabras clave para *berkano*

Brillante: Nacimiento, devenir, cambios de vida, refugio, liberación.
Oscura: Desenfoque de la consciencia, engaño, esterilidad, estancamiento.

19
ᛖ
EHWAZ
Valor fonético: E
Nombre germánico: *Ehwaz*, caballo (de guerra); o *Ehwo*, los dos caballos
Inglés moderno: *Eh*

PRIA

ᛖ (Caballo) es, frente a los condes,
la alegría de los athelings,
cargador orgulloso en sus cascos;
cuando se trata de eso, héroes,
hombres sanos sobre caballos de guerra
que intercambian palabras,
y siempre es un consuelo
para los inquietos.

Tradición

Éste es el principio del «trabajo en equipo», especialmente en tándem. Representa a dos entidades diferentes, pero funcionando armoniosamente. En la cultura germánica tradicional, esto se experimenta claramente en la especial relación que había entre jinete *(mannaz)* y caballo *(elhaz),* o al observar cómo funciona un grupo de caballos. Se trata, entonces, de una metáfora sobre la relación del yo con el cuerpo o el vínculo interno especial entre dos entidades o cosas que se dirigen juntas hacia esfuerzos nobles.

Runa brillante

Anuncia la armonía dinámica con los demás, especialmente con la pareja, el mentor, el marido y la mujer. Hay trabajo en equipo sin pérdida de individualidad. Se entiende la necesidad de dar y recibir aceptando las diferencias únicas del otro. Habrá buenos resultados. Desarrolla una relación con tu búsqueda. El matrimonio, el emparejamiento u otra sociedad formal pueden estar a la vista. La confianza mutua y la lealtad son necesarias y están presentes. Esta runa puede representar al cónyuge o pareja en algún desempeño.

Runa oscura

Indica la disolución de uno mismo en la pareja. Demasiada «armonía» conduce a la competitividad y la duplicación de esfuerzos. Una detención del *ehwaz* resulta en desconfianza, traición, falta de armonía, divorcio.

Palabras clave para *ehwaz*

Brillante: Armonía, trabajo en equipo, confianza, lealtad.
Oscura: Duplicación, falta de armonía, desconfianza, traición.

20

ᛗ

MANNAZ

Valor fonético: M

Nombre germánico: *Mannaz*, ser humano

Inglés moderno: *Man*

PRIA

ᛗ (Hombre) es una alegría
querida para su pariente;
aunque cada cual deberá
apartarse del otro;
por el señor quiere comprometer,
por su decreto,
esa carne frágil
a la tierra.

RRNA

ᛘ (Hombre) es aumento de polvo;
poderosa es la garra del halcón.

PRAI

ᛘ (El hombre) es la alegría del hombre
y el aumento del polvo
y el adorno de los barcos.

Tradición

El «hombre» es el principio de la autoconsciencia encarnada. Simboliza la vida terrenal de la humanidad entendida como una lucha heroica, y señala la realidad de que sólo somos verdaderamente humanos cuando estamos encarnados. La runa se refiere al origen de la humanidad (Askr y Embla) como resultado del triple don de Odín-Vili-Vé, y al origen de la triple sociedad humana (granjeros, guerreros y caudillos/magos). Ambos mitos muestran la formación de las personas en la tierra (Midhgardhr) a imagen y semejanza de lo divino, tanto en la consciencia como en el orden. Nuestra mortalidad, como la de los dioses, asegura el devenir.

Runa brillante

Ésta es la suerte de la humanidad, con toda su gran nobleza y poder de espíritu, así como su debilidad y mortalidad. Indica mucha inteligencia nacida del conocimiento divino o superior. Se necesita la individualización del yo. Hay felicidad en la vida interior y en la social, nacida de la realización de las verdades de la existencia humana. Se levantarán los velos de los ojos y veremos las cosas como realmente son. Esta runa podría indicar cualquier persona, pero especialmente los buscadores de lo que sea.

Runa oscura

Indica depresión por una percepción descorazonadora. Vives en la mortalidad y la debilidad, temiendo el verdadero conocimiento. Las relaciones se basan en mentiras y las percepciones son erróneas. Un bloqueo de *mannaz* conduce a la ceguera, el autoengaño y la tendencia a vivir en un mundo de fantasía.

Palabras clave para *mannaz*

Brillante: Estructura divina, inteligencia, consciencia, orden social.
Oscura: Depresión, mortalidad, ceguera, autoengaño.

21

ᛚ

LAGUZ

Valor fonético: L

Nombre germánico: *Laguz*, agua o lago; o *laukaz*, puerro

Inglés moderno: *Lake* o *leek*

PRIA

ᛚ (El agua) es, para las personas,
aparentemente interminable
cuando tienen que aventurarse,
en un barco inestable,
y las olas del mar
los asustan mucho
y el semental salmuera
no obedece a su brida.

RRNA

ᛚ (Agua) es (eso) que cae de la montaña;
como una fuerza; pero el oro (objetos) es costoso.

PRAI

ᛚ (Humedad) es agua corriente
y una caldera ancha
y el país de los peces.

Tradición

Éste es el principio del agua cósmica que brota de Niflheimr y que contiene el potencial de la vida. Esta agua es el gran mar de fuerzas dinámicas en las que eres empujado durante tu viaje de transformación. Lo profundo puede representar ese vasto mar del mundo del que la humanidad generalmente no es consciente, y que puede ser amenazante si estás viajando en un «buque» sujeto a perturbaciones en este «mar». Indica un flujo «descendente» de energía vital. El nombre alternativo «puerro» indica crecimiento hacia arriba.

Runa brillante

Llegan pruebas severas en la vida, pero tú tienes la energía suficiente para soportarlas. El yo evoluciona a través de la experiencia de la verdadera iniciación. Transición de un estado de ser a otro. Comienza de inmediato a actuar. El control de uno mismo es necesario. No temas el viaje. Al «hundirte» ganarás el oro del bienestar. El crecimiento personal ocurrirá a través de situaciones quizás incómodas. Esta runa habla de un marinero, pescador o abogado.

Runa oscura

Miedo al cambio, el miedo al viaje y la inmensidad desconocida dentro del ser profundo. Existe el peligro de «dar vueltas en círculos», evitar el camino, evitar la vida misma. Habrá fracaso. Un paro de *laguz* reprime la fuerza vital y conduce a un retraso en el crecimiento, el marchitamiento y la pobreza. El acceso al yo profundo está bloqueado.

Palabras clave para *laguz*

Brillante: Vida, viaje por agua, mar de vitalidad, mar de inconsciente, crecimiento.
Oscura: Miedo, movimiento circular, evitación, marchitamiento.

PRIA

ᛝ (Ing) fue el primero, entre los daneses del este,
visto por hombres
hasta que él nuevamente hacia el este (o «atrás»)
volvió sobre la ola;
el carro siguió;
esto es lo que los guerreros
llaman ser un héroe.

22

◇

INGWAZ

Valor fonético: NG

Nombre germánico: *Ingwaz*, el dios Ing

Inglés moderno: *Ing*

Tradición

Éste es el principio de separación aislada y contenida, que es absolutamente necesario para cualquier proceso de transformación. «Ing» es la estasis del ser que da un paso en el camino del devenir eterno. Entrar en este principio es un movimiento «contradictorio» –en contra del sol– «hacia el este», hacia el reino de la oscuridad habitada por los etins (gigantes). En este reino de oscuridad y soledad surge un nuevo crecimiento.

Runa brillante

«Ing» es la runa del descanso, del crecimiento interno activo. Hay una gestación profunda de nuevo poder. Descansa, deja que las cosas «se gesten», para que se presenten en el momento adecuado y en plena madurez. Ten paciencia. Escúchate a ti mismo. Esta runa indica conceptos o aspectos que han gozado de tal período de gestación. Éste es un momento de estasis seguido de dinamismo fértil. Las cosas están en un estado potencial en espera de activación. Esta runa puede hablar de un granjero o un sacerdote.

Runa oscura

La aplicación incorrecta de «ing» puede conducir a la autoabsorción y a una disociación del medioambiente. Puedes «embotellarte» en el mundo subjetivo, incapaz de interactuar con la objetividad. Se indica una paralización, una estasis. Puede tratarse de una fuerza seductora, engañándote para que pienses que es el «fin» en lugar de una etapa más; ésa es la maldición de muchos místicos. Por otro lado, un bloqueo de la runa NG puede conducir a la dispersión de la esencia o una sensación de movimiento sin sentido, sin etapas en las que la esencia se pueda reunir y consolidar. Hay movimiento, pero sin cambio real ni dinamismo desenfrenado.

Palabras clave para *ingwaz*

Brillante: Etapa de descanso, crecimiento interno, gestación.
Oscura: Impotencia, dispersión, movimiento sin cambio.

23

ᛞ

DAGAZ

Valor fonético: D

Nombre germánico: *Dagaz,* día

Inglés moderno: *Day*

PRIA

ᛞ (Día) es el mensajero del señor,
querido por los hombres,
la famosa luz del gobernante;
(es) alegría y esperanza
para ricos y pobres
(y) es útil para todos.

Tradición

Éste es el principio fundamental de la creatividad bipolar. Es una runa de consciencia única, como una forma desarrollada y evolucionada de los dones del dios(es) Odín-Vili-Vé. A la luz del día, todos los opuestos aparentemente polares se unen y se comprenden. Es la runa de la consciencia iluminada.

Runa brillante

El «día» trae la bendición de la consciencia arquetípica, que a veces puede parecer espontánea. Es una fuente, realmente la única fuente verdadera, de esperanza y felicidad. El poder del «día» puede ser alcanzado por todos los que lo buscan con seriedad. Un gran despertar está cerca. La verdadera visión se conseguirá. Esta luz se puede encontrar donde no te la esperas. Busca el ideal. El «día» representa a un verdadero buscador.

Runa oscura

Es difícil que esta runa pueda verse oscura en sentido activo. El único detrimento sería su manifestación en la vida de alguien que no la quiere o que no estaba preparado para ella. Por supuesto, un bloqueo de la luz del «día» significa ceguera, aburrimiento, desesperanza, etc.

Palabras clave para *dagaz*

Brillante: Despertar, consciencia, esperanza/felicidad, lo ideal.
Oscura: Ceguera, desesperanza.

PRIA

ᛟ (La finca) es muy querida
por todo hombre
si puede disfrutar de lo que es correcto
y de acuerdo a la costumbre
en su morada,
sobre todo si es próspera.

24

ᛟ

OTHALA

Valor fonético: O

Nombre germánico: *Othala,* propiedad ancestral

Inglés moderno: *Odal*

Tradición

Éste es el principio de la «patria» en su forma más ideal. Representa el «interior» frente al «exterior». Psicológicamente, es el Yo en toda su complejidad, a diferencia del no-Yo. Socialmente es el grupo (ya sea familia, clan, tribu, gremio, orden, etc.) distinto de los que están fuera de dicho grupo. Se debe preservar el orden correcto en el grupo para que funcione como debe. Aunque haya seguridad en el hogar, existe una interacción continua (dar y recibir) con el medioambiente. Es el «hogar interior», es decir, la realidad ideal que no está vinculada a ninguna «tierra» en particular. Othala es libertad total. Es la consolidación activa de todas las ganancias.

Runa brillante

«*Odal*» es la suerte de la prosperidad estable y el bienestar. Se indica una vida hogareña, en familia, sólida y pacífica, que conduce a un crecimiento continuo. Siempre se debe prestar atención a las costumbres y el orden dentro del grupo y a la defensa vigilante. Existe una verdadera libertad derivada de una base segura. Una nueva vivienda o una nueva lealtad puede estar a la vuelta de la esquina. La interacción productiva con los «extraños» es una posibilidad. Esta runa puede hablar un líder de algún tipo, o de un grupo completo de personas.

Runa oscura

Una vez más, esta runa es difícil de ver de manera negativa. El único peligro está en no preservar el orden tradicional dentro de un grupo, limitando los poderes de los líderes. Un malentendido de «en casa» puede conducir a un totalitarismo que vaya en contra de los intereses del conjunto. Todo esto conducirá al desastre. Sin embargo, la detención la runa-O terminará esclavizada a las fuerzas externas, la pobreza, la falta de vivienda y la soledad.

Palabras clave para *othala*

Brillante: Un hogar, prosperidad grupal, orden grupal, libertad, interacción productiva.
Oscura: Falta de orden consuetudinario, totalitarismo, esclavitud, pobreza, falta de vivienda.

Capítulo 17

LAS HERRAMIENTAS DE UNA TIRADA DE RUNAS

Como método de adivinación, las runas son notablemente flexibles en cuanto a las formas en las que se pueden tirar. Teóricamente, todo lo que necesitas son veinticuatro trozos de papel en los que se hayan escrito los caracteres, porque la magia está en el yo del tirador, no en las runas. Sin embargo, para la mayoría de los tiradores, un conjunto permanente de runas es esencial para mantener el sentido de conexión, dedicación e intensidad.

Los objetos físicos sobre los que se tallan las runas pueden dejarse en manos del tirador. Las «runas» pueden estar hechas de madera, hueso, piedra, loza u otro material que te guste, y de cualquier tamaño y forma. Lo único que recomiendo encarecidamente es que hagas tus propias piezas. Lo sugiero por dos razones: (1) las runas son tan simples que cualquiera puede hacerlas fácilmente (así que aprovecha lo que sea tradicional para ti), y (2) desde un punto de vista mágico y talismánico, incluso las tiras de papel marcadas con un bolígrafo son mejor que las runas producidas en serie, ya que pones tu propia energía en las piezas a medida que las haces. Dicho esto, incluso es mejor empezar a trabajar en runas de calidad que postergar demasiado el trabajo real.

Con qué tipo de runas (o incluso «cartas») quieras trabajar es, en gran medida, una cuestión de gustos o preferencias personales. Sugiero un período de experimentación; observa con la práctica qué tipo prefieres. Con el uso real, las cosas son diferentes a lo que preferías en teoría. En la antigüedad, para lecturas de extrema importancia, los caracteres se preparaban para la lectura y luego se destruían después, o los caracteres se «sacrificaban» quemándolos o enterrándolos bajo la tierra para que se descompusiesen.

Hay varios tipos de runas: (A) pequeñas y redondas (de cerámica, madera o hueso), (B) pequeñas tiras rectangulares de madera, (C) cortas, (D) largas e incluso (E) tipo naipes. Ejemplos de cada uno de estos tipos se ilustran en la figura 17.1, que se muestran en sus tamaños aproximadamente reales.

Aunque unas runas pueden ser más adecuadas que otras para ciertos tipos de diseños, realmente cualquier morfología puede usarse de manera eficaz para cualquier método de adivinación.

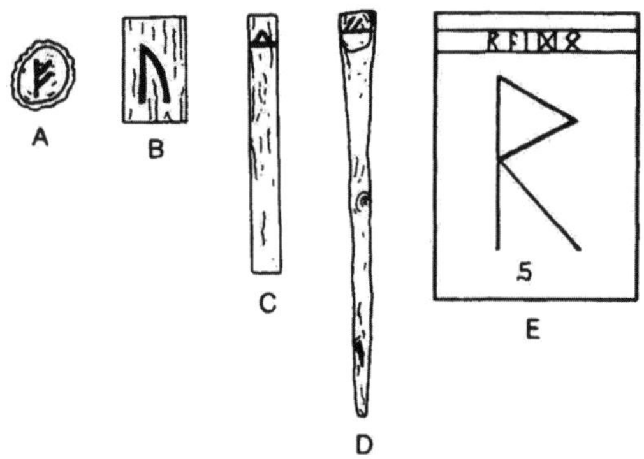

Figura 17.1. Tipos de runas. Aquí vemos ejemplos de A) pequeño palito redondo, éste es de madera; B) runa hecha con una pequeña pieza rectangular de madera; C) corta y D) larga; y E) un «naipe-runa».

La runa redonda y pequeña puede estar hecha de rodajas de ramas de árboles (o incluso palitos) de aproximadamente 1 cm de diámetro, cortadas a lonchas de pocos milímetros. El resultado será un conjunto de pequeños discos en los que puedes tallar los caracteres. Esta forma también puede conseguirse con cuentas de madera, pero las formas esféricas no se recomiendan porque pueden rodar y, por lo tanto, resultan inadecuadas para algunos métodos de tirada de runas.

Se pueden hacer pequeñas tabletas rectangulares de madera a partir de tiras cortadas y cepilladas de unos pocos milímetros de grosor. Ésta es, probablemente, la morfología que Tácito describía. Pero también se pueden hacer con finas láminas de chapa. (Estas láminas de chapa se pueden obtener en la mayoría de ferreterías o tiendas de bricolaje).

Las runitas más cortas pueden hacerse a partir de ramitas cortas (de pocos centímetros) en rodajas o de tiras cuadradas de madera más dura (aproximadamente 1 cm de diámetro). Este tipo redondo y las rectangulares de madera son más convenientes para llevar en encima, en una bolsa.

Las runas más largas son las formas más tradicionales en la actualidad, a pesar de que nunca se han encontrado tales ejemplos, pero las antiguas descripciones escritas parecen apuntar en esta dirección. Este tipo de runa se puede hacer fácilmente a partir de ramitas cónicas de 10 cm de largo y de 1 de ancho, en la parte superior. Se pueden dejar ásperas, con la corteza y todo, con sólo una pequeña superficie alisada en el extremo ancho, en el que se puede tallar el carácter.

Finalmente, para los métodos de adivinación que requieren establecer patrones rúnicos, también se pueden diseñar naipes. Es posible que quieras añadir información, como el nombre de la runa o su valor numérico, que podría ser útil en las lecturas. Se pueden hacer fácilmente con cartulina o tarjetas de papel en blanco de un tamaño y forma que sea agradable para ti. Los materiales utilizados en la creación de las runas pueden ser de cierta importancia. Son preferibles sustancias orgánicas, como la madera o hueso. La madera es, por supuesto, el material más tradicional y más utilizado para este propósito, pero el hueso, e incluso los metales preciosos, quizás también se usaron antiguamente para la adivinación. El simbolismo del uso de la madera está claro en el contexto cultural germánico. Nos recuerda al Árbol del Mundo, Yggdrasill, en cuyas raíces se encuentra el Pozo de Wyrd, y en cuyas raíces y ramas las runas brillan como una poderosa telaraña. Usa tu intuición para decidir qué clase de madera es la más adecuada para tus runas. Tácito informa que se usaban de árboles frutales o de nueces, pero tal vez sea más importante que elijas una madera que tenga un valor o significado especial para ti. También es posible hacer runas con varios tipos de madera, cada una correspondiente al carácter tallado en ella. Se recomienda al tirador que haga uso de la intuición, pero también puedes consultar el apéndice III en la página 314 para orientarte.

También pueden colorearse. La pintura o tinte tradicional utilizado para dicho fin se puede conseguir fácilmente con ocre rojo. (Otros pigmentos rojos naturales también son buenos). Evidentemente, la sustancia utilizada originalmente era la sangre, pero incluso en tiempos prehistóricos el ocre rojo se usaba como sustituto de la sangre. Sin embargo, también puedes utilizar diferentes colores, según lo que determine la intuición. En cualquier caso, se debe evitar el color blanco para los caracteres, ya que la tela sobre la que se echarán debe ser blanca.

Una de las cosas más maravillosas de la tirada de runas es que puedes ser tan tradicional o innovador como prefieras. Es relativamente sencillo incluir elementos tradicionales con técnicas innovadoras. Para los elementos rituales de la configuración tradicional de runas, *véase* el capítulo 18.

La tela sobre la que se echan las runas debe estar hecha de material blanco. Tácito no sólo indica esto en sus textos, sino que dicha práctica se ve confirmada por el simbolismo del color blanco como símbolo de la suma indiferenciada de la luz mágica. Es sobre este paño blanco donde las runas desarrollan sus entretejidos de fuerza. La tela en sí misma debe estar hecha de lino o algún otro material natural, como el algodón, y debe tener entre 1 y 1,5 metros. Algunos tiradores decoran sus telas de manera significativa. En el capítulo 19 se presentan métodos que requieren que el tirador lea ciertos significados en varios campos de la tela *(véase* figura 19.9). Este patrón podría coserse sobre la tela, o podría visualizarse mediante el *hugauga,* el ojo mágico. Si el tirador usa tales líneas en la tela, deben ser de color azul oscuro o negro y ser lo más delgadas posible. Este último punto es meramente práctico para facilitar la lectura.

Cuando no estén en uso, las runas deben almacenarse en un recipiente adecuado. Una bolsa de tela o cuero o una caja de madera son ideales para tal fin. El contenedor es de la mayor importancia si has moldeado y cargado tus runas como «criaturas talismánicas» con su propio *ørlög*. A algunos tiradores les gusta echar las runas con un cubilete (la caja de madera para guardarlas también puede servir para este propósito). El cubilete puede estar hecho de cuerno o madera y puede tener la forma que el tirador determine. El único factor importante es que sea lo suficientemente grande como para contener las veinticuatro runas fácilmente y sin que estén apretadas. Este cubilete, en caso de tratarse como un *taufr* (talismán) en sí mismo, debe cargarse con la runa *perthro*.

En ritos muy formales de tirada de runas, especialmente en aquéllos de importancia cósmica llevados a cabo por verdaderos erulianos, también se necesita un taburete dorado. El tirador se sienta en el taburete, llamado «taburete de Theal», antes de proceder a la lectura. (Pero esto no es necesario para los propósitos de la mayoría de los tiradores).

Otras herramientas y equipos, según sea necesario en el trabajo general con runas, se describen más detalladamente en el capítulo 21.

Capítulo 18

RITOS PARA LA TIRADA

El uso del ritual en cada operación de tirada de runas es importante por dos razones: para evitar la actitud de «juego de salón» que a veces envuelve dicha actividad, y para ayudar al tirador a alcanzar un estado de consciencia alterada que mejorará la calidad de la tirada y la lectura. El trabajo ritual pondrá al tirador en un estado mental alterado que dirigirá su atención hacia la pregunta en cuestión o hacia la situación general de mayor importancia en ese momento, abriendo así las puertas de la comunicación entre el tirador de runas y el reino de las norns. Después de pasar un tiempo trabajando con runas, el vitki empezará a sentir que en ciertas operaciones se siente más «sincronizado» que en otras. Asegurar este estado regularmente es la función principal del trabajo ritual interno.

Aunque el tirador es libre de crear las fórmulas rituales que considere adecuadas, insto a todos a seguir fielmente las fórmulas de ejemplo, varias veces, para ver si los métodos tradicionales resultan adecuados. Es una pena que la antigua tradición germánica se haya descuidado tanto, porque tenemos descripciones muy exactas de los métodos utilizados durante muchos siglos. Tras consultar todas las fuentes tradicionales, la siguiente fórmula ritual parece haber existido desde los tiempos más antiguos:

1) Corte y tallado de runas
2) Invocación a las nornas (u otros dioses y entidades)
3) Tirada de las runas (sobre la tela blanca)
4) Invocación a los dioses (u otras entidades)
5) Elección de las runas (en tres o múltiplos de tres)
6) Sentarse en el taburete de Theal (en ocasiones especiales)
7) Lectura de las runas
8) Confirmación por presagios, etc.

Esto sería una forma compleja y elaborada de echar las runas, pero los elementos de esta extensa fórmula deberían tenerse en cuenta como base para la experimentación.

Momento

La temporada y la hora del día que el tirador elige para echar las runas, especialmente en tiradas importantes, merecen algo de reflexión. Tradicionalmente, el tirador tiene en cuenta (1) la estación (posición del sol en el ciclo anual), (2) la fase lunar y (3) la hora del día (posición del sol en el ciclo diario). Por supuesto, el tiempo elegido debe ajustarse al tipo de lectura que se realiza o a la naturaleza de la pregunta. Las consultas que involucran nuevos comienzos debieran llevarse a cabo de manera más eficaz en momentos asociados con los comienzos, por ejemplo, durante el *yuletide* (aproximadamente del 21 de diciembre al 2 de enero), en (Pascua[1] u Ostara, el festival de primavera alrededor del equinoccio de primavera), las noches justo después de la luna nueva, o justo antes de la luna llena al amanecer. Las primeras tres noches después de la luna nueva, la quinta, séptima, octava, novena, duodécima, decimonovena, vigésima, vigésimo tercera y vigésimo sexta noches de la luna también son adecuadas para el trabajo adivinatorio. Para encontrar la noche correcta (o «día»)[2] hay que contar desde la primera noche de la luna nueva. Hay veintiocho noches en el ciclo lunar. Además, para consultar las runas sobre asuntos internos o esotéricos, se prefiere la noche, mientras que, en asuntos exotéricos y mundanos, las horas de luz son las mejores.

Debe recordarse también que estos momentos son simplemente ayudas rituales óptimas; desde un punto de vista completamente odiano, se puede prescindir de ellos.

Lugar

Por razones prácticas, la mayoría de las tiradas de runas probablemente se llevarán a cabo en interiores, dentro de las casas. Para la eficacia del ritual, se pueden hacer otras tiradas en la misma área. Una ventaja del trabajo con runas es que el vitki puede llevar el «lugar sagrado» básico a cualquier sitio mediante la tela blanca. Sin embargo, para tiradas especialmente importantes se pueden considerar otros lugares más «sagrados». Los más beneficiosos son los espacios debajo de árboles sagrados –robles, hayas, tejos, fresnos– o cerca un manantial natural o un pozo artificial (al sur éstos, si es posible). Las cimas de las colinas también son buenos lugares para echar las runas. Cuando está al aire libre, el tirador puede seguir la antigua tradición de manera más exacta y mirar hacia el cielo al elegir las runas para la lectura. Esta fuerza puede ser especialmente poderosa por la noche se mira directamente a la Estrella del Norte, a los ojos de Odín, en el momento de elegir las runas.

---

1. El término *Easter* (pascua) o *Eostre*, fue adoptado por los cristianos del nombre de la diosa germánica Eostre (Ostara). El festival de primavera de los pueblos germánicos celebraba la resurrección de la vida.
2. Los antiguos pueblos germánicos contaban las noches, no los días.

Creación de runas talismánicas

Los objetos físicos sobre los que se graban los caracteres rúnicos se conocen por varios términos: caracteres (AN *stafir),* púas (AN *teinar)* o trozos (AN *hlautar),* pero todos ellos son *taufar,* talismanes. Lo ideal es que cada runa esté formada y cargada de acuerdo con los principios de la creación talismánica. Éstos se detallan en el capítulo 21.

Tirada de runas

No todas las tiradas de runas se llevan a cabo envueltas de una gran solemnidad; sin embargo, cuanto más importante sea la pregunta, más ritual querrá usar el buen tirador. En cierto modo, el ritual debe entenderse como una especie de «exageración mágica»; cuantos más rituales se implementen, mayores serán los vínculos comunicativos entre los reinos interno y externo y mayor es la posibilidad de obtener ese sentido especial de «rectitud», de estar «sincronizado». Desde el punto de vista tradicional, tales trabajos se consideran tan fundamentales como la propia tirada. Es toda una puesta en escena.

Para una tirada de runas con el ritual completo, la tela blanca debe colocarse antes de la grada o altar (si se usa) con un lado apuntando hacia el norte. Dependiendo del tipo de tirada que se vaya a hacer, el taburete de Theal (si se usa uno) debe estar al sur de la tela o al norte del altar o grada como se muestra en la figura 18.1. en la página siguiente.

Apertura: Realiza un Rito del Martillo del tipo descrito en el capítulo 21.

Invocación a las nornas: Mirando hacia el norte, en la posición de la runa Elhaz, llama al poder de las nornas para ayudarte a tirar y leer las runas:

> Fuera de las casas todo oculto,
> fuera de los caminos a lo largo y ancho,
> Es necesario que invoque a las nornas,
> y considere que las dises se acercan.
> *[Pausa]*
> Urdhr-Verdhandi-Skuld.

Con esta invocación, el tirador se concentra en involucrar a las «fuerzas nórnicas» a dos niveles: (1) las nornas personales (con cuya «ayuda» se pueden involucrar las corrientes rúnicas) y (2) las grandes nornas, como matriz dinámica e impersonal de cambio constante.

Pregunta: Ahora concéntrate silenciosamente en la pregunta en cuestión. Mientras lo haces, baraja las runas con las manos o sacúdelas en la caja o el cubilete. Cuando sientas que se ha forjado un vínculo firme entre las fuerzas nórnicas y la pregunta, repite esta fórmula en silencio o en voz alta:

Runár rádh rétt rádh!
o
¡Las runas traen el consejo correcto!

Tirada: Ahora, mientras miras hacia arriba (a la Estrella del Norte si estás al aire libre y es de noche), arroja los runas sobre la tela blanca extendida ante ti. Cuando las runas estén en el aire, grita:

¡Urdhr-Verdhandi-Skuld!

NOTA: Si se utiliza un método especial de colocación de runas [y no una tirada de runas tradicional, tirándolas literalmente], las preguntas y la tirada se combinarán de tal manera que mientras las runas se remueven, la pregunta se plantea mentalmente. El proceso se concluye con las fórmulas «Las runas traen el consejo correcto» y «Urdhr-Verdhandi-Skuld».

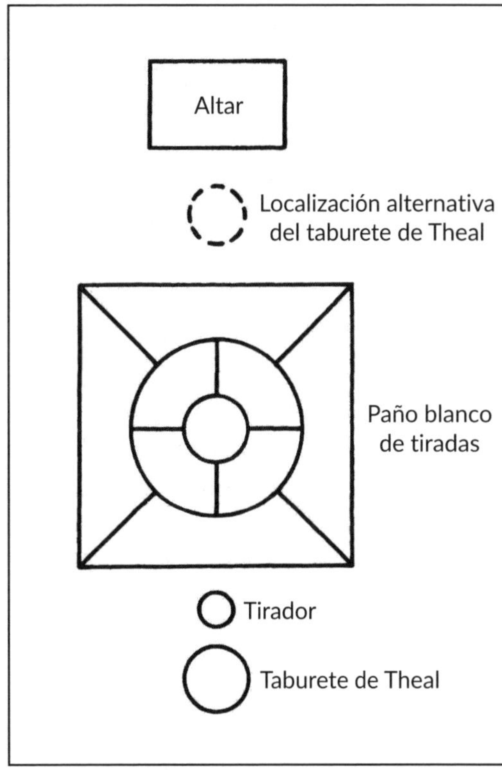

Figura 18.1. Configuración de elementos del ritual de tirada de runas.

Invocación a Odín: Después de que las runas hayan llegado al suelo, y aún mirando hacia arriba, el tirador vuelve a poner la postura de *elhaz* y dice:

Odín abre mi ojo
para que pueda ver las runas
y leerlas correctamente.
[Pausa]
¡Odín-Vili-Vé!

Con esta fórmula, comprometes tus habilidades para elegir las runas mediante la visión interior. (Nota: A algunos les gusta sustituir esta fórmula por una para Frigga).

Elección: (Omite este paso si estás utilizando el método puro en el que las runas se leen una vez que caen sobre la tela blanca). Ahora, con los ojos aún mirando al cielo, arrodíllate y elije a ciegas el número de runas necesario para método que hayas elegido. Por supuesto, es muy importante asegurarse de mantener las runas en el orden correcto, según las vas eligiendo de la tela. Déjelas a un lado con cuidado, una cada vez. (Nota: Si estás utilizando un método de colocación, las runas deben disponerse en su configuración adecuada en este mismo momento).

Lectura: Si estás utilizando el taburete de Theal, deberías sentarte justo ahora, aún mirando hacia el norte, y colocando las runas en el orden correcto de acuerdo con el método que se esté utilizando, ya sea en el altar o al borde de la tela blanca. Si vas a hacer una lectura directamente desde la disposición de las runas en la tela, coloca el taburete al sur de la tela y examina las configuraciones. Centra tu mente en esta etapa, y antes de empezar la lectura (especialmente al leer para otras personas), entona esta fórmula basada en el «Hávamál», estrofa 111:

> Es el momento de cantar
> sobre el taburete del Theal
> en el Pozo de Wyrd.
>
> Vi pero no hablé.
> Vi y pensé y pensé.
> Escuché la historia del Altísimo.
>
> En las runas lo escuché remando
> remando dentro de ellas
> en el salón de Hár,
> así las escuché decir,
> así las leí adecuadamente.

Cierre: Tras completar la lectura, cierra con las palabras tradicionales:

> ¡Ahora la visión de Hár se ha dicho,
> en el salón de Hár!

Obviamente, querrás mantener un registro de tus lecturas, así que antes de devolver las runas a su bolsa o caja, documenta la tirada. Luego coloca las runas en su recipiente, en silencio.

Observación de presagios

Si se quiere una confirmación de los resultados de la lectura, se deben tomar presagios. Ésta es una parte tradicional de la antigua adivinación germánica (e indoeuropea en general): la necesidad de «corroborar la evidencia» por otros medios. La ciencia de los presagios (AN *heilar)* es demasiado compleja para entrar aquí con detalle. El método más simple consiste en sentarse en un área abierta, al aire libre; observa el cielo y el terreno que tienes en frente (no menos de 3 m2 y tan amplio como quieras). Luego espera a que un pájaro u otro animal entre o vuele en ese espacio de cielo que estás mirando. Para una confirmación o negación de la validez de una tirada, los animales de color oscuro (especialmente negro, rojo, azul oscuro o marrón) significan «sí» y los de color claro (especialmente blanco, marrón claro, azul claro) significan «no».

Capítulo 19

FORMAS DE TIRAR LAS RUNAS

La descripción de casi dos mil años proporcionada por Tácito nos da una buena idea de al menos una forma concreta de echar las runas; sin embargo, hay muchas más basadas en costumbres tradicionales y en principios cosmológicos que han sido utilizados eficazmente por los tiradores de runas. En este capítulo exploraremos algunos de los métodos más eficaces, los que están más arraigados en la tradición. La tirada de runas, como cualquier sistema preciso de adivinación (I-Ching, tarot, astrología), se basa en la superposición aparentemente aleatoria de «elementos significativos» sobre «campos significativos». De las combinaciones e interrelaciones de esas superposiciones se hace toda la interpretación completa. En la adivinación con runas, los caracteres proporcionan la significación, mientras que los significados son proporcionados por una serie de configuraciones cosmológicas clave. Una de las debilidades de la mayoría de los libros sobre adivinación rúnica es la falta general de campos de significado tradicionales, ya que para conocerlos es necesario tener una comprensión profunda de la cosmología germánica.

Cada uno de los métodos presentados a continuación puede ser adecuado para diferentes tipos de consultas o exploraciones. Sin embargo, probablemente lo mejor sea dominar un tipo de tirada antes de pasar a una experimentación más amplia. Antes de empezar a hacer tiradas reales, es recomendable realizar algunos ejercicios de lectura que para soltarse en la interpretación y hacer las runas más «tuyas».

Ejercicio de lectura I

Diseña tus runas en el orden regular del futhark, dispuestas en el patrón tradicional de aett como en la figura 19.1. Ahora, empieza a hacer conexiones entre unas runas y sus vecinas. Trabaja el primer ætt de F a W, baja al segundo aett, de H a S, etc., e intenta hacer una progresión con ellas. Luego invierte el sistema y empieza desde el tercer aett, de O a T, sigue con el segundo aett, de S a H, etc., haciendo nuevamente interconexiones significativas entre las runas.

Después, haz un ejercicio similar con las runas en vertical, de los tres aettir FHT, UNB, etc., yendo de arriba a abajo y luego de abajo hacia arriba. Estos ejercicios, que deben realizarse en sesiones diferentes, fortalecerán tus habilidades para leer caracteres rúnicos conectados entre sí. También te enseñarán sobre las realidades vivas del sistema rúnico de una manera que ningún libro u otra persona podrían hacerlo. Éste es aprendizaje rúnico directo. También debes comenzar a darte cuenta de que las runas encuentran su verdadero significado allá donde las runas del mundo exterior se encuentran cara a cara con tus runas internas. Este proceso también empezará a despertar tu vida rúnica interna. Asegúrate de anotar los resultados de cada sesión.

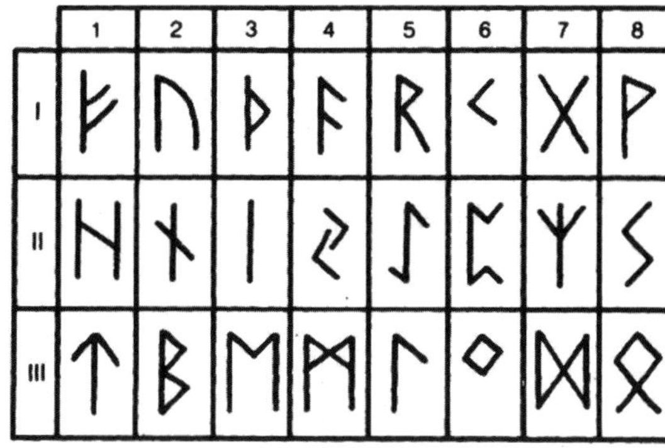

Figura 19.1. Futhark antiguo con la ordenación en aett.

Ejercicio de lectura II

El siguiente paso para «hacer tuyas las runas» implica la expansión personal de los significados de las runas individuales. Haz una tirada al día y medite sobre ella. Piensa profundamente al respecto. Contempla las estrofas relevantes del poema rúnico. Haz tus propias interconexiones y llega a tu propia comprensión de cada runa. Como en el ejercicio I, escribe tus resultados. Esas notas terminadas equivaldrán a tu versión personal y personalizadas de las tablas rúnicas del capítulo 16. Pero no las consideres como grabadas a fuego: permíteles crecer a medida que conozcas mejor sus «secretos». Recuerda, son tus percepciones personales y pueden no ser válidas para otros. Las tablas rúnicas se generaron de manera similar durante un período de unos diez años de trabajo apoyado por la tradición rúnica esotérica (tanto antigua como moderna).

Los aspectos

Una cuestión crucial para la lectura de las runas es determinar qué aspecto de la runa debe ser interpretado. ¿Debería leerse como una runa brillante o como una oscura? Que los aspectos negativos de las runas, llamados *myrkstafir* en nórdico antiguo, se usaban en magia está fuera de toda duda. También se puede suponer con seguridad que tales interpretaciones fueron responsables de varios términos negativos presentados en el capítulo 6. Se puede decir que algunas de las manifestaciones «positivas» de las runas a menudo tienen consecuencias perjudiciales o peligrosas, especialmente las runas TH, H, N, I y Z. No hay pocos aspectos oscuros en la hilera de runas. Recuerda, las runas son tus asesoras internas y deben poder advertirte, antes de que sea demasiado tarde, para vencer la fuerza del *wyrd*.

Los aspectos se determinan esencialmente de dos maneras: (1) por la posición en la que una runa cae cuando las echas (por ejemplo, boca arriba o boca abajo; dentro o fuera de un campo determinado), y (2) por el ángulo en el que una runa se yuxtapone a otra. Este último método merece algunas observaciones. Se observará que, en su mayor parte, las tiradas se construyen con combinaciones de ángulos agudos u obtusos entre las runas, y hay muy pocos ángulos rectos. Se sabe que los ángulos obtusos tienen un efecto dinamizador en la mente, mientras que los ángulos rectos generalmente tienen el efecto contrario. (Ésta fue una cuestión de estudio oculto a fines del siglo XIX y principios del siglo XX en las órdenes alemanas, y está confirmada por al menos un grupo de trabajo en Estados Unidos en la actualidad). En cualquier caso, está claro que, en la tradición rúnica, los ángulos obtusos o agudos promueven interacción activa y positiva entre las runas. Los ángulos rectos crean una interacción negativa y estática, o pueden bloquear el flujo de la fuerza rúnica por completo. En realidad, lo cruzan.

Determinación de aspectos

Si una runa cae boca arriba, debe leerse como un carácter brillante; si cae boca abajo, puede ser ignorado en la lectura o leerse como un carácter oscuro. La decisión sobre cómo deben interpretarse estas runas debe determinarse antes de cada tirada. Además, se alienta a cada tirador a ser coherente a este respecto. Cabe señalar que la práctica habitual y tradicional es ignorar las runas boca abajo. En algunas tiradas, las runas que caen fuera del campo de significado o de la tela blanca también pueden leerse como runas oscuras. Nuevamente, hay que determinar cómo se va a leer de antemano.

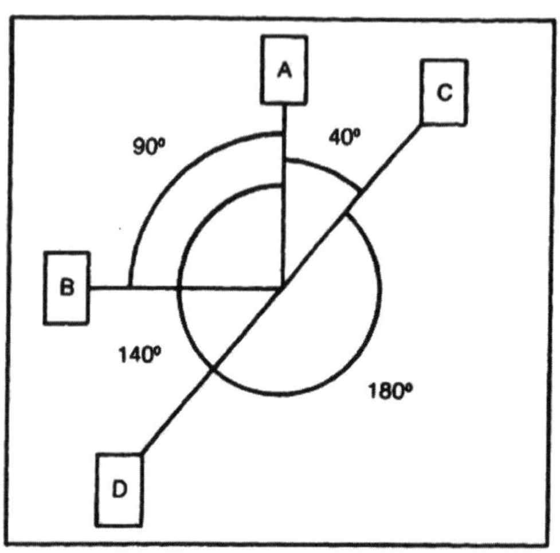

Figura 19.2. Ángulos de muestra para entender los aspectos de una tirada.

Cuando se quieren utilizar aspectos angulares en una tirada, hay que medir (al menos aproximadamente) el ángulo en el que se yuxtaponen dos runas en cuestión. Esto se hace dibujando líneas mentalmente entre dos runas, tomando como referencia el punto central de la tela, y luego determinando el ángulo en el que se yuxtaponen. Un ejemplo de esto se puede observar en la figura 19.2. Si el resultado está entre 5° y 45°, o entre 135° y 360°, se leen como runas brillantes; si caen entre 45° y 135°, se leen como runas oscuras. No se necesitan medidas exactas sino aproximadas.

Probablemente, la forma más fácil de ver estas relaciones es imaginando un círculo sobre la tela que se divide en cuartos y se divide por una tercera línea que usará para orientar la runa en cuestión hacia los demás. Las runas que caen en el mismo cuarto o en el cuarto directamente opuesto son muy brillantes, mientras que las de los cuadrantes a cada lado tienden a ser oscuras.

Cuanto más cerca esté una runa del ángulo brillante, más positivamente se leerá. Sólo aquellas cercanas a una relación de 90° deben leerse como «bloqueos». Las yuxtaposiciones que se aproximan a 180° también tienen un aspecto oscuro, pero finalmente conducirá a un resultado positivo. En las tiradas, estos aspectos sólo refinan lo que ya es aparente en la lectura de la runa y su campo. *(Véase* la lectura de muestra 3 en la página 236).

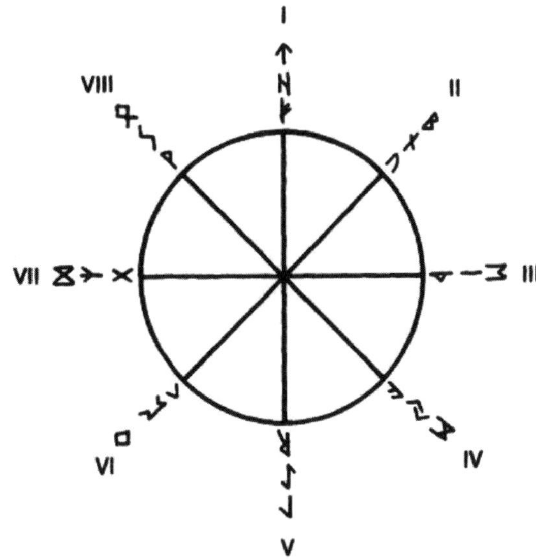

Figura 19.3. Aspectario del aett.

Los aspectos de este tipo son mucho más útiles y fáciles de determinar cuando se utiliza un método de disposición de runas. Para determinar la relación entre las runas, el tirador puede consultar la figura 19.3, que esencialmente funciona con los mismos principios que la determinación de los aspectos en la tirada. Tomemos el ejemplo de *fehu* (F). Las runas pertenecientes a la misma tríada (por ejemplo, F-H-T), o a las tríadas de cada lado, o a las tríadas en los mismos ejes que las adyacentes a la «tríada de origen» de *fehu,* deben leerse como runas brillantes. Los de la tríada opuesta se leen como runas oscuras, pero con un resultado final positivo. Las runas en tríadas en un ángulo de 90°, las que cruzan el eje de la tríada en cuestión, se leen como runas oscuras, generalmente como un tipo de bloqueo. *(Véase* la lectura de muestra 1 en la página 229 y la lectura de muestra 4 en la página 239 para aclarar cómo funciona esto en la práctica).

También se debe tener en cuenta que hay una cierta cuestión «aspectal» con respecto a la relación entre un carácter concreto y el lugar en el que cae. En las lecturas de muestra que se encuentran a continuación, se proporcionan indicaciones prácticas de cómo podría funcionar esto con varios métodos. En gran medida, la intuición debe guiar al tirador en estos asuntos.

La determinación del aspecto es uno de los puntos más sutiles de la habilidad para echar las runas, y debe aprenderse a través de la experiencia personal porque las runas interactuarán de manera diferente con diferentes personas. Por suerte o por desgracia, no es una cuestión tan simple y tonta como leer las runas invertidas como si fueran «malas».

Los métodos

Estos métodos para tirar las runas se basan en «campos de significados» utilizados por los antiguos pueblos germánicos. Se recomienda encarecidamente que se intente dominar alguno de estos métodos antes de empezar a trabajar en los demás. Pasado un tiempo, también se puede comenzar a experimentar con técnicas innovadoras. Pero los métodos tradicionales en sí mismos siempre tienen algo que enseñar sobre la «mentalidad rúnica». Aquellos que tienen experiencia en otras tradiciones adivinatorias con «campos de significado», como el tarot o la astrología, pueden experimentar con el uso de runas en esos contextos. Sin embargo, hay que darse cuenta de que sólo podremos alcanzar una parte de la esencia rúnica de esta manera.

Las dos clases de operaciones son tirada y colocación. El primer método que veremos es realmente una combinación de estos dos tipos. La tirada, porque el tirador pierde momentáneamente el control de las runas y es más eficaz leyendo cosas en el otro mundo; y la colocación, porque el tirador mantiene siempre el control de las runas y es más eficaz leyendo estados interiores. Ambos métodos tienen ventajas y desventajas. En una tirada concreta, puedes tener interés en cierto ámbito de la vida, y resulta que ninguna runa cae justo en el área que representa dicho ámbito (lo cual también es bastante elocuente, por otro lado). En el otro extremo está la colocación, en la que colocas las runas en lugares que pueden tener o no relevancia para lo que te interesa y al final unas runas parecen mucho más significativas que otras.

1. La tirada nórnica

Este método se basa directamente en el relato ofrecido por Tácito en su *Germania*. La matriz triple que menciona se aplica a la única matriz triple de significado obvio para la adivinación germánica: la fórmula Urdhr-Verdhandi-Skuld.

El tirador, siguiendo el esquema ritual dado en el capítulo 18, echa un puñado de runas sobre la tela blanca y, con los ojos cerrados o desviados hacia arriba, escoge tres de ellas, las cuales coloca en orden 1-2-3. Para ayudar al lector a visualizar la disposición, las runas deben colocarse como se ilustra en la figura 19.4.

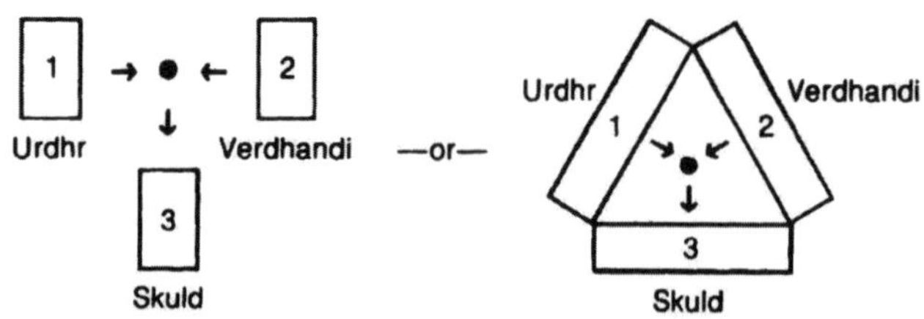

Figura 19.4. Configuración de runas en el método nórnico.

La posición (1) es el lugar de Urdhr *(wyrd),* que indica lo que realmente está en la raíz de la pregunta o problema. Cuenta lo que ha sucedido en el pasado, lo que ha condicionado la runa de la posición (2), el sitio de Verdhandi, que se ocupa del presente. Ambas se sintetizan en la tercera posición, el lugar de Skuld, que indica lo que ocurrirá en el futuro dadas las condiciones de las dos primeras posiciones.

Al leer estas runas, el vitki puede querer usar el aspectario para determinar la calidad de sus relaciones. Las runas invertidas pueden ser tomadas en cuenta si se quiere, pero no es necesario en absoluto.

Lectura de la tirada nórnica

Objeto de consulta: Situación en torno a la obtención de un nuevo trabajo.

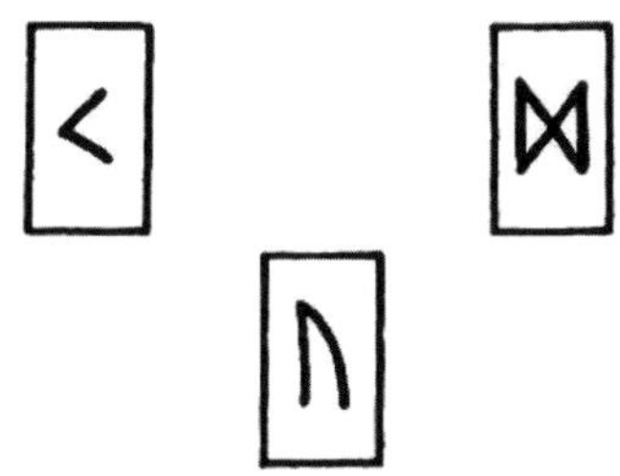

Figura 19.5. Muestra de tirada nórnica.

Lectura: El diseño se muestra en la figura 19.5. *Kenaz* en Urdhr indica que el arte y la creatividad desarrollados en el pasado están colocando a la persona en una buena posición. La persona utiliza su base de manera creativa. *Dagaz* en Verdhandi muestra que la situación actual está, sin embargo, en un estado de cambio. Ahora las cosas son dinámicas y maleables. El tercer carácter, *Uruz* en Skuld, es muy esperanzadora: indica que la situación se formará de acuerdo con la voluntad del solicitante de empleo. La runa final en este lugar aconseja «tenacidad». La persona debe perseverar con fuerza de voluntad para lograr el resultado correcto. *Kenaz* está muy bien aspectada con *Dagaz,* que a su vez lo está con *Uruz,* todo lo cual indica que las runas están trabajando juntas sin problemas. *Kenaz* se opone a *Uruz,* pero gracias a los aspectos dinámicos, parece bastante claro que esta oposición será vivificante, como un acicate, en lugar de un obstáculo.

De hecho, la persona para quien se realizó esta lectura consiguió el trabajo en cuestión: ciertamente contaba con su formación y experiencia del pasado, pero también con un poco de ayuda mágica e indudablemente con perseverancia.

• • •

Figura 19.6. El valknútr.

La tirada nórnica puede expandirse significativamente en el *valknutr* (nudo de los muertos). Éste es un símbolo de la capacidad del dios Odín para atar y desatar nudos de todo tipo, incluidos los del «destino». A menudo se compone de tres triángulos entrelazados *(véase* figura 19.6). Para expandir la lectura nórdica básica al *valknútr,* el tirador de runas elige tres grupos de tres runas y las coloca en triángulos entrelazados como se muestra en la figura 19.7. El primer triángulo es un análisis ampliado del lugar de Urdhr, el segundo de Verdhandi y el tercero de Skuld.

Esto puede dar una imagen más completa de lo que está en la raíz de la pregunta, qué está sucediendo en la situación actual y cuál es el resultado probable.

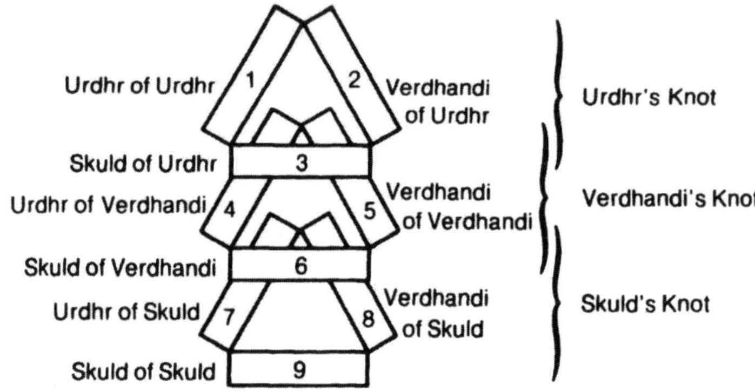

Figura 19.7. La disposición de Valknútr.

2. Tirada con el método de airts

Una de las disposiciones del espacio mejor establecidas en campos significativos conocidos del mundo germánico es la división del cielo y el plano de la tierra en «ochos», en nórdico antiguo aettir o en lengua escocesa «airts». En nórdico antiguo estas divisiones reciben los nombres indicados en la figura 19.8. Aunque estos nombres son de origen noruego, su sentido interno de división cuádruple, expandida por puntos cruzados, se ajusta a un patrón germánico continuo y atemporal. Los nombres indican que las cosas hacia el este son más «cercanas» o terrenales, y que las cosas hacia el oeste son más «externas» o «lejanas», y que la polaridad principal se da entre el norte y el sur. No es casualidad que las runas también se dividan en «ochos».

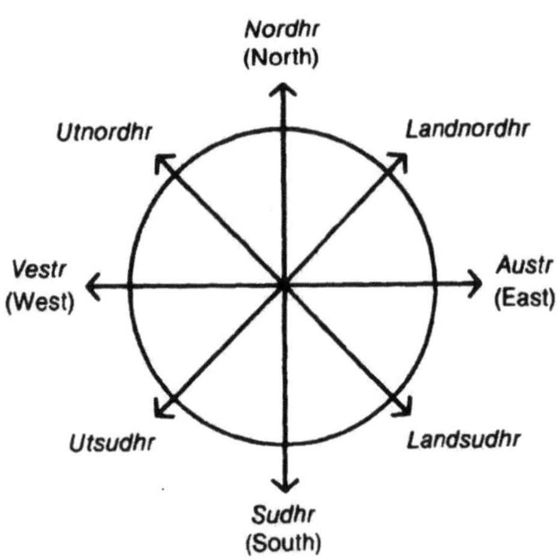

Figura 19.8. El nórdico aettir de los cielos.

En la tirada de runas, este patrón se combina con la otra división más obvia del «espacio», la de los nueve mundos de Yggdrasill, para formar el diseño utilizado para dividir la tela de tirada en campos de significado ilustrados en la figura 19.9. (La tela real no debe tener los nombres de los mundos escritos). En realidad, esta figura representa el «colapso» del espacio multidimensional en un modelo bidimensional, al igual que muchos símbolos sagrados de todo tipo. Los campos son nombres para los nueve mundos de Yggdrasill y derivan sus significados de estos conceptos, como se muestra en la tabla 19.1 en la página 225.

Las runas que caen dentro de los círculos internos, formados por Midhgardhr-Asgardhr-Hel-Ljóssálfheimr-Svartálfheimr (que en el modelo tridimensional forman la columna vertical) dan una lectura del estado subjetivo o psicológico de la persona o de sus influencias. Los de Ljóssálfheimr y Svartálfheimr son más «personales», mientras que los de Asgardhr y Hel son más «transpersonales». Las runas que bajan por los campos exteriores de Niflheimr-Muspellsheimr-Vanaheimr-Jötunheimr (que junto con Midhgardhr forman el plano horizontal en el modelo Yggdrasill) aclaran el estado del universo objetivo y cómo afecta a la persona en cuestión. Observa cuidadosamente la función de síntesis especial de Midhgardhr, el centro, donde todas las potencialidades se manifiestan (o pueden ser manifestadas).

El tirador de runas puede decorar la tela con la configuración de líneas que se muestra en la figura 19.9. O simplemente puede visualizar estos campos mentalmente. Tales claves ocultas suelen ser la base de formas de adivinación que pueden parecer aleatorias a primera vista. Si la tela está decorada, debe bordarse con hilo azul oscuro o negro.

Siguiendo los procedimientos rituales descritos en el capítulo 18, el tirador echa ciegamente las runas sobre la tela y luego las lee (tal vez sentado en el taburete de Theal) mientras yacen sobre la tela en su campo de significado. Según la costumbre personal, las runas que caen boca abajo pueden leerse como runas oscuras o pueden retirarse de la tela y dejarse de lado. Las runas «invertidas» no pueden leerse como tales en operaciones de este tipo. No existen runas invertidas. Aquellas que caen fuera de la tela por completo deben ser descartadas. (Ten en cuenta, sin embargo, qué runas son exactamente: ¡pueden ser significativos por su ausencia!).

Una vez que se haya establecido la configuración final, puede aparecer una imagen compleja. Este tipo de tirada a veces es tan complicada que no se puede interpretar de una vez (especialmente para el principiante). Por lo tanto, asegúrate de llevar un registro de la tirada. Puedes tomar notas como «:ᚠ: en Asgardhr», etc. A menudo, la dirección en la que se orienta una runa –puede parecer que está «apuntando» a otra runa– proporciona pistas sutiles que revelan matices en la interpretación. Por eso es bueno llevar un registro aproximado. Puede que no entiendas el verdadero significado de una tirada hasta pasado algún tiempo, cuando estés repasando el registro de tu trabajo.

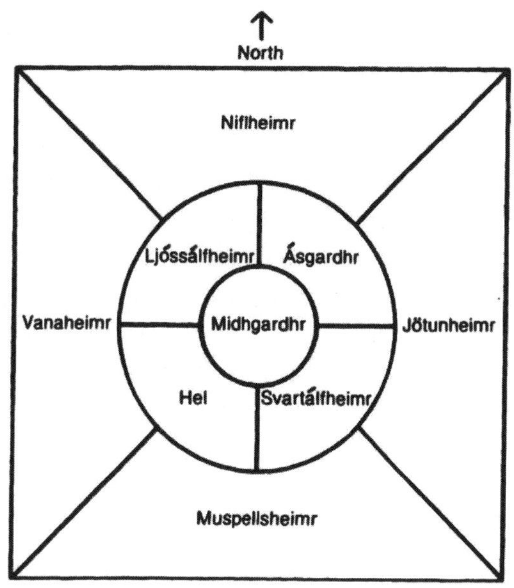

Figura 19.9. La tela de la tirada se divide en un montón de significados, y podemos ver la distribución de los nueve mundos.

Asgardhr:	Grandes influencias. Naturaleza de la relación con las divinidades. Las ramas veladas de la pregunta. Asuntos de honor, influencias positivas (activas) de estados pasados de existencia («encarnaciones»), *ørlög*.
Ljóssálfheimr:	Influencias mentales. Asuntos familiares. Mensajes de Huginn: ámbitos en los que debes planificar. ¿Qué te ayudará? Caminos para ayudarte a darte cuenta de las influencias de Asgardhr.
Midhgardhr:	Forma en que las personas se unen para manifestarse en la vida. El resultado en la vida. consciencia del ego.
Svartálfheimr:	Influencias emocionales creativas. El dinero importa. Mensajes de Muninn: cosas sobre las que debes reflexionar. Caminos para darse cuenta de las influencias de Hel.
Hel:	Deseos instintivos ocultos o reprimidos. Naturaleza de las funciones o comportamientos automáticos. La raíz oculta de la pregunta. Influencias negativas (pasivas, restrictivas) de estados pasados de existencia, *ørlög*.
Muspellsheimr:	Estado de energías vitales, lo que te vitaliza. Influencias activas del exterior. Cosas que tienden a la actividad.
Niflheimr:	Eso que se te resiste. Influencias pasivas o restrictivas del exterior. Cosas que tienden a la latencia.
Vanaheimr:	Promueve el crecimiento. Relaciones eróticas. Personas del sexo opuesto. Equilibrio de influencias. Fuerzas de continuidad, estructura y bienestar.
Jötunheimr:	Eso que te confunde. Eso que puede dejarse al azar. Cosas que pueden ponerte a prueba. Fuerzas presionando por el cambio. Reino de la crisis.

Tabla 19.1. Interpretaciones de lo que transmiten los mundos.

El patrón resultante de una tirada puede leerse de varias maneras. Puedes empezar desde lo que ahora mismo se está manifestando en Midhgardhr e ir hacia los reinos más remotamente influyentes, por ejemplo, desde Midhgardhr a Ljóssálfheimr y Svartálfheimr, y de este emparejamiento hacia Asgardhr y Hel, y desde allí a los reinos más externos de Vanaheimr y Jötunheimr, y Niflheimr y Muspellsheimr. O bien, puedes invertir el proceso trabajando desde Niflheimr y Muspellsheimr hasta Midhgardhr. Ninguna progresión lineal es realmente inherente a este patrón; es más bien un modelo ultradimensional. Por lo tanto, la intuición será la mejor guía para cada tirador.

Ejemplo de tirada sobre los airts

Objeto de investigación: El progreso, para el próximo año, de una organización dedicada al descubrimiento o redescubrimiento de una potente forma de magia.

Lectura: El diseño se muestra en la figura 19.10. La falta general de runas en Vanaheimr indica que no hay tensiones orgánicas presentes, mientras que la falta de runas en Niflheimr indica que tampoco hay presión externa o resistencia en este grupo (que en realidad es secreto). Los runas en Muspellsheimr, una *hazlaz* oscura y una *thurisaz,* indican que hay agentes activos, probablemente dentro de la consciencia de los diversos miembros de la organización, que han estado retrasando la activación de los programas de la organización. Sin embargo, estas tendencias son muy poco potentes y no forman un bloqueo fuerte. Por lo tanto, parece que su influencia es insignificante.

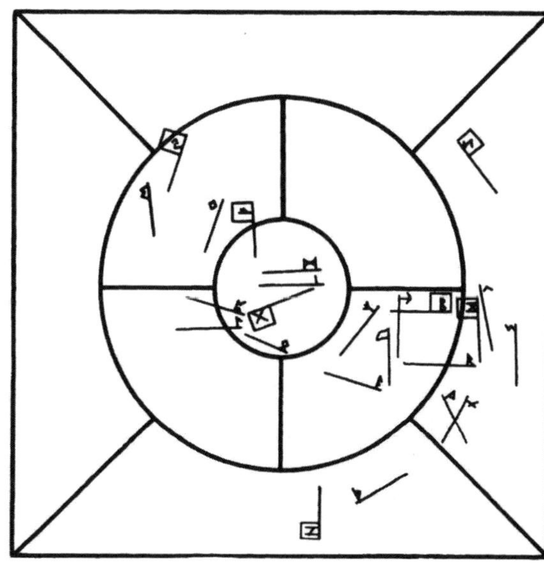

Figura 19.10. Muestra de tirada airt. Ten en cuenta que un cuadrado alrededor de una runa indica que ésta cayó hacia abajo.

Un bloqueo fuerte está presente en Jötunheimr. Esto indica que la organización está en un flujo dinámico y, en muchos sentidos, está buscando objetivos ya cristalizados *(sowilo).* El cruce de *nauthiz* y *wunjo* en Jötunheimr sugiere que alguna crisis de naturaleza interpersonal conducirá a un cambio positivo.

Un segundo cruce entre una *dagaz* oscura y *kenaz* en Jötunheimr podría indicar cierta confusión en asuntos técnicos. Sin embargo, la yuxtaposición favorable de *raidho* contrarresta esto y conduce a una dirección racional y ordenada hacia el reino formativo de Svartálfheimr. Por lo tanto, los asuntos técnicos se ordenarán correctamente y se utilizarán positivamente. La oscura *eihwaz* en Jötunheimr está aislada y, por lo tanto, parece de poca importancia. Sin embargo, se aspecta negativamente con la oscura *fehu* y con *jera* en Ljóssálfheimr, que muestra un problema continuo para llevar la inspiración a buen puerto.

El grupo en Svartálfheimr indicaría que, sin embargo, habrá una gran cantidad de inspiración ascendente que encontrará una salida formativa. El conjunto general de tantos caracteres indicativos de forma y orden *(uruz, tiwaz, raidho),* conexión e inspiración divinas *(elhaz* y *ansuz)* en este único campo de realización formativa parece anular otras indicaciones. Pero las otras indicaciones se ven reforzadas por la presencia de la runa-B oscura en medio del grupo. Esto indica claramente que, aunque la fuerza formativa y la inspiración están poderosamente presentes, tienen resistencias. Es una advertencia para estar alerta. Cada miembro de la organización debe esforzarse y buscar para que la promesa de las runas-A y -Z den sus frutos. En Ljóssálfheimr hay un problema entre las runas-E y -NG, lo que indica que el desarrollo intelectual dentro de la organización será más eficaz si se basa en reflexiones internas individuales o se desarrolla por parejas de personas que trabajen en proyectos concretos.

En última instancia, es en el reino de Midgardhr donde se aclara el resultado de este año mágico. Hay básicamente dos grupos. *Mannaz* paralela a *Isa* indica una cierta solidificación de la organización social arquetípica dentro del equipo en cuestión. Esto se ve reforzado por la presencia de *Othala* en el otro grupo, que está estrechamente relacionada con las influencias que fluyen desde las profundidades oscuras del reino de Hel (es decir, influencias del pasado). Esta influencia no será planificada sino espontánea, como lo indica la runa-P, y será verdaderamente transformadora, como lo indica la runa-L. Ten en cuenta que ambas conducen desde Hel a Midhgardhr y desde un grupo con la runa-O y con una runa-G oscura. Esta runa-G, como la runa-B en el grupito que se encuentra en Svartálfheimr, contiene una advertencia oculta. En este caso, la advertencia es estar atento a las influencias nocivas dentro del equipo que podrían surgir fácilmente debido a esta afluencia de reinos suprarracionales.

En resumen, se puede decir que esta organización será objeto de innovación técnica por parte de sus miembros, innovación basada en la reflexión interna y el trabajo realizado entre pares de miembros. Dicha innovación será de una naturaleza altamente inspirada y conducirá a una manifestación organizativa concreta. Sin embargo, no será fácil. En cada caso hay una «espina», una resistencia activa que requerirá que todos los involucrados sean de voluntad despierta y corazón duro.

3. Tirada con el método futhark

El orden rúnico fijo en sí mismo nos proporciona otra forma tradicional de determinar los campos de significado. Los estados de ejecución dispuestos linealmente en su configuración aett de tres niveles (como se presenta en la figura 19.1) dan los pasos de interpretación que se muestran en la tabla 19.2.

23	21	19	17	15	13	11	9
7	5	3	1	2	4	6	8
10	12	14	16	18	20	22	24

Figura 19.11. Orden de diseño del método futhark.

1	ᚠ	El dinero importa. Energías psíquicas.
2	ᚢ	Salud física. Energías vitales.
3	ᚦ	Lo que se te opone (quizás físico).
4	ᚨ	Fuentes de inspiración y expresión intelectual.
5	ᚱ	Viajes: interiores o exteriores.
6	ᚲ	Creatividad. Relaciones eróticas.
7	ᚷ	Lo que se te dará.
8	ᚹ	Relaciones, amigos. Lo que te dará felicidad.
9	ᚺ	Área de posible crisis que conduce a la transformación.
10	ᚾ	Lo que se te resiste (psíquicamente). Fuente de descontento.
11	ᛁ	¿Qué te limita?
12	ᛃ	Donde hay recompensas. Relación con el entorno natural.
13	ᛇ	Influencias ocultas, estado del ser. Relación con lo numinoso.
14	ᛈ	Cómo encontrarás alegría.
15	ᛉ	Cosa que necesita atención. Camino a los dioses.
16	ᛊ	Qué te guiará.
17	ᛏ	Estado cognitivo. Asuntos legales. Ideales.
18	ᛒ	Lo que proporciona crecimiento y belleza.
19	ᛖ	Con qué o con quién deberías trabajar. Relaciones eróticas.
20	ᛗ	Estado psíquico general. Actitud hacia la muerte.
21	ᛚ	Equilibrio emocional. Lo que te pondrá a prueba.
22	ᛜ	Lo que debes contemplar.
23	ᛞ	Área de sincronía inesperada.
24	ᛟ	La familia es importante. Asuntos nacionales o comunitarios.

Tabla 19.2. Interpretaciones de los caracteres.

El tirador puede echar las runas sobre la tela y luego poner las veinticuatro boca arriba, una por una, y colocarlas en su orden completo. O bien, puede sacarlas a ciegas de la bolsa y colocarlas del uno al veinticuatro en la disposición de aett y en el orden que se muestra en la figura 19.11 en la página 234. De este modo, el futhark se despliega desde su núcleo y se vuelve completamente manifiesto en la configuración de aett. El resultado será una lectura completa en la que se cubrirán todos los ámbitos. Los aspectos pueden determinarse mediante uno de los métodos habituales descritos en las páginas 225-227.

Los registros de estos modelos son fáciles de hacer con anotaciones como **:ᚷ:** en **:ᚠ:**, **:ᚲ:** en **:ᚢ:**, **:ᛃ:** en **:ᚦ:**, etc. Como siempre, el lugar determina el área de vida o existencia en cuestión, mientras que la runa determina la calidad que se manifiesta en esa área, en el momento de la tirada o colocación. Este tipo de diseño es útil para obtener una lectura completa de la situación actual en la vida. Ofrece una imagen holística y sintética, sin un énfasis real en los resultados.

Ejemplo de tirada en Futhark

Objeto de investigación: Lectura general de la vida para determinar direcciones futuras.

Lectura: El diseño se muestra en la figura 19.12. *Fehu* en primer lugar indica que los asuntos financieros están en un estado de prosperidad. *Othala* en el segundo lugar muestra que la salud y las energías vitales están bajo control y contenidas, sin factores positivos o negativos indicados. *Laguz* en el tercer lugar sugiere una posible oposición por parte de fuerzas inconscientes, mientras que *Kenaz* en el cuarto lugar muestra cierta inspiración del fuego creativo (arte). *Perthro* en el quinto lugar indica que los viajes emprendidos serán de tipo interno, a lo largo de los caminos del tiempo y el espacio. El sexto lugar ocupado por *Isa* presagia un cierre de la creatividad por sustancia helada, o un giro interno de la creatividad al nivel del ego. *Berkano* en el séptimo lugar indica que ocurrirá una liberación de energías. *Tiwaz* en el octavo lugar señala las relaciones gobernadas por la razón y el sacrificio personal (que en última instancia será una fuente de felicidad). *Thurisaz* en el noveno punto establece una crisis de oposición por parte de fuerzas reactivas hostiles, mientras que *Elhaz* en el décimo lugar indica resistencia de las fuerzas arquetípicas internas. *Ehwaz* en el undécimo lugar traiciona la restricción interna.

ᚠ	ᛟ	ᛚ	ᚲ	ᛈ	ᛁ	ᛒ	ᛏ
ᚦ	ᛉ	ᛖ	ᛗ	ᛃ	ᛞ	ᚺ	ᚾ
ᚢ	ᚱ	ᛜ	ᚷ	ᛇ	ᚨ	ᚹ	ᛊ

Figura 19.12. Ejemplo del método futhark.

Mannaz en el duodécimo lugar indica recompensas en estatus social y en conexiones esenciales con los dioses. (Esto parece sugerir que la crisis retratada en el noveno, décimo y undécimo lugar será superada). *Jera* en el décimo tercer lugar revela una acción cíclica regular en el control de las influencias ocultas, mientras que *Dagaz* en el décimo cuarto lugar muestra que la alegría se encontrará a través de una experiencia subjetiva. *Hagalaz* en el décimo quinto lugar indica que se debe prestar atención a los conceptos básicos, a la semilla. (Esto también parece relacionarse con la crisis mencionada en el noveno, décimo y undécimo lugar). *Nauthiz* en el décimo sexto lugar puede significar que el tema está siendo guiado por situaciones de crisis (probablemente a través del reconocimiento temprano de la crisis de nueve, diez y once). *Uruz* en el décimo séptimo lugar indica que el estado cognitivo y los ideales están dominados por la fuerza de voluntad. *Raidho* en el décimo octavo lugar muestra regularidad, ritmo y movimiento en el trabajo, lo que da como resultado crecimiento y belleza. *Ingwaz* en el décimo noveno lugar sugiere que el sujeto debería trabajar solo, gestando dentro del yo. *Gebo* en el vigésimo lugar indica una voluntad de dar y recibir. *Eihwaz* en el vigésimo primer lugar significa un equilibrio emocional «vertical», es decir, emociones dominadas por el intelecto con la probabilidad de que esta tendencia aumente. *Ansuz* en el vigésimo segundo lugar aconseja al sujeto que medite sobre Odín, o la divinidad personal que lleve dentro. *Wunjo* en el vigésimo tercer lugar señala una sincronía inesperada en el campo social, mientras que *Sowilo* en el vigésimo cuarto lugar demuestra que los objetivos actuales del sujeto se conseguirán.

El consejo general de esta lectura es que en materia de seguridad básica todo está bien. La principal oposición está dentro de uno mismo. Esto se puede superar estableciendo vínculos más firmes y regulares con la divinidad personal. Si el sujeto desarrolla conexiones internas, será recompensado con éxitos externos.

4. La tirada de los siete reinos

Los antiguos nórdicos solían hablar de siete reinos habitados por seres sensibles de los que se podía obtener información si se conocía el «lenguaje» de dichos reinos. Esta tradición sólo se transmite, y bastante mal, en el «Alvísmál» de la *Edda Poética*, donde se mencionan siete reinos, pero solamente seis de ellos se emplean en una estrofa. Estas estrofas fueron compuestas para revelar los lenguajes poéticos secretos utilizados en los reinos de los aesir, vanir, elfos, enanos, etins, así como entre los muertos y entre las personas en Midhgardhr. Como Hollander señala en su introducción al «Alvísmál», el poema representa un estado de conocimiento tardío y confuso. Pero refleja un antiguo orden cosmológico que sólo necesita un ligero ajuste proporcionado por Yggdrasill para hacerlo inteligible. Sabemos que solamente siete de los nueve mundos de Yggdrasill generan seres sensibles y conscientes: Muspellsheimr y Niflheimr carecen de consciencia como fuerzas brutas de la «naturaleza». Las runas son un modo de comunicación entre estos reinos sensibles.

Tengamos en cuenta que el principio que se esconde tras el patrón de diseño es el que subyace al proceso cosmogónico en la tradición germánica: la síntesis continua de los opuestos polares que conducen a la transformación. Esto se superpone al proceso nórdico para dar una imagen de las capas de acción o fuerzas de trabajo a través del tiempo. Siguiendo su procedimiento ritual, extrae veintiuna runas de la caja o bolsa y colócalas en el orden indicado en la figura 19.13. Estas runas deben interpretarse de acuerdo con la clave que se muestra en la figura 19.13.

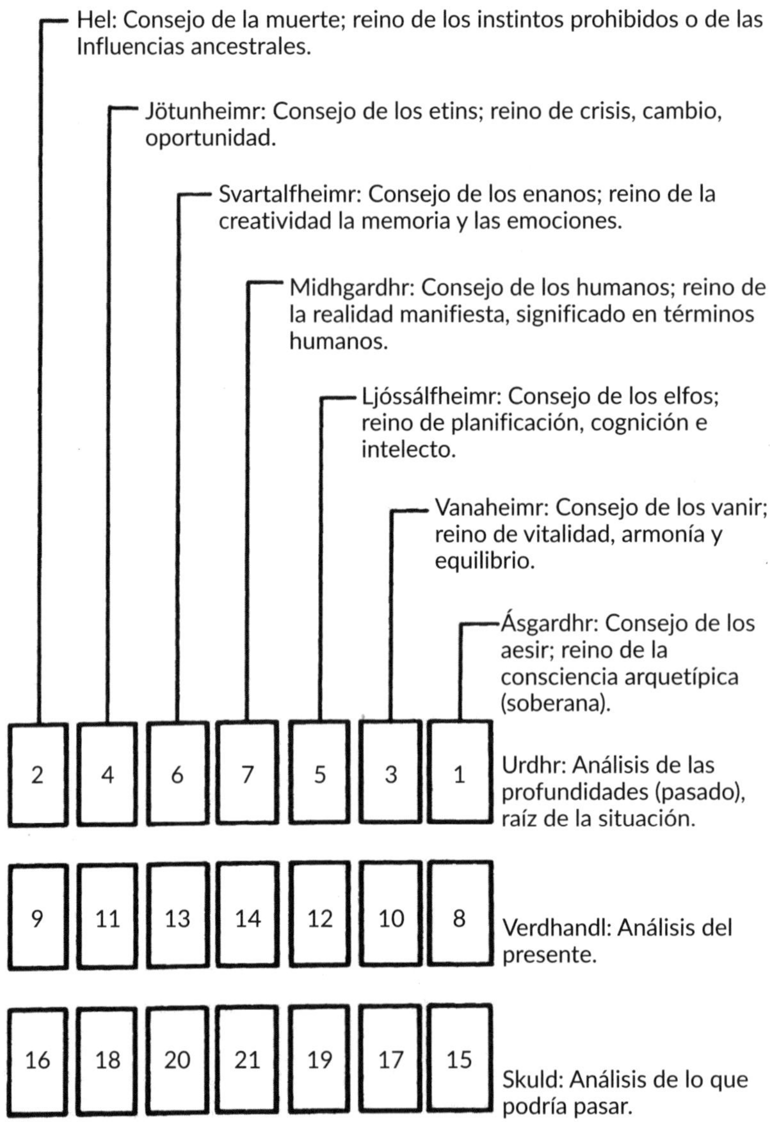

Figura 19. 13. Diseño y clave del método de los siete reinos.

Este patrón es más útil para un análisis completo y, en muchos sentidos, representa una versión más «controlada» del método de airts.

Este tipo de lectura mejorará a medida que conozcas mejor los reinos. Recuerda también el análisis sobre estos reinos para la tirada con el método airts en el capítulo 6 y en el capítulo 18. Cada runa se lee simplemente como una unión del proceso nórnico con los reinos de los seres sensibles. En cada nivel, la fila se sintetiza en el lugar de Midhgardhr, de modo que las runas siete, catorce y veintiuno son las claves principales de la lectura. Las tres runas excluidas de la lectura también pueden ser significativos por su ausencia.

Ejemplo de lectura con el método de los siete reinos

Objeto de investigación: Análisis del efecto final de la personalidad disruptiva dentro de una organización esotérica.

Lectura: El diseño se muestra en la figura 19.14. *Ehwaz* y *fehu* en los niveles externos (Asgardhr y Hel) de Urdhr indican que la energía sexual y las relaciones eróticas son la raíz última de la cuestión. Hay una congelación general de las fuerzas vitales mostradas por *isa* en Vanaheimr. *Nauthiz* evidencia, en Jötunheimr, un intenso nivel de crisis y conflictos emocionales. Éste es, quizás, el resultado de una falta general de vitalidad junto con una afluencia incontrolada de energías sexuales. La capacidad de todas las partes para pensar con claridad se encuentra en un estado de estasis (o tal vez gestación) indicado por *ingwaz* en Ljóssálfheimr. Esto también podría significar que ciertos planes están esperando ser implementados. Sin embargo, los poderes aesíricos también parecen haber influido en la configuración de las cosas, como lo insinúa *ansuz* en Svartálfheimr. La base de la situación actual es bastante ambivalente; parece haber una «velocidad hacia la manifestación».

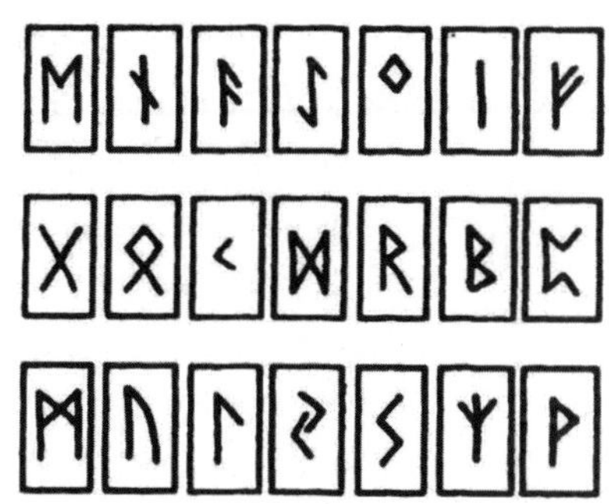

Figura 19.14. Ejemplo de tirada con el método de los siete reinos.

Los elementos inestables actuales están en flujo arquetípico, como lo demuestra la presencia de *perthro* en el Asgardhr de Verdhandi. Esto puede ser un buen augurio si se presta atención al consejo superior en un estado de desapego espiritual; no actúes más. En la raíz de las cosas, como lo muestra *gebo* en Hel, se preservará el honor y el crédito de los que permanezcan en este estado. La vitalidad está fuertemente disciplinada y mantenida en reserva, protegida, indicada por *berkano* en Vanaheimr. El aspecto social de *othala* muestra confusión debido a su posición en Jötunheimr. El estado actual de crisis, demostrado por la presencia de *othala* en Jötunheimr, tiene sus raíces en *naudhiz* en el nivel de Urdhr. Afortunadamente, el control racional *(raidho)* se refuerza en el ámbito intelectual de Ljóssálfheimr. La presencia de *kenaz* en Svartálfheimr también puede indicar que se está manejando un asunto en el reino creativo. *Dagaz* en el Midhgardhr de Verdhandi sigue siendo ambigua, ya que su luz puede verse atenuada por el aspecto pobre de *raidho* con *dagaz*.

La combinación de *mannaz* y *wunjo* en los reinos arquetípicos de Skuld parece ideal. Indica que finalmente habrá un resultado basado en principios divinos, en una atmósfera alegre. *Elhaz* en Vanaheimr muestra un cierto aumento de vitalidad, mientras que *uruz* en Jötunheimr sugiere que el caos será resuelto. Los planes cognitivos alcanzarán sus objetivos correctos, demostrados por la presencia de *sowilo* en Ljóssálfheimr, y habrá creatividad según la ley. *Uruz* y *laguz* en Jötunheimr y Svartálfheimr, respectivamente, parecen indicar una cierta reforma del orden a partir del caos y la crisis que se originó con *nauthiz* en el Jötunheimr de Urdhr.

El resultado final es ejemplar. *Jera* indica que se obtendrán recompensas correctas por acciones beneficiosas pasadas (o no acciones). El aspecto de todo el reino Skuld no podría ser más esperanzador. En última instancia, esta influencia disruptiva no tendrá más que un efecto fortalecedor en el círculo social, pero puede haber más mares agitados a medida que Verdhandi transite hacia Skuld.

Formas alternativas de tiradas

En todos los métodos descritos anteriormente, el tirador se limita a leer cada runa sólo una vez cuando se han tirado. Sin embargo, esto puede no producir la lectura precisa, ya que, en realidad, es muy posible que una runa se manifieste en más de un lugar al mismo tiempo.

Las siguientes son dos formas más de hacer tiradas. Cuando usas el primer método, saca una runa la bolsa o caja y, dependiendo del patrón de diseño con el que estés trabajando, traza esa misma runa en papel o en el suelo, en una parcelita especialmente preparada de tierra suelta. Vuelve a colocar la runa en la bolsa y mezcla diciendo en voz alta –o en silencio– «Urdhr-Verdhandi-Skuld». Luego extrae otra runa de la bolsa y anótala en su lugar. Continúa hasta que hayas completado el patrón. Teóricamente, podrías terminar con una lectura que contenga sólo una runa.

El segundo método implica el uso de una forma arcaica de «dados» germánicos. Para usar esta técnica, el tirador debe tallar ocho caracteres que sean lo suficientemente anchos y planos como para que solamente puedan aterrizar con una cara hacia arriba cuando se lancen sobre una superficie plana. Dos de estos caracteres, las runas-aett, estarán marcadas (por ejemplo, con una rueda de seis radios) en un lado, uno estará en blanco en el reverso y el otro estará marcado con dos signos en el reverso como se muestra en figura 19.15. Echar estas runas dará como resultado un número 1, 2 o 3. Éstos darán el recuento aett de una runa particular.

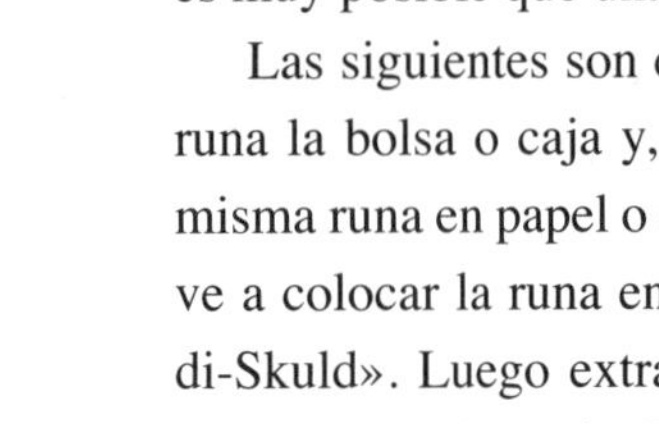

Figura 19.15. Runas aett.

Se preparará un segundo conjunto de seis runas con otro tipo de marcado (por ejemplo, un punto o círculo). Cuatro de estas tienen sólo una marca en un lado; uno de ellos tiene dos marcas en un lado. El reverso de los otros cinco caracteres estará en blanco. La sexta runa tiene dos marcas en un lado y una en el reverso. *(Véase* figura 19.16).

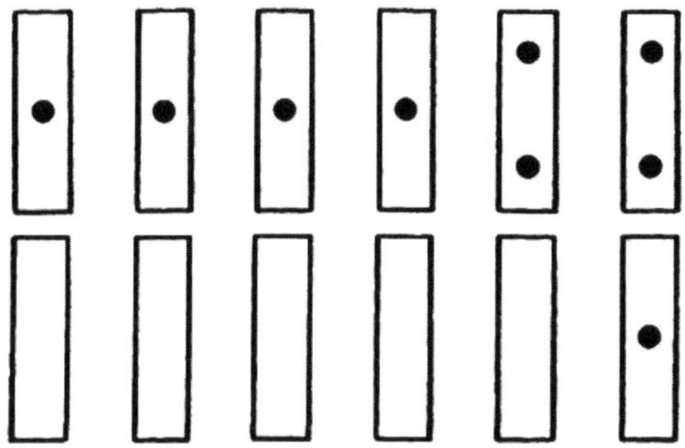

Figura 19.16. Conjunto de runas secretas.

Cualquier tirada con estas runas dará como resultado un número entre uno y ocho. Dichos números determinan una runa particular o la runa dentro del aett ya determinado. Este sistema funciona con el mismo código binario que las «runas secretas» *(véase* capítulo 7).

Primero, echas las runas-aett y obtienes un número del uno al tres, luego las runas secretas, para obtener un número entre uno y ocho. La combinación resultante, por ejemplo 3:6, se identifica como runa particular en el orden futhark, en este caso *laguz*, que es la sexta runa en el tercer aett.

Como cada runa se genera de esta manera, anótala en el lugar adecuado para que puedas interpretarla de acuerdo con el tipo de lectura que estés realizando. La misma runa puede salir varias veces en la misma lectura. Las runas «restringidas» aquí –pero que habrían aparecido en el «método futhark» completo– pueden estar significativamente ausentes en este tipo de lectura. Estos métodos permiten más libertad, generalmente ausente en los otros métodos.

Respuestas de un sí o un no

Probablemente, el uso instintivo de la técnica adivinatoria es tratar de obtener un «sí» o un «no» para una pregunta muy concreta, por ejemplo: «¿Le gusto al vecino o no?» como se hace con las margaritas. Los runas pueden proporcionar tales respuestas

En el marco ritual de costumbre, echa las runas sobre la tela con el patrón de airt/Yggdrasill. El único patrón significativo para esta lectura es el círculo exterior (que encierra los campos verticales de Asgardhr-Hel-Svartálfheimr-Ljóssálfheimr-Midhgardhr). Haz caso omiso de las runas que quedan fuera del círculo exterior. Sólo las que están totalmente dentro del «círculo de consejos» deben tenerse en cuenta. Si la mayoría está boca arriba, la respuesta es «sí»; si la mayoría está boca abajo, la respuesta es «no». La proporción de «síes» y «noes» te dará una idea de lo decidida o contundente que es la respuesta. Un número igual de síes y noes es indicativo de que no está decidido. (Pero ésa será la lectura definitiva: no vayas a hacer la misma pregunta trescientas veces para ver si se confirma).

Este tipo de lectura también puede dar algunas indicaciones del «porqué» de la respuesta. Las runas invertidas pueden indicarte los aspectos que deberían cambiarse, si fuera posible, para obtener un resultado afirmativo. El elemento ritual en este tipo de lectura es muy importante. Dado que es un tipo de operación de «acierto o fallo», el tirador debe evocar una fuerte sensación de estar «sincronizado» con las runas antes de que tal tirada se pueda tomar en serio.

Cuarta parte

LA MAGIA DE LAS RUNAS

Capítulo 20

EL MUNDO DE LAS RUNAS

No es posible en un libro de este alcance presentar todos los niveles de la cosmogonía y cosmología rúnicas. Ciertas partes de esta tradición se han utilizado para interpretar e ilustrar las propiedades de las runas individuales, y antes de avanzar en las teorías de la magia de las runas propiamente dicha, se deben tomar medidas para explicar el cosmos en el que se manifiestan estos misterios. En el libro *Alu: An Advanced Guide to Operative Runology* (Weiser, 2012) se presenta un nivel más avanzado de runología operativa.

Como vimos en el capítulo 10, la mejor fuente para comprender la cosmología rúnica se encuentra en las *Eddas,* donde leemos que antes de que se iniciara el tiempo existía Ginnungagap, que literalmente significa un «vacío cargado mágicamente». En este análisis deseamos concentrarnos en los aspectos mágicos prácticos de la cosmología. El cosmos, o marco de realidad, es un punto de partida para todas las operaciones mágicas. Tenemos que entender los secretos de la organización del mundo si pretendemos alterarlo de alguna manera. Es evidente que la cosmología esotérica de nuestros antepasados estuvo dominada por dos fuerzas opuestas llamadas «fuego» y «hielo». Pero un examen minucioso muestra que originalmente fueron «fuego» y «agua».

También es importante darse cuenta de que: (1) en la primera fase de la cosmogonía no hay un *Creador* personal: la cosmogonía se considera un proceso natural y orgánico; (2) el universo, en última instancia, deriva de una sola fuente, Ginnungagap, que claramente contiene dos polos dentro de su sustancia, dos extremos, uno de fuego (energía expansiva) y otro de hielo (materia/antimateria). Estas polaridades se atraen mutuamente, y de su (re)unión se forman la esencia primaria y el patrón arquetípico para la manifestación. Desde dicho marco evoluciona la multiplicidad del ser. Más allá de esta primera fase, sí hay una especie de figura creadora, más bien deberíamos llamarlo un reformador cósmico: Odín, el Todopoderoso. Este dios, que es la primera forma de consciencia, reformó el estado caótico y desorganizado, la entropía, y lo convirtió en un cosmos ordenado y racional. Esta organización es la que permite que la magia sea posible para los humanos.

Las *Eddas* nos dicen que, una vez que el todo se estabilizó, el multiverso se organizó en nueve mundos, contenidos y apoyados por el Árbol del Mundo, Yggdrasill. Dichos mundos contienen innumerables moradas y estancias. En el centro está Midhgardhr, con los otros mundos dispuestos alrededor, arriba y abajo. Al norte está Niflheimr; al este, Jötunheimr (el mundo de los aetin); al sur, Muspellsheimr; al oeste, Vanaheimr (el mundo de los vanir). En el centro, sobre Midhgardhr, está Ljóssálfheimr (el mundo de los elfos de luz) y sobre Asgardgr está el recinto del Aesir, que alberga muchas estancias. Debajo de Midhgardhr está Svartálfheimr («reino de los elfos negros» o «reino de los enanos») y debajo está Hel, el reino silencioso, quieto y somnoliento de los muertos. Entre todos estos mundos se encuentran las runas con sus caminos, aquí se encuentra una gran runa escondida. En el trabajo práctico es esencial tener en cuenta que estos mundos ejercen un efecto sobre Midhgardhr, y nuestro trabajo práctico es encontrar su manifestación. Del mismo modo, debemos darnos cuenta de que podemos influir en el flujo de poder de dichos reinos al nuestro. El comienzo de ese proceso está en la realización de su existencia y carácter.

Manifestación de la hilera de runas

La manifestación de las runas y su ordenación en la fila futhark están ligadas a los procesos cosmogónicos y cosmológicos. Las runas no tienen un punto de origen preciso; son la sustancia de la energía latente contenida en Ginnungagap. Las runas existen simultáneamente en un estado indiferenciado en todo ese vacío y por lo tanto desafían la comprensión. En la división entre Muspellsheimr y Niflheimr, las fuerzas rúnicas se polarizan en runas brillantes (AN *heidhrúnar)* y runas oscuras (AN *myrkrúnar)*. Son aspectos polarizados de todo el corpus de poder rúnico, expresado simultáneamente. Las fuerzas rúnicas se atraen entre sí para que puedan unirse y crear la semilla cósmica de manifestación contenida en Ymir. Las runas brillantes y las runas oscuras se vuelven a asimilar en un patrón capaz de manifestarse. Las fuerzas rúnicas participan en todos los procesos cosmogónicos descritos precedentemente; sin embargo, las runas tal como las conocemos, no se han manifestado, porque todo el proceso, hasta el sacrificio de Ymir, tiene lugar en un estado no-manifestado. Cuando Odín, Vili y Vé sacrifican a Ymir (la forma de semilla cristalizada del patrón rúnico colectivo), *organizan* esta «sustancia» rúnica de acuerdo con el patrón multiversal. Por lo tanto, «crean» los nueve mundos e Yggdrasill. Este acto primario produce orden y manifestación cósmicos.

En este punto, las runas se ordenan en la fila futhark con su forma lineal como la disposición primaria en el centro del multiverso. Esta manifestación se desarrolla desde «adentro hacia afuera», empezando por las formas más básicas de fuerza cíclica (:ᛃ:) y vertical (:ᛇ:). Desde ese punto, las otras runas se manifiestan en un patrón lineal gobernado por una ley esférica de doce partes. A medida que se manifiesta cada círculo sucesivo, un par de runas –conceptos esotéricos– se aíslan dentro del «espacio». Las leyes de simpatía y antipatía determinan qué runas cristalizan en cada círculo. Además, esas mismas leyes rigen cuál de estos dos conceptos se alineará con cada runa previamente manifestada en la fila. La hilera así producida es percibida por el intelecto en un orden gobernado por el camino del sol, y por lo tanto las runas manifiestan sus valores numéricos del 1 al 24. Dichos valores numéricos también forman parte de las posiciones relativas innatas de un misterio respecto a los otros, y juegan un papel determinante en su ordenación. Una representación gráfica muestra la gloria absoluta de este misterio en la figura 20.1.

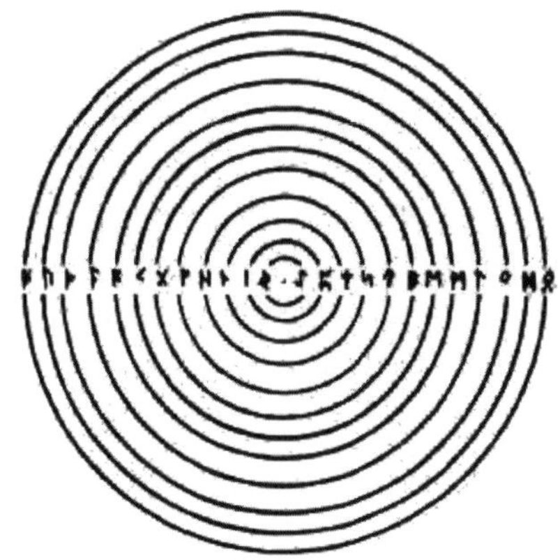

Figura 20.1. Diagrama del patrón futhark de manifestación.

Estos patrones, así como aquellos que gobiernan la alineación de los caracteres, son caminos fructíferos de meditación, revelarán mucha sabiduría y proporcionarán un gran poder al vitki, que podrá así resolver sus enigmas.

La figura 20.1 representa solamente uno de los varios patrones en los que las runas se organizan o dividen: cada mundo o «reino del ser» tiene su propia modalidad particular. Los aettir están regidos por el patrón de la «cruz» o «estrella» óctuple, con la cual los antiguos hombres del norte dividieron los cielos *(véase* figura 20.2).

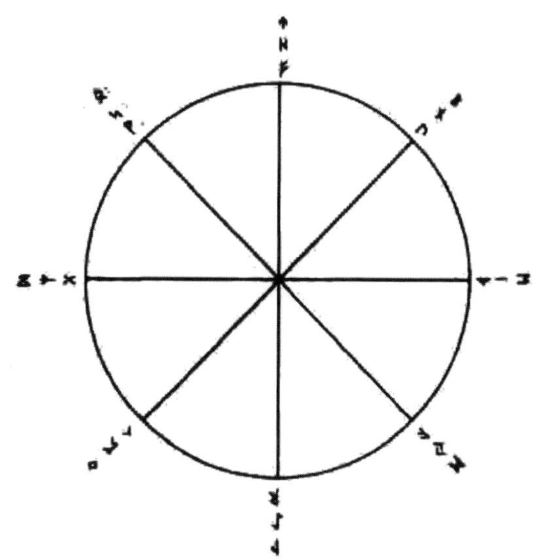

Figura 20.2. La división del Futhark en octavos.

Esta exposición rudimentaria y fragmentaria de la cosmología rúnica es sólo una pista de los secretos y esplendores que descubrirá el vitki perseverante, hasta penetrar en la sabiduría de los mundos.

Corrientes

Los magos rúnicos alemanes han trabajado mucho en relación a la manipulación de las corrientes de fuerza rúnica. Estas corrientes pueden clasificarse según los reinos en los que se originan: (1) corrientes terrestres, que corren a lo largo de la superficie de la tierra; (2) corrientes celestes, que circulan en la atmósfera; y (3) corrientes ctónicas, que fluyen en la esfera subterránea. Estas corrientes o campos interactúan constantemente entre sí, provocando cambios y fluctuaciones en la intensidad y forma de la fuerza propia de cada reino. Todas las runas existen en todos los reinos; sin embargo, están concentradas e intensificadas dentro de los reinos más afectos de la fuerza que encarnan. A través de las prácticas de *stadhagaldr* y meditación, el vitki puede atraer dichas corrientes cósmicas a su propia esfera rúnica personal, para integrarlas (y aumentar su poder personal) o para proyectarse con el fin de provocar cambios, de acuerdo con su voluntad. La sección práctica sobre *stadhagaldr* explica cómo manipular estas secuencias con más detalle. La palabra «corriente» quizás sea un tanto engañosa. En realidad, estas fuerzas rúnicas pueden percibirse como una variedad de sensaciones dentro de la mente. Algunas, de hecho, son similares a la corriente eléctrica; otras son parecidas a olas, los remolinos o la quietud total. Cada vitki debe explorar la «sensación» de cada runa en sus propios términos. Una vez que se haya percibido la sensación de cada runa, ésta resultará inconfundible.

Los conceptos de alma y poder personal

En el capítulo 12 vimos los diversos conceptos del alma nórdica antigua. La tríada de dioses aportó ciertas cualidades anímicas al ser humano primigenio (de forma igual y simultánea en hombres y en mujeres). Esta tríada, que es una expresión triple del dios generalmente conocido como Odín, se identificó anteriormente como Odín, Vili y Vé. En otra explicación del «Völuspá», leemos:

> Hasta el Aesir
> poderoso y amoroso
> vino de la hueste
> a la costa;
> en la tierra encontraron,
> con poca fuerza,
> a Askr y Embla
> aún sin destino.
>
> No tenían *önd*
> no tenían *ódhr*,
> ni *lá* ni *laeti*
> ni buen *litr*;
>
> Odín les dio *önd*
> Hoenir les dio *ódhr*,
> Lódhurr les dio *lá*
> y buen *litr*.

Los últimos tres dones indican cualidades externas *(lá*, apariencia; *laeti,* movimiento; *litr,* salud), que son extremadamente importantes, pero no de interés central aquí. *Önd* es el aliento de vida, el «espíritu» mismo, que es la «chispa divina» en la humanidad y esa fuerza omnipresente que penetra y anima el multiverso. (Es muy parecido a la concepción india del prana y está etimológicamente conectado al sánscrito *atman:* aliento, alma). *Ódhr* es el poder de la inspiración y el éxtasis. El nombre Ódh-inn se deriva de la misma raíz. Es ese poder numinoso, puro e irracional, que representa el aspecto mágico de los dioses y los hombres.

Con la entrada de la fuerza nórnica, aparecen el tiempo y las leyes de causa y efecto *(véase* la runa-P). Además, la infusión de la estructura divina y la consciencia proporcionadas por Heimdallr/Odín *(véase* la runa-M) proporciona otra fuerza numinosa, que se transmite de generación en generación. Dicha fuerza aumenta o disminuye de acuerdo con la acción humana a lo largo de la vida de un individuo. Estos conceptos se expresan en toda la fila de runas. Con estas cualidades, el desarrollo y la concentración del poder mágico se hacen posibles, e incluso necesarios.

Cuatro entidades principales surgen de esta compleja interacción de fuerzas rúnicas y se centran en la humanidad: (1) *hugr*, (2) *hamr*, (3) *hamingja* y (4) *fylgja*. El *hugr* es la voluntad consciente y el intelecto. El *hamr* es el aspecto personal de la esencia plástica que forma imágenes en el cosmos. Es el reino de las imágenes, que une los mundos y actúa como una matriz entre los mundos «espiritual» y «físico». Un *hugr* poderoso puede proyectar e incluso reformar esta esencia personal en otra ubicación de una manera casi «física». En las sagas nórdicas abundan historias de este tipo. La mayoría de los lectores recordarán fenómenos como la proyección astral y la bilocación. La entidad compleja que otorga este poder se conoce como *hamingja,* un término que significa «fuerza de cambio de forma», «suerte», «poder» y, en ocasiones, «espíritu guardián». *Hamingja* puede ser transferida de una persona a otra, de una persona a un objeto o simplemente proyectado en el espacio como hemos indicado anteriormente. Esta fuerza puede incrementarse continuamente mediante acciones mágicas ritualizadas y actos de honor. El *fylgja* es el almacén de estas acciones, que está simbolizado por una figura femenina, un animal (específico de la naturaleza interna del individuo) o una forma de media luna que se cierne ante la persona. *Fylgja* (fetch) interactúa constantemente en todos los niveles de la personalidad impartiendo el *ørlög* o «destino» de la persona de acuerdo con sus actos pasados. Tanto el *hamingja* como el *fylgja* pueden transmitirse de una generación a la siguiente como una especie de «reencarnación». El uso de estas cualidades y entidades en operaciones mágicas se explicará en algunas de las secciones sobre el trabajo práctico.

Teorías básicas sobre la magia rúnica

Las fuerzas utilizadas en la magia y los rituales pueden dividirse aproximadamente en dos categorías: la dinámica y la animista. Los poderes dinámicos son más mecanicistas, sin lo que podríamos llamar consciencia o voluntad, aparte de sus funciones singulares (o complejas). Dentro de esta categoría se ubicarían las runas y el multiverso en general. Sin embargo, también tienen un cierto grado de «animismo» como se puede ver a través de la investigación personal. Las fuerzas rúnicas primarias también están en la raíz de todo lo que existe, y así lo vimos en la sección sobre cosmogonía. Las diversas criaturas, dioses (aesir y vanir), elfos, enanos y gigantes (thurses y etins) pertenecen a la categoría animista. Los dioses son arquetipos, o modelos ejemplares de consciencia, que se perciben como imágenes animadas primordiales. Estas fuerzas se derivan, en última instancia, de la naturaleza dinámica del universo, como lo hace la humanidad a la que ayudan a formar.

Estos modelos ejemplares también son extremadamente útiles en magia, por supuesto, ya sea como factores de consciencia interna o como símbolos o vehículos para el poder dirigido conscientemente en ritos de invocación. Este último tipo de rito es infrecuente en el trabajo con runas común y pertenece más a la expresión religiosa mágica de Asatru. En el antiguo multiverso nórdico, estas dos categorías estaban estrechamente entrelazadas. El siguiente es un modelo simplificado para la comprensión de los procesos rúnicos en la magia práctica.

Las corrientes de las runas están presentes en el multiverso y tienen sus estructuras representativas en la esfera personal en el *hamingja* del vitki. Es algo parecido a un modelo macrocósmico-microcósmico, salvo que no hay un límite definido entre los dos. Las «runas personales» y las «runas mundiales» se sintetizan conscientemente en el acto mágico/religioso de acuerdo con patrones intencionados o instintivos. Ésta es la esencia de los conceptos nórdicos antiguos de *heill* (sacro; integridad) y *heill hugr* (mente completa), esto es, un alto estado de consciencia. Las runas actúan como claves para dar acceso a dichas corrientes en la humanidad y en los reinos causales multiversales. Como símbolos, las runas (con su triple naturaleza) son las fuerzas de «representación». Mediante una acción ritual voluntaria, el vitki es capaz de manipular (a través de la combinación, intensificación, concentración, dirección, etc.) las fuerzas rúnicas en los ámbitos de los nueve mundos. Según las leyes de *perthro,* estas acciones se manifiestan a medida que las corrientes de runas alteradas reaccionan y reverberan en el mundo de acuerdo con la voluntad del vitki. La eficacia del trabajo del vitki es directamente proporcional a la intensidad y calidad de la impresión que él o ella pueda ejercer sobre los mundos adyacentes a Midhgardhr. Los antiguos sabían que todas las «cosas» estaban llenas de fuerza rúnica: todas las cosas «tenían sus runas». La sabiduría de las runas es el acceso y el conocimiento de estas modalidades que penetran y vivifican cada uno de los mundos.

Aunque este libro no contiene magia invocatoria de una naturaleza específicamente «religiosa», es importante comprender las formas divinas que se encuentran en los reinos de las runas.

Estos dioses y diosas son arquetipos sagrados y modalidades de consciencia, que preexistieron a la autoconsciencia de la humanidad pero que se intensifican por la acción humana. Dichas imágenes son modelos ejemplares culturalmente distintos. Son, en diversos grados, autoconscientes. Por ejemplo, los gigantes de la escarcha prácticamente no tienen consciencia y son casi puramente mecánicos, mientras que el dios Odín es «estructuralmente» tan complejo como el ser humano más complicado que podamos imaginar. Estas criaturas ocupan varios mundos, cada uno según su especie. Sin embargo, no hay fronteras bien definidas entre la mayoría de esos reinos.

Para propósitos prácticos y referencias futuras, sería bueno explorar la estructura de las relaciones divinas en los mundos de los dioses (aesir y vanir). Las formas divinas rúnicas pueden entenderse en una matriz triple, más una cuarta categoría. En gran medida, este paradigma divino se refleja en la estructura social de los antiguos pueblos germánicos (e indoeuropeos). Los misterios de la runa-M explican este fenómeno.

La «sociedad divina» se basa en un sistema tripartito. Los tres niveles, o funciones, de este sistema son (1) soberanía, (2) fuerza y (3) producción. La primera y la tercera son de estructura dual. El primer nivel contiene los aspectos judiciales y mágicos de la «realeza», mientras que la tercera función abarca a los gemelos divinos y a los santos hermano y hermana. Los principales dioses y diosas del panteón germánico están dispuestos de acuerdo con este patrón:

1. El rey-juez (Tyr) o el sacerdote-mago (Odín)
2. El guerrero (Thor, en su aspecto más antiguo)
3. Los proveedores (Freyja y Freyr, o Alcis)

Un breve estudio de estas deidades mostrará la complejidad que es posible dentro de este paradigma. En la teología nórdica, Odín tiene aspectos en los tres niveles, fieles a su naturaleza chamánica, que le permiten atravesar todos los mundos. Tyr es considerado un dios de la guerra porque los antiguos consideraban la guerra como un tipo de juicio, de acuerdo con los actos pasados y la cantidad de honor/suerte *(hamingja)* reunida mediante dichos actos. Thor es el guerrero de los dioses por excelencia. A diferencia de Odín y Tyr, éste pelea en las batallas como el que más. Pero también es importante para los granjeros porque a través de su poder atmosférico une las nubes y produce las lluvias fertilizantes. Freyja es bastante similar a Odín en el sentido de que tiene aspectos en los tres niveles: es la diosa de la fertilidad y la maestra de las artes mágicas del *seidhr* para Odín, y la mitad de todos los guerreros caídos en la batalla se van con ella a su reino de Fólkvangr. (La otra mitad se va con Odín al Valhöll, o Valhalla, «el salón de los caídos»).

El cuarto reino es el de las fuerzas dinámicas «deificadas» o fenómenos naturales dentro de las ciencias cultuales (pertenecientes a la función mágica). Éstas incluirían al sol (Sunna; *Sun),* la luna (Máni; *Moon)* y el fuego, que se encarna en las runas *kenaz, naudhiz y dagaz*, así como otros «elementos» y fuerzas.

En el trabajo ritual, este sistema clasificatorio muestra la eficacia de estas deidades en varios tipos de operaciones. Los dioses y las diosas que pertenecen al tercer nivel son ayudas poderosas en los ritos destinados a la fertilidad, el arte, la artesanía, la riqueza y el erotismo, mientras que los de la segunda función gobiernan en operaciones relacionadas con la protección, defensa, liberación y las maldiciones. El primer nivel lo abarca todo, pero el aspecto de Tyr es más valioso en los ritos sobre la ley y el orden, la justicia y el éxito o la victoria. El aspecto de Odín es el más completo y es especialmente poderoso en los ritos para obtener sabiduría, conocimiento numinoso y poder personal, y para atar o detener enemigos.

Odín tiene una importante lección que enseñar a todos los aspirantes a vitkar. Al igual que Odín, el vitki debería buscar insistentemente en todos los mundos, buscando sabiduría y poder, siempre dispuesto a sacrificarse a sí mismo y compartiendo constantemente su sabiduría y poder con otros de mentalidad similar. Para el odiano, ningún camino o puerta del multiverso está bloqueado o cerrado.

Capítulo 21

LOS FUNDAMENTOS DE LA MAGIA RÚNICA

Mediante la combinación de las runas junto con la voluntad y habilidad personal del vitki, todo es posible; pero para obtener poder, el vitki debe desarrollar las habilidades básicas para todo trabajo ritual: concentración, visualización, control de la respiración y la postura, así como el arte del encantamiento. Muchas de estas habilidades pueden desarrollarse solas en el transcurso del trabajo práctico. Los fallos en que se cae siguiendo este método suelen desanimar a los aspirantes a vitkar. La mejor elección es dedicar un tiempo a ejercicios diseñados para desarrollar las habilidades básicas necesarias para el desempeño exitoso de *rúnagaldr*. Varios investigadores han percibido que el poder rúnico se desarrolla lentamente en las personas (esto puede deberse a tantos siglos de negligencia generalizada), pero que cuando la fuerza se manifiesta en la vida del vitki, su potencia es omnipresente, inquebrantable en su perseverancia y abrumadora en la estimulación que produce. Puede ser debido a su naturaleza innata o indígena. ¡Un vitki dotado de paciencia y perseverancia será bien recompensado!

Ejercicios preliminares

Esta obra no tiene la intención de proporcionar los elementos básicos necesarios para todas las formas de magia, pero los siguientes ejercicios simples pueden dar algunas pistas importantes sobre la naturaleza del programa de desarrollo que cada vitki debe diseñar para sí mismo. Aquellos que ya tienen una experiencia considerable en las artes mágicas pueden prescindir de esta etapa y comenzar un programa de experimentación práctica si lo desean. Siempre debe tenerse en cuenta que estas habilidades básicas tienen que mejorarse constantemente y practicarse diariamente, porque una mayor intensidad de voluntad y concentración, con visualizaciones más vívidas, expandirá en gran medida el éxito de las operaciones mágicas realizadas por el vitki.

1. Consulta los comentarios rúnicos y encuentra una runa particularmente atractiva para ti. Confecciona una tarjeta de meditación con un trozo de cartulina blanca de aproximadamente 7 x 12 cm. Pinta el carácter elegido en rojo brillante (el esmalte es una buena opción para este propósito). Siéntate en una postura cómoda con la tarjeta delante, a la altura de los ojos. Empieza con un ritmo de respiración uniforme, que debe mantenerse durante todo el ejercicio. Dedica algunos minutos a concentrarte en la forma de tu runa mientras repites silenciosamente su nombre tres veces –pausa– y luego nuevamente tres veces, continuando con este ritmo durante todo el tiempo. Mantén todos estos elementos de concentración con la forma, el sonido, la respiración y la postura bajo control durante varios minutos, luego cierra los ojos e imagina la forma en tu *hugauga*, tu «ojo mental». Continúa practicando hasta que puedas hacerlo sin problemas durante diez minutos.
2. Esencialmente, repite el proceso del ejercicio 1, excepto que tienes que cantar el nombre (y *galdr* básico si quieres) en voz alta mientras mantienes un patrón de respiración de diez segundos de inspiración, dos segundos de espera, diez segundos de espiración (mientras cantas toda una línea del *galdr)* más dos segundos sin respirar. En este punto, comienza a experimentar con otras posturas simples, tanto sentado como de pie. Mantén siempre la postura que sea en un estado de concentración, pero no te esfuerces. Concéntrate nuevamente en la tarjeta durante unos minutos y luego cierra los ojos e imagina su forma resplandeciente, con un poder vívido. Cuando puedas mantener este conjunto de acciones con completa concentración durante diez minutos, podrás avanzar más.
3. Realiza este ejercicio en la postura *stadha,* con las manos sobre la cabeza. Establece un ritmo de respiración diez-dos-diez-dos (o tan similar como te sea posible con comodidad) mientras miras hacia el norte. Con los ojos abiertos o cerrados, visualiza primero la runa-F en rojo brillante, mientras entonas su nombre en voz alta tres veces. Lentamente, gira con el sol en círculo, visualizando y haciendo vibrar la forma y el nombre de cada una de las runas, mientras mantienes el ritmo, la postura *stadha* y la respiración. Una vez que el aspirante a vitki sea capaz de realizar este ejercicio de manera casi instintiva, con pocos o ningún descanso en la concentración, se puede realizar con confianza el trabajo con runas. (Véase vídeo en www.youtube.com/watch?v=QFrmiNtucM4).

Además de un programa diario de ejercicios de este tipo, el vitki debe diseñar un programa de desarrollo intelectual y físico de acuerdo con su voluntad e intenciones. El estudio serio de la mitología y religión nórdicas, así como la ciencia de la runología y el lenguaje nórdico antiguo, mejorará en gran medida la comprensión de los procesos de trabajo rúnico por parte de los vitkar. Debido a la visión sincrética y «panteísta» del multiverso contenido en el sistema rúnico, un cuerpo sano y fuerte se reflejará en habilidades mágicas más poderosas. ¡El verdadero vitki tiene una fuerza increíble en todos los niveles de la realidad!

Para cualquier persona interesada en una iniciación más profunda en los misterios de las runas, basadas en un extenso currículum, véase *The Nine Doors of Midgard* (The Rune-Gild, 2016, 5.ª edición). Ahí se puede aprender cómo llevar el trabajo rúnico al siguiente nivel y también en el libro *Alu: An Advanced Guide to Operative Runology* (Weiser, 2012).

En este primer nivel de trabajo con runas, estudiamos e interiorizamos las runas individuales como signos únicos y distintos que podemos combinar en fórmulas. En trabajos más avanzados, las runas se usarán dentro de fórmulas lingüísticas, a menudo dentro de los idiomas (islandés, inglés antiguo) que se adaptan a sistemas rúnicos específicos, el futhark joven y el futhorc del inglés antiguo. Esto era de esperar: igual que un cabalista trabaja en hebreo cuando llega a niveles avanzados, el vitki trabaja con lenguas germánicas. Como se describe en *Alu,* el inglés moderno se puede usar (con mucho cuidado) junto con las runas del futhorc para lograr una comunicación directa con el mundo en niveles más avanzados. Pero empezamos con el futhark: aprender el abc del mundo.

Herramientas mágicas

Las secciones anteriores se han ocupado de las «herramientas internas» de la magia de las runas y su desarrollo, pero las siguientes páginas se refieren a las «herramientas externas» que simbolizan las fuerzas internas. Éstas son las herramientas y técnicas tradicionales de *rúnagaldr,* que ayudan en la manipulación de las corrientes de runas.

El atuendo

En la práctica de la magia rúnica, las vestimentas ceremoniales, aunque importantes, no juegan un papel central en el simbolismo de culto. El atuendo mágico del vitki corresponde aproximadamente al vestido cotidiano de un hombre del norte medieval temprano, con características simbólicas especiales. La principal ventaja de las vestimentas litúrgicas es el efecto mágico que tienen sólo con diferenciarse de nuestra vida cotidiana. Un conjunto ideal como atuendo ritual para el vitki incluye una capa con capucha o un vestido de color azul oscuro o negro como vestimenta externa. También se deben usar pantalones de color rojos brillante; éste era un signo especial del vitki en la antigüedad. Se pueden usar zapatos de cuero negro o de color natural, sin tacón, pero tengamos en cuenta que muchos ritos, especialmente aquellos realizados al aire libre, se deben realizar descalzo. Se puede usar como túnica un jersey de blanco, azul o rojo debajo de la capa. Éste debe quedar holgado y ceñirse con un cinturón de cuero. Se le puede unir una funda para el cuchillo y se le puede colgar una bolsa para llevar los otros instrumentos mágicos. Las runas mismas pueden ser representadas en dos lugares del atuendo del vitki. Por ejemplo, se puede diseñar una diadema blanca, en la que las runas estén bordadas o pintadas en rojo brillante, o ponerles una chapita en la

Figura 21.1. Un bracteato rúnico.

que esté grabado el futhark y otros símbolos mágicos. Todo ello es una ayuda poderosa en el ritual rúnico. La chapa rúnica debe estar hecha de bronce, oro o plata. Debe diseñarse, crearse y consagrarse de acuerdo con el nivel de habilidad y conocimiento del vitki. Un diseño extremadamente básico para fines prácticos se muestra en la figura 21.1.

En general, los vitkar masculinos y femeninos se visten de manera muy parecida; sin embargo, la mujer usualmente va con las piernas desnudas o usa una falda roja larga. La desnudez ritual también se practica, de acuerdo con la naturaleza y el objetivo del rito que se realiza. En esto, como en todos los asuntos de magia, el vitki debe dejar que la intuición sea la guía principal.

La varita *(gandr)*

La varita mágica es conocida por muchos nombres en el lenguaje técnico de la magia nórdica; sin embargo, *gandr* es el más genérico y expresa la naturaleza poderosa de este objeto talismánico. El *gandr* puede estar hecho de cualquier tipo de madera. El vitki puede consultar el apéndice III para ver algunas sugerencias al respecto. En todos los casos, el *gandr* debe cortarse, elaborarse y consagrarse de acuerdo con las fórmulas ceremoniales dadas para las runas a continuación. El diámetro de la varita no debe ser menor que el del dedo índice y no mayor que el anillo hecho al cerrar las puntas del dedo índice y el pulgar. Su longitud puede ser tan corta como la longitud de la mano o tan larga como la distancia desde la punta de los dedos hasta el codo. El *gandr* es romo o redondeado en el extremo posterior, mientras que el extremo delantero puede ser bastante puntiagudo o moderadamente redondeado. El vitki puede tallar las veinticuatro runas del futhark antiguo en la varita, dispuestas en las tres filas de aettir, o, de acuerdo con su conocimiento, se puede diseñar una fórmula única y quizás más mágicamente potente para este propósito. Un ejemplo se muestra en la figura 21.2. Observa que el número total de runas es 24, lo que representa mágicamente todo el futhark. La fórmula *ek vitki* es una potente declaración mágica sobre el poder del vitki y carga el objeto con su fuerza. El valor numérico de esta parte de la fórmula es 78 o 6 x 13 *(véase* el capítulo 11 para la sección sobre simbolismo numérico). Las 8 runas-A invocan el poder de Odín desde los 8 rincones del cielo.

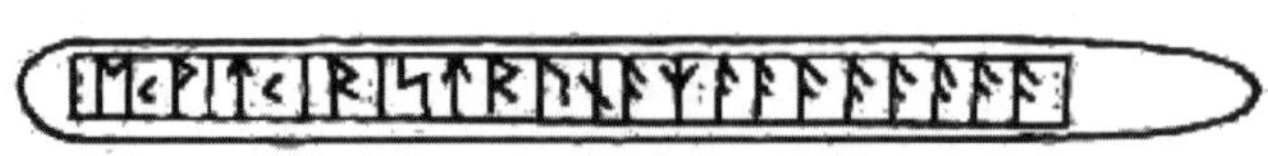

Figura 21.2. Una varita rúnica. La inscripción dice: ek vitki rist rúnar aaaaaaaa *(Yo, el mago, tallé las runas aaaaaaaa).*

El cuchillo (sax)

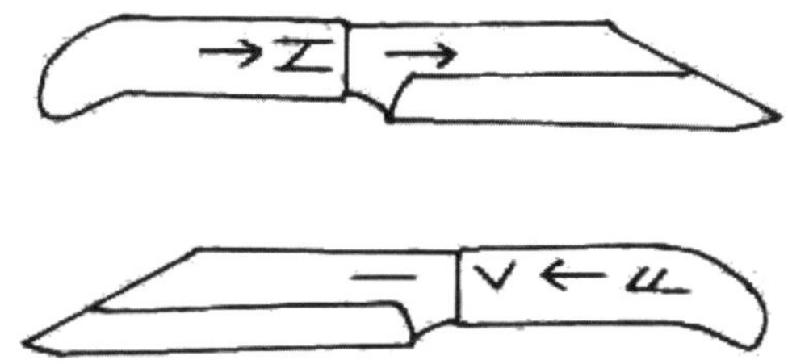

Figura 21.3. Un cuchillo rúnico del tipo sax.

El cuchillo del vitki se suele usar para tallar runas, pero también se usa para cortar y preparar madera con propósitos talismánicos, o en ritos de defensa e invocación de fuerzas rúnicas. La empuñadura del cuchillo debe estar hecha de madera o hueso, y la hoja debe ser del tipo «sax» como se ilustra en la figura 21.3. Su longitud total es de aproximadamente 23 cm con una cuchilla de 10 cm de largo y un ancho de más o menos 3 cm. El nombre del vitki, traducido en runas *(véase* apéndice IV en la página 315), puede estar grabado en la empuñadura. O puede idearse una fórmula más compleja para expresar la voluntad creativa y moldeadora del vitki. La ilustración muestra tal fórmula. Consiste en tres runas-T, que imparten o generan fuerza exitosa al instrumento, y una serie de runas que expresan ideográficamente la naturaleza del cuchillo. (ᛁ = el ego concentrado; ᚲ = habilidad y creatividad controladas; ᚺ = el patrón cósmico que se pretende expresar; ᚨ = una invocación a la fuerza odínica). El total numérico de estas siete runas es 81, que es 9 x 9: La fuerza creativa intensificada en el multiverso. *(Véase* la sección sobre simbolismo numérico).

El tallador *(ristir)*

Suele usarse un tallador especial para grabar runas en todo tipo de superficies. El *ristir* debe ser extremadamente puntiagudo y afilado. En realidad, es la herramienta más práctica para tallar runas. De nuevo, puede llevar el nombre del vitki en runas o una fórmula mágica que exprese el propósito del *ristir.* Se muestra un modelo en la figura 21.4. La inscripción es *lathu futh*: «Yo (que implica tanto el vitki *como* el *ristir)* invoco, o cargo, el futh». La fórmula final de tres runas son los tres primeros caracteres de la fila y representan todo el futhark. Esta fórmula puede llamarse «útero de las runas». (En nórdico antiguo, la palabra *fudh* significa precisamene «vagina/vulva»). El análisis numérico es 36, o 4 x 9, la fuerza creativa intensificada en el multiverso. *(Véase* la sección sobre simbolismo numérico).

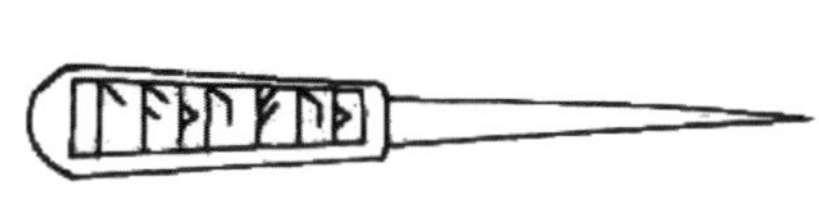

Figura 21.4. Un tallador de runas (ristir).

Herramientas para colorear

Las runas siempre estaban pintadas con pigmentos rojos o con sangre. El significado mágico de esto es obvio. Para los antiguos pueblos germánicos, las construcciones verbales «hacer rojo» y «dotar de poder mágico» eran sinónimas. El alemán *Zauber* (magia) y el antiguo nórdico *taufr* (magia, talismán) descienden de este concepto. En la terminología técnica de la antigua magia rúnica, la palabra protogermánica *fahido* y la antigua forma nórdica *fá* significaban literalmente «yo pinto» y «dar color», respectivamente. Pero estos términos llegaron a significar «adornar las runas» en general, describiendo todo el complejo proceso de tallar, colorear y consagrar runas.

Los pigmentos utilizados por el viejo vitkar eran ocre rojo, minio (plomo rojo) y rubia roja. El minio es pigmento un reciente, pero el ocre era conocido desde la prehistoria. La rubia roja se obtiene de la raíz de la planta del mismo nombre *(Rubia tincturia)*. La forma nórdica antigua de era *madhra,* y el poder mágico de la planta sin duda se incrementa por la asociación mágico-afectiva con la palabra en nórdico antiguo para «hombre» *madhra* (:ᛗ:). Todos estos pigmentos están disponibles en tiendas de suministros de arte. Deben molerse con aceite de linaza o una mezcla de goma, de manera ritual y justo antes del comienzo del ritual rúnico. La linaza, por supuesto, se deriva de la semilla de la planta de lino, que es extremadamente importante en la magia rúnica. Su antiguo nombre, *lina,* a menudo aparece en los talismanes rúnicos para la fertilidad, el crecimiento y el bienestar. Durante el proceso de molienda, se debe entonar el futhark o las runas que se utilizarán en el rito, infundiendo el tinte con la energía potencial de dichas runas. Todos estos pigmentos son sustitutos simbólicos del poder mágico innato que posee la sangre, ya sea humana o animal, en un ritual sagrado. Si se usa sangre de verdad, no es necesaria una «precarga». Sin embargo, dado que las runas de sangre, los misterios de sangre, son parte de la expresión religiosa, muchos vitkar no se interesan en ellos. ¡Todos los rituales de este libro se pueden realizar poderosamente usando estos tintes naturales!

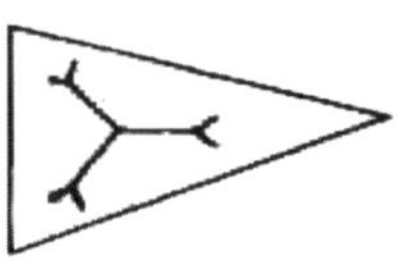

Figura 21.5. Herramienta para colorear rúnica (reddener) con una poderosa runa de unión.

Se debe hacer una herramienta especial para incrustar los pigmentos en las runas talladas. Se puede conseguir tallando una pieza de madera tan finita como una chapa, que se corta en forma de triángulo isósceles y se inscribe con las runas adecuadas. La figura 21.5 muestra un *galdrastafr* compuesto por cuatro runas K, tres en forma ᚲ y el conector alternado ᛦ. Ideográficamente, es una intensificación de la fuerza *kenaz*. El simbolismo numérico también es bastante potente: 4 x 6, o 24 (una intensificación mágica de *kenaz* en el contexto de todo el futhark).

Otras herramientas mágicas

Algunos rituales requieren de más instrumentos y, si bien los menores se presentarán en las secciones pertinentes, éstos son algunos de los que se mencionarán de inmediato.

El vitki debe tener un cuerno o copa para beber, de la que a menudo se bebe hidromiel. El cuerno puede ser natural, preparado adecuadamente, o un recipiente de metal con forma de cuerno; la copa puede estar hecha de madera, loza, oro o plata. En cualquier caso, las runas ᛟᛞᚱᚨᚱᛁᛉ deben estar inscritas ritualmente en ella de manera talismánica. Estas runas se transcriben como *ód-*

hrœrir y significan «el excitador de la inspiración». Éste es el nombre del hidromiel divino de la inspiración y del recipiente en el que está contenido *(véanse* las runas-A y -G). El simbolismo numérico e ideográfico de esta fórmula es poderoso. El recuento de runas es 7 y su total es 87, 3 x 29 *(véase* sección sobre simbolismo numérico).

También puede ser necesario un caldero u olla (AN *glódhker)* en algunos ritos. Puede estar hecho de metal o de cerámica. Representa el poder acelerador de Musellsheimr. Además, hay que tener siempre a mano dos piezas de tela –una negra y otra blanca, ambas preferiblemente de lino–. Se suele usar una correa de cuero, simbolizando la fuerza de contención y unión en el multiverso.

El equipamiento del vitki se caracteriza por su movilidad. Todas las herramientas necesarias para la realización de un ritual rúnico deben estar perfectamente ocultas para que nadie se percate de su presencia.

Espacio mágico

La magia rúnica se puede realizar en interiores o exteriores, pero por razones atmosféricas, así como para promover el contacto directo con todo el poder de las corrientes rúnicas, se prefiere el airc libre. Lo ideal era que los vitkar realizaran estos ritos sagrados en un bosque sagrado de robles, fresnos o tejos situados en lo alto de una colina. Sin embargo, cualquier lugar apartado en un área boscosa puede ser suficiente. El espacio de trabajo real se concibe como una esfera y, por lo tanto, debe limpiarse un espacio circular y separarse ritualmente de la manera descrita en el «ritual de apertura» en la página 264. Ahora nos ocuparemos de los símbolos que se incluirán en este espacio mágico. La simbología puede ser tan compleja o tan simple como lo desee el vitki; no hay ningún dogma en este asunto. En general, cuando el trabajo se realiza dentro de un espacio cerrado, el simbolismo tiende a ser más complejo, y es de esperar que haya un altar, circular o rectangular, en el sector norte o este del espacio, o incluso en el centro.

En este punto, cabe hacer un excurso sobre la orientación mágica germánica. Desde los primeros tiempos, la orientación fue hacia el este (como lo demuestra la evidencia lingüística) o hacia el norte (como lo demuestra la evidencia arqueológica). La palabra inglesa *evening,* «tarde» deriva en última instancia de una raíz protogermánica *aftan-,* que significa «hacia atrás»; por lo tanto, indica que el observador mira hacia el este en el crepúsculo. Existe un gran corpus tradicional que habla de una orientación hacia el norte. Los misioneros cristianos tenían problemas para obligar a los paganos germánicos recientemente «convertidos» a rezar hacia el este en lugar de su costumbre pagana de mirar hacia el norte. Los *hof* islandeses, o templos, estaban alineados en un eje norte-sur, e incluso en el período más antiguo, los pasillos de los túmulos apuntaban siempre hacia el norte. Es probable que ambas direcciones se consideren poderosas y que cada una se use según el tipo de ritual involucrado: hacia el este para asuntos relacionados con la tierra y hacia el norte para asuntos

Figura 21.6. Un típico círculo o anillo mágico de runas.

relacionados con los «otros mundos». La mayoría de los modernos vitkar prefieren el norte por la misma razón por la que lo odiaban los misioneros cristianos.

El altar contendrá en sí todos los objetos necesarios para el ritual. También servirá como «banco de trabajo» en el que se tallarán las runas. Si vamos a hacer rituales al aire libre, una roca o el tocón de un árbol sirven de altar, aunque se puede construir un altar portátil para tales casos.

En cuanto al círculo que define simbólicamente el espacio sagrado, puede ser tan simple como un círculo dibujado en el suelo con la varita, o puede ser complejo como un glifo dibujado con un *vé* de tiza u otro material. El círculo mágico debe indicar las ocho divisiones del cielo, que son representaciones simbólicas de los otros ocho mundos de la cosmología nórdica, y las runas deben representarse en el anillo exterior, como se muestra en la figura 21.6. Se pueden añadir otras figuras o nombres como el vitki considere conveniente.

Tiempo mágico

El momento del ritual rúnico también es muy importante y, aunque complejo, no es tan rígido y complicado como el de las tradiciones influidas por la astrología. Explicar completamente estos factores requeriría un estudio independiente de no poca magnitud y complicaría indebidamente el presente trabajo. Los criterios más importantes considerados por el vitki son (1) la estación, (2) la fase lunar y (3) la posición solar (hora del día). Los momentos más propicios son el amanecer, el mediodía, la tarde y la medianoche. Para aumentar el poder, se prefiere la luna creciente, pero para la restricción de la fuerza se usa su fase menguante. El mejor momento general para cualquier empresa es en las noches de luna nueva o justo después, o en la luna llena o justo antes. Nuevamente, la intuición es la mejor y más poderosa guía en estos asuntos. Cabe señalar que el tiempo y el espacio se consideran aspectos indisolubles y ambos se miden con el *mjötvidhr* (el árbol de medición [Yggdrasill]).

Hacer signos rúnicos y envío de runas

La práctica de hacer gestos rúnicos o signos era bien conocida en la antigüedad. El *godhar* o sacerdote nórdico haría la «señal del martillo» (AN *hamarsmark)* ⊥ o 卍 sobre las copas antes de beber. El rito de hacer signos sobre personas y objetos con signos sagrados se estableció mucho antes de la llegada del cristianismo y, de hecho, adoptaron esta práctica de las tribus indoeuropeas porque no podían erradicarla.

Se puede trazar o dibujar una runa en el aire, frente al vitki, con la palma de la mano derecha, con el dedo índice derecho, con el pulgar derecho o con la varita. Algunos caracteres pueden dibujarse con ambas manos en un gesto suave y estético.

La visualización es un aspecto importante en estos casos. El vitki debería enviar, o proyectar, la imagen de la runa desde una esfera brillante en el centro del cuerpo, a lo largo de un rayo de luz roja hasta el punto donde se pretende que aparezca la runa. Una vez que el haz ha alcanzado esta distancia, el vitki traza la forma de la runa desde la sustancia de la luz. El color de la luz puede ser rojo o algún otro tono simbólico (por ejemplo, el color atribuido a la runa en el apéndice III).

Se debe observar un ritmo especial de respiración durante esta práctica. Inspira mientras levantas el brazo, concéntrate en la ingesta de *önd*. En la espiración, envía la runa mientras cantas el nombre o *galdr* de la runa, ya sea mentalmente o en voz alta.

Cuando se invocan las runas delante del vitki, la fuerza puede reabsorberse en la esfera personal del mago, infundirse en un objeto como un acto de carga o «cambio», o bien puede enviarse a trabajar en otro lugar. Este tipo de trabajo ritual será tratado más completamente en su propia sección a continuación. Lo introducimos aquí como una especie de ejercicio porque es una buena práctica como procedimiento en el trabajo diario y porque se encuentra en el ritual de la carga talismánica. Es una de las técnicas más poderosas disponibles para el vitki, pero debe practicarse y dominarse con una concentración y visualización extremadamente fuertes para que sea completamente eficaz.

Rituales de protección

El vitki debe idear un ritual que sirva para desterrar todas las fuerzas que perjudican el trabajo en cuestión y para evitar el regreso de esos poderes. Dichas fuerzas no tienen por qué ser «malvadas», sino estorbos para la operación. Hay tres buenas fórmulas para tal ritual. El rito del martillo *(Hamarssetning)* es el más fuerte y proporciona la máxima protección y aislamiento, el rito *Hagalaz* proporciona la atmósfera y el potencial mágico más potentes, y el rito de *Elhaz* logra un equilibrio entre estos. La fórmula que se describe a continuación es para el rito del martillo, pero para realizar los otros dos simplemente sustituye la palabra «martillo» por *hagalaz o elhaz* (alce) y haz el signo de la runa correspondiente en los lugares apropiados. Un rito de este tipo puede practicarse todos los días y debe usarse junto con un ritual de apertura para empezar todo el trabajo ceremonial.

Lo ideal es tener un sitio sagrado permanente (AN *vé)* para el trabajo interno, uno que sea siempre sacrosanto y no tenga que ser «reconsagrado» cada vez que hagas un trabajo ritual en él.

El rito del martillo

Este ejemplo está escrito con orientación hacia el norte, y se deben hacer los cambios apropiados en el orden de *galdrar* cuando el de orientación tenga que ser hacia el este.

1. Con la varita rúnica en la mano derecha, mira a la Estrella del Norte.
2. Comienza con *fehu* en el norte y dibuja en el aire las runas del futhark en un círculo a tu alrededor, al nivel del plexo solar, en el círculo en el suelo o en el suelo, pero siempre en el sentido de las agujas del reloj (el del sol). Las runas deben formar una banda completa que termine con *othala* al lado de *fehu* en el norte.
3. Ponte en posición *stadha* y visualiza una cruz equilátera que se encuentra horizontalmente en el plano del círculo de runas, con tu plexo solar como centro de la cruz. Los brazos de dicha cruz deben terminar en los puntos donde se cruzan con la banda de runas. Imagina una esfera circundante de luz azul brillante con la banda roja de runas como ecuador. Luego visualiza el eje vertical que viene desde el espacio infinito de arriba y desde el espacio infinito de abajo.
4. Siente y observa la fuerza que fluye hacia tu centro desde las seis direcciones, mientras construyes una esfera de luz roja brillante. El color puede ser distinto dependiendo de la intención ritual *(véase* la sección sobre simbolismo de color).
5. El vitki debe tocar la parte posterior de la varita con el pecho, que es el centro del poder, y empujarlo hacia adelante, proyectando la fuerza desde ese centro hasta un punto en la cara interna de la esfera. Entonces hay que hacer el signo del martillo # desde la masa de poder mágico. El signo debe trazarse como en la figura 21.7. Durante este proceso entona:

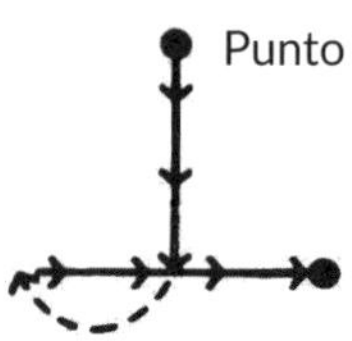

Figura 21.7. Patrón de seguimiento de la señal del martillo.

> Hamarr í Nordhri helga vé thetta ok hald vördh![1]
> (¡Martillo en el norte, santifica y cuida este lugar sagrado!).[2]

Luego, girando 90° hacia la derecha, envía y dibuja otra señal del martillo.

> Hamarr í Austri helga vé thetta ok hald vördh!
> (¡Martillo en el este, santifica y sostén este lugar sagrado!).

1. Una traducción literal de esta frase podría ser «¡Marillo del norte, santifica este lugar sagrado y cuida de él!».
2. Esta versión es poéticamente más eficaz y, por lo tanto, mejor para quienes desean utilizar su idioma en sus ritos.

Hamarr í Sudhri helga vé thetta ok hald vördh!
(¡Martillo en el sur, santifica y sostén este lugar sagrado!).

Y en el oeste:

Hamarr í Vestri helga ve thetta ok hald vördh!
(¡Martillo en el oeste, santifica y sostén este lugar sagrado!).

Volviendo al norte, dirige tu atención hacia arriba, haz el signo del martillo en el «techo» de la esfera, diciendo:

Hamarr yfir mér helga vé thetta ok hald vördh!
(¡Martillo, sobre mí santifica y sostén este lugar sagrado!).

Y luego proyecta el signo del martillo sobre el «suelo» de la esfera (no el suelo de la habitación) y entona:

Hamarr undir mér helga vé thetta ok hald vördh!
(¡Martillo, debajo de mí santifica y sostén este lugar sagrado!).

Ahora, adepta otra vez la postura *stadha* nuevamente y canta:

Hamarr helga vé thetta ok hald vördh!
(¡Martillo, santifica y sostén este lugar sagrado!),

Girando en el centro del *vé,* repite esto una vez para cada una de las otras cuatro direcciones y una vez para el eje vertical. El efecto visual debe ser uno de los ejes que conectan los seis martillos rojos brillantes a tu centro personal, todo envuelto por un campo de brillante luz azul oscuro y rodeado por una banda de runas rojas brillantes.

7. Finalmente, centra todas las fuerzas del *vé* doblando los brazos de la cruz *stadha* hacia el centro, con las yemas de los dedos tocando el plexo solar y diciendo:

Um mik ok í mér Asgardhr ok Midhgardhr!
(¡A mi alrededor y en mí, Asgardhr y Midgardhr!).

Este ritual puede repetirse al final de un trabajo, y toda la esfera puede atraerse hacia el centro personal o bien las paredes de la esfera pueden dividirse con el cuchillo, permitiendo que la energía recolectada fluya hacia su objetivo.

La forma básica del rito descrito aquí está destinada a proteger la consciencia del vitki para el trabajo mágico o meditativo. Las modificaciones en el rito, como las que ya se sugirieron, pueden ser resueltas para que esta forma ritual pueda usarse como una herramienta mágica activa. Las runas en la cara de la esfera pueden extraerse o proyectarse hacia el exterior para crear efectos mágicos. Depende del vitki descubrir los poderes adicionales del rito del martillo que se encuentran más allá de estas instrucciones.

Algunas personas, a lo largo de los años, han acabado creyendo que este rito se basa en un modelo cabalístico, pero eso, así como la creación del signo del martillo sobre los cuernos de hidromiel, etc., son en realidad viejas tradiciones germánicas. Una fórmula de inscripción rúnica de la época vikinga, repetida en varias piedras danesas, reza: «Thor, santifica estas runas (con tu martillo)». El poder del martillo de Thor, proyectado hacia los cuatro puntos cardinales, y arriba y abajo, santifica un lugar, permitiendo que el espacio creado se llene de poder sagrado.

El ritual de apertura

En un trabajo ritual importante, el vitki puede recitar una *galdr* invocatoria en la que se puede incorporar el rito del martillo. Tal *galdr* serviría para invocar fuerzas divinas o simplemente actuar como una invocación general a los poderes rúnicos, o ambas cosas. El vitki experto compondrá su propio rito y *galdr*. ¡Eso sería una gran obra con las runas! Observa cómo el rito del martillo se entrelaza en este ejemplo:

1. De pie en medio del *vé,* mirando hacia el norte o al este, en postura *stadha,* y entonando:

   Adelante ahora
   poderoso Fimbultýr[3]
   en las ocho casas celestiales
   Sleipnir será ensillado
   para montar velozmente:

3. El increíble dios (Odín).

Galdrsfadhir[4] podría dar y ganar.
¡La sagrada runa podría fluir
desde las hordas del corcel de Hangatýr[5]
en corrientes de fuerza constante
a través de runas siempre leales!

2. Ve al borde norte (o este) del *vé* y traza con la varita un círculo en sentido horario, de izquierda a derecha. Durante este proceso entona:

¡El poder de las runas se dibuja
alrededor del sacro lugar,
los wights no deseados desaparecen!

3. Cuando el círculo esté completo, regresa al centro y, mirando hacia la dirección original, traza el anillo rúnico del rito del martillo. Cuando esté completo, di:

Los preocupantes wights
ahora se abren camino
hacia el este, hacia el hogar-etin;
¡santificado sea el salón de Hroptatýr,[6]
con la ayuda del asesino de Hrungnir![7]

4. Ahora realiza el resto del rito del martillo.
5. Después de esto, si el ritual requiere una hoguera, el fuego debería encenderse. Si el vitki lo sabe y el ritual lo necesita, puede encenderse mediante fricción (para hacer fuego salvaje); pero normalmente, se lleva una antorcha preparada previamente. También son necesarios en este momento los recipientes de sal y levadura de cerveza; se debe añadir una pizca de cada uno a la llama en el punto indicado en la *galdr*. Mientras se enciende la hoguera, entona:

4. «El padre del encantamiento (Magia)» (Odín).
5. «El dios de los ahorcados» (Odín).
6. «El dios de las cosas ocultas» o «el dios oculto» (Odín).
7. Thor fue el asesino del gigante Hrungnir.

La luz infinita de la vida
ofrece tu regalo vivo
llena la noche de necesidad;
al corazón de esta sala,
trae tu tan brillante bendición
para avivar esta sal y esta levadura
que viven juntas
en el corazón del hermano de Hár.[8]

6. Una vez encendido el fuego, el vitki también puede echar hojas, finas tiras de madera de los árboles o hierbas que se correspondan con la intención del ritual que se está llevando a cabo *(véase* apéndice III). El cuerpo del ritual mágico ahora puede comenzar en una atmósfera «cargada».

Ritual de clausura

Cuando se ha comenzado un ritual con una fórmula de apertura, se requiere otro de cierre.

1. Mira hacia el norte o al este en posición *stadha* y entona:

   Ya está hecho el sacro trabajo
   de palabra y escritura,
   útil para los niños buenos,
   dañino para los etin-churls.
   Saluda a (él/ella/ellos) quien les habla,
   saluda a (él/ella/ellos) quien los necesita,
   saluda a (él/ella/ellos) quien los conoce,
   saluda a (él/ella/ellos) quien les presta atención.[9]

2. En este punto, se puede realizar el ritual del martillo (sin el anillo de runas), aunque es opcional.
3. Si no te parece totalmente seguro dejar que el fuego de la pequeña hoguera se consuma solo, apágalo tú mismo ahogándolo mientras entonas:

---

8. «El alto» (Odín).
9. Adaptado libremente de las estrofas finales del «Hávamál».

Fuego que brilla sin ser
eternamente encendido
por el poder de Odín-Vili-Vé.

4. Si la energía acumulada en toda la operación se va a interiorizar, entonces atráela hacia tu centro personal poniéndote con los brazos en cruz mientras inspiras profundamente, llevando los brazos hacia adelante para que las puntas de los dedos toquen el plexo solar. Gira en las cuatro direcciones y repite esta acción cada vez que visualices la esfera que se dibuja en el centro. Si la energía del rito ha sido enviada lejos, entonces puedes dividir la esfera con la mano o con un cuchillo para salir del círculo.

Meditación rúnica

La práctica de la meditación, ceremonial o informal, sobre las runas es una fuente directa de gran sabiduría y de poder mágico. El vitki debe esforzarse por desarrollar un vínculo personal con cada runa, comunicándose con sus misterios a un nivel profundo. Una vez que se establece dicho vínculo, con cada runa individual y con la cosmología rúnica en conjunto, se abre una compuerta de fuerza rúnica, creando una corriente de sabiduría que siempre está abierta al vitki. Posteriormente, esta secuencia puede aprovecharse incluso de manera informal, en cualquier momento libre que permita la reflexión. A menudo, esos momentos especiales proporcionan al vitki ideas realmente poderosas sobre los misterios rúnicos.

Esta meditación es un esfuerzo activo de búsqueda. Una de las técnicas más importantes, necesaria para el éxito, es el control del pensamiento, es decir, la inmersión de los pensamientos en detrimento del propósito de la meditación, guiando el pensamiento por el camino de las runas. Una vez que el *hugr* (consciencia) se ha calmado y los patrones de pensamiento se han concentrado en un único centro (la runa), entonces la sabiduría rúnica empezará a surgir en la consciencia del vitki. El punto focal de la meditación rúnica es triple: forma (que puede incluir color), sonido *(galdr)* y la idea raíz (contenida en el nombre y las palabras clave). El vitki debe esforzarse por concentrarse, de manera relajada, en uno o todos los elementos contenidos en este triple complejo, apartando silenciosamente los posibles pensamientos perjudiciales y dejando sólo los símbolos rúnicos de forma, sonido y nombre (idea raíz), hasta que, finalmente, la runa empieza a hablar directamente en la consciencia del vitki.

La meditación rúnica ceremonial puede ser tan elaborada o tan simple como el vitki quiera o sea capaz de realizarla. En general, parece que el camino más sabio es el que funciona desde la simplicidad hacia la complejidad. Los preparativos para la meditación incluyen la adquisición de un lugar tranquilo, el dominio de uno de los rituales de protección y la creación de un conjunto de tarjetas de meditación, como se describe en la sección anterior. Más tarde, puede ser necesario el dominio de la *stadha* de la runa elegida. En las primeras etapas del programa de meditación, el vitki puede querer concentrarse en un único elemento del complejo triple e incluir los demás de acuerdo con un programa autodirigido. Un vitki tiene que planificar un esquema progresivo que se adapte a sus propias necesidades y habilidades, siempre construyendo un conjunto de elementos más rico en el centro interno de concentración, al tiempo que incluye una variedad más amplia de técnicas mágicas en el procedimiento externo.

El siguiente es un resumen compuesto por varios métodos de meditación rúnica de los cuales el vitki puede extraer formación de un programa de meditación. Todos los procedimientos pueden realizarse físicamente, o si es más conveniente o efectivo, pueden realizarse totalmente con el *hugauga* u ojo de la mente.

1. Lleva a cabo uno de los rituales de protección/invocación mientras visualizas claramente el anillo de runas.
2. Adopta una postura cómoda, ya sea sentado o de pie, o con la forma de la runa escogida. Puedes mirar hacia el norte, al este o en el ángulo indicado por la posición de la runa en el anillo rúnico.
3. Coloca una tarjeta de meditación rúnica de manera que esté a la altura de los ojos durante esta fase del procedimiento, ya colgada en la pared o colocada en un soporte simple.
4. Con los ojos fijos en la forma rúnica representada en la tarjeta, entona suavemente el *galdr* (esto puede hacerse interiormente). Al mismo tiempo, se pueden introducir ideas formuladas, como el nombre de la runa, pero en un nivel secundario de consciencia. El nombre, por supuesto, está incluido en el *galdr;* sin embargo, ahora nos referimos al significado esotérico incorporado en el nombre, que puede incluirse en el «centro de concentración». En esta fase, el vitki debe esforzarse a través de una fuerte concentración en los elementos del complejo rúnico que están destinados.
5. El vitki ahora debería cerrar lentamente los ojos, continuando con la *galdr* y contemplando un principio esotérico (si está incluido). Visualiza la forma de la runa tal como aparece en la tarjeta, con en el ojo de la mente, y además, intenta darte cuenta de la unidad del complejo forma-idea-sonido. Al principio, puede que tengas que abrir los ojos para restablecer la forma de la runa, pero finalmente podrás eliminar la cuarta fase y proceder directamente a una compleja contemplación interna cuando estés seguro de tus habilidades.
6. Mantén este estado de concentración interna en el complejo rúnico durante, al menos, varios segundos y trabajando durante un lapso de cinco minutos.
7. Después de este período de concentración interna, el vitki debería entrar en el silencio interior. ¡Pero recuerda que se trata de un silencio totalmente atento! Durante este vacío de pensamientos dormidos, el nombre de la runa será entonado con un repique rotundo. Es una «palabra» que no puede ser expresada por ningún lenguaje, pero es la totalidad del misterio

rúnico expresado en un único momento. Es una experiencia sagrada en la que la runa y el vitki se unifican momentáneamente, se tiene que percibir esa unidad.

8. Se puede continuar la meditación mientras se percibe el vínculo con la fuerza rúnica. En este estado meditativo, el vitki será guiado a lo largo de una larga serie de caminos rúnicos en el que se revelan secretos relacionados con la runa misma o se aclaran las relaciones entre ciertas runas: las posibilidades de lo que perciba el vitki son infinitas.
9. Una vez que el vínculo se disipe, o que el vitki decida terminar la meditación, repite una fórmula como «Ahora el trabajo está forjado» y abre los ojos. Luego rompe ritualmente el anillo de runas de acuerdo con el rito del martillo.

Después de sentir que verdaderamente te estás convirtiendo en parte del mundo de las runas, se pueden realizar operaciones meditativas más informales. Éstas revelarán una gran cantidad de sabiduría práctica y fascinante. Las herramientas más útiles en este ejercicio son el papel, el bolígrafo, la brújula, el transportador e incluso una calculadora. El procedimiento es bastante simple: siéntate en tu escritorio, rodeado de varios glifos rúnicos y configuraciones cosmológicas. Mantén tu mente centrada en el mundo de las runas. Permite que tu *hugr* divague hasta que se aparezca en un concepto-semilla; luego céntrate en él, dibujando y anotando tus «revelaciones» a medida que van brotando en tu mente. Estas anotaciones pueden servirte como base para futuros trabajos. Es mejor no programar estas sesiones informales, sino sentarse y profundizar en los misterios cuando el «espíritu te mueve» a ello, en definitiva, cuanto te apetezca. Por lo general, tras un corto período de tiempo, la sabiduría de las runas empezará a crecer en el *hugr* del vitki inopinadamente. ¡A veces la presencia de estas fuerzas es tan poderosa que causa fenómenos psicocinéticos en las proximidades físicas del vitki!

La práctica regular de la meditación rúnica es uno de los pilares sabiduría de las runas y una gran recompensa por los esfuerzos invertidos. En realidad, los momentos de inspiración obtenidos mediante estas prácticas no son comparables al descubrimiento de una maravillosa tumba intacta en una exótica tierra desértica, sino más bien a la recuperación de una reliquia familiar perdida desde hace mucho tiempo, oculta en el altillo (¡busca en el sótano también!). Lo que se ha perdido se puede recuperar si la voluntad es fuerte.

Magia talismánica

En nórdico antiguo hay tres palabras principales para referirse a un «talismán», «amuleto» o «magia talismánica». Son (1) *teinn,* que indica un trozo de madera o una ramita que sirve de talismán (la palabra «tine» [amuleto] tiene la misma raíz); (2) *hlutr,* que puede ser cualquier objeto utilizado con fines mágicos o adivinatorios (la palabra inglesa «lot» en inglés); y (3) *taufr,* que significa talismán y magia en general; pero en el sentido original, se refería a la magia talismánica particularmente. Los tres términos son bastante descriptivos en relación con aspectos diversos de runas como talismanes.

La siguiente sección sobre *taufr* tratará sobre muchas características de la magia rúnica, como las runas enlazadas y la simbología del número, el color y el ideógrafo, que son de vital importancia en todas las áreas del *rúnagaldr* pero que se introducen aquí gracias a su función fundamental en el arte del *taufr.*

Un amuleto es un ser vivo que tiene un *ørlög* que le ha sido otorgado por el vitki. El mago da vida al «objeto» y luego, mágicamente, le proporciona un *ørlög* a través del poder rúnico, con el que el vitki lo carga. La «naturaleza viva» del amuleto puede estar dotada de tanta fuerza que acaba teniendo una auténtica «personalidad» propia. Para facilitar este alto estado de fuerza autónoma (pero con la voluntad de su creador), el vitki puede darle un nombre al amuleto durante el ritual de carga. Éste es el misterio que hay detrás de los muchos talismanes rúnicos (especialmente armas) que han recibido nombres propios muy precisos.

Las teorías técnicas detrás de la magia de los amuletos están en perfecto acuerdo con las leyes de acción dentro de la cosmología rúnica en general. El amuleto rúnico actúa como una clave para desbloquear el poder de corrientes de runas particulares. En los procesos de carga, estas corrientes (idénticas a la *hamingja)* se mezclan voluntariamente en los mundos causales y se infunden en el objeto, que ha sido preparado por el vitki con signos y caracteres receptivos a dichas fuerzas. En él se intensifican o modifican y se liberan nuevamente, con un carácter específico impartido por el *ørlög* que les da *galdrar* y *formálar,* así como el poder innato de los símbolos representados en el amuleto. La forma talismánica se vincula con la esencia de la(s) runa(s) particular(es) a través de una gran concentración y energización de las fuerzas dirigidas por el vitki hacia el amuleto, utilizando la forma, el sonido y el color de las runas.

Una vez que el amuleto se ha cargado correctamente, el poder se «descarga» de acuerdo con la forma que el vitki le imprimió. El objeto es el centro de un vórtice de fuerza, recibe energía, la formula de acuerdo con su *ørlög* y luego la vuelve a expresar en los reinos causales, conduciendo al resultado deseado. Este poder también puede ser retenido dentro de la esfera personal. La eficacia de dicho proceso depende del nivel de resistencia en el *hamingja* del vitki y de la calidad de concentración y visualización que el vitki pueda aportar en la operación de carga.

Otro aspecto importante de la magia talismánica es el vínculo mágico con el «objeto» del *taufr,* es decir, la persona o cosa que se verá afectada por la fuerza mágica. Puede lograrse adjuntando una fórmula rúnica al objeto que representa a la persona (como su nombre transcrito en runas) o por la proximidad física del amuleto a la persona afectada. También se pueden emplear otras técnicas de magia empática.

Hay varios tipos distintos de talismanes rúnicos. Por lo general, están hechos de trozos de madera, hueso, piedra o metal que se pueden modelar con facilidad. Sin embargo, el papel o el pergamino también pueden ser utilizados por aquéllos con menos inclinación hacia las tradiciones o con poca habilidad para modelar y tallar. Los objetos en los que se graban runas y otros signos pueden tener una función puramente mágica o pueden tener una función práctica. El primer grupo es lo que generalmente se considera un amuleto a secas. El último grupo puede incluir objetos como hebillas de cinturón, bolígrafos, coches, destornilladores, pistolas, etc., que se han dotado de *hamingja*. Se emplea para infundir éxito o protección en las áreas donde se usa el objeto. Esta tradición es tan útil y poderosa hoy como lo fue en la antigua Europa, cuando los guerreros inscribían en sus armas y escudos runas de protección y victoria. La imaginación del moderno vitki debería ser una guía fructífera en esta práctica. Otra clase de talismán es el inmóvil. Cualquier objeto fijo puede convertirse en un talismán rúnico. Los árboles, las grandes rocas y las casas son buenos ejemplos de ello. Además, un *taufr* inmóvil puede ser una tarjeta o una runa colocados en el dormitorio del vitki, o un amuleto colgado cerca de la persona que quiera ser afectada por la fuerza mágica. Se utilizan para influir mágicamente en un lugar en particular o en personas que están regularmente en ese lugar. El talismán aplicado internamente también existe y se verá a continuación.

Las técnicas de magia con amuletos se pueden usar en operaciones de todo tipo. Se deben seguir los procedimientos descritos en estas secciones, de una forma u otra, cuando se diseñan las herramientas para ser utilizadas en el arte rúnico.

Enlace de runas

Se pueden producir amuletos que expresen una sola fuerza rúnica, pero una de las técnicas más potentes para combinar varias fuerzas rúnicas distintas con un propósito muy específico es la unión de runas (AN *bandrún)*. Una runa compuesta de runas enlazadas es una combinación de poderes rúnicos individuales con un poderoso campo de acción. Este método tiene la clara ventaja para el vitki moderno de usar sólo la esencia ideográfica de la runa; por lo tanto, el mago contemporáneo no tiene que preocuparse por si su inscripción es correcta o si será eficaz estando escrita en una lengua moderna. Para construir y cargar adecuadamente tal forma, el vitki debe tener una comprensión profunda de las runas por separado y saber cómo unirlas para formar una sola expresión de fuerza potente mediante una única voluntad armoniosa. Los principios de la estética espiritual y física son muy importantes en este ámbito. La combinación es común y posible con todas las runas, pero en las runas enlazadas encuentra su expresión más obvia.

Las runas enlazadas han sido utilizadas por los vitkar desde el principio. Hay dos tipos principales de *bandrúnar:* (1) los que se usan para conectar dos o más runas cuando se inscriben palabras, y (2) los de un tipo aparentemente ideográfico (aunque este último tipo puede contener una palabra oculta en su forma, como una especie de anagrama simultáneo). Tenemos disponible una gran cantidad de «licencias artísticas» en la invención de enlaces. Las formas alternativas de los distintos caracteres deberían ayudar en la formación de una forma estéticamente agradable. Al formular enlaces de runas, el vitki siempre debe tener en cuenta los elementos del simbolismo numerológico, la armonía y la cooperación ideológica. Pero lo más importante es que la runa de unión sea agradable a la vista, que sea bonita.

Cuando se usan por escrito, las runas enlazadas pueden conectar dos runas o todo un grupo. Esto se hace para formar un vínculo mágico entre ellas, de manera que representen dos o más palabras en forma codificada, o para reducir el recuento total de runas en la inscripción. Una runa enlazada siempre se cuenta como una sola runa en el recuento de runas *(véase* la sección sobre simbolismo numérico). La terminación gramatical común *-az* (*-aR*) a menudo se escribe Aᛦ (ten en cuenta el uso de una forma alternativa de la runa-Z para obtener el efecto mágico-estético). Esto une las fuerzas de las runas-A y -Z en una expresión especial bastante poderosa. Una de las más antiguas runas de enlace es ᚷᚨ, que representa ᚷ más ᚨ.

Representa la fórmula mágica *gibu auja* (doy buena suerte) y a menudo está tallada en armas talismánicas o rituales. Las runas que tienen caracteres verticales adyacentes son candidatas prioritarias para los enlaces, al igual que las palabras (especialmente los pronombres y las formas verbales) comunes, por ejemplo, ᛖᛗ (*em*: Soy); ᛖᚲ (*ek*: Yo).

Las runas enlazadas puramente ideográficas son las más útiles en la magia de los amuletos y su multiplicidad de niveles las hace muy eficaces en operaciones mágicas refinadas. Uno de los ejemplos más antiguos se encuentra en el broche de Soest, circa 600-650 e.c. *(véase* figura 21.8). Está formada a partir de las runas ᛟ, ᚾ, ᛏ, ᚷ y dos veces ᚨ. El total numérico de estas runas es 66, o 6 x 11, con un recuento numérico de 6 *(véase* la sección sobre simbolismo numérico). Este *galdrastafr* es un talismán de amor tallado en un broche y luego regalado a una mujer. El poder del *taufr* se basa en la fuerza odínica ᚨᚨ, y una llamada al éxito ᛏ, por necesidad ᚾ (tengamos en cuenta también el simbolismo sexual), para conseguir el matrimonio (unión erótica) ᚷ, de acuerdo con los principios ancestrales y el territorio ᛟ. El recuento rúnico y múltiplo de 6 enfatiza la naturaleza erótica del talismán. Las runas también pueden contener un anagrama del antiguo nombre germánico *Attano* mas el signo ᚷ (unión de pareja). El análisis de las inscripciones antiguas da muchas pistas para la práctica moderna.

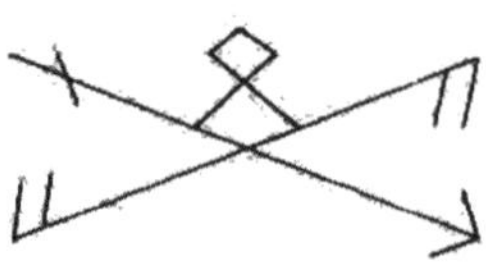

Figura 21.8. Runa enlazada en el broche de Soest, ca. 600-650 e.c.

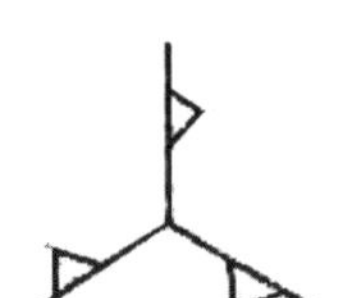

Figura 21.9. Ideográfica «thurs de tres cabezas».

Otro ejemplo ideográfico sería el «Thurs de tres cabezas» (figura 21.9). Esencialmente es una triple representación de la runa-TH, usada en las maldiciones. Veremos más ejemplos de enlaces de runas en las fórmulas mágicas.

También volveremos al tema de las runas enlazadas en una sección especial, a continuación, en la que forman su propio tipo de magia.

Simbolismo numérico

Los criterios numéricos juegan un papel importante en la carga y el funcionamiento de los amuletos rúnicos, y tienen una importancia crítica en otros tipos de magia. En las inscripciones antiguas ocasionalmente encontramos que el vitki ha sacrificado de alguna manera la claridad lingüística por la potencia numérica (o ideográfica). Esto se consigue omitiendo algunas runas (especialmente las vocales) o añadiéndolas o duplicándolas. Ya hemos visto el tema de la numerología esotérica en la tradición rúnica, en el capítulo 11. En esta sección, el enfoque se centrará en los aspectos operativos del simbolismo numérico, es decir, cómo se pueden hacer las cosas mediante símbolos numéricos.

Como señalamos al comienzo de este libro, el número es una de las tres claves de cada runa. El comentario hecho debajo de cada runa también tiene que ver con el simbolismo de su número. De hecho, gran parte de la interpretación se extrae de criterios numéricos. Ejemplos notables de esto serían la runa-H (9): los nueve mundos de Yggdrasill; o la runa-J (12): los doce meses del año solar. Sólo es necesario trazar contornos generales de la numerología rúnica; el verdadero Vitki encuentra los caminos correctos para obtener más potencia.

Los valores numéricos de las inscripciones, los amuletos y las fórmulas mágicas colocan el poder de las runas en varias «esferas de trabajo» y también aprovechan el poder inherente a ese número para su cometido. Suele ser mejor apuntar hacia una esfera de trabajo armonioso y de base amplia para otorgar el máximo poder general a la forma ideográfica y lingüística de la fórmula. Dichas fórmulas también pueden modificar o ajustar el poder general del conjunto. Dado que cada fórmula y amuleto funciona en varios niveles simultáneamente, la regla general sería que cuanto más nivel de significado pueda incluir en la menor cantidad de espacio, y cuanto más críptico pueda hacerse, más eficaz será la magia. Esto es importante tanto en la configuración como en la interpretación de los talismanes.

ᛚᚢᚹᚨᛏᚢᚹᚨ

Figura 21.10. Fórmula del número rúnico «luwatuwa».

Las fórmulas de números rúnicos se analizan de dos maneras: (1) el recuento de runas, es decir, el número de caracteres en la fórmula; y (2) el total de los valores numéricos de cada runa en la fórmula (como en la matriz). Estos números se dividen en sus múltiplos para analizar más a fondo sus poderes. Un ejemplo simple de este proceso se muestra en la figura 21.10: recuento rúnico = 8 (múltiplo: 2 x 4); total rúnico = 66; (múltiplo: 6 x 11). Esta fórmula se encuentra en los antiguos talismanes y forma un conjuro de gran poder ideográfico, fonético y numerológico.

Se puede utilizar cualquiera de estos sistemas. El significado de los números es doble. Indican la esfera en la que debe funcionar la fórmula y el poder con el que funciona.

Hay diversos «números de poder» en ambos sistemas en los que el vitki podría concentrarse. Para el recuento de runas, los números del 1 al 24 son todos poderosos e infunden la fórmula con la fuerza de la runa de ese número. Además, el uso de 24 runas en una inscripción proporciona una amplia base de poder e invoca la fuerza de toda la hilera de runas en la fórmula. Para un recuento de runas 24 veces, el número 8 y sus múltiplos (y, de hecho, 24 y sus múltiplos) se pueden añadir para mantener toda la armonía de poder mientras se intensifica su fuerza. El múltiplo del recuento de runas también modifica la potencia rúnica de forma sutil e ingeniosa. Se trata de patrones comunes en inscripciones antiguas.

En el segundo nivel, el del total numérico de las runas, hay muchas posibilidades y números de poder, que dirigen la fuerza rúnica en direcciones específicas y les dan características mágicas especiales. Por supuesto, las sumas 1 a 24 indican la esfera donde está trabajando esa runa en particular. Los números primos son especialmente poderosos y expresan una enorme cantidad de voluntad. Cualquiera que sea el total rúnico, a través de sus múltiples factores se revela la fuerza raíz del número. Los múltiplos de 3, y especialmente los de 9, son poderosos en operaciones que tratan con fuerzas mágicas que trabajan en muchos niveles a la vez, incluido el reino terrenal. Los múltiplos de 10 son especialmente fuertes cuando la intención es causar un cambio en el mundo manifiesto de Midgardhr. El 12 y sus múltiplos también son potentes a este respecto, pero tienen un efecto más prolongado y duradero. El número 13 y sus múltiplos son los números de poder más universales. Una gran cantidad de inscripciones rúnicas manifiestan este patrón numerológico. El número es indicativo de potencia universal y contiene el misterio de *eihwaz* como el Árbol del Mundo (9) y los tres reinos (3) en la unidad ontológica de Ginnungagap (1). El número por el cual se multiplica el «número maestro» modifica y dirige aún más la fuerza general de la fórmula de acuerdo con su naturaleza rúnica.

Todos estos principios pueden usarse al construir amuletos de runas y rituales; sin embargo, no necesitas dominar la forma de la operación. Deja que la intuición y tu inclinación natural sean la guía. El vitki puede prescindir totalmente de las consideraciones numéricas, y sus resultados no disminuirán de ninguna manera. El uso correcto de la numerología rúnica es un arte en sí mismo y necesita ser complementado con una gran dosis de tradición nórdica para ser completamente efectivo. El estudio y el análisis de las inscripciones creadas por nuestros antepasados deberían ser la luz que guíe nuestros esfuerzos. También debe señalarse que la antigua actitud germánica hacia el concepto de número era bastante diferente de la que tenían sus vecinos del sur. Para los místicos pitagóricos y gnósticos, el número llegó a ser la ἀρχή (principio) de todas las cosas, pero para el vitkar, el número era sólo una de las tres expresiones del mismo misterio sagrado encarnado por una runa. Mientras que los gnósticos y los pitagóricos tendían a mirar el número como una forma de medir y distinguir una cosa de otra, el vitkar los veía como puntos de conexión e interrelación en el cosmos, eternamente en estado de flujo y reflujo.

Los antiguos *skalds,* o poetas, contaban la cantidad de sílabas que usaban en sus versos para hacer que el lenguaje fuera más armonioso con el lenguaje de los dioses. Hicieron esto para poder comunicar sus deseos y mensajes al reino causal de los dioses de una forma más eficaz y hermosa. El número y su simbolismo se utiliza de manera metalingüística para transmitir comunicaciones mágicas con más fuerza.

Simbolismo del color

La simbología del color en el sistema rúnico es diferente de la de la cultura judeocristiana, aunque las antiguas tradiciones germánicas (entre muchas otras) han influido en cierta medida en la simbología cristiana del color. La fuente de este sistema se encuentra en las *Eddas* y en la literatura de la saga. En la práctica rúnica, esta tradición es valiosa como material para formular visualizaciones poderosas e intensificación ritual, así como en la construcción de talismanes más complejos. (*Véase* tabla 21.1).

Color	Interpretación
Oro	La luz del sol y la luz espiritual que brillan desde Asgardhr, la fuerza de *önd* en el universo y un símbolo de honor, reputación y poder en todos los reinos.
Rojo	Poder mágico y principal, poder protector, vida espiritual y vigor, fuerza agresiva. El color principal de las runas. También un símbolo de la muerte. A menudo se relaciona con el oro. Color emblemático de la clase guerrera.
Azul	Fuerza mística omnipresente que todo lo abarca, todo penetrante y omnipresente, un símbolo de movimiento inquieto; el color de la capa de Odín. En sus tonos más oscuros se convierte en negro.
Verde	Vida orgánica verde, fuerza manifestada de la fertilidad en la tierra y en el mar, un símbolo de la tierra y la naturaleza; paso entre mundos.
Amarillo	Poder terrenal amarillo, un símbolo de deseo y lujuria en una voluntad hacia la manifestación. Relacionado con el verde y el oro.
Blanco	Expresión total de la luz como la suma de todos los colores: totalidad, pureza, perfección, nobleza, el disco solar. Color del sacerdocio y de la realeza.
Plata	El disco lunar, cambio, transmutación, lucha por un conocimiento superior. Versión metalizada del blanco.
Negro	Nuevo comienzo (como la noche y el invierno anuncian el nacimiento del día y el verano), todo potencial, fuerza raíz de todas las cosas, conocimiento de las cosas ocultas, ocultamiento, contenedor de luz. Color de los agricultores y artesanos.

Tabla 21.1. Simbología de color.

El apéndice III proporciona correspondencias especulativas de colores para cada runa, pero la mejor guía es la intuición del vitki. De esta manera, como en la mayoría de asuntos, la perspectiva de la consciencia altera el concepto y es la percepción la que proporciona la mejor clave para desbloquear el concepto.

Simbolismo pictográfico

Muchas piedras rúnicas y amuletos tienen también representaciones pictográficas de conceptos sagrados que ayudan en la formulación y dirección del poder mágico. Éstos son de dos tipos: (1) pictografías, representaciones gráficas de objetos naturales *(véase* la tabla 21.2 para ver ejemplos); y (2) ideogramas, símbolos sagrados o *galdrastafir* de la magia de las runas *(véanse* ejemplos en la tabla 21.3). Estos signos y símbolos funçionan en conjunto con las fuerzas rúnicas, o son realizaciones de la fuerza expresada por el resto de la fórmula. Son valiosos como símbolos talismánicos y también como objetos de meditación y material para la visualización mágica.

Símbolo	Interpretación
	Serpiente o solitaria: Recinto, contención, fuerza ctónica y el inconsciente mágico.
	Hombre y caballo: Sabiduría y poder mágico de proyección, rapidez, dominio sobre los mundos y los reinos espirituales, la fuerza odínica.
	Barco: Paso entre la vida y la muerte, la transmutación, la fertilidad y el crecimiento (a menudo aparece con ⊕ «encima»).
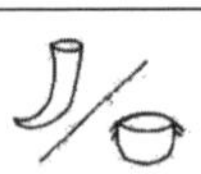	Cuerno o caldero: Signo de Ódhroerir, sabiduría e inspiración, invocación de elocuencia.
	Martillo: Mjöllnir, el martillo de Thor, protección, aumento, fuerza bruta y voluntad.
	Pájaro (cuervo): Inteligencia y memoria veloces.
	Luna: Transmutación, cambio ordenado, poder mágico.

Tabla 21.2. Pictogramas.

Símbolo	Interpretación
	Martillo, igual que el pictograma.
	Rueda solar o martillo: Similar a la energía solar, pero también a la suerte, símbolo de la rueda solar dinámica, la transmutación y la energía mágica sometida a la voluntad.
	Rueda solar: Poder espiritual, ley, orden, fuerza religiosa contenida, santidad.
	Hagall/Árbol del Mundo: Patrón cósmico de Yggdrasil, copo de nieve, protección y trabajo mágico por y a través de las leyes del mundo.
	*Glückstern* (Estrella de la Suerte), igual que *Hagall*. Común en los signos hexadecimales holandeses y un poderoso marco para talismanes y magia visual.
	Estrella o cruz celestial: Las ocho esquinas del cielo, las ocho patas de Sleipnir, el Árbol del Mundo y los cielos expresados en un único patrón de nueve partes (centro: Midhgardhr, el mundo humano).
	*Valknútr* (el nudo de los caídos o elegidos): Los nueve mundos encarnados en los tres reinos, en la unidad eterna que expresan la ley evolutiva de surgir-ser/convertirse-pasar a un nuevo comienzo.
	Trefot: Poder dinámico de los tres reinos del ser y la triple fuerza evolutiva. Hecho de tres runas L (21 + 21 + 21 = 63, o 7 x 9); inspiración mágica en todo el cosmos.
	«Corazón» (en realidad, una representación muy arcaica de genitales y glúteos femeninos): Sensualidad, erotismo, amor. En los libros de magia nórdicos antiguos, el signo 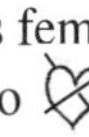 suele aparecer en hechizos de magia de amor porque es símbolo de las relaciones sexuales.

Tabla 21.3. Ideogramas.

Este breve análisis debería proporcionar al aspirante a vitki una buena base para la experiencia práctica, mientras que el vitkar más curioso buscará más información sobre estos signos de encantamiento en libros sobre simbolismo nórdico.

Elaboración de talismanes

Antes de intentar hacer un talismán rúnico, el vitki debe estar bien versado en el contenido racional de la sabiduría rúnica y avanzar adecuadamente en las facultades psíquicas necesarias para completar con éxito una operación talismánica. Los amuletos de runas deben elaborarse de acuerdo con las teorías y la ideología expresadas por el sistema rúnico para que tengan el máximo efecto.

Si el amuleto se va a hacer de madera, habrá que escoger un tipo de madera que empatice con el objetivo del talismán. Para esto, el vitki puede consultar el apéndice III, o mejor aún, dejar que la intuición fundamentada sea tu guía. Las posibilidades de la madera son ilimitadas. Los discos de metal, placas o anillos de cobre, bronce, plata u oro también son excelentes talismanes rúnicos. Pero hay otros materiales, como la piedra o un hueso pequeño y de forma apropiada. Las piedras más grandes también son buenas como talismanes inmóviles y, en tal caso, el vitki necesitará tener a mano un martillo y un cincel especial para las artes rúnicas con las que elaborar estos amuletos. La cerámica también es receptiva para este propósito: las runas pueden grabarse en la pieza cerámica ya terminada o pueden imprimirse en la pieza blanda, antes de meterla en el horno, colorearse adecuadamente y luego cocerla ¡todo en un proceso ritual con un potencial realmente poderoso! Los talismanes rúnicos también se pueden elaborar a partir de pergaminos coloreados con lápices, tintas y pinturas dedicadas exclusivamente a la práctica ritual. Los amuletos de pergamino pueden llevarse encima (en cajas, por ejemplo), o pueden servir como talismanes inmóviles. La imaginación del vitki es el único límite a todas las posibilidades.

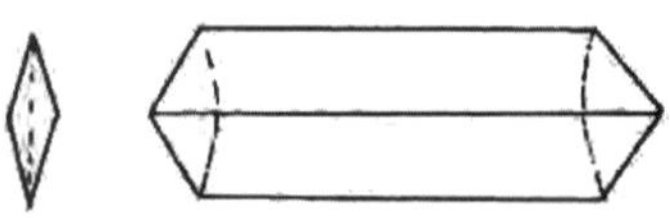

Figura 21.11. Un típico talismán de forma romboidal.

Hay ciertas formas más adecuadas para acoger formas rúnicas. Las más comunes son un rectángulo sólido, una fina runa de madera (de 1 o 2 mm de grosor), un disco delgado o una placa rectangular, un trozo de rama de árbol natural o una forma cilíndrica de longitud variable. Pero las piezas de joyería de todo tipo son las principales candidatas para el uso talismánico. Una forma única que es bastante común para los talismanes es un rombo de cuatro caras iguales. Generalmente se hacen de madera o hueso. La figura 21.11 muestra un ejemplo típico de este tipo. Al usar este diseño, el vitki tiene cuatro superficies lisas disponibles para inscripciones más largas. Es una forma muy conveniente y cómoda para amuletos diseñados con el fin de ser llevados encima.

La necesidad guiará al vitki en la confección de talismanes prácticos.

El requisito principal en la elaboración externa de estos los objetos sagrados es que contengan uno o más símbolos que describan el propósito y los objetivos del talismán, así como una «señal» que represente a la persona, personas o cosas que se verán afectadas o alteradas por la fuerza del primer símbolo. Esta señal puede ser el nombre de la persona o puede ser algún otro vínculo empático; incluso la proximidad física puede servir para formar este vínculo. El espacio en el objeto

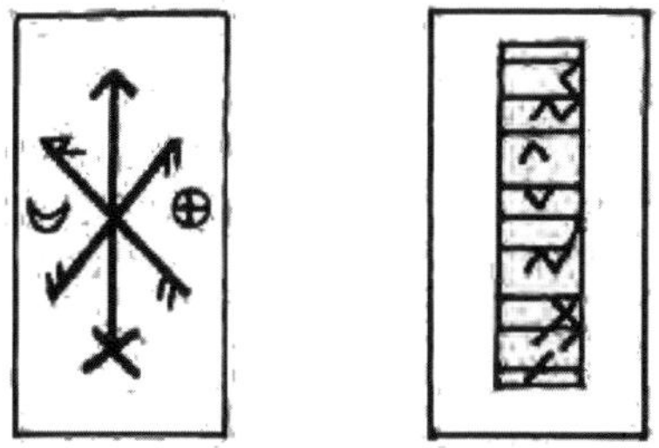

Figura 21.12. Talismán de runas enlazadas con señal. A) Anverso: Runa enlazada a partir de ᛏ, ᚨ *(dos veces),* ᚠ, ᚱ *y* ᚷ, *que proporciona éxito y energía en los reinos de la inspiración y la magia, en el orden natural de las cosas. B) Reverso: Ciertas runas están unidas para que el número de runas sume 7, lo cual vincula el nombre con el poder de la inspiración mágica.*

debe asignarse estéticamente y dividirse de acuerdo con las runas, los signos sagrados y la señal. Cualquier combinación de estos elementos es, por supuesto, aceptable. La figura 21.12 es un ejemplo de amuleto para aumentar la inspiración, el poder mágico y el éxito general de una persona llamada Erik Thurman.

El vitki debe experimentar con varias superficies y herramientas para determinar cuáles son las mejores técnicas de corte para cada una. El tiempo dedicado a la práctica de tallar runas se invertirá bien, porque cuanto más hábil se vuelva el vitki en estas habilidades mecánicas básicas, más energía y concentración podrá dedicar al trabajo en cuestión. Una técnica general que funciona bien para todo tipo de materiales es el tallado previo de dos líneas, es decir, tallar dos surcos para actuar como límites superior e inferior para las runas.

Cortar madera para amuletos rúnicos

Una vez decidido el diseño, el vitki debe explorar las inmediaciones en busca del árbol adecuado para cortar la madera que servirá para hacer el amuleto. Cuando este proceso de exploración se haya completado, se va al árbol en una actitud ritualizada, armado con el cuchillo especial para runas, en un momento que sea auspicioso para el objetivo de la operación. En general, los momentos más favorables se consideran el amanecer, el mediodía y el crepúsculo. Busca una rama o ramita que esté ligeramente inclinada hacia arriba (al cielo), ya que dicha posición empatiza con el propósito del amuleto. La elección de una raíz en la medianoche será eficaz para rituales y maldiciones negativas.

El corte del amuleto debe llevarse a cabo de manera ceremonial. Primero, de pie hacia el norte o hacia el este del tronco, mirando hacia afuera, realiza el *Hamarssetning* u otro rito adecuado, imaginando todo el árbol incluido en el lugar sagrado. Luego, colócate delante de la rama o raíz que vas a cortar. Puede que tengas que trepar al árbol para hacerlo, por supuesto. Dirige tu atención al poder y al peso del árbol con las palabras:

¡Te saludo, poder de (nombre del árbol)!
¡Te pido que me des esta rama!
¡Manda en ella tu velocidad,
átale el poder de las runas brillantes _____!
(nombres de las runas que se usarán en el amuleto)

Entonces, procede a cortar un trozo de la rama deseada mientras tarareas o entonas los nombres o *galdrar* de las runas apropiadas durante todo el procedimiento.

Una vez que hayas retirado el futuro talismán, deberías dar gracias al *wight* del árbol por su generoso regalo:

Te doy las gracias wight de (nombre del árbol).
¡Pon todo tu poder en esta rama!
Profundamente ligado al brillo de______ (nombres de las runas apropiadas)
haciendo mi voluntad con rapidez.

La rama se puede cortar y preparar para recibir las formas de las runas. El amuleto puede cargarse ritualmente en ese lugar en el mismo instante o puede guardarse hasta otro momento y cargarse en el *vé* habitual del vitki.

Este proceso ritual se puede adaptar fácilmente para la selección y preparación de otros materiales para que el arte rúnico los convierta en objetos sagrados.

La siguiente descripción ritual proporciona un ejemplo del proceso de carga completo, a partir del cual el vitki podrá idear operaciones similares para todo tipo de talismanes rúnicos. Las técnicas descritas aquí son valiosas en todo tipo de trabajos rúnicos.

Este *taufr* se basa en la fórmula rúnica LAUKAZ, que aparece muy a menudo en los antiguos bracteatos talismánicos. La palabra significa literalmente «puerro» *(Allium porrum)*, que es un símbolo de crecimiento y bienestar. Éste también es un nombre alternativo para la runa-L. La raíz protoindoeuropea de la cual se deriva el *laukaz* germánico es **leug-* (doblar, girar, enrollar), un concepto poderoso y común a las palabras que tienen que ver con la magia. Esta fórmula promueve el crecimiento saludable de las cosas ocultas y secretas (la raíz es también el origen de la palabra inglesa *lock* «bloqueo»).

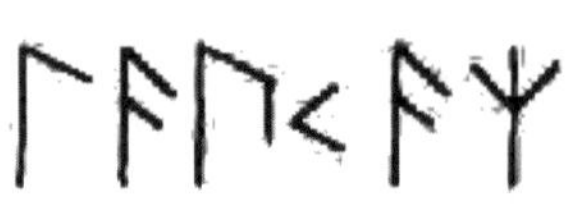

Figura 21.13. La fórmula de laukaz.

El análisis numérico de esta fórmula revela una de sus muchas fuentes de energía. La figura 21.13 muestra el recuento de runas como 6 (múltiplo: 2 x 3). El total de runas es 52 (múltiplo: 4 x 13). El número 6 indica que se está trabajando en la esfera de las artes mágicas controladas por la voluntad (una duplicación de la acción dinámica de 3). La fórmula funciona a partir de una intensificación mágica (4: ᚨ) de la fuerza vertical del numen (13: ᛇ) durante el año de 52 semanas. El análisis ideográfico es igualmente revelador:

1) ᛚ ley de vida/crecimiento
2) ᚨ fuerza numinosa transformadora
3) ᚢ sabiduría inconsciente, salud
4) ᚲ conocimiento consciente, habilidad
5) ᚨ fuerza numinosa transformadora
6) ᛉ protección/vida «superior»

Las relaciones conceptuales complementarias entre la primera y última runas, y la tercera y cuarta runas, cargadas con el «espíritu» mágico de la segunda y quinta runas (que son adyacentes a todas las demás) muestran la potencia ideológica y el alcance de esta fórmula.

Para la realización de este ritual, el vitki necesitará un entorno adecuado para el *vé* con un altar de algún tipo, el *gandr,* el cuchillo o el tallador, sangre o pigmento rojo adecuadamente preparados (y equipo para preparar este sitio), la herramienta para colorear, un paño negro (preferiblemente de lino) lo suficientemente grande como para guardar el amuleto, una correa de cuero o un hilo orgánico lo suficientemente largo como para rodear el objeto nueve veces, y cualquier atuendo ritual que el vitki considere necesario. Para las fases opcionales del rito, el vitki también necesitará una hoguera (y leña) y una copa de agua o hidromiel. El objeto talismánico en sí mismo debe estar hecho de una pieza de madera de sauce (o su complemento, madera de aliso) que tiene dos superficies planas de tamaño adecuado para acoger las inscripciones. Este objeto debe estar completamente preparado en su forma final, excepto los caracteres y signos mágicos.

Ve al sitio del *vé* en silencio, preferiblemente al amanecer. Arregla la parafernalia de manera ordenada en el altar y procede con el ritual.

1. Apertura. Mirando hacia el norte, realiza el rito de apertura, incluido el encendido ritual de la hoguera si es necesario, y el *Hamarssetning* u otra fórmula de apertura adecuada. Esto invocará el poder de las runas e invocará a los dioses y diosas como testigos, mientras destierras las fuerzas negativas.
2. Preparación del tinte (opcional). Si la sangre o el pigmento aún no se han preparado, el vitki puede prepararlo en el lugar. De lo contrario, siéntate frente al altar y muele los pigmentos con el *galdr:*

laukaz laukaz laukaz
[seguido por el *galdrar* individual de las seis runas por turno]
Sangre de Kvasir[10]
sé bendecida:
¡el poder de las runas florece en la mezcla!

3. Talla del nombre. Así proporcionas el vínculo mágico entre el poder de la fórmula y la persona para beneficiarte de ella. Gira el amuleto de modo que lo que debe estar en el reverso quede hacia arriba. Usando el cuchillo o el grabador, graba las runas del nombre transliterado de la persona *(véase* el apéndice IV en la página 315) en la superficie, usando cualquier dispositivo formulado que pueda ayudar a integrar el nombre (y la persona) con el poder de la fórmula rúnica. Colorea el nombre con los pigmentos y recita una *galdr* como:

¡Juntas las brillantes runas
están unidas y mezcladas
con el poder de (nombre)!

Esto no requiere un nivel de carga intensa tan alto como el de la fórmula *taufr*. (Es un paso opcional si el amuleto va a usarse en la persona en todo momento).

4. *Galdr* preliminar. De pie ante el altar, con el *gandr* en la mano, invoca las fuerzas de **:ᛚᚨᚢᚲᚨᛉ:** entonando tres veces los nombres de cada una sobre el amuleto y, al mismo tiempo, repasando la forma de cada runa sobre el objeto, con cada repetición del nombre. Esto sirve para hacer que el material sea receptivo a las corrientes de esas runas.
5. Tallado. Siéntate ante el altar de la manera que encuentres más correcta según tu experimentación personal. Talla cada una de las formas de las runas mientras entonas el sonido simple de la runa que estás grabando. Para los continuadores (sonidos que pueden producirse mientras dure la respiración), el sonido puro es el mejor. En esta inscripción son l, a, u y z. El sonido k debe estar unido a una vocal y entonado repetidamente (ka-ka-ka...). Durante este proceso, siente, visualiza y concéntrate en el poder de la runa brillante, que fluye voluntariamente desde los cielos, la tierra y los reinos subterráneos a través de tu centro, a través de tu brazo y herramienta de tallado, hacia la madera con las runas. El ritual

10. La sangre de Kvasir es la inspiración poética, utilizada aquí para invocar el poder mágico vivificante de dicha sustancia en el pigmento.

de apertura compromete estos tres reinos para dicho propósito. El material usado sobre las secuencias de runas y el *stadhagaldr* también es útil para dominar esta práctica. Visualiza la brillante «sustancia» en blanco, rojo o azul eléctrico mientras se incrusta en las ranuras talladas con el cuchillo. Cuando cada una haya sido cuidadosamente tallada de esta manera, el vitki puede querer trazar una línea recta a través del fondo de las runas, conectándolas para unirlas en una sola forma y campo de fuerza (en el caso de esta inscripción, la runa-K se cierne, sin conexión).

6. Coloreado. Coge el recipiente de pintura o sangre, y con la punta de un cuchillo o la herramienta para colorear, incrusta el pigmento sobre las runas (y la barra de conexión) con la sustancia vivificante. Esto debe hacerse con cuidado y concentración. A lo largo de este proceso, canta repetidamente la fórmula rúnica completa, *llllaaauuukaaazzz*... Esto imparte fuerza vital básica al amuleto. En este punto, el vitki puede detenerse y concentrarse en el poder de las runas descendiendo y metiéndose en el talismán, sintiendo su presencia, mientras vibran con la sustancia de la madera en la consciencia del vitki. Una vez completado, puedes untar una pequeña cantidad de aceite de linaza sobre la superficie del amuleto. El propósito es tanto estético como mágico.
7. Clausura. Ésta es la «morada en la oscuridad» antes del nacimiento y enfatiza la naturaleza cíclica de los misterios rúnicos. El amuleto reúne e intensifica su fuerza durante esta separación de la luz. Coge el amuleto y envuélvelo en la tela negra, luego rodéalo y átalo nueve veces con la cuerda. Durante este proceso entona el siguiente *galdr,* o uno de tu propia composición que contenga conceptos similares:

En la guarida
de profunda oscuridad
ábrete camino
–aún sin dominar–
las nueve noches
esconde tu hechizo.
Dormir, ganar y crecer
en salud y riqueza.

Coloca el amuleto en el punto medio del *vé* y haz nueve giros (circunvalaciones) con el sol, mientras entonas la fórmula completa de la palabra: *llllaaauuukaaazzz*... Devuelve el objeto al altar.

8. Nacimiento del *taufr* viviente. Desata la cuerda y abre la tela mientras entonas la fórmula:

¡Salve, día!
Salve hijos del día,
habéis nacido
–aún sin dominar–
llevando mi voluntad,
avanzaremos hacia la luz del día
con la ley de la vida.

Ahora el vitki debe acercar la boca al amuleto y con la máxima fuerza posible entonar la fórmula sagrada *fffffffaaaaaa*... mientras siente y visualiza una gran afluencia de *hamingja* hacia la criatura. Esto también infunde el amuleto con *önd* intensificado. Para despertar al *wight* ahora residente, coge el *gandr* y golpea suavemente tres veces sobre el amuleto.

9. Nombramiento (opcional). Si el vitki quiere intensificar el aspecto animado del amuleto, debe dotarlo ritualmente de un nombre. Éste debe reflejar el propósito del talismán y generalmente es femenino. Un buen nombre para este amuleto podría ser Groedhing(a) (crecimiento o el que crece). Pasa el amuleto tres veces sobre el fuego, entonando una fórmula indicativa de la fuerza vital, como:

Ahora chispas de fuego
con rapidez vomita;
presta tu premura y vida.

Luego pon el amuleto sobre el altar. Sumerge los dedos en la taza y salpica cuidadosamente el amuleto con agua o hidromiel, diciendo la fórmula:

Te rocío con agua
Y te doy el nombre (nombre).[11]

10. *Formáli*. Ahora, el amuleto está codificado de forma permanente con su propósito especial: su «destino» u *ørlög*. Es un recién nacido, pero debe estar provisto de una «acción pasada», para que pueda cumplir su función con mayor fuerza. Y eso se consigue median-

11. Basado en la antigua fórmula *vatni ausa* precristiana.

te un *formáli* o discurso formal de declaración. Ponte en postura *stadha* :ᛉ: delante el amuleto que está en el altar y proclama una fórmula que describa todos los requisitos, restricciones y propósitos del ser talismánico. Para este amuleto, lo siguiente es lo más apropiado:

Tú eres el *wight* de mi voluntad,
y es tu destino hacer lo que aquí se considera:
protegerás mi camino,
donde quiera que vaya,
y con poder y maestría Ása[12]
vierte sobre mí
tu brillante ley de vida
con amor por la sensualidad y la formadora sabiduría
para que yo pueda crecer y ganar –íntegro y sano, mantenme–
tal como tú eres joven todo el año.
En nombre de Odín-Vili-Vé
y por el poder de Urdhr-Verdhandi-Skuld,
que así sea.

11. Apropiación. Para unir el poder de las runas al amuleto, traza tres anillos alrededor del *wight* con el *gandr* mientras entonas:

Runa poderosa contén
las runas sagradas;
para que todo ello
pueda hacer mi voluntad.

Visualiza una esfera semipermeable que contenga una fuerza brillante alrededor del amuleto y que permita la potencia deseada para entrar y ser transformada, intensificada y proyectada, pero que contenga la carga original y evite la descarga de fuerzas contrarias.

12. Clausura. Tras colocar el amuleto en su sede prevista, el vitki puede entonar una breve fórmula final:

12. La forma posesiva de Aesir.

Ahora el trabajo
ya se ha forjado
con el poder de las runas,
que así sea.

O realiza el ritual de cierre descrito anteriormente.

Ahora el *hlutr* viviente debe colocarse donde estará toda su vida y desempeñará su función. Si el amuleto lo va a llevar la persona, debe estar tocando su piel, suspendido por un cordón o cadena de un material empático.

Fórmulas talismánicas

Los vitkar más avanzados no necesitarán más pistas para la práctica exitosa de la magia talismánica, pero para los aspirantes que podrían necesitar más pistas, el siguiente ritual y las fórmulas de inscripción deberían ser de alguna ayuda. Las tres primeras introducen métodos rituales antiguos y, en algunos casos, bastante únicos, que serán de especial interés para todos los vitkar que aún no conocen la literatura vetusta y mágica de las sagas y *Eddas*. En la última sección, se proporcionan cinco fórmulas talismánicas para varias operaciones. Algunas de éstas se extraen del antiguo conocimiento rúnico, mientras que otras son fórmulas creadas en el siglo XX. Una vez más, debe enfatizarse que los rituales más eficaces serán los diseñados por el propio vitkar, basados en su propia relación personal con el mundo de las runas.

Las tres fórmulas o patrones rituales especiales, presentados en las siguientes secciones, se refieren a tres de los impulsos básicos de la magia: (1) amor, (2) venganza (maldición) y (3) sabiduría. El objetivo principal detrás de la inclusión de estas fórmulas es sugerir caminos hacia un mayor poder rúnico a través de diversas técnicas dentro del ámbito general de la magia talismánica.

Amor

Los rituales para ganarse el amor de otra persona han sido uno de los temas principales del trabajo rúnico desde la antigüedad. Sin embargo, como demostró un ejemplo anterior, los intentos exitosos de la magia del amor se llevaron a cabo con lo que hoy podríamos llamar «buenas intenciones». No es cuestión de posicionamientos moralistas en el sistema rúnico, sino de la naturaleza compleja de las energías en las relaciones sexuales. Simplemente parece que la magia del amor funciona mucho más eficazmente, y las variables se mantienen al mínimo, cuando se trata de la emoción más simple del «amor verdadero».

Una fórmula rúnica para magia de amor exitosa está compuesta por los caracteres que se muestran en la figura 21.14. El recuento de runas es 6 (múltiplo: 2 x 3). El total rúnico es 60 (múltiplo: 6 x 10). *Véase* la sección sobre simbolismo numérico.

Figura 21.14. Una fórmula rúnica exitosa para la magia de amor.

Se debe crear un amuleto, puede ser con una runa enlazada como la que se muestra en la figura 21.15. Ésta utiliza la forma alternativa de la runa-E, ᛅ.

Figura 21.15. Runa enlazada en una fórmula mágica de amor.

Durante el proceso de carga, cada una de las runas debe ser tallada y cargada por separado y luego unidas en un solo campo de fuerza durante la fase de coloración. En el reverso del amuleto (o al lado del *galdrastafir,* si el espacio es un problema) van los nombres de las personas que se van a unir.

Por supuesto, esto tiene lugar en el paso tres del ritual de carga. Se debe tener mucho cuidado para ejercer la máxima fuerza imaginativa y emocional en la identificación de las tres entidades involucradas: los dos amantes y las fuerzas rúnicas de atracción, unión y amor. El vitki puede llevar el amuleto encima para atraer a la amante hacia él, o puede colocarlo en un lugar cercano a su amada, como debajo de su cama, en un umbral a través del cual el ser querido pase regularmente, etc.

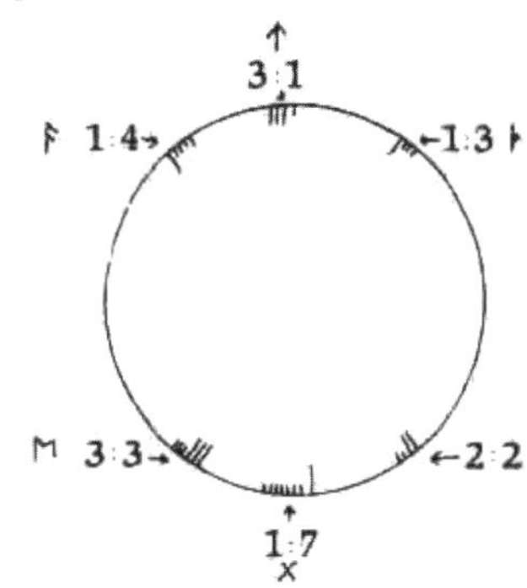

Figura 21.16. Forma codificada de una fórmula mágica amorosa. Las marcas en la parte superior forman 3:1, lo cual significa tercera fila, primera runa.

Una forma alternativa de este hechizo implica grabar todos los elementos de la fórmula talismánica en una joya que luego se le da a la persona querida por el vitki. Por supuesto, esto sólo se puede hacer en ciertas circunstancias especiales. El vitki debe conocer a su amor lo suficientemente bien como para que esto sea adecuado y efectivo, y se debe estar seguro de que él o ella usará o estará cerca del talismán por lo menos un período de tiempo continuado. Este tipo de hechizo rúnico también puede requerir el uso de códigos secretos. El futuro amante podría sospechar de los «signos místicos» tallados en la joya. Si, por ejemplo, un medallón es el objeto en cuestión, el reverso podría estar codificado como se muestra en la figura 21.16. *(Véase* la sección sobre códigos rúnicos en el capítulo 7 para obtener más información).

Los nombres pueden inscribirse usando el mismo código en los espacios laterales o en el borde del medallón. En tales casos, el vitki debe realizar el ritual de carga de la manera habitual, excepto que cuando las representaciones codificadas están grabadas, la runa debe visualizarse fuertemente y cargarse en el símbolo numérico. La imaginación y el talento del vitki son los únicos límites al ingenio que puede alcanzar este tipo de talismán. Pero hay que ser fuerte en las habilidades mágicas básicas y estar muy familiarizado con el sistema rúnico para hacer que este tipo de talismán funcione. Una de las partes más poderosas de un rito de este tipo es el *formáli,* en el que un poema de amor verdadero y lujuria encendida se componga con una enorme energía sexual apasionada.

Venganza y defensa

Esto se llama «venganza» y «defensa» y no sencillamente «maldición» porque debe realizarse sólo cuando el vitki se vea dañado de alguna manera por la víctima prevista para la operación, o cuando la víctima ha dañado voluntariamente al vitki o a sus seres queridos, que no habrían podido levantar el «poste» para protegerse y aplastar al adversario.

El *nidhstöng* o poste de maldición (literalmente «poste de difamación») es un poste largo en el que se tallan las fórmulas de maldición; luego el poste se hunde parcialmente en el suelo mirando hacia la casa de la víctima. La cabeza del poste está equipada con la cabeza de un caballo o una representación de la víctima con una mueca obscena. En las sagas abundan las historias sobre estos postes. Para realizar una maldición, el vitki necesitará un poste o un palo de 60 cm o más de longitud, una escultura con la cabeza de un caballo o una representación tallada de la cara de la víctima. En la antigüedad, los skalds de Ásatúar solían componer poemas ocultos y levantar postes contra los cristianos que invadían las tierras del norte.

El poste actúa como un imán para las fuerzas mortales del Hel, que llegan al poste desde las corrientes subterráneas y se proyectan a través de la cabeza del caballo, o la cabeza que sea, hacia la víctima. La inscripción en el poste forma la corriente y cumple su misión.

Un auténtico ritual de poste es un poco más simple que otras operaciones talismánicas. Busca un lugar adecuado para instalar el poste (no tiene que estar especialmente cerca de la víctima, pero es mejor si está a la vista de su casa o trabajo). Ve a medianoche y realiza un rito de apertura adecuado. Pasa algún tiempo en silencio meditativo, desarrollando tu poder emocional contra la víctima. En este estado, compón una fórmula rúnica prosaica o poética de maldición. Un ejemplo sería:

> Tres espinas te arrojé ᚦᚦᚦ
> *(thurisaz thurisaz thurisaz)* y tres
> hielos también i i i (isa isa isa)[13]
> Todos los *wights* salvajes y todas
> las feroces *fetches* se conciernen
> y dañan tu triste alma:
> ¡Hel te tiene ahora
> (nombre de la víctima)!

---

13. Canta los nombres y haz los signos.

Translitera el *formáli* en runas *(véase* el apéndice IV en la página 315) y grábalas ritualmente en el poste. Es necesario colorear sólo las runas **:ᚦᚦᚦ:** y **:ᛁᛁᛁ:**. Coloca la cabeza en el poste y húndelo en el suelo, repitiendo el *niding*. Imagina las fuerzas de Hel, la diosa de la muerte, enviando toda su fuerza en corrientes de «luz» negruzca (o cualquier color que el vitki pueda asociar con la destrucción) hacia la víctima. Ahora el vitki debería imaginar a la víctima destruida por las fuerzas de Hel y sumida en su oscuro abrazo. El alma marcada es aplastada por las runas-TH y restringida por las runas-I. El ritual se concluye rompiendo la esfera de trabajo y proyectando todos los residuos a través de la cabeza del poste hacia el objetivo. Deja el poste en pie hasta que se logre el resultado deseado.

En la antigüedad, los postes generalmente se alzaban contra enemigos políticos o religiosos, más que contra enemigos puramente personales. El vitki siempre debe preguntarse a sí mismo si el poste de maldición es la solución correcta (**:ᚱ:**) a la situación.

También se puede lanzar una maldición en forma talismánica que se entrega en secreto a la víctima o se coloca en algún lugar cercano a él/ella de la misma manera que funciona el hechizo de amor.

Pócima de sabiduría

Con el barril de sabiduría, el vitki carga un amuleto, graba las runas en un vaso de hidromiel o de cerveza, y se lo bebe ¡con el poder de las runas y todo! En la sexta estrofa del «Sigrdrífumál» vemos un buen ejemplo de esta práctica en el contexto de un ritual de iniciación. La *valkyrja*, Sigrdrífa, le dice al héroe, Sigurdhr:

> Te traigo cerveza,
> guerrero de la batalla,[14]
> mezclada con poder
> y potente fama;
> está llena de canciones
> y runas relajantes,
> de buena magia[15]
> y poder rúnico.

La *valkyrja* luego le enseña al héroe la sabiduría de las runas.

---

14. El kenning usado en el original es *brynthings apaldr*, literalmente «manzano de la corte de byrnies».
15. *Galdr* en original.

Para absorber una dosis de sabiduría de las runas, el vitki debe cargar debidamente un amuleto de acuerdo con la forma ritual, excepto que no deberá pintar las runas con pigmento, sino humedecerlas con hidromiel o con cerveza. Tampoco debe tallar las runas profundamente, sino rallar levemente el amuleto. Cuando se haya cargado, se coge el cuchillo de tallar y se graban las runas en la copa o cuerno mientras se entona la fórmula:

Raspo estas runas
y sus poderosas formas
en la madera de la sabiduría
y en el barril gotea.

Mezcla el contenido con el cuchillo de grabar runas repitiendo una fórmula como ésta:

Mezcla el poder de la runa
con este hidromiel de sabiduría;
mézclalos juntos con un enlace de fuerza.

Ahora sostén la copa o el cuerno en alto mientras dices las palabras:

¡Ódhrœrir ruge en el barril!

Bebe el contenido de la copa o cuerno de un trago. Durante toda esta acción ritual, concéntrate en la combinación de fuerzas, su vivificación en el sagrado hidromiel de inspiración, tu sistema personal y tu propia absorción de dichas fuerzas. Esta técnica puede adoptarse para muy diversas operaciones mágicas o místicas, y es una herramienta potente en el trabajo grupal y en los ritos de iniciación.

ALU: poder mágico e inspiración divina

Una de las fórmulas rúnicas más antiguas y más eficaces es ALU, que aparece en piedras y talismanes desde el año 400 e.c. La palabra literalmente significa «cerveza». Alu originalmente era un término para designar un poder mágico y la inspiración divina. El término acabó transferido a uno de los principales símbolos de dicho poder e inspiración: la embriagadora y sagrada bebida. Este poder a menudo se usaba para proteger los sitios sagrados de los no iniciados. La fórmula puede modularse de varias maneras y puede inscribirse «a l u» o «u l a»; la runa-A puede estar en cualquier posición. La fórmula numérica también es bastante potente. La figura 21.17 muestra un recuento de runas de 3 (múltiplo: 1 x 3 [primo]). El total de runas es 27 (múltiplo: 3 x 9). La fuerza de alu parece ser uno de los

ᚨ ᛚ ᚢ

4. 21. 2.

Figura 21.17. La fórmula alu.

movimientos casi perpetuos que gira constantemente sobre sí mismo, intensificándose. Un amuleto creado con esta fórmula impartirá protección general, al tiempo que proporciona sabiduría, inspiración, poder mágico y buena salud dentro de una vida legal.

La única runa que representaba al tejo siempre fue un poderoso símbolo de protección (¡entre otras muchas cosas!). La fórmula que se muestra en la figura 21.18 es una «traducción» al inglés moderno y adaptación mágica de una antigua fórmula del tejo. El análisis numérico revela un recuento de runas de 13 (múltiplo: 1 x 13 [primo]) y un total de runas de 160 (múltiplo: 10 x 16). La fuerza del tejo se enfatiza y se trae a la manifestación material.

Figura 21.18. Adaptación de una antigua fórmula para la magia del tejo.

Fíjate en los trazos largos de la runa-A. Esto los distingue para una interpretación particular (3 x 4 = 12), que pretende decir «las bendiciones de *ansuz* (fuerza odínica) en los tres reinos de ser durante todo el año» (:ᛃ:). Si es posible, este amuleto debe estar hecho de madera de tejo. Esta fórmula es un buen ejemplo de cuánta profundidad se le puede dar incluso a una versión en inglés moderno de una fórmula rúnica.

La siguiente *galdrastafir* talismánica sugiere algunas de las innumerables formas en las que se pueden usar estas runas de enlace.

Para el éxito general en todos los asuntos cotidianos, las runas **:ᛏᛋᚦ:** se pueden combinar como en la figura 21.19: una poderosa fórmula para artistas, magos y amantes de los ámbitos de acción, y mágicamente potente como invocación de fuerza en los nueve mundos. Muchos otros niveles de potencia también pueden infundirse en esta *galdrastafir*.

Figura 21.19. Un enlace rúnico para el éxito.

Para obtener justicia, ya sea de un tribunal de justicia o en el «tribunal de la vida», usa una combinación de las runas **:ᛏᚱᛃ:** como se muestra en la figura 21.20.

Figura 21.20. Una runa obligada para la justicia. El análisis numérico revela una duplicación de la fuerza de la runa-T.

Una de las preocupaciones cósmicas y mágicas más obvias del sistema rúnico es la de la prosperidad y el bienestar. Esto se ve facilitado por una poderosa *galdras-*

Figura 21.21 Enlace rúnico para la prosperidad y el bienestar.

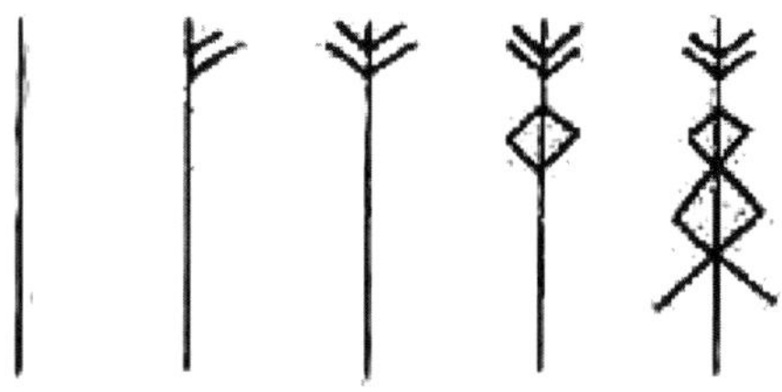

Figura 21.22. Patrón para tallar un enlace.

tafir compuesta por dos runas-F, cuatro runas-TH y las runas-NG y -O en la configuración simétrica que se muestra en la figura 21.21. Un análisis rápido realizado por el vitki revela las múltiples fuentes de poder contenidas en esta runa enlazada.

Una vez más, cabe señalar que en el tallado y la carga de esos enlaces, cada runa prevista debe tallarse individualmente o reforzarse dentro de la configuración colectiva, y definitivamente deben cargarse individualmente, una por una. En la figura 21.22 se muestra el orden de tallado para la runa de unión talismánica representada anteriormente. Tras la quinta etapa, las cuatro runas-TH ocultas en la figura deben profundizarse con el número apropiado de repeticiones del *galdr*.

Muerte de los amuletos rúnicos

En la mayoría de los *formálar* rúnicos, no sólo se debe establecer el propósito definido del ser talismánico, sino también el período de tiempo que debe vivir, es decir, estar vivificado con fuerza mágica. Una fórmula conveniente para esto es «hasta que tu cometido sea cumplido». Dado que el wight del amuleto es un ser vivo, su muerte debe ser atendida con el ritual adecuado. Así aseguramos que la fuerza mágica almacenada en el talismán será devuelta a su fuente (el vitki), o como una forma de sacrificio.

Hay dos métodos principales para realizar este importante acto ritual. El primero enfatiza la naturaleza *animada* del wight talismánico y está inspirado en los ritos funerarios. Existen dos tipos de rituales funerarios de reabsorción: cremación y entierro. El primero es más efectivo para devolver el poder a la esfera personal del vitki a través de las corrientes celestiales, mientras que el segundo es una forma poderosa de dirigir el poder a través de las corrientes ctónicas. El segundo método, que enfatiza la naturaleza dinámica del poder de la runa, prescribe una extracción ritual de las runas del amuleto usando el cuchillo. Las runas se queman en la hoguera o brasero. (También es un método para desterrar la magia de las runas de otro vitki). En todos los casos, debe hacerse con sencilla dignidad y con la asistencia de un formulario apropiado compuesto por el vitki. Se debe respetar al wight, a la runa y al creador del amuleto: el vitki. Esta «ecología del poder» es como la antigua tradición nórdica del renacimiento, que postula que el poder innato de los antepasados se reforma continuamente en los descendientes.

La magia de la palabra y el enlace rúnicos

Nos hemos encontrado con palabras ya formuladas como *alu* y *laukaz* en otra parte de este libro. Estas fórmulas son palabras protogermánicas utilizadas por sus hablantes escritas en runas que transmiten la esencia del significado de esa palabra de una manera mágica u operativa. El vitki actual también es libre de descubrir otras palabras arcaicas y poderosas de nuestro pasado ancestral que pueden expresar este mismo tipo de poder. Las palabras en protogermánico reflejan la forma original de muchas de las palabras que todavía usamos hoy. En este caso, sin embargo, están en sus formas más originales y, por lo tanto, resultan más poderosas y esenciales. Se expresan de forma natural y auténtica en las runas del futhark antiguo y, por consiguiente, con un poco de trabajo, se pueden redescubrir y usar para efectos mágicos en la actualidad. Esta autenticidad se suma a la eficacia mágica del trabajo porque las formas resuenan más perfectamente con las formas originales del lenguaje original antiguo.

El tema de los enlaces rúnicos ya se ha abordado en varias secciones de esta obra. Sin embargo, sería negligente no proporcionar más información operativa sobre cómo usarlos de manera práctica. Dado que hemos llegado a comprender y, espero, interiorizar los significados de las runas como signos individuales únicos, «memes» en la jerga actual, para lograr significados precisos y matizados en nuestro trabajo, tendremos que aprender cómo unir las runas individuales en mensajes mágicos coherentes que puedan entrar en el horizonte causal de eventos y traigan lo que deseamos a nuestras vidas.

En la antigüedad, esto se hacía de varias maneras: con palabras formuladas (por ejemplo, *Alu),* así como con obras poéticas en las que el mensaje rúnico se incorporaba directamente al lenguaje natural del vitki-skald. Los poetas pueden causar efectos directos con sus palabras entendidas conscientemente, de manera rúnica. Otra forma de hacerlo, y para lo cual tenemos evidencia directa en la tradición mágica islandesa, es tomar palabras o nombres mágicamente potentes, por ejemplo, nombres del dios Odín, y convertirlos en enlaces. Lo mismo puede hacerse para las palabras que uno encuentra particularmente útiles para un trabajo mágico específico.

Se pueden hallar léxicos de palabras protogermánicas en muchas fuentes *online* o en bibliotecas. Uno reciente y en inglés (la mayoría de ellos tiende a estar en alemán) es el libro *A Handbook of Germanic Etymology* de Vladimir Orell (Brill, 2003). Otra fuente es el apéndice etimológico en el *American Heritage Dictionary*. A modo de ejemplo, aquí presentamos diez palabras protogermánicas, transcritas en runas, que podrían usarse de esta manera:

rikjadomaz: ᚱᛁᚲᛃᚨᛞᛟᛗᚨᛉ, dominio, riqueza.
lubo: ᛚᚢᛒᛟ, amor
frithuz: ᚠᚱᛁᚦᚢᛉ, paz
mahtiz: ᛗᚨᚺᛏᛁᛉ, poder

meduz: ᛗᛖᛞᚢᛉ, hidromiel (inspiración)
segaz: ᛊᛖᚷᚨᛉ, victoria (éxito)
wurdhawîsaz: ᚹᚢᚱᛞᚨᚹᛁᛊᚨᛉ, sabio en palabras
afalan: ᚨᚠᚨᛚᚨᚾ, fuerza
hailaz: ᚺᚨᛁᛚᚨᛉ, presagio, buena suerte
santhaz: ᛊᚨᚾᚦᚨᛉ, verdad, justicia

El mismo procedimiento se puede utilizar para descubrir otras palabras de poder y simplemente escribirlas en las runas del futhark antiguo para crear tus propias palabras mágicas formuladas. La clave para un uso *preciso* es no tratar de meterse en asuntos gramaticales con las palabras básicas, no ir más allá de usar sus formas simples tal como se ingresan en los léxicos. Técnicamente hablando, son las formas del nominativo singular de las palabras. Si tratáramos de hacer oraciones con ellas, necesitaríamos conocer las diferentes desinencias para declinar, etc. Pero los antiguos no se complicaban tampoco y las fórmulas tendían a ser simples. El idioma germánico común era muy flexivo, con muchos cambios gramaticales y muchos sufijos. Ir más allá de las formas básicas conduce a mensajes confusos que no resuenan en el tiempo y el espacio para efectuar cambios mágicos.

Para crear enlaces rúnicos a partir de ellas, se unen las runas como en una especie de monograma, considerando que no es necesario tener en cuenta las runas repetidas y que la disposición y orientación normales de éstas puede alterarse por razones estéticas. Para crear un *taufr* hecho de esta manera, generalmente se sigue el ritual descrito anteriormente y se diseña una fórmula tanto en runas sueltas como en un enlace. Escríbelo con tinta roja en papel pergamino o tállalo en un trozo de madera y tiñe de rojo el enlace. Una vez completado, escóndelo o ponlo en una bolsa o cajita para llevar encima, pero no lo vuelvas a mirar. Permite que el poder de las runas trabaje para ti «en la sombra» desde un nivel inconsciente.

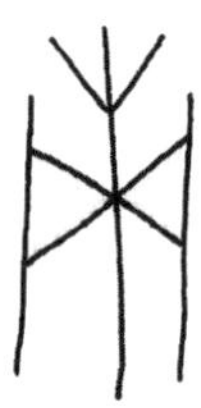

Figura 21.23. Enlace para meduz.

Figura 21.24. Enlace alternativo para meduz.

Aquí tenemos un ejemplo usando la fórmula *meduz* como inspiración. Las runas aparecen como: ᛗᛖᛞᚢᛉ que se puede formar en una runa enlazada parecida a la runa enlazada que se muestra en la figura 21.23. Ten en cuenta que la palabra también se puede escribir como un enlace de la manera que se muestra en la figura 21.24:

La escritura de las runas abre los sonidos a un modo de solidificación en el mundo de los eventos y la experiencia humana. La unión de éstas en una sola forma hace que su entrada al inconsciente y al reino causal del mundo sea mucho más fácil. Haz este *taufr,* llévalo encima, déjalo funcionar y estarás abierto a los reinos superiores del hidromiel de los dioses.

Probablemente, muchos lectores recordarán las técnicas iniciadas por el mago y artista inglés Austin Osman Spare. El siguiente ejemplo muestra la evidencia de que sus técnicas particulares ya habían sido exploradas por magos islandeses varios siglos antes de que él viviera.

Encontramos el nombre de una runa mágica en un libro de magia islandés llamado *thekkur*. Éste es un epíteto de Odín que significa «amado». Por lo tanto, sería eficaz en trabajos de magia destinados a encontrar un buen novio/a. El símbolo se construye a partir de un enlace formado por las runas (más recientes): ᚦᛁᚴ ᛦ combinadas para formar el enlace que se muestra en la figura 21.25.

Se estilizó en el espíritu de la estética del siglo XV para formar el signo final llamado «thekkur» y que aparece en los manuscritos como se muestra en la figura 21.26. Este proceso refleja claramente el de Spare en muchos de sus detalles. Supongo que su «redescubrimiento» de esta técnica podría pertenecer a la categoría de «atavismo» del que tanto le gustaba escribir.

Figura 21.25. Enlace para Odín como «amado».

Figura 21.26. «Thekkur».

Stadhagaldr

Esta disciplina está muy en deuda con el trabajo de los magos rúnicos de la Alemania del siglo XX, los cuales desarrollaron un sistema que llamaron *Runenyoga*. En los textos de Siegfried Adolf Kummer, Friedrich Bernhard Marby y Karl Spiesberger hay mucho de *Runen-Asana*, *Runen-mudra*, etc. Marby llamó a su sistema *Runengymnastik*. De hecho, parecen demasiado dependientes de la disciplina india afín. Sin embargo, sus experimentos prácticos, pistas de valor incalculable y fórmulas rituales son la base para el siguiente trabajo.

Teoría y uso

En comparación con lo que el yoga se convirtió en siglos posteriores, el *stadhgaldhr* es un sistema activo de magia que consiste en asumir posturas rúnicas para lograr un efecto mágico operativo, tanto dentro del vitki como en su entorno. Ambos sistemas probablemente derivan de la misma tradición de raíz indoeuropea de gestos mágicos y simbólicos.

Los gestos y las posturas forman parte de casi todas las escuelas metafísicas o mágicas. Se pueden ver desde la simple unión de manos en oración cristiana al extremadamente complejo sistema de *asanas* en la escuela india de *hatha yoga*. El *stadhagaldr* está equilibrado a este respecto. El número y la complejidad de las posturas son lo suficientemente variadas como para ser expresivas de la gran variedad de fuerzas presentes, pero ninguna requiere un entrenamiento o esfuerzo extensivo del cuerpo. La gran ventaja del *stadhagaldr* en el sistema rúnico es que permite que la forma real de la runa se incorpore en el aparato físico del vitki. Esto puede dar como resultado la encarnación de todo el misterio rúnico en la carne del vitki, convirtiendo así el cuerpo en una herramienta mágica increíble. Los objetivos generales de *stadhagaldr* son:

1) Control del cuerpo a través de la postura (*stadha*).
2) Control del pensamiento a través de la canción (*galdr*).
3) Control de la respiración.
4) Control de la emoción.
5) Tomar conciencia de los dominios de las runas, del yo y del/de los mundo(s).
6) Control y dirección de la voluntad.

Cada uno de estos objetivos debe ser perseguido de uno en uno, hasta que se consigan dominar los seis.

Cabe destacar enfáticamente que el cuerpo no debe verse como algo negativo o como un enemigo que tiene que ser derrotado o azotado, sino más bien como una fuente de energía grande y sacra, que no podemos obtener a través de ningún otro medio, dirigido armónicamente con el *hugr*. El cuerpo es la porción personal de Midkigardhr, para un vitki, el centro equilibrado del multiverso que contiene el potencial de todos los mundos. El *stadhagaldr* se usa como un método de integración psicológica y transmutación personal, y también se emplea en todos los tipos de operaciones mágicas. El vitki puede, por ejemplo, construir literalmente un talismán rúnico numinoso y vivo dentro de su cuerpo a través del *stadhagaldr*, ¡y convertirse en un amuleto andante! Los principios de enlaces rúnicos y la combinación de todo trabajo con *stadhagaldr* funcionan exactamente de la misma manera que un amuleto o cualquier símbolo mágico. Los *stödhur* son sólo un modo alternativo de expresión del poder de las runas.

Toma de corrientes mundiales y terrestres

La práctica de esta forma de magia está estrechamente relacionada con los misterios de las corrientes rúnicas. Las posturas rúnicas actúan como antenas de fuerza a través de las cuales el vitki puede atraer, modular y proyectar las runas con fines mágicos.

Como sabemos, hay tres tipos de corrientes rúnicas: la celestial, la terrestre y la subterránea o ctónica. Las corrientes celestiales y ctónicas son corrientes mundiales o cósmicas y no son particulares de este planeta, como lo son las corrientes terrestres que fluyen justo debajo y por encima de la superficie de la tierra. El yo individual contiene partes de cada una de estas corrientes, que actúan como una matriz a través de la cual las corrientes rúnicas actúan y nos afectan. Éstas se perciben de muchas maneras diferentes: algunas son vibraciones; otras son como olas, flujos, rayos e incluso contracciones. La inducción de estas fuerzas es el pilar del *stadhagaldr*.

El poder se dibuja realmente a través de las manos o los pies y la cabeza, directamente en eje central del vitki. Allí es absorbido y modulado, luego emitido de nuevo para fines específicos, o bien asimilado para alterar el yo del vitki. Cada postura rúnica recibe y/ transmite fuerza en un patrón particular, y desde varios reinos, según su forma. Este poder está directamente conectado al mundo físico a través del sistema nervioso humano. Al realizar las diversas runas *stödhur,* el vitki debe visualizar y sentir los flujos de fuerza reunidos o proyectados en un patrón particular a través del cuerpo, que está en la forma de la runa. Esto se percibirá como si la corriente eléctrica pasara a través de su cuerpo y se visualizará como rayos de luz circulando en patrones angulares. Cada vitki debe permitir que su experiencia personal tenga prioridad sobre cualquier cosa que haya podido leer al respecto, en este o en cualquier otro libro. Las sensaciones y reacciones personales, en lugar de procesos de pensamiento «lógicos», son las pautas más eficaces en el ámbito de la magia práctica. Esto es especialmente cierto en el *stadhagaldr*.

La tabla 21.4 muestra cuatro ejemplos de formas rúnicas, sus patrones de poder y los reinos de ser en los que se involucran, y puede dar algunos consejos prácticos para un desarrollo más fructífero. Las flechas indican las direcciones en las que fluye la fuerza.

Estos se basan en la práctica personal y la observación y de ninguna manera deben tomarse como dogma. Fíjate en que las diagonales a veces se sienten como si fueran enlaces terrestres y otras veces como si fueran enlaces con los reinos celestiales o subterráneos. Esto es cierto incluso con la misma runa en diferentes ocasiones, ¡porque el mundo de las runas no es estático! Un buen vitki intentará experimentar todas estas fuerzas empíricamente, y conforme más habilidad consiga, empezará a dividir y clasificar las fuerzas en bruto en características rúnicas más sutiles. Con la práctica adecuada y persistente surgirán resultados empíricos.

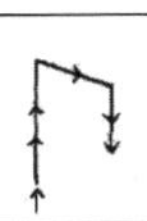	Las corrientes subterráneas suben hacia el vitki y circulan de regreso a su fuente.
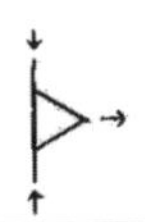	Corrientes celestiales y subterráneas fluyen hacia el vitki. Éstas se sintetizan y se devuelven al reino terrestre como acción manifiesta.
	Un cruce de corrientes de fuerzas terrestres dirigidas fluye por el eje vertical de las corrientes del mundo, desembocando en una intensificación concentrada de poder en el punto de confluencia.
	Corrientes celestiales y subterráneas se reciben y asimilan, y luego son redirigidas hacia el reino celeste.

Tabla 21.4. Algunos patrones de corrientes de fuerza.

Los antiguos vitkar conocían bien el poder de las corrientes de la tierra y formaron uno de sus misterios más poderosos. El mejor lugar de para el *stadhagaldr* es un «punto de poder» donde la tierra y las corrientes mundiales (horizontal y vertical) fluyen juntas. Estos puntos son conocidos por todas las culturas en todo el mundo. El vitki debe buscarlos para llevar a cabo los importantes ritos de *stadhagaldr.*

El ser humano se ve constantemente bombardeado por el poder que fluye desde arriba, desde abajo y desde todos los rincones de la tierra. La tarea es controlar dicha afluencia y dirigirla. Recibimos el poder brillante de la amplia extensión del espacio, e inducimos la fuerza restrictiva de la oscuridad que se agita en el centro de la tierra. Es muy importante que nos demos cuenta de ambos extremos y los busquemos conscientemente, los desarrollemos hasta sus límites y los centremos en nuestra consciencia.

Antes de intentar cualquier trabajo mágico práctico en este sistema, se debe dominar el *stödhur* de todas las runas que se utilizarán en la operación a través de un intenso programa de ejercicios de meditación con las posturas rúnicas en cuestión. El tema de este tipo de fuerza en circulación, dentro y alrededor de la tierra, se trata con más detalle en *Rune Might* (Inner Traditions, 2018).

Fórmula de apertura en *stadhagaldr*

Un trabajo de *stadhagaldr* puede empezar con el rito de apertura general presentado en la sección sobre magia talismánica, o bien el vitki puede usar un *stadhasetning* especial (rito de postura) para involucrar a las fuerzas rúnicas. Éste es un rito poderoso para practicar *stadhagaldr* y, por lo tanto, estos tres *stödhur* deberían dominarse primero. Aquí, como en los siguientes ritos, una runa presentada junto un *galdr/formáli* indica que el vitki debe asumir el *stadha* de la runa y cantar su *galdr* o *formáli* que carga las acciones rituales con intenciones más refinadas *(véase* tabla 21.5).

ᛁ	Autoconsciente, soy un receptor de rayos y ondas de poder rúnico.
ᛚ	Autoconsciente, formo el poder desde lo más profundo fuera de los reinos de la tierra fuera del útero de Hel (o la madre tierra).
ᛉ	Autoconsciente formo el poder desde las alturas más altas fuera del amplio mundo fuera del reino de Heimdallr.

Tabla 21.5. Stödhur para unirse a las fuerzas rúnicas.

Ritos simples

La adopción de cualquier *stadha,* por supuesto, puede considerarse un ritual. Es particularmente cierto si el vitki compone un *formáli* para ser recitado después de cantar el *galdr.* Dicho *formáli* dará forma y propósito específicos a la fuerza rúnica engendrada por la operación. Las posibilidades de conseguir resultados potentes de belleza simple son casi ilimitadas. Los siguientes ritos de fuerzas rúnicas combinadas se componen esencialmente de varios rituales simples combinados para conseguir un efecto mágico más complejo. Describen flujos o procesos de poder dirigidos hacia un objetivo específico, como aumento de poder mágico (página siguiente), éxito y victoria (página 301), aumento de la fuerza creativa (página 302) y un rito de necesidad en la página 303. La ventaja del ritual *stadha* es que proporciona las claves para varios reinos de consciencia e inspira al vitki para conseguir mayor poder si se realiza adecuadamente en todos los niveles del ser.

Nuestro objetivo en los ritos de *stadhagaldr* es la combinación de varias fuerzas rúnicas en una sola corriente de poder concentrada y dirigida con un objetivo definido. Esto se logrará combinando las formas y los sonidos de varias runas en un solo campo de acción de fuerza. El símbolo de la operación puede ser una serie de runas o un enlace rúnico dibujado en el suelo o en un tablero dispuesto en el altar o colgado en la pared a la altura de los ojos del vitki. Dicha forma debe ser el punto de concentración durante todo el ritual.

Las fórmulas rituales también se pueden adaptar como talismán símbolos de ritos mágicos. Son poderosas para la creación de envíos meditativos de enlaces rúnicos.

Aumento de poder mágico

ᛗ *Mannaz*, libera el flujo del poder divino en mí.

ᚢ La runa de poder está formada por *uruz*.

ᚠ El vehemente poder de *fehu* fluye hacia mí.

ᚨ El poder de Odín llega a mí.

ᚷ El don de los dioses crece en mí.

ᚦ Las corrientes rúnicas se encuentran en mí,
se irradian a donde los envío
con pleno conocimiento.

ᛁ Conociéndome, me guío a mí mismo
y a las corrientes.

ᛉ El poder de las runas fluye entre mí y los Mundos
a lo largo del arcoíris de luz.

ᚺ El poder rúnico funciona *en* mí.

ᛇ El poder rúnico funciona *a través* de mí.

Éxito y victoria

ᚾ	La runa nórnica rechaza los grilletes del *wyrd* y le da la vuelta a la necesidad.
ᚠ	Crecer y prosperar a través de *fehu*.
ᛋ	¡La velocidad vence en mí! El poder de dirección del *sowilo* (el sol) me condujo de éxito en éxito.
ᛏ	Tyr-Tyr Fruto de la lucha: ¡victoria!
ᚦ	Mis acciones me hacen crecer para siempre en poder y fuerza.
ᛗ	¡*Mannaz*! La palabra de plenitud, haz mi voluntad.
ᛚ	Haz que todo lo bueno sea óptimo.
ᛃ	Granizo y plenitud ¡trabaja todo el año!
ᚹ	El bienestar aumenta, la felicidad crece en sí misma.
ᚦ	Nuestros actos nos hacen crecer para siempre en poder y en fuerza.
ᚾ	¡La runa nórnica rechaza los grilletes y le da la vuelta a la necesidad!
ᛉ	El poder protector del mundo fluye hacia mí. El poder protector del mundo, trabaja en mí. El poder protector del mundo, trabaja a través de mí.

Aumento de la fuerza creativa

ᚠ El ardiente poder de *fehu* fluye hacia mí.

ᚢ *Uruz* da forma al poder de las runas.

ᚦ Las corrientes rúnicas se encuentran en mí
y se dirigen a donde las envío.

ᚨ El poder de mi palabra aumenta.

ᚱ En el camino correcto, deambulo.

ᚲ La habilidad viene a mí
a través del poder de *kenaz,*
el conocimiento y la sabiduría del mundo,
crecen en mí a través de *kenaz*.

ᛋ La velocidad de *sowilo* (el sol) me dirige.

ᛏ *Tyr - Tyr*
Voluntad de veloz conformación
fluye exitosamente a través de mí.

ᛃ ¡Granizo y plenitud,
dones del buen año!

Rito de necesidad

ᚾ La runa nórnica se defiende de las cadenas
del *wyrd*, da la vuelta a la necesidad.
Tú eres mi necesidad
a través de ti supero la necesidad.

ᚺ Wight del mundo –madera–
da buen ritmo y ayuda.
Tomo las runas
¡Acepto mi necesidad!

ᚾ ¡El fuego salvaje arde en mí!

ᛗ ¡Mannaz! Palabra de plenitud,
seré el que satisfaga mis necesidades
y libere el poder rúnico.

ᛉ El poder rúnico fluye entre yo
y los mundos,
a lo largo del arcoíris de luz.

ᚾ ¡El fuego salvaje arde en mí!

ᛋ La poderosa guía del sol
me lleva hacia adelante.

ᚾ ¡El fuego salvaje arde en mí!

(Repite esto hasta que el fuego se encienda en tu seno).

El ritual talismánico

Tanto si el vitki está realizando un ritual de carga talismánica como si no, se puede formar un signo que describa una operación rúnica particular para que sirva como símbolo externo duradero del proceso interno y sagrado que tiene lugar en el ritual. Esto generalmente es un enlace rúnico o una fila de runas, incisa o pintada en una duela o papel. Debería exponerse en algún lugar donde el vitki lo vea regularmente y, de este modo, reafirme constantemente su vínculo con la fuerza mágica. También se puede representar en un objeto pequeño que el vitki lleve encima.

Esta técnica debe usarse sólo en casos donde el vitki quiera efectuar un cambio interno en su propia consciencia. Para las operaciones que tienen la intención de afectar al entorno exterior, el vitki debe emplear toda la energía posible durante el ritual, y luego romper por completo con la fuerza, liberándola para hacer su trabajo. En este último caso, un recordatorio constante sólo obstaculizaría el cumplimiento exitoso de la voluntad del vitki.

Magia de signos

La práctica de la magia de signos implica la combinación de las técnicas de hacer la señal y enviar con las de *galdr* (encantamiento). Esta forma de magia es la más difícil porque requiere una gran concentración y visualización para ser lo más eficaz posible. Sin embargo, una vez que se domina la técnica, promete ser la forma más directa y eficaz de *galdr* disponible para el vitki. Ya hemos mencionado las técnicas de hacer la señal y enviar, y el vitki ya está bastante familiarizado con los diversos aspectos del encantamiento. Ahora profundizaremos en este conocimiento y lo dirigiremos por canales técnicos más específicos para formular la base de la *signingagaldr* (la magia de los signos). La principal diferencia entre los signos de los que hablaremos en esta sección y los que se usan en la carga de las runas es que aquí se dirigen y se fusionan con sistemas ya vivos, ya sean wights o campos dinámicos de fuerza rúnica.

La idea que subyace a la magia de los signos es que el vitki, en realidad, puede tallar runas en el tejido vivo del multiverso fusionando esa runa con un «objetivo» simbólico que ha sido formulado por el *hugr* del vitki, a través de una visualización concentrada, provocando un cambio en dicho objetivo. Ésta es sólo una de las muchas formas de usar las técnicas de la magia de signos. Este proceso puede llevarse a cabo en la *hugauga* (mediante visualización meditativa) o mediante un trabajo ritual externo. En ambos casos, las técnicas son las mismas; sin embargo, el vitki puede querer empezar con el método de visualización y trabajar en una presentación ceremonial más difícil.

Los tres pasos necesarios para *signingagaldr* son (1) la formulación o concentración en un objetivo, (2) la formulación y proyección de la runa deseada, y (3) la fusión de los dos puntos anteriores en un solo campo de fuerza tal que el segundo influya en el primero de la manera deseada.

Para formular una diana para la fuerza mágica proyectada, el vitki necesitará establecer un «área objetivo». Éste es un marco dentro del cual se mantiene el objetivo visualizado, para que la runa pueda ser dirigida hacia él. Puede ser de forma rectangular o triangular. Si se usa un triángulo, se prefiere la forma ▷. En el ritual completo, puede construirse un marco de madera y pintarse o decorarse adecuadamente. El marco puede contener un símbolo del objetivo (una imagen, por ejemplo), pero la mayoría de las veces el vitki verá mágicamente la imagen del objetivo dentro del marco utilizando sus poderes de concentración y visualización.

Una vez que el objetivo esté firmemente establecido y atado dentro del marco, el vitki empezará a formular la runa de poder en el centro de su cuerpo. Este poder se proyectará en el área objetivo y se firmará de la manera descrita en la sección de envío y hacer signos rúnicos. El *galdr* o *formáli* que se canta o se entona debe dar intención y forma al poder rúnico. A medida que el vitki hace el signo de la runa, debe ser como si la fuerza del signo realmente se estuviera infundiendo en el tejido vivo del objetivo. El vitki verá inmediatamente el cambio en el objetivo una vez que se complete la fusión de fuerzas.

Aunque la práctica de enviar y hacer signos rúnicos ya nos es conocida ahora, el uso del *galdr* tal vez necesite más desarrollo en el contexto de la magia de signos. A lo largo de este libro hemos visto las formas poéticas de *galdrar* tanto como formulaciones sonoras como poéticas. En la magia de signos se pueden usar ambas formas, pero el vitki siempre debe apuntar a la forma poética más compleja debido al grado de flexibilidad y exactitud que ofrece. Estas «canciones mágicas» se encuentran en la literatura germánica antigua y, de hecho, para los antiguos teutones (así como para todos los demás pueblos indoeuropeos) el arte de la poesía surgió del poder de la magia.

El *galdr* sirve para ayudar en la invocación/evocación del poder rúnico y en su formación dentro del vitki. Pero también ayuda a proyectar y vincular esa fuerza hacia el objetivo a través de su cualidad principal: la vibración. Las siguientes técnicas deben seguirse durante la práctica de enviar y hacer signos, ya que todos los elementos mencionados en esta sección deben entenderse como la expresión múltiple de una sola fuerza: la voluntad del vitki. La respiración debe ser el punto de concentración prioritario en todo el *galdr*. Durante las inspiraciones, el vitki se concentra en el flujo de las runas hacia el centro personal. Allí se mantiene momentáneamente para la formulación exacta, y luego, al espirar, la porción del *galdr* que se va a proyectar se concentra intensamente. La mayoría de los *galdrar* de todos los tipos requieren varias respiraciones para funcionar por completo. Se puede hacer una línea del encantamiento con cada respiración. En el caso del *galdrar* poético, el vitki debe concentrarse «rúnicamente» en cada letra de cada palabra del encantamiento sintiendo su fuerza. No pienses necesariamente en su significado; si está bien compuesto, el *galdr* hará el trabajo solo. Lo importante aquí es el flujo de fuerza, su formulación y su proyección en un patrón suave y concentrado que se vuelve casi inconsciente para el vitki. Se construye una unidad entre el poder de las runas, el vitki y el objetivo, de tal manera que la naturaleza especial de esta forma mágica se hace evidente.

La unidad mágica principal en la que el vitki debe concentrarse conscientemente es la del *sonido* (del encantamiento) y la *forma* (de la runa y el haz de luz a través del cual se proyecta), todo dentro de la «vibración rúnica» común. Los ejercicios serán de gran ayuda en este proceso. Los encantamientos se pueden cantar en voz alta o en silencio. Sin embargo, cuando se dice en voz alta, el *galdrar* se puede cantar sonora y estruendosamente o susurrar suavemente. El primero parece más efectivo cuando el vitki está realizando el ritual en soledad o en compañía de un colega vitkar, mientras que el segundo es a menudo más poderoso cuando no hay nadie presente.

Dado que esta forma de *galdr* se acerca tanto a un enfoque de meditación inconsciente, es muy necesario memorizar todos los aspectos del ritual antes de realizarse. Ésta es una buena sugerencia para todos los rituales, pero aquí es especialmente necesaria. Un intento exitoso de *singingagaldr* depende de la curiosa y magnífica combinación de todos los segmentos del complejo psicosomático del vitki. Los inesperados «beneficios marginales» místicos de estas operaciones suelen ser asombrosos.

Quizás debiera añadirse una nota adicional sobre el *galdrar* poético. Ciertamente, pueden estar compuestos en inglés. (*Véase* apéndice III para sugerencias técnicas al respecto). Hay que pensar mucho en su composición tanto en la forma como en el fondo. El vitki dedicado emprenderá el estudio del nórdico antiguo u otras lenguas germánicas antiguas (por ejemplo, inglés antiguo, gótico y alemán antiguo), ya que estos idiomas vibran con cualidades mágico-míticas que son difíciles de conjurar en la actualidad. Pero lo más importante es que los vitkar encuentren un lenguaje mágicamente potente y una forma poética que hable con la voz de sus reinos inconscientes.

CONCLUSIÓN

Cuando me encontré con las runas de una manera mágica en 1974, poco o nada se sabía de ellas en círculos esotéricos en el mundo de habla inglesa. El conocimiento de las runas ha recorrido un largo camino desde entonces. Se sabe mucho más sobre ellas, pero siguen siendo tan misteriosas como siempre. Ésta es la naturaleza y el carácter de las runas mismas. Fueron así al comienzo de su descubrimiento y se usaron por primera vez hace unos dos mil años, y permanecerán así para siempre. Ésa es la prueba de su sustancia genuina.

Este libro representa una introducción completa al uso práctico de las runas. Se ha discutido mucho sobre la historia y el uso de las runas en tiempos históricos porque el desarrollo de un contexto profundo para la tradición mágica es esencial. Tal contexto es el suelo en el cual las semillas de la sabiduría pueden crecer y finalmente dar fruto. Cuanto más contexto se desarrolle y se adquiera, más profundo será el trabajo. Un buen recurso para continuar tus estudios en runología operativa es mi libro *Alu: An Advanced Guide to Operant Runology* y quizás incluso *The Nine Doors of Midgard*, que proporciona un plan de estudios detallado sólo para el tipo más serio de estudiante. Puede que tu futuro esté en entrar en Rune-Gild, y si es así, puedes comunicarte con la organización en www.rune-gild.org. A medida que uno avance en los estudios rúnicos y profundice en sus significados, descubrirá que comenzarán a enseñar directamente, a través de la agencia del dios de las runas, Odín.

A esta conclusión se adjunta un poema que escribí cuando terminé el primer manuscrito para *Futhark*. Entonces pretendía actuar como una especie de hechizo de runas para lanzar las runas como realmente están en el mundo. Aquellos familiarizados con la historia del renacimiento rúnico sabrán que esto, como la mayoría de los hechizos mágicos lanzados por un vitki, funcionó con fuerza, pero no siempre como se esperaba o se deseaba. En cierto modo, este y todos mis otros libros sobre runas han sido un ajuste en ese lanzamiento.

Galdr para el renacimiento rúnico

Ancha es la puerta
para el viento de los mundos rúnicos
que traen sus canciones
a través de la noche del norte:
los sabios se abren camino
hacia la fuerza y el poder,
otra vez para aprender esa sacra tradición.

Las hermanas nacidas del sol
y los brillantes hermanos
llaman en su noche de necesidad:
de pie ante runas poderosas
encienden su obra
y sus astutas vías
para ganar riqueza y sabiduría.

En una llanura brillante,
los tiradores ejercen su habilidad
en un Gard de los dioses
en la luz del norte:
las runas florecen,
rugiendo sus canciones,
a través de una casa entera,
de nuevo y para siempre.

Edred Thorsson
Midsummer, 1979

APÉNDICE I: TABLAS RÚNICAS

Tabla 1. El futhark antiguo.

N.º	Forma	Variante de forma	Valor fonético	Nombre	Traducción	Interpretación esotérica
1	ᚠ	ᚠ	f	*fehu*	ganado, ahorros (oro)	poder dinámico
2	ᚢ	ᚢ ᚢ ᚢ	u	*uruz*	uro	esencia primigenia, formativa y fertilizante
3	ᚦ	ᚦ ᚦ	th	*thurisaz*	gigante (el fuerte)	rompedor de toda resistencia (Thor)
4	ᚨ	ᚨ ᚨ	a	*ansuz*	el Ase, dios soberano y ancestral	fuerza divina ancestral (Odín)
5	ᚱ	ᚱ ᚱ ᚱ	r	*raidho*	carro, vehículo	vehículo o camino de poder cósmico
6	ᚲ	ᛣ ᛉ ᛣ ᛉ	k	*kenaz/kaunaz*	antorcha, llaga	energía controlada
7	ᚷ		g	*gebo*	don	fuerza permutada
8	ᚹ	ᚹ	w	*wunjo*	alegría/placer	armonía de fuerzas
9	ᚺ	ᚻ ᚻ	h	*hagalaz*	granizo (piedra)	semilla/unión primordial
10	ᚾ	ᚾ ᚿ	n	*naudhiz*	necesidad	fuego salvaje (resistencia/liberación)
11	ᛁ		i	*isa*	hielo	contracción (materia y antimateria)
12	ᛃ	ᛃ ᛃ ᛃ ᛡ ᛍ	j	*jera*	año (buena cosecha)	círculo, órbita (ciclo vital)
13	ᛇ	ᛇ	i/ei	*ei(h)waz*	tejo	eje (árbol de la vida y la muerte)
14	ᛈ	ᛖ ᚹ	p	*perthro*	cubilete	Fuerza evolutiva
15	ᛉ	ᛘ ᛯ ᛦ	-z/-R	*elhaz/algiz*	alce/protección	numen tutelar y protector
16	ᛊ	ᛋ ᛊ ᛊ	s	*sowilo*	sol	rueda solar (luz cristalizada)
17	ᛏ	ᛏ	t	*tiwaz*	Thor, rey de los cielos	orden soberano (Thor)
18	ᛒ	ᛒ ᛒ	b	*berkano*	abedul (diosa)	Numen abedul (retenedor/liberador)
19	ᛖ	ᛖ	e	*ehwaz/ehwo*	caballo/dos caballos	dioses equinos gemelos (confianza)
20	ᛗ		m	*mannaz*	hombre (ser humano)	especie humana de ancestros divinos
21	ᛚ	ᛚ	l	*laguz/laukaz*	agua/puerro	energía vital/crecimiento orgánico
22	ᛜ	o □ ᛝ	-ng	*ingwaz*	Ing, dios de la tierra	gestación/contenedor, útero (Yngvi)
23	ᛞ	ᛞ	d/dh	*dagaz*	día	alba/ocaso (paradoja)
24	ᛟ		o	*othala*	propiedad ancestral	poder hereditario autocontenido

Tabla 2. El futhorc anglo-frisón.

N.º	Forma	Thames sax	Variantes mayores	Frisón	Valores fonéticos	Nombre antiguo inglés	Traducción del nombre
1	ᚠ	ᚠ	ᚠ	ᚠ ᚠ	f	*feoh*	ganado, riqueza
2	ᚢ	ᚢ	ᚢ	ᚢ	u	*ür*	vaca salvaje
3	ᚦ	ᚦ	ᚦ	ᚦ	th/dh	*thorn*	espina
4	ᚩ	ᚩ	ᚩ	ᚩ	o	*ös*	un dios
5	ᚱ	ᚱ	ᚱ	ᚱ ᚱ	r	*räd*	(una) carrera
6	ᚳ	ᚳ	ᚴ	ᚳ	c/ch	*cën*	antorcha
7	ᚷ	ᚷ		ᚷ	g [j/zh]	*gyfu*	don
8	ᚹ	ᚹ	ᚹ	ᚹ	w	*wynn*	alegría
9	ᚻ	ᚻ	ᚺ ᚼ ᚺ	ᚻ	h	*haegl*	granizo
10	ᚾ	ᚾ	ᚾ ᚾ	ᚾ	n	*nÿd*	necesidad
11	ᛁ	ᛁ		ᛁ ᛁ	i	*ïs*	hielo
12	ᛄ	ᛄ	ᛄ ᛄ	ᛄ	y	*gër*	año
13	ᛇ	ᛇ	ᛇ	ᛁ	eo	*ëoh*	tejo
14	ᛈ	ᛈ	ᛈ	ᛈ	p	*peordh*	cubilete
15	ᛉ	ᛉ	ᛉ	ᛉ	x	*eolhx*	alce/caña
16	ᛋ	ᛋ	ᛋ ᛋ ᛋ	ᛋ	s	*sigel*	sol
17	ᛏ	ᛏ		ᛏ	t	*fïr*	gloria
18	ᛒ	ᛒ	ᛒ	ᛒ	b	*beorc*	abedul/álamo
19	ᛖ	ᛖ		ᛖ ᛖ	e	*eh*	caballo
20	ᛗ	ᛗ	ᛗ	ᛗ ᛗ	m	*monn*	hombre (ser humano)
21	ᛚ	ᛚ		ᛚ ᛚ	l	*lagu*	mar
22	ᛝ	ᛝ	ᛝ	ᛝ	ng	*ing*	dios Ing
23	ᛞ	ᛞ	ᛞ	ᛞ	d	*daeg*	día
24	ᛟ	ᛟ	ᛟ	ᛟ	e [ay] æ	*ëthel*	propiedad ancestral
25	ᚪ	ᚪ			a	*äc*	roble
26	ᚫ	ᚫ			æ	*aesc*	fresno
27	ᚣ	ᚣ	ᚣ ᚣ	ᚫ ᚫ	y	*ÿr*	arco dorado
28	ᛠ	ᛠ	ᛠ	ᛚ	ea	*ëar*	tierra/tumba
29	ᛡ		ᛡ	ᛡ	eo/io	*ior*	serpiente
30	ᛢ		ᛢ	ᛢ	q	*cweordh*	fuego que gira
31	ᛣ		ᛣ ᛣ ᛣ		k	*calc*	tiza/caliza
32	ᛥ				st	*stän*	piedra
33	ᚸ				g	*gär*	lanza

Tabla 3. El futhark joven.

N.º	Forma	Gorlev	Variantes mayores	Valor fonético	Nombre inglés antiguo	Traducción del nombre	Interpretación esotérica
1	ᚠ	ᚠ	ᛂ	f	*fé*	ganado, dinero, oro	poder dinámico
2	ᚢ	ᚢ		U/o/ö/v	*úr (r)*	llovizna/escoria/uro	esencia fertilizante
3	ᚦ	ᚦ	ᚦ	th/dh	*thurs*	thurs (gigante)	rompedor de toda resistencia
4	ᚨ	ᚨ	ᚮ ᚭ	a	*áss*	dios (Odín)	poder de la palabra, fuerza soberana
5	ᚱ	ᚱ	ᚱ ᚱ	r	*reidh*	carrera, vehículo, trueno	vía y travesía espiritual
6	ᚴ	ᚴ	ᛉ ᛍ ᛧ	k/g/ng	*kaun*	llaga, herida	fuego interior mágico o proyección
7	ᚼ	ᚼ	ᚽ ᚽ	h	*hagall*	granizo (nombre especial de runa)	semilla en forma congelada
8	ᚾ	ᚾ	ᚿ	n	*naudh(r)*	necesidad, ataduras, cadenas	fuego-salvaje, esclavitud/ liberación
9	ᛁ	ᛁ		i/e	*íss*	hielo	contracción de la materia prima
10	ᛅ	ᛆ	ᚴ ᛡ	a	*ár*	año, cosecha buena	florecimiento hacia la manifestación
11	ᛋ	ᛋ	ᚺ ᛌ	s	*sól*	sol	rueda solar/luz cristalizada
12	ᛏ	ᛏ	ᛐ	t/d/nd	*Týr*	dios Thor	soberano de los dioses
13	ᛒ	ᛒ	ᛓ ᛒ	b/p/mb	*bjarkan*	abedul (diosa) (nombre especial de runa)	gestación/nacimiento, instrumentos numinosos del abedul
14	ᛘ	ᛙ	ᛘ ᛘ ᛙ ᛙ	m	*madhr*	hombre, ser humano	especie humana de ancestros divinos, poder para conectar con otros mundos
15	ᛚ	ᛚ		l	*lögr*	mar, cascada, (líquido)	vida, energía y crecimiento orgánico
16	ᛦ	ᛦ	ᛧ	ýr	*ýr*	tejo, rama de tejo, madera	poder telúrico

Tabla 4. El futhork armanen (ario-alemán)

N.º	Forma	Nombre	Significado
1	ᚠ	*fa*	fuego primordial, cambio, remodelación, desaparición de la angustia, principio generador, espíritu primigenio
2	ᚢ	*ur*	eternidad, consistencia, runa de los médicos, suerte, magnetismo telúrico, alma primordial
3	ᚦ	*thorn*	acción, deseo de acción, poder evolutivo, consecución de objetivos, runa de transferencia magnética
4	ᚨ	*os*	aliento, bienestar espiritual, palabra, poder radiante magnético
5	ᚱ	*rit*	ley primordial, rectitud, consejo, rescate, ritmo
6	ᚴ	*ka*	generación, poder, arte, habilidad, propagación
7	ᛡ	*hagal*	todo recinto, liderazgo espiritual, protección, armonía
8	ᚾ	*not*	lo inviolable, karma, compulsión del destino
9	ᛁ	*is*	ego, voluntad, actividad, poder personal para ahuyentar, consciencia del poder espiritual, autocontrol y control sobre los demás
10	ᛅ	*ar*	sol, reino, belleza, virtud, fama, bienestar, protección de los espectros, liderazgo
11	ᛋ	*sig*	poder solar, victoria, éxito, conocimiento, realización, poder de realización
12	ᛏ	*tyr*	poder, éxito, reino, generación, despertar, renacer espiritual
13	ᛒ	*bar*	devenir, nacimiento, ocultación, canción
14	ᛚ	*laf*	ley primordial, vida, experiencia vital, amor, aguas primordiales, runa del agua y del mar
15	ᛘ	*man*	runa masculina, incremento, completitud, salud, magia, espíritu, dios masculino, principio masculino en el cosmos, consciencia diurna
16	ᛦ	*yr*	runa femenina, instinto, lujuria, pasión, problemas, desilusión, confusión, muerte, destrucción, principio femenino negativo en el cosmos, consciencia nocturna
17	ᛂ	*eh*	matrimonio, amor, ley, justicia, esperanza, duración, fidelidad, almas gemelas
18	ᚷ	*gibor*	runa divina, consciencia cósmica, mezcla total de poderes, lo generativo y lo receptivo, unión sagrada, dar, dones, plenitud

APÉNDICE II: PRONUNCIACIÓN DEL ANTIGUO NÓRDICO

Los valores fonéticos presentados aquí abajo son los reconstruidos a partir del nórdico antiguo (tal como debieron pronunciarse en la época vikinga).

Las consonantes *b, d, f, l, m, t* y *v* son como en inglés moderno

a	Abierta como en «artístico»	**au**	Au, como en «tauro»
á	Cerrada como en «father»	**ei**	Ai, como en «aire»
e	Abierta como en «menos»	**ey**	Ei como en «CEIP»
é	Cerrada como en «bay»	**g**	G como en «gato»
i	Corta como en «it»	**ng**	Ng como en «oblongo»
í	Larga como en «feet»	**h**	Ligeramente aspirada, salvo cuando le sigue una consonante, entonces es una w como en «where»
o	Abierta como en «omit»	**j**	Como la Y en «playa»
ó	Cerrada como en «oro»	**p**	P normal salvo si le sigue una t, entonces se pronuncia «ft»
ö	Muy abierta como en «not» (casi una a)	**r**	R suave
ø	Como la anterior (ö)	**s**	S sorda como «sol»
u	Corta como en «uno»	**th**	Z como «zapato»
ú	Larga como en «rule»	**dh**	D como «dedo»
æ	E como en «ser»	**rl**	Dl
œ	Como la eu francesa o la palabra inglesa «slur»	**rn**	dn
y	Como la u francesa o la ü alemana (entre «u» e «i»)	**nn**	Dn tras vocales largas o diptongos
ý	Como la anterior		

APÉNDICE III: CORRESPONDENCIAS RÚNICAS

La siguiente tabla pretende servir como guía para una mayor comprensión de las runas, así como para estimular la investigación rúnica por parte de todos los vitkar. Estas correspondencias no son absolutas ni dogmáticas; como siempre, la intuición del vitki es la guía más fiable. Muchas de estas correspondencias serán útiles en la elaboración de rituales, talismanes, etc. Utilizada junto con el apéndice I: «Tablas rúnicas», esta tabla proporciona una gama completa de correspondencias, parcialmente tradicionales y parcialmente basadas en investigaciones previas.

N.º	Forma	Árbol	Planta	Dios/Diosa/Numen	Color	Astro
1	ᚠ	saúco	ortiga	aesir	rojo claro	♈
2	ᚢ	abedul	musgo	vanir	verde oscuro	♉
3	ᚦ	roble	siempreviva	Thor	rojo intenso	♂
4	ᚨ	fresno	amanita muscaria	Odín	azul oscuro	☿
5	ᚱ	roble	artemisa	Forseti	rojo intenso	♐
6	ᚲ	pino	prímula	Freyja/enanos	rojo claro	♀
7	ᚷ	fresno/olmo	viola	Odín/Freyja	azul turquesa	♓
8	ᚹ	fresno	lino	Freyr/elfos	amarillo	☊
9	ᚺ	tejo/fresno	lirio del valle	Ymir	azul claro	♒
10	ᚾ	haya	bistorta	Nornir, etins	negro	♑
11	ᛁ	aliso	beleño	Gigantes	negro	☽
12	ᛃ	roble	romero	Freyja	azul claro	⊕
13	ᛇ	tejo	mandrágora	Odín/Ullr	azul oscuro	♏
14	ᛈ	haya	acónito	Nornir	negro	♄
15	ᛉ	tejo	angélica	valkirias	dorado	♋
16	ᛊ	enebro	muérdago	Sól	blanco/plata	☉
17	ᛏ	roble	salvia	Tyr/Máni	rojo claro	♎
18	ᛒ	abedul	pie de león	Frigg, Nethus, Hel	verde oscuro	♍
19	ᛖ	roble/fresno	jacobea	Freyja/Freyr, Alcis	blanco	♊
20	ᛗ	acebo	rubia roja	Heilmdallr/Odín	rojo oscuro	♃
21	ᛚ	sauce	puerro	Njördhr, Baldr	verde oscuro	☽
22	ᛜ	manzano	consuelda menor	Ing, Freyr	amarillo	●
23	ᛞ	abeto	esclarea	Odín/Ostara	azul claro	◑◐
24	ᛟ	espino	coptis	Odín/Thor	amarillo ocre	○

APÉNDICE IV: TRANSLITERACIÓN DE LAS RUNAS AL INGLÉS MODERNO

Este tema plantea algunos problemas, especialmente cuando se trata de poner nombres propios en forma rúnica. Las correspondencias revisadas a continuación proporcionarán amplias pautas, pero el vitki debería permitir que la intuición y los criterios mágicos lo conduzcan a la decisión final. En algunos casos, puede ser mejor usar el sonido real en el idioma propio en lugar de la correspondencia literal. Al escribir poesía rúnica de tu propia composición, te resultará conveniente apegarte a tus raíces lingüísticas. Las dudas sobre la «corrección» en la transliteración son menores cuando se usan palabras germánicas.

A	ᚨ	O	ᛟ
B	ᛒ	P	ᛈ
C	ᚲ	Q	ᚲ
D	ᛞ	R	ᚱ (ᛉ en posición final)
E	ᛖ	S	ᛊ
F	ᚠ	T	ᛏ
G	ᚷ	U	ᚢ
H	ᚺ	V	ᚢ - ᚹ
I	ᛁ - ᛇ	W	ᚦ
J	ᛁ - ᛃ	X	ᚲᛊ (k+s)
K	ᚲ	Y	ᛃ
L	ᛚ	Z	ᛊ - ᛉ
M	ᛗ	TH	ᚦ / ᛞ
N	ᚾ	NG	ᛜ

GLOSARIO

Aesir: sing. Áss; genitivo pl. Ása (usado como prefijo para señalar que el dios o la diosa pertenece a los «aesir»). Raza de dioses correspondiente a las funciones de magia, ley y guerra.

Aett: pl., aettir. Familia o género, usado como nombre para las tres divisiones del futhark y las ocho divisiones de los cielos. También significa un grupo o división de ocho.

Airt: palabra del dialecto escocés. *Véase aett.*

Asgardhr: Reino de los aesir en la cúspide del orden cósmico.

Atheling: Término del inglés antiguo para individuos nobles.

Audhumla: AN. Vaca cósmica primigenia que alimenta las creaciones originales de Ymir con su leche.

Edda: AN. Palabra de origen incierto, utilizada como título de manuscritos antiguos relacionados con la mitología. *The Elder or Poetic Edda* es una colección de poemas compuesta entre 800 y 1270 e.c. La Edda más reciente, en prosa, fue escrita por Snorri Sturluson en 1222 e.c. como una codificación de la mitología de Ásatrú para los skalds.

Enlace rúnico: Dos o más runas superpuestas entre sí, ocasionalmente utilizadas para formar *galdrastafir.*

Erilaz: pl., eriloz. *Véase eruliano.*

Eruliano: Miembro del antiguo grupo de maestros de runas que formaron una red intertribal de iniciados en los misterios germánicos.

Esposa-etin: Una mujer etin tomada en matrimonio mágico. *Veáse fylgja.*

Etin: Versión en inglés del término AN *jötunn*. Gigante, o protodios del universo natural, conocido por su fuerza.

Fetch-wife: La búsqueda en forma femenina. *Véase también valkyrja.*

Formáli: pl. *Formálar:* Discursos formulados para cargar un acto con intención mágica.

Fylgja: pl., *fylgjur.* Ser numinoso unido a cada individuo, que es depósito de todas las acciones pasadas y que, en consecuencia, afecta la vida de la persona. También es la parte divina del individuo. Se visualiza como una entidad de sexo opuesto al del sujeto, un animal o una forma abstracta.

Futhark: nombre convencional para el «alfabeto» rúnico basado en los valores de fonéticos de las primeras seis runas de este sistema.

Futhorc: El nombre convencional para el «alfabeto» rúnico anglosajón, basado en los valores de sonido de las primeras seis runas de este sistema.

Galdr: pl. *galdrar.* Originalmente «encantamiento» o «conjuro» (el verbo *gala* se usa también para «cantar»). Más tarde significó magia en general, pero muy especialmente magia verbal.

Galdrastafr: pl. *galdrastafir.* Literalmente «runa de conjuros». Signo mágico de tipología diversa, compuesto de runas o pictografías o ideogramas.

Germánico: (1) Lengua hablada por los pueblos germánicos antes de que se desarrollaran los diversos dialectos (por ejemplo, inglés, alemán, gótico, escandinavo). También es un término colectivo para todos los idiomas que pertenecen a este grupo. (2) Término colectivo para todos los pueblos descendientes del grupo de habla germánica (por ejemplo, los ingleses, los alemanes, los escandinavos). El nórdico o escandinavo es un subgrupo del germánico y se refiere sólo a la rama escandinava de la herencia germánica.

Gótico: Designación de un idioma germánico, ya extinto, y de las personas que lo hablaban. Sus últimos hablantes conocidos estuvieron en Crimea, en el siglo XVIII.

Hamingja: pl. *hamingjur.* Fuerza mágica móvil, como el maná y el manitu de otras tradiciones. A menudo se define como «suerte», «poder de cambio de forma» y «espíritu guardián».

Hamr: AN. Sustancia plástica formadora de imágenes que rodea a cada individuo, dibujando su forma física. Puede ser reformado por el poder mágico *(hamingja)* de acuerdo con la voluntad *(hugr).*

Huginn (y Muninn): Los cuervos de Odín. Sus nombres significan «mente» y «memoria», respectivamente.

Hugr: Porción del complejo psicofísico correspondiente a la mente consciente y la facultad de cognición.

Inglés antiguo: Lengua hablada por las tribus anglosajonas en el sur de Gran Bretaña desde, aproximadamente, 450 hasta 1100 e.c. También conocida como *anglosajón.*

Jötunheimr: Reino de los Jötnar, gigantes que a veces son enemigos y, a veces, amigos de los dioses. Pertenecen al orden natural del universo.

Metagenética: Concepto de características estructurales que, a primera vista, pueden parecer «espirituales», y que son heredadas a lo largo de las líneas genéticas. Término actualizado por Stephen A. McNallen.

Midhgardhr: AN. «Recinto intermedio» del universo. El mundo material y el hogar de los humanos.

Minni: AN. La facultad de «memoria». Las imágenes almacenadas en la mente profunda de eones pasados.

Multiverso: Término descriptivo de los muchos estados del ser (mundos) que constituyen el «universo».

Mundo: (1) Todo el cosmos o universo. (2) Uno de los nueve niveles de ser o planos de existencia que conforman el cosmos ordenado.

Muspellsheimr: Lejano reino del sur del universo y punto de origen de la fuerza de fuego.

Niding: Desarrollado a partir de AN *nidh* (insulto) más *nidhingr* (un vil desgraciado). Usado en el contexto de la maldición mediante el uso de poesía satírica o insultante.

Niflheimr: Lejano reino del norte del universo, el punto de origen de la fuerza acuosa, que se convierte en hielo cuando se acerca al centro.

Nórdico antiguo: Lengua hablada por los escandinavos occidentales (en Noruega, Islandia y partes de Gran Bretaña) en la época vikinga (ca. 800-1100 c.e.). También es la lengua de las *Eddas* y de la poesía skaldic.

Ørlög: AN. Normalmente traducido como «destino», es el resultado de las acciones del pasado, incluso extendidas a vidas anteriores. Literalmente significa «capas o leyes primitivas».

Norn: pl., *Nornir* (en inglés *Norns*). Uno de los tres seres cósmicos complejos de forma femenina que encarna el proceso mecánico de causa y efecto y sirve como matriz para la fuerza evolutiva.

Numen: adj. numinoso. Aspectos vivos, no físicos o mágicos, dentro del orden cósmico, no necesariamente en el sentido animista; aquello que participa del poder espiritual.

Numerología: Estudio esotérico del simbolismo numérico.

Odiano: Término técnico para la «teología» del eruliano. Se diferencia del «odínico» en que no adora a Odín, sino que busca emular su patrón de autotransformación.

Rist: Verbo que significa tallar o escribir las runas.

Runa: Forma física cada letra rúnica.

Sabiduría de las runas: Capacidad para aplicar la habilidad de las runas a visiones profundas del mundo y su trabajo. Filosofía rúnica.

Skald: término AN para designar a un poeta que compone versos altamente formales, originalmente mágicos.

Skaldcraft: Fuerza mágica de la poesía; magia verbal (galdr). Además, es la «ciencia» en la que se hacen asociaciones mágicas suprarracionales entre palabras, basadas en sus sonidos.

Thurs: Gigante caracterizado por una gran fuerza y edad, por ejemplo, las heladas de escarcha o las heladas gigantes.

Tirador: Persona que busca los misterios de las runas y trabaja de manera mágica con las runas.

Trabajo rúnico: El uso de la habilidad de runas (conocimiento esotérico) para causar cambios en el entorno objetivo.

Tradición rúnica: Un término general para las enseñanzas esotéricas. Habilidad de las runas: conocimiento intelectual de la sabiduría de las runas.

Útgardhr: Literalmente «recinto exterior». Es el reino exterior del universo, una especie de desierto cósmico.

Valkyrja: pl. *valkyrjur.* «Seleccionadora de los caídos» (es decir, los muertos en batalla). Deidades numinosas protectoras que se unen a ciertas personas que las atraen. Son una fuerza de enlace entre hombres y dioses (especialmente Odín).

Vanaheimr: «Mundo de los vanir». Los vanir son los dioses y diosas de la producción y la reproducción.

Vanir: sing. Van. Raza de dioses correspondiente a las funciones de fertilidad, prosperidad, erotismo.

Vikti, pl. vitkar: AN. Palabra común para «mago», literalmente significa «alguien que sabe».

Wyrd: Palabra inglesa, también deletreada «weird» que conceptualmente corresponde a AN *ørlög*, y fonológicamente a AN *urdhr*. Literalmente significa «lo que se ha convertido» y forma la base invisible de la realidad empírica.

Yggdrasill: Árbol cósmico de nueve mundos o planos del multiverso.

Ymir: Gigante andrógino que se desarrolló al inicio de la evolución natural del universo. Odín lo sacrifica para construir un universo racional y hermoso a partir de la sustancia del gigante.

BIBLIOGRAFÍA

ARNTZ, H.: *Handbuch der Runenkunde*. Niemeyer, Halle/Saale, 1935, 1944.

BAUM, P. F.: *Anglo-Saxon Riddles of the Exeter Book*. Duke University Press, Durham, Carolina del Norte, 1963.

BALZLI, J.: *Guido von List: Der Wiederentdecker uralter arischer Weischeit*. Guido-von-List-Gesellschaft, Viena, 1917.

BATES, B.: *The Way of Wyrd*. Harper and Row, San Francisco, 1983.

BLACHETTA, W.: *Das Buch der deutschen Sinnzeichen*. Widukind/Boss, Lichterfelde, Berlín, 1941.

BLUM, R.: *The Book of Runes*. St. Martin's Press, Nueva York, 1982.

BUGGE, S.: *Norges Indskrifter med de ældre Runer.* Brogger, Christiana, 1905-1913.

BYOCK, J.: *The Saga of the Volsungs*. University of California Press, Los Ángeles, 1990.

JULIO CÉSAR: *De Bello Gallico*. Trad S.A. Handford. Penguin, Harmondsworth, Reino unido, 1951. (Trad. cast.: *La guerra de las Galias*, Gredos, Madrid, 2000).

DEROLEZ, R.: *Runica Manuscripta*. Rijks-Universiteit te Ghent, Brugge, 1954.

DICKENS, B.: *Runic and Heroic Poems of the Old Teutonic Peoples*. Cambridge University Press, Cambridge, 1915.

DUMÉZIL, G.: *Gods of the Ancient Northmen*. Editado por E. Haugen. University of California Press, Berkeley, California, 1973.

DÜWEL, K.: *Runenkunde. Sammlung Metzler 72*. J. B. Metzler, Stuttgart, 1968, 1983.

ECKHARDT, K. A.: *Irdische Unsterblichkeit: Germanischer Glaube an die Wiederverkörperung in der Sippe*. Bohlau, Weimar, 1937.

ELIADE, M.: *The Myth of the Eternal Return o Cosmos and History.* Bollingen Series 46. Princeton University Press, Princeton, Nueva Jersey, 1971. (Trad. cast.: *El mito del eterno retorno: Arquetipos y repetición*, Alianza Editorial, 2011).

—: *Shamanism: Archaic Techniques of Ecstasy.* Bollingen Series 76. Princeton University Press, Princeton, Nueva Jersey, 1971. (Trad. cast.: *El chamanismo y las técnicas arcaicas del éxtasis*, Fondo de Cultura Económica, 2009).

ELLIS, H. R.: *The Road to Hel*. Cambridge University Press, Cambridge, 1943.

—: *Gods and Myths of Northern Europe*. Penguin, Harmondsworth, Reino Unido, 1964.

—: «The Germanic World» en *Oracles and Divination*. Michael Loewe y Carmen Blacker, eds. Shambhala, Boston, Massachusetts, 1981.

ELLIOTT, R: *Runes, an Introduction*. Manchester University Press, Manchester, 1989, 2.ª ed.

FLOWERS, S. E.: *Runes and Magic: Magical Formulaic Elements in the Older Runic Tradition*. Lodestar, Bastrop, 2011.

— (trad., ed.): *The Galdrabók: An Icelandic Book of Magic*. Rûna-Raven, Smithville, 2005.

—: *The Rune-Poems*. Lodestar, Bastrop, 2018.

—: *Icelandic Magic*. Inner Traditions, Rochester, 2016.

—: *The Northern Dawn: A History of the Reawakening of the Germanic Spirit. From the Twilight of the Gods to the Sun at Midnight*. Arcana Europa, North Augusta, 2018, vol I.

FLOWERS, S. E. y JAMES, A.: *A Source-Book of Seid*. Lodestar, Bastrop, 2015.

FLOWERS, S. E. y MOYNIHAN, M.: *The Secret King: The Myth and Reality of Nazi Occultism*. Feral House, Los Ángeles, 2007.

FOX, D., y HERMANN, P. (trads): *Grettir's Saga*. University of Toronto Press, Toronto, 1974.

FRANZ, M.-L. von: *On Divination and Synchronicity: The Psychology of Meaningful Chance*. Inner City Books, Toronto, 1980.

GOODRICK-CLARKE, N.: *The Occult Roots of Nazism*. Aquarian, Wellingborough, Reino Unido, 1985.

GORSLEBEN, R. J.: *Die Hoch-Zeit der Menschheit*. Koehler & Amelang, Leipzig, 1930.

GRIMM, J.: *Teutonic Mythology*. Traducido por S. Stallybrass. 4 vols. Dover, Nueva York, 1966.

GRÖNBECH, V.: *The Culture of the Teutons*. Oxford University Press, Londres, 1931.

HARTMANN, F.: «Review: Guido von List. Die Bilderschrift der ArioGermanen: ArioGermanische Hieroglyphik». En *Neue Lotusblüten Jahrgang* 1910, pp. 370-71.

HAUCK, K.: *Goldbrakteaten aus Sievern*. Fink, Múnich, 1970.

HEINZ, U. J.: *Die Runen*. Bauer, Freiburgo/Breisgau, 1987.

HOLLANDER, L. M: *The Poetic Edda*. University of Texas Press, Austin, 1962, 2.ª ed.

HOWARD, M.: *The Runes and Other Magical Alphabets*. Samuel Weiser, York Beach, Maine, 1978.

—: *The Magic of the Runes*. Aquarian Press, Wellingborough, Reino Unido, 1980.

HUNGER, U.: *Die Runenkunde im Dritten Reich*. Lang, Berna, 1984.

JONES, G. (trad.): *The Vatndalers' Saga*. Princeton University Press, Princeton, Nueva Jersey, 1944.

JOSSÉ, R. D.: *Die Tala der Raunen (Runo-astrologische Kabbalistik) Handbuch der Deutung des Wesens und Weges eines Menschen auf Grund der in seinem Namen verborgenen Sckicksalsraunen*. Bauer, Friburgo, 1955.

JUNG, C. G.: «Wotan» in *Collected Works*, vol. 10. Trad. R. F. C. Hull. Princeton University Press, Princeton, Nueva Jersey, pp. 179-193.

—: *Synchronicity: An Acausal Connecting Principle*. Princeton University Press, Princeton, 1973.

KERSHAW, N. (trad.): *Stories and Ballads of the Far Past*. Cambridge University Press, Cambridge, 1921. (Sörlatháttr, pp. 43-57).

KOSBAB, W.: *Das Runen-Orakel*. Bauer, Friburgo, 1982.

Krause, W.: *Was man in Runen ritzte*. Niemeyer, Halle/Salle, 1935.

—: *Die Runeninscriften im älteren Futhark*. 2 vols. Vandehoeck & Ruprecht, Göttingen, 1966.

Kummer, S. A.: *Heilige Runenmacht*. Uranus Verlag, Hamburgo, 1932.

—: *Runen-Magie*. Gartmann, Dresden, 1933/34.

—: *Rune-Magic*. Lodestar, Bastrop, 2017.

Kurtzahn, E. T.: *Die Runen als Heilszeichen und Schicksalslose*. Uranus, Bad Oldesloe, 1924.

Line, D. y Line, J: *Fortune-Telling by Runes*. Aquarian Press, Wellingborough, Reino Unido, 1984.

List, G. v.: *Das Geheimnis der Runen* (=Guido-von-List Bücherei 1) P. Zillmann, Gross-Lichterfelde, 1908.

—: *Die Bilderschrift der Ario-Germanen*. (=Guido-von-List-Bücherei 5) Guido-von-List-Gesellschaft, Viena, 1910.

—: *Die Religion der Ario-Germanen in ihrer Esoterik und Exoterik*. Guido-von-List Verlag, Berlín-Lichterfelde, 1910.

—: *Die Ursprache der Ario-Germanen und ihre Mysteriensprache*. (=Guido-von- List-Bücherei 6) Guido-von-List-Gesellschaft, Viena, 1914.

—: *The Secret of the Runes*. Trad. Stephen E. Flowers. Destiny, Rochester, 1988.

—: *The Religion of the Aryo-Germanic Folk*. Trad. Stephen E. Flowers. Lodestar, Bastrop, 2018.

Marby, F. B.: *Marby-Runen-Bücherei*. 4 vols. Marby-Verlag, Stuttgart, 1931-1935.

Marstrander, C. J. S.: «Om runene og runenavenes oprindelse». En *Nordisk Tidskrift for Sprogvidenskab, 1* (1928), pp. 1-67.

Mayer, R. M.: «Runenstudien». En *Beiträge zur Geschichte der deutschen Sprache und Literatur, 21* (1896), pp. 162-184.

Mercer, B. y Bramwell, T.: *The Anglo-Saxon Runes*. Phoenix Runes, Amber, Reino Unido, 1983.

Moltke, E.: *Runes and their Origin*. National Museum of Denmark, Copenhage, 1985.

Much, R.: *Die Germania des Tacitus*. Carl Winter, Heidelberg, 1967, 2.ª ed.

Neckel, G. y Kuhn, H.: *Edda. Die Lieder des Codex Regius nebst verwandten Denkmälern*. Carl Winter, Heidelberg, 1962, 3.ª ed.

Orell, V.: *A Handbook of Germanic Etymology*. Brill, Leiden, 2003.

Osborn, M. y Longland, S.: *Rune Games*. Routledge and Kegan Paul, Londres, 1982.

Pálsson, H. y Edwards, P. (trads.): *Egil's Saga*. Penguin, Middlesex, Reino Unido, 1976.

Page, R. I.: *An Introduction to English Runes*. Boydell, Woodbridge, 1999.

Pushong, C. A.: *Rune Magic*. Regency, Londres, 1978.

Saxo Grammaticus: *The History of the Danes,* vol. 1, trad. y edit. por Peter Fisher y H. R. Ellis Davidson. Boydell & Brewer, Suffolk, Reino Unido, 1979. (Trad. cast.: *Historia Danesa [Gesta Danorum],* trad. Santiago Ibáñez).

Schneider, K.: *Die germanischen Runennamen*. Anton Hain, Meisenheim, 1956.

SHOU, P. [= Albert C. G. Schultz]. Die «Edda» als Schlüssel des kommenden Weltalters en *Esoterik der Edda,* vol. 1. Linser Verlag, Berlín-Pankow, 1920.

—: *The Edda as the Key to the Coming Age*. Trad. Stephen E. Flowers. Lodestar, Bastrop, 2017.

SNORRI S.: *The Prose Edda*. Trad. A. G. Brodeur. American Scandinavian Foundation, Nueva York, 1929.

—: *Heimskringla*. Trad. Lee M. Hollander. University of Texas Press, Austin, 1962.

SPIESBERGER, K.: *Runenmagie*. Schikowski, Berlín, 1955.

—: *Runenexerzietienfür Jedermann*. Bauer, Friburgo, 1976.

TÁCITO, C.: *The Agricola and the Germania*. Penguin, Harmondsworth, Reino Unido, 1948. (Trad. cast.: *Germania*, Gredos, Madrid, 2001).

THORSSON, E.: *Alu: An Advanced Guide to Operative Runology*. Weiser, San Francisco, 2012.

—: *Futhark: A Handbook of Rune Magic*. Weiser, York Beach, 1984. (Trad. cast.: *Futhark, la magia de las runas,* Ediciones Obelisco, Barcelona).

—: *Green Rúna: The Runemaster's Notebook: Shorter Works of Edred Thorsson*. Vol. 1 (1978-1985). Rûna-Raven, Smithville, 1996.

—: *The Mysteries of the Goths*. Rûna-Raven, Smithville, 2007.

—: *The Nine Doors of Midgard*. South Burlington, The Rune-Gild, 2016, 5.ª ed.

—: *Northern Magic*. Llewellyn, St. Paul, 1992.

—: *Runecaster's Handbook: The Well of Wyrd*. Weiser, York Beach, 1988.

—: *Runelore: A Handbook of Esoteric Runology*. Weiser, York Beach, 1987.

—: *Rune Might*. Rochester, Inner Traditions, 2018.

—: *Rune-Song*. Rûna-Raven, Smithville, 1993.

—: *The Runic Magic of the Armanen*. [Inédito MS, 1975].

TOLKIEN, C. (trad.): *The Saga of King Heidrek the Wise*. Thomas Nelson & Sons, Londres, 1960.

TUPPER, F. (ed.): *The Riddles of the Exeter Book*. Ginn, Boston, 1910.

TURVILLE-PETRE, E. O. G.: *Myth and Religion of the North*. Holt, Rinehart and Winston, Nueva York, 1964.

VRIES, J. de: *Altgermanishe Religionsgeschichte*. 2 vols. Gruyter, Berlín, 1956-1957.

WILLIS, T.: *Runic Workbook*. Aquarian Press, Wellingborough, Reino Unido, 1986.

WIMMER, L. F. A.: *Die Runenschrift*. Weidemann, Berlín, 1887.

ÍNDICE

PRIMERA PARTE: CONOCIMIENTO HISTÓRICO

SEGUNDA PARTE: SABIDURÍA SECRETA

TERCERA PARTE: LECTURA DE LAS RUNAS

CUARTA PARTE: LA MAGIA DE LAS RUNAS